秦皇岛经济技术开发区略图

绘图：陈彤

秦皇岛经济技术开发区东区略图
N
图例
企事业单位
学校
变电站
加油站
河流
道路广场
南货场
中油宝世顺
首秦材料
中粤浦项马口铁
周庄变电站
出口加工区服务局
海关广场
北大荒麦芽
东燕节能
永顺泰麦芽
开发区中学
渤海家园
东区外商投资服务中心
万基钢管
哈动力物流
华龙
联合气体
威森巴格
凯达公司
三养健能仕
鹏泰面业
金海食品
郭庄
齐铁加油站
天威秦变
山船重工
哈电秦装
哈电重装码头
海源酒店
凯莱度假村
龙源酒店
铁门关
老龙头
渤海湾
中集冀东
梅庄
孙庄
小吴庄
京沈高速连接线
出口加工区
蓝湾日假
东姜庄
西姜庄
山海关区

绘图：陈彤

QETDZ

ZHONGGUO 中国秦皇岛
QINHUANGDAO JINGJI JISHU KAIFAQU NIANJIAN
经济技术开发区年鉴

2016

秦皇岛经济技术开发区地方志编纂委员会 编

方志出版社
Publishing House of Local Records

图书在版编目（CIP）数据

中国·秦皇岛经济技术开发区年鉴. 2016/秦皇岛经济技术开发区地方志编纂委员会编.——北京：方志出版社，2016.11

ISBN 978-7-5144-2206-1

Ⅰ.①中… Ⅱ.①秦… Ⅲ.①经济开发区－秦皇岛—2016—年鉴 Ⅳ.①Z522.23

中国版本图书馆CIP数据核字(2016)第287203号

中国·秦皇岛经济技术开发区年鉴（2016）

编　　者：秦皇岛经济技术开发区地方志编纂委员会
责任编辑：梅中英

出 版 人：冀祥德
出 版 者：方志出版社
地址　北京市朝阳区潘家园东里9号（国家方志馆4层）
邮编　100021
网址　http://www.fzph.org
发　　行：方志出版社发行中心
电话　（010）67110500
经　　销：各地新华书店
印　　刷：深圳华新彩印制版有限公司

开　　本：787×1092　1/16
印　　张：31
字　　数：499千字
版　　次：2016年11月第1版　　2016年11月第1次印刷
印　　数：0001~1000册

ISBN 978-7-5144-2206-1　　定价：158.00元

编辑说明

一、《中国·秦皇岛经济技术开发区年鉴》系秦皇岛开发区管理委员会主办的综合性地方年鉴，国内外公开发行。编辑宗旨在于为领导层决策提供客观依据，为投资者投资提供翔实信息，为社会各界提供地情资料，为编修志书提供基本史料。

二、本鉴创办于2005年，本卷为第十二卷。2016卷记载2015年度区内自然、政治、经济和文化的状况。

三、本鉴以马克思列宁主义、毛泽东思想、邓小平理论、“三个代表”重要思想和科学发展观为指导，深入贯彻落实习近平系列重要讲话精神，坚持辩证唯物主义和历史唯物主义的立场、观点和方法，遵循实事求是原则。

四、本鉴在体例上采用条目体，设置类目、分目、条目三级层次。本卷设城市建设、招商引资、工业、服务业、经济发展管理、科技创新、社会事业、农业·农村城市化、行政管理、中共组织·人民团体、法治11个类目。书前设特载、专记、大事记、区情概况；书后设附录。

五、本鉴以加强资政功能为目的，尝试构建述体体系。全书设总述，类目设综述，分目设概述。

六、本鉴采用随文附图的形式编排照片。

七、本鉴对区内注册、区外设厂，纳税由所在地管理的企业处理办法是：列入统计当中记述，不单独立目。

八、本鉴综合经济数据由统计部门提供，工作数据由部门提供，企业数据由企业提供。

九、本鉴行文、文字、数字、计量单位执行国家或专业标准。

秦皇岛经济技术开发区地方志办公室

2016年10月

秦皇岛经济技术开发区地方志编纂委员会

《中国·秦皇岛经济技术开发区年鉴2016》
摄影者名单

（以姓氏笔画为序）

丁飞宇	丁晓艳	万　悦	方志强	王　剑	王永强
王　伟	王　凯	王　雪	叶　宁	田文文	田　鹏
刘玉辉	刘明怡	刘昕玉	刘剑钊	刘虹兵	刘　革
权　钢	宋　涛	张　鹏	张丽丽	张　杨	张建国
张　洋	李　鑫	李小辰	李亚杰	李　军	李　帆
李　颖	杨　爽	杨建军	常志军	苏志红	鲁家玢
邱逸芬	邵文红	陈　新	周洁楠	范　永	侯丽丽
姚　斌	胡　晶	赵　萌	肖晓茹	郗立峰	郭胜言
常志军	揣连海	焦坤涛	舒　畅	赓熙伟	

秦皇岛开发区泰盛商务大厦

秦皇岛国际展览中心

城市
发展局

开发区优美的人居环境

开发区戴河生态园

① 高新技术产业园区

② 开发区龙海道

③ 绿色厂区

②

③

① 黄昏中的开发区

② 展览中心夜景

③ 跨长江道立交桥夜色

③

秦皇西大街两侧绿化带

目 录

CONTENTS

特 载

秦皇岛经济技术开发区年鉴2016

QIN HUANG DAO JING JI JI SHU KAI FA QU NIAN JIAN

牢记宗旨 坚定信念
凝聚推动改革发展的正能量

——秦皇岛开发区“四剂良方”构建理想信念教育体系

中共秦皇岛开发区工委书记 胡英杰

秦皇岛开发区工委书记 胡英杰

理想信念是团结奋斗的精神旗帜，是改革发展的思想根基。在多年的实践中，秦皇岛开发区通过补钙、铸魂、聚力、固本“四剂良方”，着力构建理想信念教育体系，全区上下形成了“风正、气顺、心齐、劲足”的良好氛围，有力地推动了经济社会又好又快发展。

一、补钙——以学壮骨，让理想信念的旗帜高高扬起

习近平总书记指出，理想信念是共产党人精神上的“钙”，精神上“缺钙”，就会得“软骨病”。开发区始终坚持把加强学习、坚定信念作为补钙壮骨的良药，提高素质，涵养正气。

一是牢牢把握理论武装这个根本。理想信念是大道理，没有大道理，就没有小道理，大道理必须经常讲、反复讲。开发区二十年如一日，雷打不动地把时政学习作为第一内容，固定每周一召开班子例会，第一时间传达学习中央路线方针政策和省市精神，深化理论学习，强化信念教育，确保党员干部坚定政治立场不动摇、落实上级精神不走样、明确发展方向不跑偏。深入学习经典理论著作，重点学习习近平总书记系列重要讲话，每周集中观看一部专题教育片，先后观看了《大国崛起》《苦难辉煌》《焦裕禄》《信仰》等专题片近百部。通过持续开展党史国情形势教育，坚定了党员干部的道路自信、理论自信、制度自信，真正把理想信念融入到了干部的血脉之中。

二是切实强化机制建设这个关键。建立“四位一体”学习机制，保证理想信念教育不虚不空、不走过场。坚持“领导带学”，对于党的大政方针政策、重要理论成果，中心组成员带头先学一步、深学一层，每年集中学习时间达22天，参学率达95%以上，以领导干部的先学，带动了党员群众的共学。坚持“专家讲学”，先后邀请铁凝、钱文忠、敬一丹等知名专家学者授课63场，谈理想，说体会，讲道理，用最新的理念、最新的成果，帮助党员干部丰富知识，开阔眼界。坚持“干部互学”，针对不同时期的形势要求，每年不定期召开现场经验交流会、工作研讨座谈会和学习成果展示会，互通有无、取长补短，实现了共同进步、共同提高。坚持“年终考学”，将党员干部述学与述职、述廉，一同列为年度绩效考核的重要内容，变“软要素”为“硬指标”，实现了工作学习化、学习工作化。

三是突出抓好载体建设这个核心。以教育、学习、机制等“七个一”工程为抓手，强化基层党组织对理想信念教育的引领作用。将每年三月定为机关集中教育月，广泛开展干部轮训、作风整饬等活动，促进党员干部提高认识、增强党性。持续开展“书香进机关”活动，每月推荐6本好书，5年累计荐书349部，员工购书2万多册，“好读书、读好书”在开发区蔚然成风。以“一个党员一面旗帜”为主线，广泛设立“党员示范岗”“党员责任区”，发挥党员的先锋模范作用，引导企业职工勤勉工作、敬业奉献。选优配强农村“两委”班子，加大政策、业务培训，强化基层组织的战斗堡垒作用，引导广大农民群众与工管委同心同德、共谋发展，全区形成了党建统领全局、理想信念教育全面跟进的良好局面。

二、铸魂——以教明义，让崇德向善的风气滋养社会

开发区始终把理想信念教育作为引领思想行为和社会风尚的灵魂，唱响主旋律，传递正能量，形成了特色鲜明的区域道德文化。

一是铸造德育品牌，弘扬核心价值。把感恩教育作为总抓手，突出“五爱”，实施“五进”，用感恩文化推进全区思想道德建设。以展示改革开放成就为主题，通过“家园巨变”图片展、“我是开发区人我自豪”宣讲等活动，引导群众懂得“惠从何来，惠在何处”，增强了广大群众的爱党爱国爱区之情。以弘扬社会和谐为主线，组织开展“好婆婆好儿媳”评选、文明我先行、邻里节等活动，公民素质不断提升，互助互爱氛围更加浓厚。以感恩之星、杰出青年、家庭美德模范为引领，全区上下崇尚先进、学习先进、争做先进，社会主义核心价值观不断深入人心，形成了崇尚感恩、向善尚美的良好氛围。

二是抢占舆论阵地，奏响主流强

音。在全省率先推出“圆梦秦皇岛”手机APP党政客户端，搭建了独具地方特色的主流信息平台，开通了官方网站、微博、微信公众号，有效占领了新媒体的高地。不断巩固《秦皇岛日报•开发区周刊》《秦皇岛电视台•开发区新闻》等传统媒体阵地，充分利用特色文化一条街、公交站点文化栏、农村文化墙等宣传平台，及时发布权威信息，深入解析热点问题，大力宣传先进典型，传播好声音，扩大影响力，引领了理想信念教育的方向。

三是培育特色文化，提升社会文明。与社会主义核心价值观相融合，总结提炼出“风正、气顺、心齐、劲足”的区域文化理念，提振了士气，引领了发展。坚持用传统文化塑造人，以学校为主阵地，举办国学大讲堂、师生读书节等活动，培育青少年的道德品质和行为习惯。坚持用主流文化教育人，编印了《使命》员工手册，整理了《旗帜》优秀党员事迹选，组织党员干部定期学习，增强了干部的责任感和使命感。坚持用特色文化鼓舞人，连续举办文化艺术节、创业杯运动会、新年音乐会等主题鲜明、寓教于乐的活动，增强了群众的凝聚力和向心力。工管委机关连续16年获得省级文明单位称号。

三、聚力——以干兴业，让改革创新的精神引领发展

开发区始终把发展作为最大的政治、最硬的道理、最重的责任，将理想信念与担当使命相结合，与发展建设实际相结合，全区上下凝聚起了振奋精神、推动发展的强大合力。

一是用先进的理念催生“动力”。早在“九五”时期，面对发展滞后的客观实际，开发区提出“以人为本、奋发图强、卧薪尝胆、再创辉煌”的理念，在全国率先开启“二次创业”，开发区迈上加速发展的快车道。进入新世纪，开发区综合实力逐步增强，面对新的机遇与挑战，提出“解放思想、迎难而上、凝心聚力、率先发展”的理念，成功实施扩区大开发、大投入、大建设，带动和引领了全市发展。进入“十二五”，面对调结构、转方式的新要求，再次提出“解放思想、迎接挑战、奋勇开拓、科学发展”的新理念，全面推进经济转型升级，区域经济社会实现了提速发展。在这些理念的引领下，开发区以占全市1.64%的土地面积，创造了全市21%的地区生产总值、20%的财政收入、42%的规上工业主营业务收入、70%的进出口总额和86%的工业企业利润，实现了由“忽略不计”到“半壁江山”的巨大跨越,充分发挥了“窗口、示范、辐射、带动”作用，获得中国创造力开发区、最佳投资环境开发区、最具发展潜力开发区等荣誉称号。

二是用正确的导向凝聚“合力”。坚持正确的思想导向，通过“老三篇”统一思想。从“二次创

业”开始，用《为人民服务》强化宗旨意识、群众观念，增强了党员干部干事为民的自觉；用《愚公移山》弘扬艰苦创业精神，持之以恒抓项目，凝心聚力促发展；用《反对自由主义》强化大局意识，增进班子团结，使党员干部思想合拍、工作合力。坚持正确的用人导向，按照好干部“五条标准”选用干部。重点选拔在招商引资、园区建设、征地拆迁等一线工作的干部，让干部工作有劲头、前途有奔头，持续激发了干事创业的热情。坚持正确的作风导向，强化亮剑精神和复命意识。党员干部敢于战胜困难、勇于迎难而上，有令必行，有命必复。多年来，市委市政府把一大批急难险重、别人看来根本不可能完成的任务，交给开发区，全部圆满完成，其根本原因就是开发区的干部队伍信念坚定，敢打必胜。

三是用创新的思维激发“活力”。突出机制体制创新，在全国率先构建了项目审批全过程、建设全方位、投产全天候的“三个服务体系”；在全省率先推进行政审批制度改革，成立了行政审批局，实现了一枚印章管审批，极大地优化了投资环境。突出发展战略创新，在全国率先提出“以高新技术产业为导向”的发展战略，实现了“九五”期间的跨越发展；超前谋划对接京津，主动承接产业转移，打造了北大科技园、中关村海淀园秦皇岛分园等合作平台，与国家京津冀协同发展战略高度契合；率先提出发展数据产业的战略目标，有效推动产业结构调整，工业经济良性快速发展。目前，开发区高新技术企业占全市的77%，高新技术产业以占全区60%的工业产值，创造了87%的利润，成为引领发展的主导力量。创新，已经成为推动开发区跨越发展的动力之源。

四、固本——以民为天，让改革开放的成果普惠于民

习近平总书记强调，人民对美好生活的向往，就是我们的奋斗目标。开发区始终牢记全心全意为人民服务的根本宗旨，把改善民生作为发展之本，不遗余力地为群众办实事、谋福祉，使理想信念成为党员干部内化于心、外化于行的高度自觉。

一是权为民所用，让群众吃“定心丸”。把用权的根本放在服务上。真金白银帮扶企业，出台鼓励企业上市、技术创新、出口担保等一系列扶持政策，对109家“两型”企业和科研平台进行帮扶，用1.7亿的财政扶持，带动了6.2亿的企业创新投入，有效地促进了企业扩量提质、做大做强。真心实意关爱农民，创造性地实施了以促进失地农民创收和创“五好”为主要内容的“双创”活动。2004年率先免除“三提五统”和农业税，全额负担村干部工资，返迁农民采暖费财政补贴50%，农民子女升学给予奖励，通过就业培训和提供公益岗位，失地

农民就业率达93%，10年累计带动农民创收23.6亿元，农民失地不失业、生活有保障。以高度的社会责任感做好征地拆迁安置工作，累计完成征地12.2万亩、拆迁208万平方米，投资38亿建成孟营新村、渤海家园等9个城市社区，失地农民过上了祖祖辈辈盼望的城市生活，辖区农民争着盼着早征地、早拆迁，周边农村争着盼着早日划归开发区。多年来，全区没有发生一起因征地拆迁引发的群体性上访事件。

二是情为民所系，为群众架“连心桥”。深入开展领导干部分包企业活动，及时了解生产状况，有效解决经营难题，一大批企业持续增资扩产、壮大规模。连续6年开展“百名干部下基层”活动，先后选派607名机关干部，深入农村社区，帮助群众解决实际困难，累计办实事5200多件，用实践锤炼了作风，以行动诠释了党性。实施“离案工作法”“民情联络员”等工作机制，特别是在全省率先将民生与信访有机整合，开通民生服务热线“8801890”，全天候受理解决民生问题，累计处理民生诉求2156件，打通了服务群众的“最后一公里”，促进了社会和谐。

三是利为民所谋，给群众办“暖心事”。坚持民生工程优先投入、优先保障、优先发展，1993年以来，累计投入民生资金近30亿元，占可用财力的五分之一，民生建设处于全国领先水平，获得“全国首批民生改善典范开发区”荣誉称号。持续改善环境，打造了森林体育公园、戴河生态园、展园等一批环境亮点，公共配套水平不断提升，成为全国首批“ISO14000国家示范区”。优先发展教育事业，全国范围招聘优秀教师，新建和改造学校24所，累计投入教育资金12亿元，城乡教育均衡发展，不仅解决了“上学难”的问题，更实现了“上好学”的需求。加大社会保障力度，财政投入2.3亿元承担70%的保费，将失地人员全部纳入养老保险范畴，彻底解决了他们的后顾之忧。2009年农历正月十五，1600多名失地农民自发组织，冒着严寒、敲锣打鼓地来给工管委拜年。两位年近八十的老人紧紧地拉着我的手，眼含热泪、动情地说：“归了开发区，有了养老金，比养几个儿子都强啊！我们感谢共产党！感谢开发区！”解决一个老人的养老问题，就减轻了几个家庭的负担，解决3200多名老人的养老问题，就解决了千家万户的问题，这不仅仅是个社会问题，更是个政治问题。只有踏踏实实一件一件地给老百姓办实事、办好事，才能真正树立起党和政府的威望，才能真正赢得百姓的拥护和支持。

回顾和总结开发区理想信念教育工作，主要有四点体会：

一是加强理想信念教育是一项时间工程，只有久久为功，才能落地生根。滴水穿石，贵在有恒。从“二次创业”开始，开发区二十年不动摇，始终坚持理想信念教育，持之以恒，常抓不懈，使之成为党员干部的行动自觉。二是加强理想信念教育是一项灵魂工程，只有抓实抓准，才能凝聚力量。理想的动摇是最根本的动摇，信念的滑坡是最危险的滑坡。只有不断拧紧思想阀门、把牢信念开关，才能补足精神之钙，守住信仰之魂，汇聚发展之力。三是加强理想信念教育是一项系统工程，只有全面推进，才能开花结果。开发区理想信念教育不仅局限在机关，而是在农村、企业、学校、社区各个领域广泛开展，形成了全区上下共同参与、同步推进的生动局面。四是加强理想信念教育是一项民心工程，只有面向群众，才能扎牢根基。理想信念不是说空话、喊口号，行动最有说服力。开发区始终牢记为人民服务的根本宗旨，让发展成果最大限度惠及群众，用一件件民生实事，赢得了民心，找准了方向，筑牢了根基。

思想决定行动，信念成就梦想。开发区将以此次会议为契机，继续高扬理想信念旗帜，突出教育体系的制度化、规范化、长效化建设，让理想信念教育结出更加丰硕的成果，为实现中华民族伟大复兴的中国梦作出新的贡献！

大干一百天 决战四季度 确保圆满完成全年目标任务

——在秦皇岛开发区“三个十”工程百日攻坚动员大会上的讲话

管委主任 苏景文

（2015年9月23日）

秦皇岛开发区管委主任 苏景文

同志们：

今天会议的任务是，回顾今年以来经济运行情况，对“三个十”工程百日攻坚行动进行再动员、再部署，号召全区上下，进一步弘扬亮剑精神、复命意识，以时不我待的责任感和紧迫感，鼓足干劲、狠抓落实，坚决打赢百日攻坚战，圆满完成全年任务，为“十三五”开局打下坚实基础。一会儿，英杰书记还要作重要讲话，请大家抓好落实。下面，我先讲三点意见：

一、总结成绩，振奋精神，坚定攻坚决战的信心与勇气

今年以来，面对经济下行的压力，全区认真贯彻“崇尚实干、狠抓落实”的工作主题，以超常规的举措和力度，大抓项目、狠抓招商、力促增长，各项工作取得新的进展，发展呈现稳步趋升的态势。1~8月份，全区完成规上工业增加值99.88亿元，同比增长7.3%；实现固定资产投资89.16亿元，同比增长20.0%；全部财政收入28.27亿元，超收1600万，超时间进度0.4个百分点；实现市区两级一般性公共预算收入11.42亿元，超收5900万，超时间进度3.6个百分点，为完成全年任务打下了较好基础。

（一）发展动力日益增强。以“三个十”工程为统领，统筹推进各类项目建设，取得重要阶段性成果。一是产业项目强力突破。列入十大产业项目的京能热电、联彩石油储运交易、金光伏薄膜太阳能等重大项目纷纷落地，一些项目实现当年开工当年投产。其中，金光伏薄膜太阳能项目完成注册，订单已在台湾同步生产；八达物流项目已经开工；海大汽车产

业园项目已经进场；臻鼎科技增资项目提前完成投资，正式量产；联彩石油储运交易项目，能源交易中心已于8月11日正式开锣运营，储运及码头项目已完成填海造地；京能热电联产项目已通过全省火电项目评选，签订征地协议，准备进场。除此之外，中豪金山、金海三期等8个市重点项目均已取得新突破，今年累计完成投资近10亿元。这些项目投产后，将成带动发展的主力军，必将有力推动经济更快发展。二是基础建设扎实推进。在建设资金极为紧张的情况下，千方百计拓展渠道，筹措资金，推进基础工程建设。目前，列入十大基础工程的秦皇岛国际展览中心已主体竣工；秦抚快速路（开发区段）西延伸工程加速实施，预计年底通车；外环路口改造、东区港口建设、填海工程已经开工；戴河综合治理项目已完成投资6000万元，主要河道疏浚及河堤护砌已基本完成；栖云山路、秦皇西大街、滇池路、深河安置小区等绿化美化工程有序推进，完成绿化栽植面积15万平方米；东区污水处理厂项目采取BOT方式，已与中节能公司签约，即将进场施工。三是民生实事取得实效。列入十大民生实事的四小正在建设、六小已投入使用；碧水园、孟营二区、翠松苑等老旧小区环境改造工程全部竣工；周转公寓、55万平方米安置房、开发区医院改造和体检中心正在紧张施工；北大口腔医院正式营业；民政事业服务中心（农村）进入招投标阶段；人饮工程全部完成；农村面貌改造提升工作稳步推进，已建成深河村等中心村7个，取得明显成效，民生事业发展迈上新台阶。

（二）转型升级步伐加快。大力发展新兴产业，坚持不懈地调结构、转方式，产业转型升级深入推进。一是突出载体支撑。抢抓京津冀协同发展机遇，全力打造数谷翔园、创业港湾两大载体平台，为推进大众创业、万众创新，促进产业转型升级夯实了基础。二是突出项目带动。斯特林光热发电、秦皇岛海绵科技（正渗透膜水处理）、河北雷发电子有限公司（LED）、北京大学硼中子（BNCT）实验室、纳川电子集成技术联合实验室、汽车电子集成电路产业基地等一批高精尖项目落地，北大科技产业园即将进场，中兴智慧城市项目一期完成、二期启动，进一步壮大了高技术产业规模。三是突出众创空间引领。全省首家社会资本成立的创业孵化器——北岛博智，已成功孵化企业2家，在孵企业及创业团队达到43家，受到各级领导和社会广泛关注；漫游世纪e谷创想空间正式揭牌，8家企业入驻，与20多家企业达成入孵意向，复制中关村创新创业生态系统开花结果。随着产业转型升级深入推进，全区经济增长质量稳步提升。1-7月份，全区高新技术产业完成工业总产值175亿元，实现主营业务收入201亿元，实现利税15亿元，实现利润10亿元，分别占全区总量的52%、52%、81%和103%。高技术产业的带动和支撑作用越发明显。

（三）发展环境显著优化。认真贯彻落实省委文件精神，坚持用改革破解难题，用创新驱动发展，在全省率先实施行政审批制度改革，成立开发区行政审批局，已正式投入使用。行政审批局将全区106项审批服务事项，全部纳入政务服务大厅，审批机构由原来的19个减少为1个，审批印章由34枚消减至1枚，真正实现了一枚印章管审批，搭建起了“一口式、一条龙、一体化”的新型政务平台，极大方便了企业和群众，打造了发展新优势。同时，我们稳步推进全员聘用制改革、公务用车制度改革，待市委、市政府批准和全市统一部署后，即可实施。

除上述工作外，我们紧紧围绕保障暑期、服务暑期、借力暑期，高度重视，精心组织，全力推进铁路护路、信访维稳、大气污染防治和北戴河近岸海域环境综合整治等工作，圆满完成了暑期安保、接待、“9.3阅兵”保障等重大政治任务，受到了中央和省市领导的充分肯定。

在看到成绩的同时，我们更要清醒地看到存在的矛盾和问题，主要表现为经济下行压力仍然很大，征地拆迁、项目建设进度不快，资金瓶颈没有根本缓解等。对此，必须千方百计地解决，坚定不移地推进，为加快发展扫清障碍。

二、认清形势，抢抓机遇，强化攻坚决战的责任和担当

从现在到年底，满打满算还有三个月。对照全年计划，对照“十二五”目标，我们还有不小差距。必须认清形势，把牢机遇，大干快上，积极应对挑战，在逆境中崛起。总体看，主要面临三项挑战、两大历史性机遇。

一是经济增长不快的挑战。今年以来，虽然采取了一系列措施稳增长、促发展，但经济始终低位运行，没有根本好转。特别是效益指标下滑明显。1-7月，全区规上工业企业实现利税17.89亿元，同比下降7.8 %；利润9.76亿元，下降5.4%。规上工业企业中，44 %处于亏损状态。受此影响，全区GDP、财政收入、规上工业增加值等指标，也都低于年度计划的平均增速，形势非常严峻。

二是项目进度不快的挑战。项目建设进度滞后，是今年经济工作的突出问题，也是增速下滑的重要原因。从实际情况看，“三个十”工程中，部分产业项目还处于前期谋划阶段，没有真正落地；有的项目虽然落地，但受征地拆迁等因素影响，未能按时进场；有的虽然开工，但短期内难以投产，无法形成新的增量。

三是建设资金短缺的挑战。今年以来，建设资金不足的问题十分突

出。虽然我们加强银行融资、加快债券发行、加大与国开行等金融机构的合作力度，千方百计拓宽融资渠道，但与实际需求相比，还是有很大缺口。招商引资、征地拆迁、基础建设、改善民生，都需要大量的资金投入。这些投资，紧靠自身财力根本无法满足。

挑战虽然不小，但机遇更为宝贵。只要主动抢抓机遇，一样可以实现弯道超车、跨越发展。

一是抓住京津冀协同发展的历史机遇。《京津冀协同发展规划纲要》正式出台，标志着这一重大国家战略进入实施阶段。前不久，市委召开中心组学习研讨会，号召把思想和行动统一到京津冀协同发展的重大战略上来，统一到省委省政府的要求部署上来，统一到市委市政府对秦皇岛发展阶段特征的判断上来，推动协同发展、绿色发展、转型发展、创新发展、和谐发展，为我们指明了方向，提供了政治保障。多年来，我们超前对接，主动承接，打造了中关村海淀园秦皇岛分园等多个特色平台，走在了全省全市前列，奠定了坚实的合作基础。只要我们乘势而上，主动作为，就一定能在协同发展的大格局下，争得资源，获得项目，赢得先机，实现更快发展。

二是抢抓抚宁规划调整的历史性机遇。近年来，土地和规划问题对发展的制约越来越突出。虽然我们与抚宁合作，共同开发建设新区，但受"两个规划"制约，新区很大一部分区域还无法摆放项目。随着抚宁撤县改区，秦皇岛市区面积大幅增加，开发区发展空间有望大幅拓展，这一问题有望迎刃而解。可谓"一子落地、满盘皆活"。开发区与抚宁地缘相近、人员相通、产业相连，最具率先受益、率先发展的优势。只要站位全局、科学规划、互利双赢，就一定能掀起新一轮开发建设的热潮，实现更大发展。

多年的实践告诉我们，挑战与机遇并存，挑战中蕴藏着无限的机遇。只要变压力为动力，化挑战为机遇，挑战就会成为实现更大发展的台阶。今年是实现"十二五"规划的收官之年，重要性不言而喻。今年春节后的首个工作日，向利书记和瑞书市长就带队到开发区现场办公，提出了到"十三五"末，主要经济指标再翻一番的要求，对开发区发展寄予厚望。如果我们不能抓住机遇，迎头赶上，不仅难以实现自身目标，而且会拖全市后腿。这与市委、市政府的要求不符，也与广大群众的期望不符。我们一定要抓紧时间，抓住机遇，迎难而上，打赢这场攻坚战。

三、鼓足干劲，狠抓落实，实现攻坚决战的目标和任务

推进项目攻坚，比的是斗志，拼的是精神，要的是干劲。我们要以全区《"三个十"工程百日攻坚行动实

施方案》为统领，坚定信念，负重奋进，以背水一战的勇气和舍我其谁的担当，全力以赴、全员以赴、全心以赴，坚决完成全年任务。

（一）争分夺秒地加快项目进度。打赢百日攻坚战，首先就是抓项目。一是全力以赴抓开工。现在正值施工的黄金季节。对已落地的项目，各分包领导和有关部门，要高度负责，靠前指挥，强化调度，及时协调解决各种问题，确保项目早开工、多开工。对影响进度的备案、核准、环评、规划、消防、施工许可等审批环节，要大刀阔斧地精简压缩，切实提高办事效率，为开工创造条件。对联彩石油储运库、金光伏薄膜太阳能、京能热电联产、八大物流集散地、北斗数谷数字城市等十大产业项目，要密切联系企业，彻底扫除征拆难题，让项目动起来。对太湖路、数谷翔园二期、东区污水处理厂等十大基础工程项目，要尽快明确合作方式，立即实施征地拆迁，让工程干起来。对北大医院、二小四小、音乐学院附中、民生事业服务中心（农村）等十大民生实事项目，要马上落实资金，清除拆迁节点，让进度快起来。二是集中力量保竣工。严格按照项目要求，落实责任，倒排进度，上足人力、开足马力，一个步骤一个步骤研究、一个环节一个环节地推进，全力推动海大汽车产业园、中兴网信智慧城市、北大科技园等项目早投产，形成新的增长点；推动东区填海、戴河景观、外环路口改造、秦抚路开发区段建设等工程早竣工，提升环境承载力；推动周转公寓、老旧小区改造、开发区医院改造、体检中心建设、返迁安置房建设等项目早完成，让群众早受益。三是坚持不懈抓落地。抓住京津冀协同发展日益深化、产业持续外溢的有利时机，充分调动各类、各方、各级资源，力争巴威锅炉、北重汽轮电机、国投泰盛大宗商品交易中心等项目取得实质突破，为发展注入强劲动力。这里特别强调一点，在重大项目招商中，一定要发扬“钉钉子精神”，倡导“保姆式服务”，像钉子一样，有钻劲、有韧劲，一头扎进去，不达目的不罢休；像保姆一样，全天候、全过程、全方位服务，带着感情去招商，以真情换真心，以真情换真金，确保今年招商再结硕果。

（二）千方百计地破解发展瓶颈。土地和资金是当前制约发展的突出瓶颈，要大胆解放思想，用市场的办法和创新的思维，千方百计落实一批资金和用地，保障项目建设需求。一是在破解用地难题上，坚持多措并举。积极争取省市支持“要地”、盘活闲置土地“收地”、清理高能耗企业“换地”、推进征拆“腾地”、集约资源“省地”，进一步开拓增量，盘活存量，打好提前量，最大程度地破解难题。二是在破解融资难题上，坚持开源引流。去年以来，我们通过金融机构贷款、保理贷款、棚改贷款等方式，全面拓展融资渠道，截止今年8月底，已到位资金35.3亿元，取得了明显成效。在巩固已有成果的基础上，要进一步拓宽思维、创新方法、加大力度，确保码头公司贷款、泰盛信托等剩余资金及早到位。同时，积极探索国企上市、发行债券、PPP等融资方式，扩大市场直接融资，引导更多社会资金参与项目建设。充分利用国家推进城市地下综合管廊建设等政策，跑省进京、跑部进厅、争取支持，为开发建设提供有力保障。

（三）真心实意地扶持企业发展。重点企业始终是发展的龙头。开发区150家规上企业中，前50家就占了全区产值的70%左右。抓住这50家企业，就等于舞活了全区经济的龙头，找到了稳定增长的关键。要进一步加强对前50名企业的跟踪、管理和服务，带着感情走进企业，全心全意扶持企业，关注运行动态，落实扶持政策，争取国家、省市资金支持，为企业发展排忧解难。要加大对山船重工、中油沥青、秦冶重工等重点减产企业的帮扶力度，帮助企业分析问题、开拓市场、提供支持，力争扭亏为盈。要进一步强化统计职能，深入走访企业，挖掘指标潜力，实现能统尽统、应统尽统。要坚持经济运行分析会和重点项目调度会制度，准确把握经济的节奏和脉搏，积极解决企业在政策、资金、配套、招工、用地等方面遇到的实际难题，助力企业发展，筑牢经济增长的基础。

（四）雷厉风行地抓好工作落实。“一分部署、九分落实”。现在目标已经明确，必须时不我待地抓落地、抓落实。一要以担当实干的作风推进项目攻坚。各分包领导和部门主要领导，要把项目推进作为“一把手”工程，严格按照方案要求，牢牢抓住“不落实”“未落实”环节，下工地、去现场、到一线，主动干、带头干、领着干，既当指挥员，又当战斗员，亲自跑项目、抓引进、搞服务，以扎实苦干的作风，推动项目取得实效。二要以坚韧不拔的劲头开展项目攻坚。项目建设是一个“较劲、较真、叫板”的过程。要进一步增强“等不起、耗不起、拖不起”的紧迫感，发扬夜以继日、连续作战的精神，大力提倡“狭路相逢勇者胜”的拼劲、“咬定青山不放松”的韧劲和“衣带渐宽终不悔”的苦劲，敢于向常规宣战，敢于向“中庸”叫板，敢于突破“不可能”的局限，打破“不可行”的观念，全力攻坚，务求必胜。三要以众志成城的合力促进项目攻坚。坚持抓工作一盘棋，干事业一条心，谋发展一股劲，努力营造“一切围绕项目转、一切围绕项目干”的良好氛围。要建立协调联动机制，加强信息沟通，有效解决重大项目推进中遇到的问题；要服务重心前移，简化审批环节，提高工作效率，为项目建设保驾护航；要大力宣传攻坚行动的重大意义，培树典型，示范引路，共同唱响攻坚大合唱。四要以奖惩分明的机制保障项目攻坚。要以创新电子督查平台为契机，按照年初目标责任状，严格落实督查工作考核办法，形成倒逼压力，坚决杜绝议而不决、决而不行、行而不快的现象，确保政令畅通。要严肃落实奖惩，奖就奖出干劲、奖出积极性，罚就罚出责任、罚出上进心。要进一步完善领导班子和干部综合考评办法，把项目实绩作为考核重点和选拔任用干部的主要依据，让想干事的有机会、能干事的有舞台、干成事的有地位，也让不干事的让位置、误了事的受惩戒，切实营造起“人人想干事、个个有作为”的生动局面。

同志们，机遇稍纵即逝，发展时不我待。让我们在工委、管委的坚强领导下，团结一心、众志成城，以更加高昂的斗志、更加顽强的作风和更加务实的举措，大干四季度，决战100天，全面完成年度任务，圆满实现“十二五”目标，为新一轮大开发、大建设打下坚实基础，为全市发展作出更大贡献！

专记

筑牢改革开放的精神高地

——秦皇岛开发区构建理想信念教育体系综述

10月15日，在中宣部召开的河北秦皇岛理想信念教育工作经验交流会上，开发区工委书记胡英杰作了题为《牢记宗旨 坚定信心 凝聚推动改革发展的正能量》的主题发言，雄辩而生动地介绍了开发区通过补钙、铸魂、聚力、固本“四剂良方”，让理想信念的旗帜高高飘扬，让崇德向善的风气滋养社会，让改革创新的精神引领发展，让改革开放的成果普惠于民，凝聚全区合力，推动开发区又好又快发展的光辉历程。

开发区经验受到来自全国20个省市区委宣传部分管副部长、宣教处长，部分城市党委宣传部主要负责同志，以及《人民日报》《光明日报》《经济日报》《中央人民广播电台》、中央电视台有关负责同志的重视。

这里是改革开放的前沿，这里是创新创业的热土，这里更是各种思想观念、价值取向碰撞、交锋活跃的区域。

秦皇岛经济技术开发区工委、管委领导班子坚信：理想信念决定事业成败。建区以来，特别是近20年来，开发区领导班子针对党员干部思想实际，确立和贯彻“补钙——以学壮骨、铸魂——以教明义、聚力——以干兴业、固本——以民为天”的工作理念，精心构建理想信念教育体系，弘扬社会主义核心价值观，使党员干部树立起坚定的理想信念，在人们的心灵深处构筑起坚实的精神高地，形成强大的向上向善的力量，推动社会和谐稳定，推动改革开放事业不断取得更大的突破。

补钙壮骨，锻造信念坚定、勇于担当的干部队伍

习近平总书记曾强调指出：“理想信念是共产党员的精神之‘钙’，没有理想信念，理想信念不坚定，精神上就会‘缺钙’，就会得‘软骨病’”。

秦皇岛开发区把加强学习、坚定信念作为补钙壮骨的良药，把强化理想信念与担当使命责任相结合，锻造敢打必胜、素质过硬的干部队伍。开发区工委书记胡英杰说：“开发区要实现更好更快发展，核心问题是人的问题——党员干部的精神状态、思想观念、理想信念到底怎么样。20年来，我们在干部队伍建设上，在党员干部的教育上，做了大量工作。我们每个党员干部只有树立了正确的价

值观，有了坚定的理想信念，才能自觉地、主动地把本职工作干好。开发区这支队伍之所以有战斗力，之所以能够圆满完成各项工作任务，关键是有了统一的认识，形成了‘风正、气顺、心齐、劲足’的干事创业氛围。”

理想信念是大道理，没有大道理，就没有小道理，大道理必须经常讲、反复讲。每周一的上午，开发区工委、管委都会召开班子例会，在例会上，除了研究近期重点工作外，重要内容就是理论学习。领导班子成员和机关各部门负责人集中学习中央路线方针政策和省市精神，十八大以来，重点学习习近平总书记系列重要讲话精神，夯实理论根基。《苦难辉煌》《大国崛起》《筑梦中国》《焦裕禄》等电视片都曾在班子例会上播放过。开发区还积极创新学习载体，搭建学习平台，努力把理想信念教育融汇贯通在干部群众日常学习、工作和生活中。组织机关干部重读“老三篇”，学习《为人民服务》《愚公移山》《反对自由主义》，引导党员干部强化宗旨意识、群众观念，鼓舞党员干部弘扬艰苦创业精神，增强大局意识，增进班子团结，使思想合心，工作合力。

5年来，坚持开展“书香进机关”活动，每月推荐6本好书，员工购书财政补贴一半，已累计荐书349部，员工购买书籍2万多本，好读书、读好书在开发区蔚然成风。充分利用渤海大讲堂、道德讲堂等载体，坚持推出“每月一讲”活动，邀请铁凝、钱文忠、敬一丹等知名专家学者授课，谈理想、说体会、讲道理，广大干部群众进一步开阔了眼界、丰富了知识。大力弘扬西柏坡精神，将每年3月定为机关作风建设月，广泛开展青年干部轮训、MPA培训、“四德”教育等活动，干部群众提高了认识，增强了党性。坚持“干部互学”，从机关、企业、学校等领域培树典型，每年至少召开6次现场经验交流会、工作研讨座谈会和学习成果展示会，党员干部互通有无，取长补短，实现了共同提高，共同进步。以“一个党员一面旗帜”为主线，广泛设立“党员示范岗”“党员责任区”，引导非公企业党员立足岗位，勤奋工作，在生产经营中发挥先锋模范作用。围绕增强农村党组织战斗堡垒作用，务实抓好教育培训，每年组织农村党员干部进行一次大轮训，全面加强理论、政策和业务等方面的学习，引导农村党员干部胸怀全局，在思想上和行动上与工委、管委同心同德、同频共振，形成了党建统领，理想信念教育全面开花的良好局面。

开发区的事业，是前无古人的伟大创举，是不断迎接挑战、战胜困难的艰苦探索。伟大的事业需要崇高的精神追求，伟大的实践需要明晰的价值取向。开发区20年如一日，将理想信念教育与全区经济建设、政治建设、文化建设、社会建设和生态建设统筹安排、协调推进，渗透到党员干部队伍建设的各个方面，融入到各个环节，已由“软要素”变成“硬指标”，并固化成长效机制。通过持之以恒、一以贯之的学习教育，坚定了党员干部的道路自信、理论自信、制度自信，真正将共产主义的理想信念融入到了每位党员干部的血脉之中。

坚定的理想信念，迸发出推动发展的强大能量。无论遇到多大的困难和挑战，开发区人都始终牢记发展是最大的政治、最硬的道理、最重的责任。在面对国家逐步取消优惠政策、亚洲金融危机爆发和全球金融危机的剧烈冲击这些困难时，开发区人能够以不辱使命、勇于担当的责任意识，抓铁有痕、攻坚克难的顽强士气，锐意创新、科学发展的进取精神，成功战胜金融危机、顺利完成扩区征地拆迁、推动产业结构调整，破解了一个又一个难题，实现了一次又一次新的突破。1995年，在全国率先探索建立集中审批大厅，建立审批全过程、建设全方位、投产全天候的“三个服务体系”、开展“投资环境年”活动；2004年，率先免征“农业税”，有效减轻了农民负担；2008年，加快转型升级，提出发展以节能环保、数据产业、新能源和生物工程为代表的战略性新兴产业，与国务院2010年确定的发展方向完全吻合；在全省率先推进行政审批制度改革，成立了行政审批局，实现了一枚印章管审批，优化了投资环境，增创了发展优势；提早对接京津，积极招才引智，主动承接产业转移，打造了以中科院科技成果转化基地、北大科技园、中关村海淀园秦皇岛分园为代表的合作平台，引进了50多个合作项目，成为推动京津冀协同发展的先行区之一，走在了全省的前列。

一路披荆斩棘，爬坡过坎，艰辛付出，秦皇岛开发区实现逆势崛起。开发区的建设者们在昔日的荒野上，建成了全市最强经济增长极、全省一流开发区和全国文明特色产业园区。

如今，开发区以占全市1.64%的土地面积，创造了全市21%的地区生产总值、20%的财政收入、42%的规上工业主营业务收入、70%的进出口总额和86%的工业企业利润，地方贡献率远超12.1%的国家级开发区平均值，实现了由“忽略不计”到“重要增长极”的巨大跨越，较好地发挥了“窗口、示范、辐射、带动”作用，获得“中国创造力开发区、最佳投资环境开发区、最具发展潜力园区、全国首批民生改善典范开发区”等荣誉称号。

教育引导，培育感恩奉献、崇德向善的精神风尚

社会主义核心价值观是引领人们的思想行为、社会的精神风尚和发展方向的灵魂，秦皇岛开发区把加强思想道德建设、培育社会主义核心价值

观，作为构建理想信念教育体系的重要战略内容，净化人的灵魂，传递正能量，使爱岗敬业、感恩奉献成为社会主旋律，形成了特色鲜明的区域道德文化。

2012年5月，开发区工委、管委启动了“感恩教育年”系列活动，提出以“知恩、感恩、报恩，爱党、爱国、爱区”为内涵的感恩文化，深入开展爱国主义教育，大力弘扬中华民族传统美德，推进公民道德建设工程，加强社会公德、职业道德、家庭美德和个人品德教育，用感恩情怀点亮社会主义核心价值观。以讴歌改革开放伟大成就为主题，开发区深入开展了“家园巨变”图片展、“我是开发区人我自豪”宣讲活动，进一步增强了农村群众的爱党爱国爱区之情；以弘扬社会和谐为主线，组织开展了“邻里节”“社区一家亲”等活动，社区居民的互助互爱氛围进一步浓厚；以全面加强青少年德育教育为核心，开办品德教育校本课程、开展经典诵读等活动，引导中小学生牢固树立正确的世界观、人生观和价值观；“红马甲”“阳光开发区人”“港城先锋、红色义工”等志愿服务队伍深入开展活动，为困难群体送去阳光，为公益事业增添希望；通过岗位能手技能大赛、技术攻关优秀团队评选等活动，引导企业员工爱岗敬业、无私奉献，全区涌现了“金牌工人”“十大感恩之星”“十大杰出青年”“家庭美德模范”等一大批先进典型。感恩教育活动开展三年来，“感恩教育”走进机关、企业、农村、社区、校园，核心价值理念日渐深入人心，全社会形成了崇尚感恩、向善尚美的良好风尚。

沙河村绘制了传统文化宣传壁画，受到群众欢迎。村民韩兴强还自编自导自演快板，宣传党的好政策和社会传统美德。村党支部书记冯克莹说，开展感恩活动以来，村里原来不孝敬父母的子女认识到错误，对老人关心体贴了；儿媳尽心照料患病高龄老人，对待公婆如亲生父母，受到邻里夸赞。孝老爱亲在这里蔚然成风，感恩文化走进人们的心中。

美城公司在举办的“感恩父母，回报社会”联谊会上，特意从江苏、河南等地把40余名员工的父母邀请到秦皇岛，住进了五星级酒店，参加了隆重的答谢宴会，游览了美丽的北戴河和山海关。公司员工在亲手制作的感恩卡上写下给母亲的肺腑之言。公司总经理梁力说，希望以此唤起广大职工的感恩之心，用自己的具体行动去感谢父母，并常怀一颗感恩的心善待身边的人。美城公司不仅重视回报员工，并教育员工感恩父母，并多次出资帮助贫困家庭、贫困学生及弱势群体，传递幸福的火炬。不仅仅是美城公司，金海粮油、康泰医学、臻鼎科技、星箭玻璃、开发区第一建筑公司等多家企业积极开展捐资助学、扶危济困的公益活动，履行社会责任。在开发区，感恩之心呈现出链式传递的美好效应。

近些年来，开发区把发展群众文化事业作为丰富人们精神生活的大事来抓，营造良好的文化氛围，坚持用特色文化教育人、塑造人，用传统美德感化人、鼓舞人，全力打造“活力开发区，和谐开发区”。投资2亿多元兴建戴河生态园文化长廊、法治文化宣传示范街，举办文化艺术节、创业杯运动会、新年音乐会、书画摄影大赛等系列活动，全区的文化阵地不断巩固、服务机制不断完善，群众文化生活质量显著提高。

河北省未成年人思想道德建设先进单位——开发区一中出台了德育实施纲要，开展了国学教育、班会课、升旗仪式、阳光大课间、社会实践等，还有3月学雷锋、4月读书节、6月艺术节、9月体育节、10月爱国主义教育、11月科技节等丰富多彩的主题活动。校长赵太云说：“理想信念教育是德育工作的重要部分。我们学校是九年一贯制学校，跨越了孩子的孩提时代、少年时代、青年时代，正是一

开发区举办世界读书日活动

个人人生观、价值观、世界观形成的时期。我们树立了'树业强基、立人有品'的教学理念，培养孩子'会做人、会生活、会学习、会健体、会审美、会创新'，努力给每个孩子的成长打下亮丽的底色。"

区内企业在抓好经营生产的同时，文化活动也开展得丰富多彩。海湾公司组织春游、运动会、联欢会，组织员工观看复兴之路主题展览，举办家庭开放日活动；秦冶重工开展节能降耗主题活动；宏启胜公司反对铺张浪费，举办"我光盘，我光荣"大比拼；星箭公司组建志愿者队伍，建立爱国主义教育基地；哈电公司为员工举办集体婚礼…… 这些活动倡导爱岗敬业，促进了和谐劳动关系的建立。臻鼎科技宏启胜精密电子（秦皇岛）有限公司是一家台资企业，共有员工16000余人。为丰富员工的精神文化生活，公司积极与秦皇岛市图书馆沟通协商，在厂区内成立了打工者图书馆，藏书达到14000本，每天来图书馆看书的员工都不下百余人。尤其中午、晚上的休息时间，馆内座无虚席。员工一同赏析名著、分享读书心

得，在交流中碰撞出智慧的火花。中信戴卡公司注重党组织建设和企业文化建设，在七一开展党章学习活动，每年十一都会举行升旗仪式；组织员工加入红色义工志愿服务团队；在职工家属区举行邻里节活动；带领敏感岗位管理人员参观唐山南堡监狱，开展警示教育；举行建言献策活动，促生产，促和谐；举行青年歌手大赛，举行道德模范评选…… 公司工程技术研究院CAE所所长郎玉玲说："企业关心爱护职工，我们也热爱自己的岗位。我们公司是车轮制造业的行业标杆，现在我们达到了一天一项专利的创新速度。振兴民族工业、助推中国梦是我们和企业共同的奋斗目标。

在全区87个行政村、16个社区中，全面建设了文化广场、农家书屋，组建秧歌队、舞蹈队、合唱队，各类社区群众性文艺、体育团体非常活跃。文化部门定期组织"文化惠民"文艺演出，政府搭台送文化，群众领衔当主角。文化为百姓幸福生活注入了生机和活力，增添了新的内涵。如今，在开发区的农村和社区，读书看报的多了，跳舞健身的多了，吵架滋事的少了，打麻将赌博的少了，邻里和谐，互帮互助，群众的精神面貌有了明显的变化。开发区不再是文化的沙漠和孤岛，已经成为开放、包容、文明、和谐的精神绿洲。

真抓实干，践行一心为民、服务群众的根本宗旨

服务企业是开发区发展的基石，造福百姓是开发区发展的宗旨。2009年以来，开发区持续开展优秀创新企业评选，财政累计投入1.7亿元，对109家优秀创新企业和成长性企业扶持，带动企业技术创新投入总量达到6.2亿元。真抓实干服务群众，以送爱心、送温暖、送技术"阳光八送"为抓手，深入实施"创业帮扶工程"，支持群众创业就业，对困难群众、特困家庭等弱势群体进行帮扶，将党和政府的温暖传递给困难群众。真心实意关爱农民，创造性地实施了以促进失地农民创收和创"五好"为主要内容的"双创"活动，有效保障了失地农民根本利益。率先取消农业税，全额担负村"两委"干部工资，对返迁农民实行50%的采暖补贴，对农民子女升学进行奖励和补助，对失地农民开展就业培训，将失地人员纳入城镇养老保险体系，累计带动农民创收23.6亿元，失地农民就业率达93%，让农民失地不失业、生活有保障，辖区农民争着盼着早征地、早拆迁，多年来开发区没有发生一起群体性上访事件。

开发区始终坚持全心全意为人民服务的根本宗旨，把改善民生作为最大的责任，不遗余力地为群众办实事、谋福祉，让理想信念之花在党员干部心中落地生根。他们连续6年开展"百名干部下基层"活动，先后选派607名机关干部、大学生村官，深入到重点农村社区，帮助群众解决实

际困难，累计为基层群众办实事5200多件，用实践锤炼了作风，用行动诠释了党性。深入开展领导干部分包企业活动，实行管委主任投诉卡、部门定期联系、责任追究等制度，了解企业生产状况，帮助企业把脉问诊，解决企业难题，助力企业发展。实施“三级平台、两个代办”“民情联络员”“离案工作法”等工作机制，特别是在全省范围内率先将民生与信访工作有机整合，开通了民生服务热线“8801890”，全天候受理群众诉求，快速及时地受理解决民生问题，累计处理各类民生诉求2156件，打通了服务群众“最后一公里”，促进了社会和谐。

2014年4月21日，开发区东甸村20多名村民抬着水缸到开发区送水，将绣有“饮水思源，不忘党恩”的锦旗送到管委，一定要让开发区的领导和干部尝尝新打的井水。“感谢开发区啊，给我们办了大好事儿了！”东甸村党支部书记刘正洪激动地说。原来，东甸村水量严重不足，每日限时供水，且水质呈强碱性，严重危害村民身体健康。开发区公安分局驻东甸村工作组一入村，就着手解决这个“老大难”问题。干警自发捐款两万余元，局党委又积极筹措资金，从确定新井位置到深度超过140米的新机井顺利打成，再到300米供水主管线、泵房的施工及压力罐安装完毕，甘甜的井水成功送至每户村民家中，用了仅仅半个月的时间。村民们亲切地称这口流淌着甘甜井水的机井为“党恩泉”。喝上“放心水”的可不止东甸村的村民，还有兴福庄村、后庄村和高家店村等。开发区“人畜饮水安全工程”解决了涉及区内9个行政村3400人的饮水困难问题。

开发区工委书记胡英杰说：“开发区发展不是为了达到多少GDP，经济指标只是阶段性的目标，最终目的是让广大群众能过上幸福生活。发展的车轮必须两个一起转，不能光考虑经济，社会这个轮子要同步。权为民所用，利为民所谋，情为民所系，我们所做的一切最终的落脚点就是让发展成果惠及民生。”

1993年以来，开发区累计投入民生资金近30亿元，占可用财力的1/5，处于全国领先水平。2012年初，开发区制定了《秦皇岛经济技术开发区“十二五”时期民生工程计划》，在“十二五”期间全力实施公共服务、文化建设、校舍建设、拆迁安置、农业产业化、新区河道治理、居民饮水七大民生工程，让发展成果更多惠及群众。为了这一目标，开发区在征地拆迁、环境保护、基础设施、致富增收、民生保障等各个方面，千方百计为农民着想，切实做到让利于民、还利于民、造福于民，让农民群众最大限度分享改革开放成果，真正过上“学有所教、劳有所得、病有所医、老有所养、住有所居”的幸福美好新生活。

近年，开发区持续改善环境，打造了森林体育公园、戴河生态园、展园等一批环境亮点，成为全国首批“ISO14000国家示范区”。加快推进农村城市化，投资38亿元，建成孟营新村、渤海家园等9个城市社区，30多个村的农民告别低矮杂乱的旧居，1.3万人搬进了宽敞明亮的新居，失地农民过上了祖祖辈辈期盼的市民生活。投资12亿元，新建和改造学校、幼儿园24所，招聘教师增强师资力量，教育教学水平不断提升，开发区的孩子由过去的“没学上”到现在的“上好学”。加大社会保障力度，按照广覆盖、保基本、可持续，财政投入2.3亿元，将失地人员全部纳入养老保险范畴，彻底解决了后顾之忧。民政部门累计投入资金近百万元，在邢庄家园、高家店村等农村建立20所老年幸福院，让农村空巢、残疾、孤寡老人安享“家庭式”养老服务。

“谁把群众放在心上，群众就把谁举过头顶”。2009年正月十五，1600多名失地农民冒着严寒、敲锣打鼓地来给开发区工委、管委拜年。两位年近八旬的老人，紧紧地拉着开发区主要领导的手，眼含热泪、动情地说：“归了开发区，有了养老金，生活有了保障，我们感谢共产党！感谢开发区！”开发区工委书记胡英杰感慨地说：“解决一个老人的养老问题，就减轻了几个家庭的负担，解决3000多名老人的养老问题，就解决了千家万户的问题。这既是社会问题，更是政治问题。我们只有踏踏实实一件一件地给老百姓办实事、办好事，才能真正树立起党和政府的威望，才能真正赢得百姓的拥护和支持。”

姚山村党支部书记周杰带领村民支持开发区经济建设，带头迁了祖坟，砍了桃树，使两个大项目顺利落户。他在农村干部培训活动上现身说法：“开发区这些年给老百姓办了太多好事，没有开发区哪有姚山村的今天。人得知恩报恩，咱们日子过好了，更要支持开发区的开发建设。只有开发区发展好了，咱们老百姓的生活才能更好。”

“逢盛世祝太平红红火火，春常在风雨顺喜乐年华。”戴河生态园深河段每天都有村民载歌载舞、自娱自乐，他们歌唱的是这美好的年景，舞出的是幸福的生活；牛蹄寨、沙河村、韩兴庄等10多个农村的干部群众吹着喇叭，扭着秧歌，手捧锦旗来到开发区机关大楼前，感谢开发区的土地流转政策让农民得到了实惠，他们用朴实无华的行动和语言，演绎的是党群一家亲的鱼水深情颂歌。开发区干部职工通过坚持不懈地为民履职、担责、造福，赢得了民心，找到了前进的动力和方向，他们用实际行动，让以马克思主义为指导、以中国特色社会主义为共同理想信念的精神旗帜在这片开放热土上高高飘扬。

（陈　欣）

大事记

秦皇岛经济技术开发区年鉴2016

QIN HUANG DAO JING JI JI SHU KAI FA QU NIAN JIAN

2015年

1月

4日，开发区召开全区农村“两委”换届动员大会。

6日，开发区深河环境改造建设项目获“2013～2014年度河北省人居环境范例奖”称号。

8日，2014年12月26日，由中国开发区协会举办的国家级经济技术开发区建区30周年座谈会在北京召开。会上，胡英杰、郑宝亮等12人获得了中国开发区协会授予的“拓荒者”荣誉称号。

13日，开发区骊山路（黑龙江道至秦皇西大街段）顺利通车。

27日，开发区举行光电建筑一体化 综合利用项目战略合作协议签约仪式。

31日，秦皇岛开发区被授予“全国优秀民生改善典范开发区”荣誉称号。

同月，全省机动车安检机构分类监管考核中，秦皇岛世奥机动车检测有限公司名列第一，荣获河北省服务业标准化示范单位称号。

同月，天业通联公司与韩国LG集团所属GS公司签订路桥设备采购合同，标志着天业通联成功进军国际市场。

同月，2015年中国开发区协会中外企业投资合作座谈会暨秦皇岛开发区投资环境说明会在京召开。

2月

13日，开发区“圆梦秦皇岛”手机客户端获得“河北省重点移动新媒体”称号。

同月，中信戴卡股份有限公司零部件实验中心扩建工程开工建设。

3月

28日，开发区10个重点项目在位于中科航天空间技术产业园项目现场举行集中开工仪式。

31日，秦皇岛北岛博智科技孵化器有限公司和香港视野机器人有限公司签署协议，共同开发民用无人机项目。

同月，康泰医学系统（秦皇岛）股份有限公司获得2014年河北省政府质量奖中的组织奖。

同月，秦皇岛思泰意达科技发展有限公司登上2015年福布斯中国非上市潜力企业100强排行榜，位列第44位。

同月，凯斯曼秦皇岛汽车零部件制造有限公司年产157万件高压铸造气缸头盖、65万件差压铸造转向节支架项目开工建设。

4月

2日，国家统计局局长马建堂一行在省委常委、市委书记田向利，市委副书记、市长张瑞书陪同下到开发区调研项目进展情况。

10日，中国网络传媒股份有限公司旗下科技世界网传媒集团与北岛博智（秦皇岛）科技孵化器有限公司洽谈上市事宜。

24日，开发区举办世界读书日主题活动。

29日，北京首都创业集团有限公司与秦皇岛思泰意达科技发展有限公司签署《股权转让协议》，首创将1.5亿元控股秦皇岛思泰意达。

5月

17日～5月21日，参加省“5.18”洽谈会台商到开发区考察投资环境，秦皇岛开发区有19家企业亮相展馆，4个新的合作项目洽谈成功并签约。

21日，秦皇岛出口加工区企业——秦皇岛海东青物流有限公司水产品存储冷库通过河北检验检疫局评审组备案考核，这是河北省首家通过验收的水产品保税冷库。

23日，开发区举办“美菊芬芳——方爱菊独唱音乐会”，纪念毛泽东同志《在延安文艺座谈会上的讲话》发表73周年。

26日，加拿大泰瑞斯市政府首席执行官埃维森•海瑟一行到开发区访问。

29日，澳大利亚欧卡帕宁加市市长洛林•佛罗伦萨•罗森伯格一行到开发区访问。

同日，开发区与国家开发银行河北省分行携手建设新城镇项目展开合作。

同月，秦皇岛市首家社区儿童阳光家园在自然家园小区揭牌成立。

同月，世界首台射程为120米的一体式全液压射雾车在秦皇岛思泰意达科技发展有限公司成功下线。

6月

6日，秦皇岛开发区书法家协会成立。

7日，秦皇岛能源交易中心在开发区揭牌。

9日，省科学技术协会副主席杨金深一行到开发区调研云科普展示体验中心。

10日，开发区与中科院所、秦皇岛纳川电子有限公司三方举行中科院半导体所揭牌暨汽车电子集成电路产业基地签约仪式。

25日，秦皇岛泰盛健康服务有限公司与美国GRS香港康瑞仕健康服务有限公司合作共建的“秦皇岛泰盛健瑞仕国际康复中心”项目签约仪式在开发区举行。

30日，八达物流秦皇岛有限公司

股权报价系统专场挂牌仪式在上海股权托管交易中心举行。

同月，秦皇岛天业通联重工股份有限公司自主研制的国内首台TLJ130T磁浮架桥机在长沙磁浮工程中投入使用。

7月

3日，“海淀秦皇岛携手打造河北沿海科技增长极”媒体采访活动在开发区举行。

6日，秦皇岛市副市长张锋在开发区数谷大厦会见了美国美亚创新促进会会长徐丽雯一行。

12日，秦皇岛经济技术开发区荣获“2015中国产业园区影响力百强”荣誉称号。

17日，全市重点项目建设观摩团到开发区考察。

22日，开发区法学会成立暨法学会第一次全体会员代表大会召开。

28日，位于开发区的嘉隆低碳环保产业园的中国耐水药用玻璃生产基地一期项目开工建设。

31日，河北省化肥使用量零增长行动推进会在领先生物农业股份有限公司举行。

同月，宏岳塑胶集团入选中国轻工业联合会发布“2014年度中国轻工业百强企业”荣誉榜单。

同月，中国海关信息网发布2014年度中国汽车产业出口百强榜单，中信戴卡股份有限公司名列百强榜第四位，在中国汽车零部件行业出口中排名第一。

同月，开发区法院被评为河北省司法公开工作省级示范单位，是秦皇岛市法院系统唯一一家获此荣誉的单位。

8月

10日，中关村海淀园秦皇岛分园E谷创想空间启动暨项目签约仪式正式举行。

10日～11日，来自新华社、经济日报、河北电视台、中国新闻网、腾讯网等20余家新闻媒体聚焦开发区发展成就，进行为期2天的联合采访。

12日，开发区、北京大学数字中国研究院、秦皇岛森源投资集团三方签署投资合作协议，斯特林光热发电产业项目正式落户开发区。

同日，秦皇岛市县区文艺调演开发区专场在北戴河海上音乐厅举行。

28日，北岛博智孵化器入孵项目签约仪式在开发区举行

9月

16日，开发区管委主任苏景文会见了日本滚珠轴承组件株式会社董事长小林保一。

同月，开发区第二家民营机动车检测机构——安恒机动车检测有限公司正式投入运营。

同月，惠斯安普HRA功能医学检测设备落户国家体育总局运动医学研

究所。

同月，开发区电力公司开通“掌上电力”手机客户端服务功能，方便居民享受供电服务。

10月

8日，开发区启动“三证合一、一照一码”登记模式并发出首张营业执照。

9日　秦皇岛开发区行政审批局揭牌正式运行，真正实现了一枚印章管审批。

13日，秦皇岛恩彼碧轴承有限公司举行新厂开工庆典仪式。

18日～10日，ISO9001质量管理体系审核组对开发区进行换证审核，同意通过审核予以再认证。

20日～22日，中环联合认证中心审核组专家确认开发区ISO14001环境管理体系继续保持认证有效。

21日，开发区管委副主任刘洪柱会见美国普华永道基础设施与大型项目投融资服务团队总监姜宏斌，高级经理王磊、王静、史蒂芬一行。

26日，开发区与全球中国大学生联合论坛签署战略合作协议。

30日，开发区召开城市环境容貌综合整治百日攻坚行动动员会。

同月，秦皇岛泓鼎轻工机械技术有限公司被评为“国际科技合作示范企业”。

同月，开发区政务督察督办管理平台在区内各部门上线运行。

11月

5日，开发区管委与东北亚煤炭交易有限公司共同签署了关于成立东煤交易（秦皇岛）有限公司的合作协议。

8日，河北海纳电测仪器股份有限公司在开发区举行总部基地建设暨电能计量仪器检测设备扩产项目开工仪式。

14日，开发区管委副主任吕爱国与中关村天合科技成果转化促进中心总裁朱希铎共同签署了成立《中关村天合科技成果转化促进中心秦皇岛分中心的合作协议》。

17日，开发区与中瑞控股集团签署供应链金融项目战略合作协议。18日，美国南加州市长及企业家商务代表团到开发区进行访问交流。

19日～20日，2015京津冀产业转移系列对接活动在石家庄举行,开发区签署京能（秦皇岛）热电项目战略合作框架协议。

20日，科威特王子艾哈迈德•哈桑一行到秦皇岛天业通联重工股份有限公司，验收“TLJ1700步履式架桥机”及其配套装备。该套装备为2015年世界上起重量最大的公路运架装备。

22日，开发区与澳大利亚科技投资委员会签约共建秦皇岛澳大利亚科技产业园项目。

同月，河北省科技厅公布了河北

省首批20家省级众创空间和10家省级重点培育众创空间名单，开发区北岛博智众创空间榜上有名。

12月

4日，“互联网+智慧能源”创新创业决赛暨智慧能源产业园区投融资沙龙在开发区举行。

同日，九次方大数据创始人、总裁王叁寿一行到开发区考察投资环境。

10日，全市首家高层次人才创新创业园挂牌启动仪式在e谷（秦皇岛）创想空间举行。

14日，国际粮食产业及秦皇岛大宗商品交易中心项目签约仪式在开发区隆重举行。

同月，秦皇岛开发区在2014年度河北省197家经济开发区中5大方面的综合发展水平中位列第一。

区情概况

秦皇岛经济技术开发区年鉴2016

QIN HUANG DAO JING JI JI SHU KAI FA QU NIAN JIAN

秦皇岛开发区于1984年经国务院批准设立，是中国首批、河北首家国家级开发区，分东、西两区，常驻人口16.6万人，规划控制面积128平方公里。2015年已发展成为集国家级开发区、出口加工区、大学科技园、国家创业服务中心于一体的现代化、多功能、综合性产业园区，成为秦皇岛市改革开放的窗口、项目建设的龙头、现代产业的集聚区和最具活力的增长极。在全市较好发挥了“窗口、示范、辐射、带动”作用。开发区全力融入京津冀协同发展，打造具有实力、充满活力、富有特色的现代产业体系。引进了美国通用电气、ADM、韩国LG、日本旭硝子、新加坡丰益、台湾鸿海，中信、中粮、中船、中航、中兴、哈电等25家世界500强企业，形成了以粮油食品加工、汽车零部件、重大装备制造、金属压延为代表的特色产业，以节能环保、数据产业、新能源和生物工程为代表的战略性新兴产业，构建了以秦皇岛（中科院）技术创新成果转化基地、北京大学（秦皇岛）科技产业园、中关村海淀园秦皇岛分园和秦皇岛京津人才创新创业园为代表的京津冀科技产业合作平台，成为推动京津冀协同发展的先行区。

地理环境

秦皇岛开发区素有渤海明珠之誉，区位较佳，地理优越，交通便利，气候宜人，生态良好。

【位置】　位于河北省东北部，地处亚欧大陆桥东端、中国华北、东北两区结合部、环渤海经济圈地理中心，隔海与韩国、日本相望，具备辐射半径大的优势。微观上西区在秦皇岛市中心城区以西，东区在山海关区东南，两区域相隔21公里。

【境域】　秦皇岛经济技术开发区是1984年10月经国务院批准成立的国家级经济技术开发区，首期规划面积1.9平方公里。1992年11月国务院批准开发区扩大区域面积5平方公里，1993年8月市政府按照城市总体规划将海港区和抚宁县的6个村成建制地划入开发区，实际扩区面积为8.1平方公里，开发区规划面积达到10平方公里。2000年10月，山海关经济技术开发区并入秦皇岛经济技术开发区统一管理，改称秦皇岛经济技术开发区（东区），规划面积20平方公里。2002年6月，国务院批准在开发区（东区）内设立秦皇岛出口加工区，批准规划面积2.5平方公里。2003年5月30日，河北省人民政府通过了秦皇岛经济技术开发区扩大规划面积81平方公里的批复，其中，近期26平方公里，远期55平方公里。同年8月7日省政府向国务院上报了《关于秦皇岛经济技术开发区扩大规划区域范围的请示》。2005年12月9日，商务部、国土资源部、建设部同意秦皇岛经济技术开发区扩大规划面积16.08平方公里，四至范围为：开发区建成区以西，102国道南，海港区公富庄村北，抚宁县深河东。2010年9月19日，秦皇岛市党政联席会议原则同意启动省政府于2003年批准的开发区远期55平方公里用地，由开发区与抚宁县合作开发建设规划园区，开发区负责统一规划、统一管理。本次扩大区域范围共涉及抚宁县40个行政村和海港区1个行政村。至此，开发区规划管理范围达到128平方公里，其中，西部片区108平方公里（含国家批准面积22.98平方公里），东部片区20平方公里（含国家批准出口加工区2.5平方公里）。

【交通】　公路。国道102国道（G102）6.465公里，205国道（G205）3.171公里，省道沿海线（S364）6.4公里，山海关高速连接线（S023）3.25公里，国、省干线总里程 19.286公里，有村道51.351公里。铁路。有京哈铁路通过，为京秦铁路、大秦铁路、津秦客专（建设中）三线终点。京哈铁路有专用线通东区，京哈、京秦、津秦从西区穿过。海运。有全国五大港口之一的秦皇岛港可以依托，辟有自主经营的秦（皇岛）仁（川）客货混载航线，自主经营的年吞吐量270万吨的秦皇岛港山海关港区在建，哈电秦装有自建3000吨级码头。航空。秦皇岛机场开辟至北京、上海、深圳、石家庄等航班。西区东区中点距场站车程分别为30分钟、10分钟。

【地貌】　西区地貌属于平原，大体呈东西低、中间高的地势。海拔20米以下平原分布于东部的汤河及小汤河流域，西部的戴河、米河、新河流域。海拔20～50米平原，分布于海拔20米平原的内缘，占据着区域的中部，面积较大。海拔50米以上丘陵呈狭长带状由北至南纵贯于区域中部，是汤河、戴河分水岭。其北部、南部各有一块海拔100米以上的高地，分别是海拔116.9米的烟台山和200.7米的栖云山。东区地貌完全属于平原，大体呈“工”字形，中间低平，两侧略高。海拔20米以下平原分布于沿海、船厂及南关河。海拔20米以上平原分布于上述区域两侧。海拔最高点46.3米在杨庄东南。

【河流】　开发区境内共有大小河流4条，分别为：东区小潮河、西区大汤河、西区小汤河、新区戴河。此4条河道均南北贯穿开发区汇入大海，多为季节性河道。特点是源短、流急，汛期暴涨暴落，全区河道总长约51千米。

东区小潮河：位于开发区东区境

内，上游发源于开发区南水井以北及小吴庄以北辽宁省境内山区，下游区内沿河村庄及主要企业有南水井、大刘庄、小吴庄、梅庄、郭庄、姜庄、金海食品公司、山海关船厂等大中型企事业单位，最终于船厂家属区处汇入渤海。境内河道全长约10 千米，最大河宽20米，上游最小处5~10米不等。2002年以来，按二十年一遇标准治理河道1374米，修建堤防2748米。

西区大汤河：大汤河位于开发区西区东部，为秦皇岛市海港区与经济技术开发区的界河，独流入海，是秦皇岛市重要的排洪河道。大汤河主河道长约14公里，流域面积184平方公里，有两大支流，东支发源于抚宁县柳观峪村西北，西支发源于抚宁县温泉堡西南的方家沟村。大汤河右岸上游自秦皇西大街桥以北150米翔园开始，下游至河北大街桥处止，流经开发区段长度约3.65千米，沿岸有大中型外资企业和居民生活区。2002年以来，按五十年一遇标准治理河道3047米，修建堤防3047米。

西区小汤河：小汤河位于开发区中部，有两条主要支流东支流发源于海阳西北苏子峪，自北向南流经孙庄、孟营汇入主河道后，穿越大秦铁路、经西环路、河北大街注入渤海。西支流发源于新周庄以北，自北向南经烟台山、计新庄、杨道庄、邢庄、开发区森林体育公园向南汇入主河道最终注入渤海。小汤河区内全长约16千米，控制流域面积109.79平方千米，占汤河流域面积的23%。2002年以来，按二十年一遇标准治理河道12.9千米，修建堤防18.4千米，修建蓄水橡胶坝两座，蓄水总量约33万立方米米。

戴河：戴河位于开发区新区中西部地区，过区河道总长约22千米，区内主河道长6千米，分别有两条支流深河、沙河注入其中。

（1）深河支流：发源于抚宁县北坊子，自上游开发区韩兴庄处开始，向西南方向流经深河、大、小毛义庄，于小米河头村村西南汇入戴河主河道，河道全长12.37千米，控制流域面积约40平方千米。2011年以来治理河道长2.3千米，修建蓄水拦河坝3座，蓄水总量约50万立方米。

（2）沙河支流：发源于抚宁县蚂蚁沟，自上游开发区牛蹄寨村处开始，向西南方向流经下徐、102国道、榆关至沙河村注入戴河主河道，河道全长3.6千米，控制流域面积约17.8平方千米。

【气候】 区域气候长期属暖温带半干旱季风型大陆气候。夏无酷暑、冬无严寒，多年日平均气温10.05摄氏度。7月份日平均气温25摄氏度（高于30摄氏度日数平均不足20日）；1月份日平均气温零下6.5摄氏度（冻土期为11月至翌年3月，最大冻土深度0.85米）。降水量多年平均675毫米，集中于夏季，占全年总量的70%～80%，春季干旱，冬季降雪稀少，旱涝灾害多年不遇。较为干爽，年平均湿度为60%。风向，西到西南风盛行，其次为东到东北风，年平均风速2～3米/秒。

历史人文

【政区沿革】　秦皇岛开发区区域，商、西周、春秋时期属孤竹方国（都卢龙镇东南）。战国燕、秦、西汉时期属辽西郡（治义县西南）。东汉时期属辽西郡（治义县西南）临渝县（治榆关镇）。三国魏时期属辽西郡（治卢龙镇东南）临渝县（治榆关镇）。东晋、十六国时期属辽西郡阳乐县（郡县同治卢龙镇东南）。北朝魏时期属平州（治卢龙镇）阳乐县（治抚宁镇西）。北朝东魏、北齐时期属北平郡（治卢龙镇）。隋时期属北平郡卢龙县（郡县同治卢龙镇）。唐时期属平州卢龙县（州县同治卢龙镇）。辽时期西区榆关以西属平州卢龙县（州县同治卢龙镇）；西区榆关以东属润州海阳县（州县同治海阳镇）；东区属迁州迁民县（州县同治山海关）。金时期西区榆关以西属平州（治卢龙镇）抚宁县（治抚宁镇）；西区榆关以东及东区属宗州（治前卫一带）海阳县（治海阳镇）。元时期西区榆关以西属永平路（治卢龙镇）抚宁县（治抚宁镇）；西区榆关以东及东区属大宁路（治宁城）海阳千户所（驻海阳镇）。明时期西区属永平府（治卢龙镇）抚宁县（治抚宁镇）；东区属永平府（治卢龙镇）山海卫（驻山海关）。清时期西区深河以西属永平府（治卢龙镇）抚宁县（治抚宁镇）；西区深河以东及东区属永平府（治卢龙镇）临榆县（治山海关）。

【村落历史】　区内原有自然村87个。最早的建于唐代（杨户屯、上徐各庄、大米河头村），距今已有近1400年历史。王校庄建于元代。绝大部分村庄建于明代。建于明洪武年间的有19村：凤凰店、望海店、东甸子、深河村、义卜寨村、西场村、大毛义庄、小毛义庄、北店、后营村、陈家庄、仓上村、孤家子村、代山头村、董庄、下徐各庄、牛头崖村、往子店村、杨庄。建于明建文年间的有大白庙村、小白庙村。建于明永乐年间有32村：孟营村、前进村（原名玉皇庙）、孙庄、邢庄、西张庄、杨庄户、马坊店村、郭高马坊村、周营村、长不老口村、高家岭村、闪水庄、韩兴庄、后庄、东甸、沙河村、西岭村、紫草坞村、孙庄（东区）、赵庄、褚庄、黄庄、郭庄、张庄、大刘庄、小刘庄、赵牛庄、小吴庄、西姜庄、东姜庄、姚山村、侯岭村。建于明宣德年间是郑家店村。建于明正统年间是华义庄。建于明景泰年间的是吴庄、计新庄。建于明正德年间是烟台山村、刘马坊村。建于明嘉靖年间是朱马坊村、小米河头村、兴福庄。建于明万历年间是约合庄、太和寨村、高家店村。建于明天启年间是许庄、张马坊村。建于明崇祯年间是药马坊村、韩义庄。少数村庄建于清代，包括周庄、铁官营村、薛庄、单岭村、富新庄、北杨各庄、孙家庄、杨庄、大巫庄、金庄、徐庄、南水井村。最晚建村的是建于民国初年的老岭沟村、东洼子村。

【人文遗迹】　三官庙，在原孟营小学院内，2002年10月在基建施工中发现完整的庙基，出土碑刻、建筑残件多件，内有清乾隆年间重修碑记。主殿毁于20世纪50年代，庙址现无存。栖云寺，在栖云山（一称团山）上，乾隆二十一年（1756年）《临榆县志》有载，庙址现无存。营盘，一在郭庄，夯土墙东西长140米、南北长170米；一在大刘庄，四边长各110米。两营盘均建于清光绪年间，遗迹尚存。

【行政·人口】　2015有城区街道办4个、社发局管理2个：珠江道街道办、黄河道街道办，辖16个居委会；农工局管理2个街道办、2个管理处和1个乡政府：腾飞路街道办，船厂路街道办，榆关新区管理处、牛头崖新区管理处和渤海乡政府。农村有87个行政村，其中6个已村改居。常住人口：1998年10332人，2000年12000人，2003年40586人，2006年50268人，2009年62558人，2010年96978人，2011年119000人，2012年103004人，2013年156778人，2014年158109人，2015年有人口16.6万人。

【民族·宗教】　经统计截至2015年底，少数民族人口7344人；占总人口的5.0%；共有少数民族22个。主要是满、朝鲜、回和蒙古族为主，其他少数民族为辅的民族结构。

发展历程

1984年10月27日，秦皇岛开发区经国务院批准设立，至今大体经历四个发展阶段。

【创业起步阶段】（1984～1991年）　主要靠优惠税收政策，创造生产成本低的优势。在“以发展工业为主、以利用外资为主、以出口创汇为主，致力于发展高新技术产业”国家开发区发展方针指引下，以“打好基础、快上大进”为思路，进行艰苦创业，实现起步发展。1988～1991年累计实现生产总值1.44亿元，年均增长65.71%。该期末年生产总值5565万元。该期累计实现全社会固定资产投资13.00亿元、财政收入4194万元、外贸出口946万美元。累计引进外资和港澳台资项目38项，实到外资1921万美元；内资项目102项，实到内资1.80亿元。

【快速发展阶段】（1992～1999年）　主要靠完备硬件环境，创造出生产环境好的优势。继续贯彻执行“三为主、一致力”国家开发区发展方针，以“以人为本、奋发图强、卧薪尝胆、再创辉煌”为思路，实施扩区，进行第二次创业。其间，累计实现生产总值61.05亿元，年均增长44.67%。该期末年生产总值13.54亿元，是上期末年生产总值的9.40倍。该期累计实现全社会固定资产投资83.76亿元（是前期的6.4倍）、财政收入13.62亿元（是前期的32.5倍）、外贸出口6.48亿美元。累计引进外资和港澳台资项目438项，实到外资7.76亿美元；内资项目1881项，实到内资48.59亿元。

【跨越发展阶段】（2000～2007年） 主要靠完善产业配套环境，创造出生产效率高的优势。在“以提高吸收外资质量为主、以发展现代制造业为主、以优化出口结构为主，致力于发展高新技术产业、致力于发展高附加值服务业，促进向多功能综合性产业区发展”国家开发区发展方针指引下，以“解放思想、破满争先、抓住机遇、提速发展”为思路，实现跨越式发展。其间累计实现生产总值538.89亿元，年均增长27.9%。该期末年生产总值127.07亿元，是上期末年生产总值的9.38倍。该期累计实现全社会固定资产投资172.99亿元（是前期的2.1倍）、财政收入56.88亿元（是前期的4.2倍）、外贸出口34.87亿美元。累计引进外资和港澳台资项目180项，实到外资8.65亿美元；内资项目2218项，实到内资192.31亿元。

【转型发展阶段】（2008～2015年） 五年合计实现生产总值1713.76亿元、全社会固定资产投资794.39亿元、财政收入255.01亿元。累计引进外资和港澳台资项目35项，实到外资14.09亿美元；内资项目3625项，实到内资157.58亿元。

自建区以来，累计引进外资和港澳台资项目791项，实到外资30.72亿美元；内资项目7886项，实到内资1031.26亿元。

2015年开发区发展成就

【经济发展情况】全区各项工作实现了新的突破。全年完成地区生产总值265亿元，同比增长8%，占全市21.9%，比“十一五”末提高2.5个百分点。完成规上工业增加值169.9亿元，同比增长8.3%，占全市的51.2%，比“十一五”末提高12.4个百分点，实现了由占全市的1/3到半壁江山的巨大跨越；实现利润17.4亿元，占全市的93%，比“十一五”末提高了31个百分点。完成固定资产投资137.8亿元、进出口总额31.79亿美元，同比增长20%和5.9%，分别占全市的15.8%和69%；实际利用外资1.89亿美元，完成市考核任务，占全市36%。实现全部财政收入42.51亿元、市区两级公共预算收入17.04亿元，同比增长3.3%和4%，分别占全市20.7%和15%，圆满完成了市政府下达的指标任务，有效发挥了开发区引领带动作用，为开展“三次创业”、实现加快发展奠定了坚实基础。

【项目建设取得新突破】全年实施省市重点项目16个，总投资123.4亿元，完成投资37.05亿元，超年度计划8000万。以十大产业项目为统领，持续实施重点项目领导分包责任制，协同破解难题，竭力服务企业，全力实施攻坚，取得良好成效。臻鼎增资项目当年建成投产，京能热电联产正式开工，金光伏薄膜太阳能完成注册，秦皇岛能源交易中心开锣运营，中兴网信一期投入使用，路能达汽车产业园一期主体封顶，亚粮泰盛大宗商品交易中心正式签约，北大科技产业园两个子项目（城安胜邦、丰泰自动化）即将施工，北斗数谷二期等项目也均取得了重要进展。十大产业项目扎实推进，捷报频传，已成为支撑全区加快发展的中坚力量。此外，中信戴卡轻量化铸造车轮、NPB轴承异地扩建、海纳电测总部基地等一大批新建项目投产运营，项目建设呈现批次衔接、后劲十足的良好局面。

【创新创业取得新成效】深入开展对接京津产业转移，中关村海淀园秦皇岛分园累计引进项目超过50家，落户经营项目超过20家；中科院（秦皇岛）技术创新成果转化基地累计引进16个实体企业和3个院地共建平台，形成了协同发展的新优势。依托数谷翔园、创业港湾两大创新创业载体，涌现出北岛博智、E谷创想空间等创业孵化基地和一大批创业成功企业，大众创业、万众创新进入快车道。

【改革创新取得新进展】坚持通过改革释放红利，破解发展难题，各项领域改革创新成效明显。行政制度改革深入推进。行政审批局正式挂牌运行，搭建起“一窗口、一条龙、一体化”的新型政务平台；全员聘用制改革方案已获市委原则同意，待市政府审核后即可实施；公车改革按照市政府统一部署，积极推进。融资渠道有效拓宽。通过项目融资、棚改贷款、政府债券置换、“助保贷”等方式，全年获取资金超45亿元，为全区发展提供了有力保障。企业上市步伐加快。燕大源达、天秦装备、秦皇旅游三家企业在新三板挂牌，乾源科技、八达物流分别在石交所、上交所挂牌。全区上市挂牌企业累积达到10家。

【城乡面貌呈现新变化】以完善基础设施配套为重点，一大批基建、城建工程顺利推进。秦皇岛国际展览中心全面竣工，秦抚快速路（开发区段）西延伸工程正式通车，秦皇西大街外环路口改造基本竣工，戴河综合治理、东区港口起步区工程、填海工程等均取得重要进展。孤家子、小米河头、上徐各庄、下徐各庄等村如期完成征地，全区综合发展保障能力进一步提升。以市容环境百日攻坚为契机，全面推行全覆盖徒步巡查、无缝隙网格化精细管理，推进城市管理社会化、城乡垃圾收运一体化、环境管理机制规范化，城区环境面貌更净、更靓、更美。以建设美丽乡村为目标，着力推进农村环境“四化”，推广使用清洁燃料炉具3589套，改造农厕746座，硬化乡村道路4.1万平方米，处理垃圾1.35万立方米，农村环境面貌焕然一新。

【民生事业取得新进步】统筹实施各项民生工程，下大力解决民生领域热点问题，群众物质生活条件得到有效改善。就业增收成效明显。全年新增就业4917人，下岗失业人员再就业1750人，发放失地农民生活补助费4928万元，发放“五好家庭、五好村”奖励资金 1306万元。社会保障水平持续提升。保障托底取得突破，新增参保人数1.3万人，失地农民养老保险实现全覆盖，发放低保补助147万元。教育卫生体系不断完善。大力改善中小学办学条件，优化教育资源配置，高标准通过省级义务教育发展基本均衡县评估验收。新农合覆盖面进一步扩大，参合率达98.8%，连续七年位列全市第一。文体事业欣欣向荣。成功举办第七届文化月、职工运动会、全民阅读等丰富多彩的文化活动，培植开发区特色文化，以文化人。提出“二次创业”以来，开发区始终坚持理想信念教育，成效显著，走在了全国前列。去年10月15日，中宣部召开北方19省市宣传系统现场会，推广开发区理想信念教育经验，极大提升了全区凝聚力和战斗力。民生实事成效显著。统筹实施六小、二

开发区中小学生参加感恩教育活动

小、老旧小区环境改造、农村人饮工程、周转房及返迁房等十大民生实事，用真心实意提升了群众获得感，群众纷纷点赞。社会环境稳定和谐。深入开展打黑除恶、专案稳控、火灾隐患排查等专项行动，辖区发案率始终保持在较低水平，群众满意度和安全感进一步提升。高效完成暑期安全保卫和全国“两会”、“9•3”阅兵、国庆等重要活动期间的安保工作，获得各级领导的高度赞许。全区未发生重特大食品安全事故，区内工商贸企业未发生安全死亡事故，圆满完成市目标任务。

2015年秦皇岛开发区主要经济综合指标一览表

项　　目		单　位	2014年	2015年
开发区生产总值		亿元	253.18	265.76
第二产业		亿元	178.69	182.40
工业（规上）		亿元	153.19	170.94
第三产业		亿元	72.34	82.13
工业总产值（现价）		亿元	689	650.10
高新技术企业		亿元	454.74	260.44
销售（营业）收入		亿元	1454.60	1460
第二产业（规上）		亿元	714.59	706.78
工业（规上）		亿元	711.79	672.96
第三产业		亿元	—	—
利润总额　　（规上）		亿元	21.86	15.71
第二产业　　（规上）		亿元	26.7	17.89
工业　　（规上）		亿元	24.60	17.35
区内主导产业及产值（规上）			—	—
主导产业	1、汽车制造业	亿元	148.4	158.16
	2、专用设备制造业	亿元	51.19	25.59
	3、计算机、通信和其他电子设备制造业	亿元	36.89	17.64
第三产业		亿元	—	—
进出口总额		亿美元	30.03	31.79
出口		亿美元	18.10	18.19
财政收入		亿元	41.14	42.51
税收收入		亿元	38.58	40.99
财政支出		亿元	18.26	19.17

新批企业个数		个	731	775
外商及港澳台企业		个	4	3
内资企业		个	727	772
新批企业投资额	外商及港澳台企业	亿美元	4.4	0.075
	内资企业	亿元	—	—
	增资企业	亿美元	—	—
规上企业投资额	规模以上企业个数	个	145	343
	合同外资金额	亿美元	1.06	0.1043
	外商实际投资	亿美元	2.09	1.89
	固定资产投资	亿元	116.49	137.79
	年末从业人员数	万人	68052	82825
	在岗职工平均工资	元	50900	46182
	万元GDP能耗	吨标煤/万元	—	0.4
	水资源消耗总量	万立方米米	1238	1378
	单位国内生产总值取水量	立方米米/万元	4.89	10.39

城市建设

综　述

2015年，秦皇岛开发区在“崇尚实干、狠抓落实”的工作主题方针指引下，城市建设各项事业全速推进。年内基础设施建设多头并举、整体推进。骊山路黑龙江道至秦皇西大街段竣工通车，道路桥梁建设全年实施31项工程，结转16项，新建15项，竣工率为41.9%。给排水设施建设合计有22项工程，数目上超过2014年。其中，10项为结转工程，12项为新建工程。合计工程价款达19751.68万元。电力设施建设在2015年合计有27项工程，年竣工率为70.37%，工程价款达9676.71万元。供热设施建设全面铺开，年内实施了以钱塘江道热力一次网工程、境泊湖路渤海道至102国道段热力一次网工程、华山北路热力一次网工程等工程为代表的18个基础设施建设项目，新建了以杨道庄保障性住房换热站、碧景华庭换热站、开发区青少年活动中心换热站、创智港先进制造基地换热站、承秦高速秦皇岛指挥中心换热站等为代表的的15个换热站。2015年，开发区在燃气设施建设方面，新接收用户23209户，点火8568户，销售气量285万立方米。通讯设施建设方面，4G基站呈现全覆盖趋势。秦皇岛联通、秦皇岛移动、秦皇岛电信3家公司2015年在开发区总共新建4G基站246个。其中电信新建168个，联通新建42个，移动新建36个。2015年开发区与环保设施相关、并且有环保投资的建设项目有59个，合计环保投资10596.85万元。2015年全年实施土方工程14个，全部工程总计合同价款1764.27万元。2015年房屋建设显示出大型项目多、工业用房比重大的特点。全年合计118个房屋建设工程项目，工业用房建设占比44.07%，商品住宅建筑建设项目占比22.03%，公共服务建筑建设占比19.49%，财政投资房建占比14.07%。2015年，开发区环境建设以泰盛商务大厦周边环境建设为重点，重点突出，综合配套，彰显绿色本质。多项环境建设工程形成规模，全年新增绿地面积24.74万平方米。上述各类城市建设项目的实施，使2015年开发区的区域面貌日新月异，显示出区域布局科学合理、道路交通通畅无阻、水电暖燃供给完备、通信网络密集快捷、环保设施齐全到位、景观优美宜人的良好创业发展环境，彰显出区域经济发展的强势后劲。

（方志办）

基础设施建设

【概述】 2015年，秦皇岛开发区基础设施建设各项工程稳步推进。其中道路桥梁建设有31项工程，比2014年减少5项，均为结转工程，新建工程15项，与2014年持平。给水设施建设年内有工程16项。比2014年增加4项，其中结转工程增加1项，新建工程增加3项。2015年有排水设施工程6项，工程数与2014年持平，结转工程和新建工程各3项，也持平。年内电力设施共有27项工程，全部合同价款9676.71万元。秦皇岛供电公司在区内新开新投开闭所及配电室19座，箱站8座。2015年供热设施建设在基础工程、新建项目、改造工程三个方向分头并进，其中基础工程18项，新建项目15个，年内改造一次管网长度2720米、二次管网长度3670米、蒸汽管网长度610米，增加阀门节点近30处，加装截断阀门70余台。在燃气设施建设方面，2015年全区接收民用户23209户，共计接收63499；点火8568户，共计34664户，安检9909户，安检率72%。销售气量2850000立方米，销售收入6900000元。2015年合计环保投资10596.85万元。59个有环保投资的项目中，投资百万元以上的项目14个，占比23.7%。年内共计实施土方工程14个，全部工程总计合同价款1764.27万元，累计完成价款2465.04万元，完成比为139.72%。年内在通信设施建设方面，秦皇岛联通、秦皇岛移动、秦皇岛电信3家公司在开发区总共新建4G基站246个。其中电信新建168个，联通新建42个，移动新建36个。此外，秦皇岛联通公司还在开发区范围内新建3G基站32个。完成了区内3G手机督察督办系统建设。秦皇岛移动公司还在区内建设4G室内分布系统22个。秦皇岛电信公司2015年在开发区共投资1500万元，固网建设90个项目，新增小区覆盖用户万余户，改造用户5301户。

（方志办）

【骊山路黑龙江道至秦皇西大街段竣工通车】 1月13日，秦皇岛开发区骊山路黑龙江道至秦皇西大街段顺利通过规划、市政、质监等相关部门验收，竣工通车。骊山路黑龙江道至秦皇西大街段路长528米，机动车道宽14米，道路红线30米。

（方志办）

【戴河京山铁路至长江道沿岸环境建设一期工程融资人招标结束】 3月，秦皇岛开发区戴河京山铁路至长江道沿岸环境建设一期工程融资人招标结束，秦皇岛华江投资有限公司通过竞争性谈判最终中标。工程建设范围94公顷，主要包括河道现状的整治改造和沿岸土地的绿化工程，总投资为9.22亿元，计划工期12个月。

（方志办）

【秦皇岛开发区对龙海道进行扩流美化改造】 6月下旬，秦皇岛开发区龙海道扩流美化改造工程开工。龙海道两侧为开发区西区企业聚集地带，随着区域经济发展，两侧企业数量不断增多，交通压力逐渐增大，为保证企业正常生产，方便职工上下班，开发区对龙海道进行扩流改造。施工范围为龙海道鄱阳湖路至滇池路之间路段，改造工程在路段中的十字路口建立渠化岛，使右转车辆具有单独车道，提高龙海道车辆的通行效率。工程同时对道路进行美化提升。

（方志办）

【秦皇岛开发区新扩区域优化电力配网】 12月，由秦皇岛供电公司开发区客服分中心建设的开发区昆明湖路中心开闭所正式运行，开发区新扩区配电网架得到进一步优化。昆明湖路中心开闭所位于开发区西区深河片区，采用室内设计，安装1000千伏安变压器两台，0.4千伏低压出线柜8面，能够承载12000千伏安负荷能力。作为该片区目前唯一的电源点，昆明湖路中心开闭所的投运切实解决了第六小学等用户的用电需求，为周边工商企业的建设和发展提供了有力的支撑，同时昆明湖路及洪泽湖路2座中心开闭所电源优化的完成，为连接西区变电站与深河变电站及栖云寺变电站提供了接入点，也成为开发区建成区域与新扩建区域配电网之间的重要枢纽。

（方志办）

【道路桥梁建设】 不计零星工程，2015年秦皇岛开发区共实施道路桥梁建设工程31项，其中，结转工程16项，新建工程15项。16项结转工程合计合同价款为24588.8万元，累计完成24741.7万元，完成比例为100.62%。有

跨长江道立交桥夜景

4项工程年内竣工，竣工率为25%。15项新建道路桥梁工程合同价款总计为7162.22万元，累计完成2914.59万元，完成比例为40.69%。年内竣工9项工程，竣工率达60%。结转工程和新建工程合计竣工率为41.9%。

（杨珺楠）

【给水设施建设】 2015年，秦皇岛开发区给水设施建设共有16项工程，其中结转工程7项，新建工程9项。7项结转工程中，管线长度超过1万米的有2项，合同价款超过1千万元的有3项。合同价款共计6050万元，累计完成4301.8万元，完成比例为71.10%。7项工程均未完工。9项新建工程相对较小，合同价款超过100万元的只有2项。共计合同价款1109.11万元，累计完成867.82万元，其中5项工程在年内竣工，完工率为55.56%。

（杨珺楠）

【排水设施建设】 2015年，秦皇岛开发区重点实施了6项排水工程，其中结转工程3项，新建工程3项。3项结转工程均已完工，竣工率100%。总计合同价款9536.71万元，累计完成9607.11万元，完成比例为100.74%。3项新建工程的合同价款合计为3055.86万元，累计完成2288.86万元，完成比例为74.90%。新建工程竣工1项，竣工率为33.33%。此外，年内的零星工程中还有9项属于排水工程。这9项零星排水工程的合同价款总计为1352.72万元，累计完成1135.6万元，其中7项已完工。

（杨珺楠）

【电力设施建设】 2015年，秦皇岛开发区电力设施建设共有27项工程。27项工程中合同价款超过100万元的大工程12项，其中合同价款在1000万元以上的特大工程3项。全部工程合同价款共计9676.71万元，累计完成6923.37万元，价款完成比例71.55%。年内竣工工程19项，竣工率70.37%。

2015年，秦皇岛供电公司开发区客户服务分中心新投开闭所及配电室19座，箱站（开）8座。新购建的开发

国家电网开发区客服分中心办公楼

区东区营业厅，完成室内装修，已具备营业条件。

（杨珺楠　王　芳）

【供热设施建设】 2015年,秦皇岛开发区动力公司加快集中供热管网及各供热配套工程建设进程，保证区内及区外项目用热用汽需求,全面保障开发区供热安全。一是根据《2015年基建计划》，先后完成了钱塘江道热力一次网工程、境泊湖路（渤海道—102国道）热力一次网工程、华山北路热力一次网工程、科技大厦锅炉房燃煤锅炉改造工程、船厂小区二次网改造工程等18个基础设施建设项目。二是为满足新增用户供热需求，新建了包括杨道庄保障性住房换热站、碧景华庭换热站、开发区青少年活动中心换热站、创智港先进制造基地换热站、承秦高速秦皇岛指挥中心换热站在内的15个换热站。三是加大供热设施改造力度，确保供热供汽设施安全。第一，对可预见的可能存在安全隐患的老旧地下管网特别是过路一次主管网进行更新改造，年内改造一次管网长度2720米、二次管网长度3670米、蒸汽管网长度610米，对涉及黄河道等8处过路一次管网进行了更换。第二，在重要供暖主干线加装双向截断阀门，并对存在安全隐患的阀门设备进行更换，增加阀门节点近30处，加装截断阀门70余台，最大限度保障供暖供汽安全，提高供暖范围可控率、缩小供暖事故影响面。第三，对存在安全隐患的热源设备进行改造，对东区深圳道锅炉房3台蒸汽炉和扩区烟台山路锅炉房2台热水炉空气预热器等存在安全隐患的重要设备进行更换，确保热源设备安全运行。截至2015年底，公司拥有锅炉房4座，换热站和蒸汽计量站182座；供热一次网管道总计157.7千米、蒸汽管道总计28.2千米；供热能力701兆瓦、供汽能力105吨/小时。

（梁忠成）

【燃气设施建设】 2015年10月,秦皇岛燃气总公司正式挂牌与华润燃气有限公司合作，更名为秦皇岛华润燃气有限公司。开发区燃气用户由压缩分公司民用户管理中心、工业户管理中心、维修施工中心负责，位于西环北路70号，名称为“秦皇岛市燃气总公司开发区服务厅”。2015年1～12月，开发区接收民用户23209户，共计接收63499户；点火8568户，共计34664户，安检9909户，安检率72%。销售气量2850000立方米，销售收入6900000元。截至2015年12月，开发区和全市工业户销售总量为116003816立方米，销售总收入365955794.80元（含税）。工业户已竣工的燃气配套工程31项，在建工程6项，置换动火作业12次，工程竣工、验收质量一次合格率达100%。

工作人员对燃气灶具进行安检

（何　欣）

【通信设施建设】 2015年，秦皇岛联通公司在开发区范围内新建4G基站42个，3G基站32个。完成了以3G手机作为应用终端，通过联通3G网络平台，对政府工作督办流程进行了改造和优化，通过数据流量应用，实现工作督办、周报、月报、总结和日常工作汇报等功能的区内3G手机督察督办系统建设。2015年，秦皇岛移动公司在开发区范围内，进一步提升4G网络覆盖质量，共建设4G宏基站36个，对开发区管委新址、富士康等工业园区、市政府新址等重点区域均进行了覆盖。年内建设4G室内分布系统22个，对党政机关、大型商场、写字楼、医院、大型住宅小区等区域进行室内场景的覆盖。2015年，秦皇岛电信公司在开

燃气总公司工作人员对燃气相关知识进行宣传

发区共投资1500万元，固网建设90个项目，新增小区覆盖用户万余户，改造用户5301户。新建168个4G基站，投资504万元，建设IPRAN（针对IP化基站回传应用场景进行优化定制的路由器/交换机整体解决方案）网络接入点105个。

（张　丽　许　涵　杨　爽）

【环保设施建设】 2015年，秦皇岛开发区共有与环保设施建设相关的项目62个，其中有环保投资的项目59个，合计环保投资10596.85万元。59个有环保投资的项目中，投资百万元以上的项目14个，占比23.7%。其中千万元以上项目3个，占比为5.08%。

（钱　军）

【土方工程】 2015年，秦皇岛开发区共计实施土方工程14项，其中，3项为结转工程，均完工；11项新建工程，完工8个，完工率72.73%。14项土方工程中，合同价款在百万元以上的工程有5个，其中1项结转工程，4项新建工程。4个百万以上新建工程中，完工2个，未完2个，完工率为50%。全部工程总计合同价款1764.27万元，累计完成价款2465.04万元，完成比为139.72%。百万以上工程价款占全部价款的35.71%。百万以上工程在结转工程中占比33.33%，在新建工程中占比36.36%。

（杨珺楠）

房屋建设

【概述】 2015年，全区房屋建设工程总计有项目118个，其中工业用房建设近半，为44.07%。其次为商品住宅建筑建设项目，占全部项目的22.03%。公共服务建筑建设列第三位，占全部项目的19.49%。列最后一项的财政投资房建占比14.07%。

2015年工业房屋建设共有52项工程，比2014年少11项。大型工程项目数基本持平，其中工程价款在1000万元以上的项目19个，仅比2014年少2个；其中工程价款在10000万元以上的2个，与2014年相同。总体上依然是稳步推进。

2015年商品住宅建设比2014年有小幅度的缩水，全年共有26个项目，少于2014年的33个。工程价款超过亿元的项目10个，少于2014年的13个。2015年财政投资房建规模则比2014年略有增加，全年共有17个工程项目，超过2014年的16个。其中工程价款在亿元以上的大型项目10个，也超过2014年的9个。2015年其他建筑建设与2014年相比，项目总数稍有缩减，但大型工程基本持平。全年共有23个建设项目，少于2014年的27个。其中工程价款超过千万元的项目有11个，少于2014年的13个。其中工程价款超过亿元的项目3个，与2014年相同。

（方志办）

宜居的城区环境

【三方签署新区安置房建设项目战略合作协议】 5月29日，开发区管委与国开行河北分行、中国新城镇发展公司三方签订《开发区新区11村安置房建设项目战略合作协议》。三方就开发区新区11村安置房开发建设项目展开合作，发挥叠加优势，加快推进开发区的棚户区改造工程进度，实现改善民生、提升城镇化建设水平、支持经济社会发展的目标。

（方志办）

【新第六小学正式投入使用】 9月1日，秦皇岛开发区新第六小学正式投入使用。新六小于2014年4月开工建设，占地面积30000平方米，建筑面积15000平方米，合并了原第六小学、第七小学、第十小学。新六小共计36个班级，可容纳1800余人，除教学楼外，还新建了篮球场、900平方米的室内体育场，以及20个功能区活动室。

（方志办）

【郭庄安置房二期工程设计招标结束】 10月20日，秦皇岛开发区郭庄安置房二期工程设计招标完成开标，第一中标候选人为秦皇岛广建工程项目管理有限公司，中标价款为7852800元。工程总建筑面积设计19.5万平方米，其中住宅16.3万平方米、商业约2.4万平方米、公共建筑约0.8万平方米。建设地点为开发区东区。

（方志办）

【体检中心开工建设】 12月，有效提升医疗服务配套能力秦皇岛开发区体检中心建设项目开工。工程总建筑面积7752.54平方米，地上八层，地下一层，采用钢筋混凝土框架剪力墙结构。为开发区最全面、现代化程度最高的体检中心。

（方志办）

【工业房屋建设】 2015年，秦皇岛开发区共计有52项工业房屋建设工程。合计工程价款101388.85万元，合计工程量452925.02平方米。其中工程价款在1000万元以上的19项，占比36.54%；其中工程价款在10000万元以上的2项，占比3.85%。52项工程中，14项工程量超过1万平方米，占比26.92%。6项工程量超过2万平方米，占比11.54%。

（唐泊文）

【商品住宅建设】 秦皇岛开发区2015年商品住宅共有26个建设项目，合计工程价款234865.09万元，合计工程量1579104.88平方米。其中，工程价款在亿元以上的项目有10个，在全部项目中所占比例为38.46%。所有项目工程量均超过1万平方米。其中，超过5万平方米的项目15个，占全部项目的57.69%；工程量超过10万平方米的项目2个，占全部项目的7.69%。

（唐泊文）

【财政投资房建】 2015年，秦皇岛

开发区共有17个财政投资房屋建设项目，合计工程价款157882.06万元，合计工程量600614.98平方米。这17项中，其中10项为深河安置房工程，2项为计新庄安置房工程，2项为王校庄安置房工程，安置房占比高达82.35%。全部项目中，工程价款在1亿元以上的有10个，占比为58.82%。全部项目中，工程量在1万平方米以上的项目有13个，其中超过10万平方米的有3个。工程量超过1万平方米的项目占比76.47%，工程量超过10万平方米的项目占比17.65%。

（唐泊文）

【其他建筑建设】 秦皇岛开发区2015年公共服务等其他类房屋建设共实施了23个建设项目，合计工程价款88221.16万元，合计工程量310879.26平方米。其中，工程价款在千万元以上的11项，占比47.83%；工程价款在亿元以上的3个，占比13.04%。工程量在1万平方米以上的项目8个，占全部工程量的占比34.78%。

（唐泊文）

环境建设

【概述】 2015年，秦皇岛开发区城市发展局以服务招商引资、配合项目建设为工作重点，高标准、严要求、按计划推进开发区环境工程项目。年内，城发局三举措确保各项工作顺利开展。一是在真抓实干上狠下功夫。分解任务，责任到人，明确目标，限定时限，跟踪监督，确保各项工作稳步有序推进。二是在积极推进项目建设上狠下功夫。超前谋划，提前准备，明确责任、分解目标，编制工程管理软件，培训各级管理人员，完善监督考核机制，加快完成工程设计、造价及合同签订等前期工作，确保全年重点建设项目顺利推进。三是在全力开展环境容貌整治上狠下功夫。城管、环卫、市政、园林、交通等部门抢前抓早，按照管护作业标准，全方位、全覆盖开展城区容貌环境清理专项行动,重点抓好西外环环境整治、城区街面秩序管控、主次干道路面保洁、园林树木修剪、破损道路及市政设施修复以及果皮箱、栅栏、护栏、公交站亭等各类设施清洗擦拭，全力营造整洁靓丽的城区环境。全年城建工程计划总投资75931万元，其中西区城建工程预算总投资46594万元，必保项目投资32339万元，预备项目投资14255万元。东区城建工程预算总投资2835万元。已签订合同270项，其中，施工合同71项，监理合同46项，设计合同67项，采购合同10项，咨询合同76项。2015年秦皇岛开发区城市环境建设以泰盛商务大厦周边环境建设为重点，环境建设重点实施了投资服务中心广场环境建设工程、民政事业服务中心环境建设工程、龙海道（鄱阳湖路—滇池路）道路改造工程、北戴河会展中心周边环境建设工程、秦抚快速路道路绿化工程、栖云山路、滇池路等道路环境建设工程。实施秦皇西大街绿道建设工程，推进以深河安置小区环境建设工程为代表的安置小区环境建设工程。完成中关村海淀园秦皇岛分园环境建设工程、城区立体绿化工程、药马坊水库周边环境整治工程。2015年共完成73项建设工程，交接验收28个工程，其中涉及到西区环境建设工程15项，东区环境建设工程13项。年内实现对已经完成的25个工地的工程竣工验收。全年新增绿地面积247357平方米，种植乔木14988余株，栽植灌木18631余株。

（王　璐）

【城发局开展园林植物修剪技术培训】 1月下旬，城发局园林部门举行由全体干部职工、临时工骨干及外委绿地负责人参加的园林植物修剪技术培训。培训历时4天，特邀河北科技师范学院教授授课，详细讲解园林树木整形修剪的时间、方法、程序等内容，并带领学员到秦皇西大街、峨眉山路、长江道、外环路等路段，针对行道树、背景树、绿地花灌木的修剪，进行现场演示和技术指导。此次培训理论与实践指导相结合，有利于学员牢固掌握植物修剪技术，为进一步提升园林养护工作水平奠定了基础。

（方志办）

【小汤河河道清淤工程竣工】 4月，有效提升开发区汛期河道行洪、蓄水、排涝等综合功能，较好改善了河道水生态环境的秦皇岛开发区开发区小汤河河道清淤工程竣工。该项工程由开发区水务局主持。从2月初～3月底，抓紧河道水位低、疏浚难度小的有利时机，全面实施河道清淤疏浚工程。累计出动312人次、挖掘机等机械车辆3263个台班，清理小汤河河道900余米，河道清淤3.8万立方米。

（方志办）

【城发局积极做好市政设施维修养护】 秦皇岛开发区城发局市政部门为及时有效保证区内道路路面的平坦、完好，控制污水横流，严防“城市陷阱”，以道路平坦、管网通畅为目标，依托精细化、网格化管理模式，大力开展全覆盖徒步巡查，全面梳理问题，落实整改措施，加强市政基础设施养护管理，健全完善便民服务保障机制，着力解决群众“出行难”问题。从3月中旬起，开展大规模市政道路维修及雨污水管网疏通。至5月，完成了青馨家园一区重设雨水管、生金湖路雨水管网升级、天山南路与青龙河道路面恢复、六盘山路电线杆占道等多项市政基础设施维修工程。开挖并铺设管网50余延长米、新砌雨水井7座、清除占道电线杆1根、恢复路面90余平方米。

（方志办）

【环卫作业开启市场化保洁新模式】 秦皇岛开发区环卫处开启环卫工作市场机制，将区内部分道路的清扫保洁作业，通过公开招投标的方式承包给有资质的保洁公司，以促进环卫工作健康发展。市场化管理以后，环卫管理体制由原来的既管事又管人向单纯管事转变，实现了管干分离，使环卫部门从繁琐的作业中脱离，将主要的精力集中在管理层面，通过更加严格的作业标准和考核机制对环卫作业进行监管，实现“市场化运作、专业化管理”的优势。11月，首批环卫外包工作由秦皇岛凤丽家政有限公司承包。涉及道路区域为长江道以南（含长江道），天山路以东，西环路以西

环卫工人作业现场

地域，总面积约26万平方米。

（方志办）

【绿化建设】 2015年城发局七措并举提升园林绿化景观效果。一是确立指导思想。在园林绿化工作中突出一个“精”字，强调一个“细”字，狠抓一个“严”字，确保绿地植被长势良好，园林景观亮点突出。二是强化工作举措。进一步落实全覆盖徒步巡查、网格化精细管理措施，完善管理机制和考评办法，确保绿化管养“纵到底、横到边、不留空白、不留死角”。三是扎实推进市场化改革。通过公开招投标方式实行绿地养护对外承包管理，狠抓外围承包绿地的监督检查，发现问题及时告知乙方，并限期整改，不断提高管理效能。四是对主干路线实行重点管理。突出道路绿化多样性原则，着力构建一路一景观、一路一特色、三季有花、四季常绿的绿色生态格局，打造独具开发区魅力的绿化景观带。五是狠抓开发区内各个游园、公园、广场的保安、保洁、绿化、美化工作，为中外客商、居民营造优美舒适的休憩空间。六是开展形式多样的园林绿化评比活动，激发居民小区和企业的建绿、护绿热情，大力营造“爱绿、护绿、造绿”良好氛围。七是加强单位、小区园林绿化的监督、检查及病虫害防治，确保社会绿化质量不断提高。年内开发区计划总投资2600万元，用于投资服务中心广场环境建设工程。工程包括广场绿化、铺装，室外道路，雕塑，总面积约12.32万平方米,绿化面积52354平方米。栽植乔木2601株，花灌木5386株，模纹19331平方米，宿根花卉4868

平方米，草坪28031平方米，造型球277株。项目极大提升开发区的整体投资环境的生态环境。年内建设的北戴河会展中心周边环境建设工程总面积7万平方米，绿化面积26000平方米，预计总投资910万元，是秦皇岛经济技术开发区的地标性建筑。其中栽植乔木1168株，花灌木2790株，模纹5487平方米，宿根花卉1383平方米，草坪13600平方米，敷设植草砖3900平方米，沥青路面9850平方米，安装路灯163基。另一处重要的环境建设工程为中关村海淀园秦皇岛分园环境建设工程。中关村海淀园秦皇岛分园位于开发区洋河道，园内绿化面积13287平方米，硬化面积2189平方米。栽植乔木864株，花灌木1265株，模纹2985平方米，宿根花卉7204平方米，草坪面积3419平方米。年内建设的滇池路环境建设工程位于龙海道与黄海道之间。车行路宽35米，分人行道宽2.5米，绿化带宽20米，总面积约31000平方米。东侧栽植乔木1113株，花灌木1545株，模纹821.6平方米，宿根花卉1301平方米，草坪15214平方米。西侧栽植乔木842株，花灌木1084株，模纹924平方米，宿根花卉1642平方米，草坪15885平方米。长江道与天山路景观节点工程总绿化面积9000平方米，硬化面积为2718平方米。栽植乔木369株，花灌木644株，模纹991.7平方米，宿根花卉1480.7平方米，草坪6904.1平方米。3月18日渤海道环境建设工程（鄱阳湖路至生金湖路）开工，栽植乔木618株，花灌木1727株，模纹4800平方米，宿根花卉3625.2平方米，草坪面积14000平方米。5月16日竣工。

（方志办　王　璐）

【环境容貌综合整治】　2015年，秦皇岛开发区城发局在美化建设中，深入推进环境容貌综合整治百日行动。一是多角度实施环境卫生综合整治。在清理建筑垃圾1200余立方米、各类违规倾倒垃圾6400余立方米的基础上，成立快速保洁小分队，对主要干道实行快速保洁，秦皇西大街、龙海道从早4：00～晚8：00实行不间断保洁，确保道路环境卫生整洁有序。二是全方位实施市容环境综合整治。采取巡回检查、集中整治理的方式，对主干道两侧违规设置的大型广告、道路两侧小广告、喷涂广告、违规悬挂软体横幅进行清理，共整治违规设置大型广告7处，清理小广告2.4万余张，涂料覆盖喷涂广告120余平方米，撤收违规悬挂软体横幅70余条。取缔主干道两侧随意摆放摊点400余份次，规范违规占道商贩180余人次，规范整治店外摆放门店80余户次，实现市容秩序持续好转。三是大范围排查维护市政设施。建立完善道路桥梁、游园广场、景观照明问题台账，梳理各类问题29处，安排人员及时修复。共平整场地1000平方米，修复破损铺砖、路缘石、路边石等12处，确保市政设施平稳运行。四是高标准加强园林养护。组织专业技术人员开展秋、冬季绿地养护管理，做好浇水、修剪、病虫害防治等工作。集中割除道路两侧荒草，清理面积3.03万平方米，涂白主次干道行道树24700株。安排专人进行流动巡查，随时清除绿带内垃圾杂物，清扫枯枝落叶，确保绿化带干净整洁。五是下大力开展大气污染整治。对个别死灰复燃的露天烧烤业户进行教育整治，加强城市道路违规运输车辆管理，敦促整改不加苫布、造成道路扬尘、遗撒车辆50余台次，制止焚烧垃圾杂物问题10件，维护了城市区的大气环境。

（方志办　王　璐）

【美丽乡村建设】　2015年，秦皇岛开发区突出“五项重点”加快推进美丽乡村建设。 一是在美丽乡村建设工作中强化农村“两委”班子建设，使其成为基层党员群众的“主心骨”，注重调动各类社会团体积极性，形成共谋发展的合力。二是以全体村民共建共享为前提，使群众支持美丽乡村建设，积极参与，主动融合，扩大成果，形成产业。三是以搞好顶层设计为蓝图，统筹辖区整体布局，科学规划设计，分步建设实施，做到一村一品、各有特色、整体协调，形成良性互动。四是以遵循市场规律为导向，坚持按照市场规律办事，既发挥政府第一推动力作用，又依靠市场机制培育内生动力，逐步形成先进的文化引领。五是以高标准严要求为宗旨。坚持调高标尺，以更高的标准、更严的标准开展美丽乡村建设，按照环境美、产业美、精神美、生态美的要求，全面建成城乡统筹发展、物质文明与精神文明双优的示范区。

（方志办　王　璐）

【城区环境建设】　2015年，秦皇岛开发区城发局六措并举打造靓丽有序城区环境。一是狠抓道路清扫保洁。加强机械化清扫及冲洗作业规范，加大保洁力度和频次，增加流动保洁人员，随时清理路面遗撒，确保主次干道干净整洁。二是强化园林绿化养护。彻底清除绿篱、绿带内垃圾杂物，保持绿带干净整洁。突出主干道和重要节点绿化多样性原则，打造独具魅力的绿化景观带。着力抓好公园广场管理，营造整洁优美的游园环境。三是加强市政设施日常管护，确保道路平整、边石顺直、排水通畅、路灯明亮、井盖齐全、机泵正常运转，市政设施完好率达到90%以上。四是开展市容环境综合整治。增加街面执法频次和密度，整治违规商贩180余人次，排查清理校园、企业周边及主干道积存垃圾2400余立方米，确保市容环境规范有序。采取人性化措施，针对群众自产水果、蔬菜入城销售问题划定经营区域，明确经营时间，较好地保障了居民生活需求。五是全力保障国道路域环境。加强国省干线道路保洁及垃圾清理清运，道路环境彻底改观，确保居民群众假日出行舒适、畅通、安全。六是全面保护水系环境。组织清理大汤河河道，加大浮萍打捞及保洁力度，确保节日期间河道的整洁干净。年内实施了龙海道道路改造工程，主要为鄱阳湖路至滇池路路段，改造道路全长3100米，主路面层沥青混凝土摊铺92065平方米，辅路面层沥青混凝土摊铺30450 平方米。路缘石抬高改造12920米，人行道铺装1580平方米。敷设DN400雨水管224米，DN300预埋管48米，DN150镀锌钢管336米，DN114热侵塑钢管1144米，雨水、污水井抬高改造510座。原有标志牌拆除后重新安装指路标志1套，分道标志1套，组合标志3套，机动车信号灯3套，人行横道信号灯8套，完成热熔标线30838平方米，导向箭头273个。年内实施了开发区第六小学环境建设工程，工程绿化面积3796平方米，敷设给水管线1334米，安装太阳能路灯14基，石凳4个。其中栽植乔木132株，花灌木238株，绿篱球99株，模纹1518平方米，宿根花卉434平方米，草坪1844平方米。年内民政事业服务中心环境建设工程3月10日开工，7月10日竣工，工程总绿化面积为7225平方米，草坪面积为2110平方米。铺装马蹄石63.85平方米，花岗岩路缘石51平方米，花岗岩板51平方米4.透水砖1334平方米，防腐木铺装64平方米。修建凉亭1座、花坛1座，设立树池坐凳石44块。铺设路面混凝土硬化820平方米、给水管道850米。

（方志办　王　璐　俞日升）

【亮化建设】　2015年3月，由秦皇岛中科富斯信息科技有限公司承担的栖

秦皇西大街两侧绿化带

汤河晨色

云山路、滇池路（支段）、秦抚支路（支段）节能型智慧城市路灯系统建设项目实施完毕。节能型智慧城市路灯系统一般节电率可达50%到60%。系统通过对路灯进行线路优化和无级差调控，实现电压的平稳输出，达到智能调节灯光亮度的作用，公司自主研发的高光效节能型高压钠灯，在保证路灯照度的条件下，灯头的平均使用寿命达32000小时。开发区龙海道的238盏节能型智慧路灯年用电量达30万度，与传统路灯年用电量57万度相比，节约近50%。年内，在北戴河会展中心周边环境建设工程中，安装路灯163基。在开发区第六小学环境建设工程中，安装太阳能路灯14基。在民政事业服务中心环境建设工程中，安装了路灯64盏和草坪灯14盏。

（方志办　王　璐）

招商引资

秦皇岛经济技术开发区年鉴2016

QIN HUANG DAO JING JI JI SHU KAI FA QU NIAN JIAN

综　述

2015年，招商工作结合全区实际，制定统一、规范、优惠的招商引资政策。深入研究重大项目引进的投资规律，积累项目信息和成功经验，提高引进能力。千方百计引进规模大、质量高、带动强的大项目，打造驱动发展的强大引擎。充分发挥驻外办事机构优势，重点引进世界500强、大型央企、知名民企和上市公司等战略投资者。密切与京津的合作对接，选派业务骨干驻地招商，打造产业承接平台。积极谋划建立高层招商顾问机构，聘请国家部委、央企管理组织、行业协会、名企高管为咨询顾问，为招商出谋划策、牵线搭桥。务实推进以商招商，按照市场经济规律，借助社会中介招商，打开招商局面，提高招商实效。开展专业化招商培训，打造专业化招商团队，为招商突破提供人才保障。研究分析跨国公司投资动向和行为特征，围绕一个产业，制定一套方案，组建一支队伍，提高对跨国公司招商的针对性，力争把跨国公司的单个项目升级为产业集群投资。全年批准利用外资项目3个，总投资750万美元，注册资金1502万美元，合同利用外资1043万美元，实际利用外资18912万美元。审批内资项目772个，同比增长6.2%，全区累计7886个；实到内资1334837万元，同比增长9%；市外资金411638万元、省外资金384488万元。

2015年，园区建设欣欣向荣，坚持不懈地发展高新技术产业，培育创新型企业。出口加工区投资兴建的两座冷库已经投入使用，总建筑面积4267.4平方米的，共有8个500吨冷藏能力的库室，总冷藏能力4000吨。全年入区企业5家，累计23家，累计完成营业总收入12833万元、实现工业总产值12784万元、实现进出口总额5965万美元。创业中心有孵化面积5.67万平方米，在孵科技型企业98家，毕业企业5家，增加入驻企业24家，孵化企业行业领域覆盖面广范。青龙园区招商引资26748万元，新增项目21个，注册资本8248万元，千万元以上项目4个，所辖企业实现生产总值2.9亿元，实现销售收入4.2亿元，上缴各种税金3100万元，累计有中、外企业153家，累计注册资本6.5亿元。燕大科技园申报工信厅“中小企业公共技术服务平台”1项，获批资金27万元；组织申报科技型中小企业创新基金，获批资金130万元；组织科技园及教师成果转化名录，孵化教师创业企业2家；与秦皇岛市旅游局签署共建大学生旅游业创业见习基地，吸纳创业团队24个，增加学生创业实体7个。

（方志办）

招商举措

【概述】 2015年是“十二五”的收官之年和“十三五”夯实基础的关键之年，认真贯彻“崇尚实干、狠抓落实”的工作主题，紧抓国家宏观产业调整和加速首都经济圈京津冀协同发展的重大机遇，以超常规的举措和力度，突出重点，招大引强。通过深入开展“三严三实”专题教育和解放思想大讨论活动，进一步转变作风，完善管理机制、创新招商方式、提升服务水平，全力稳步推进招商引资工作。一是强化小团组招商。组成多个小团组，以先进制造业、节能环保、新能源、新材料等战略性新兴产业和现代服务业为招商重点，以京津、“长三角”“珠三角”等为重点区域，以央企、跨国公司、上市公司和知名民企为主攻方向，进行一对一联系，点对点招商。二是加大京津招商引资力度。借京津冀一体化协同发展和深化与中关村海淀园合作的战略机遇，密切与医疗器械、物联网等产业联盟的联系，派专门小组长期驻京招商。参与北京“冬季招商周”活动，获取并深入推进巴威、北重搬迁、绿色金可、威卡威汽车零部件制造基地、中粮100万吨燃料乙醇项目等一批重点项目。三是加强招商合作。加强与高力国际、普华永道等招商代理机构的合作，充实客户资源，增加项目储备；加强与台湾工业总会、商业总会和建研院等工商业组织的联系，努力引进台湾优势产业项目；充分发挥戴卡产业园驻厂招商的作用，促进在谈项目落地。四是强化招商推介。组织参加北京招商周活动、5•18廊坊国际贸易洽谈会、98厦洽会、秦皇岛集中招商月、北京国际科技博览会、亚洲石油机械展、重庆装备产业博览会、无锡新能源产业展览会、中国（北京）3D虚拟现实、工业仿真技术及产品展览会、北京国际汽车工业展览会、中国动力系统及技术装备制造展览会、中国国际工业博览会、中国国际内燃机及零部件展览会、国际医疗仪器设备展览会等30余场行业展会，接触企业400余家，拓展客户资源，获取了一批有价值的项目信息。五是强化以商招商。坚持针对重点企业、项目客户的定期走访制度，认真研究现有重点企业上下游配套关系，及时掌握行业发展动态，发挥现有企业的桥梁和纽带作用，推动骨干企业与外来企业开展战略合作，通过对现有企业的优质服务实现以商招商。六是强力推进项目。针对重点在谈项目和预计开工项目，确定具体责任人，实行分局周报告、全局月调度制度，动态管理项目，及时发现存在问题，研究解决方案，制定推进措施，有效保证重点项目的跟进和落实。

（张　杰）

【参加2015中国廊坊国际经济贸易洽谈会】 5月18日～21日，“2015中国•廊坊国际经济贸易洽谈会”在廊坊市举行，由河北省人民政府和商务部共同举办。秦皇岛开发区工委书记胡英杰、管委副主任刘洪柱带队，招商局、科技局、大项目办、新闻中心、机关事务管理局等部门相关人员参加。本届“5.18洽谈会”以“协同发展、绿色崛起”为主题，以“立足环渤海、突出京津冀、面向海内外”为总体定位，举办投资环境推介、产业专题对接、贸易展览等系列活动。秦皇岛开发区在会上推介园区发展优势，洽谈投资合作项目，与北京金光旭能源投资有限公司签订“建设薄膜太阳能电池生产线项目”投资协议、与河北大木机器人技术股份有限公司签订“大木智能机器人项目”投资协议、与深圳海大置业有限公司签订“海大汽车产业园项目”投资协议、与秦皇岛海蓝科技开发有限责任公司签订“北京大学秦皇岛BNCT硼中子俘获治疗工程实验室暨产业化基地”战略合作协议。

(张伟忠)

【2015厦门国际投资贸易洽谈会】 2015年9月7日～11日，由中国商务办主办的“第十九届中国国际投资贸易洽谈会”在厦门举行。秦皇岛开发区由大项目办、招商局、机关事务管理局参加。会议以“引进来”和“走出去”为主题，以“突出全国性和国际性，突出投资洽谈和投资政策宣传，突出对台经贸交流”为主要特色，举办投资环境推介、产业专题对接、贸易展览等系列活动。期间参加了由开发区协会统一组织的布展活动，并出席招商对接活动，与多家企业建立长远联系。

（李春莲　韦　伟）

【参加秦皇岛市9月份集中招商月活动】 9月1日至下旬，秦皇岛开发区按秦皇岛市政府统一部署，开展集中招商月活动。开发区成立集中招商月活动领导小组，组长管委主任苏景文，副组长管委副主任李生、邵宏根、刘洪柱、何华庆、吕爱国、华占豪。小组成员由管委办、经发局、招商局、出口加工区、科技局、大项目办、外协中心、机关事务管理局、新闻中心等有关部门负责人组成。开发区按主导产业分成6个专题对接招商组，于9月1日～28日期间外出进行项目对接洽谈，走访重点企业。9月29日，开发区参加“秦皇岛产业链招商推介洽谈会暨重点项目集中签约”，活动由秦皇岛市人民政府主办，以“强产业促延

伸 谋合作共发展”为主题。此次活动的目的是进一步加大招商引资力度，延伸产业链条，做大做强传统优势产业，推动全市产业结构优化升级。期间，开发区与北京化工大学环渤海生物产业研究院签订“北化工秦皇岛生物工程产业园”项目战略合作框架协议、与中信戴卡股份有限公司签订模具研制中心投资协议、与河北广电信息网络集团股份有限公司签订云数据中心项目投资协议、与维龙集团签订智能环保气体输电线路（GIL）产业基地项目投资协议、与深圳前海国能投资有限公司签订中英智慧能源产业园项目战略合作协议、与吉林省振远农业发展有限公司签订农业观光园项目投资协议。

（张伟忠）

【参加2015京津冀产业转移对接活动】 11月19日～20日，2015京津冀产业转移系列对接活动在石家庄举行。秦皇岛开发区管委主任苏景文带队，管委副主任王建峰、刘洪柱、何华庆、吕爱国、华占豪带领经发局、招商局、科技局、大项目办、外协中心、机关事务管理局、新闻中心等部门相关人员参加。此次2015京津冀产业转移系列对接活动由国家工业和信息化部与北京市人民政府、天津市人民政府、河北省人民政府共同主办，以“分工合作•协同发展”为主题，总体标准和定位为“高起点、高层次、高水平”，以持续深化京津冀产业对接合作，形成优势互补、分工协作、创新驱动、协同发展的产业格局为目的。20日上午，开发区管委主任苏景文等开发区领导参加了京津冀产业合作研讨会；开幕式暨产业转移重点项目签约仪式上，管委主任苏景文与北京能源投资（集团）有限公司副总经理王永亮签订京能（秦皇岛）热电项目战略合作框架协议。20日下午举行的高端装备制造暨新能源汽车产业专题对接会、新一代信息技术专题对接会、高分辨率对地观测系统数据应用暨空间信息产业专题对接会上，管委副主任刘洪柱、何华庆、吕爱国分别推介开发区投资环境、发布招商信息和推介开发区数据产业基地投资环境。

（张伟忠）

【招商谋划】 2015年是“十二五”的收官之年，又是项目攻坚落实年。秦皇岛开发区招商工作围绕“以项目带产业，以产业带发展，倾力打造河北沿海发展增长极”这一主题，紧抓国家宏观产业调整和京津冀协同发展的重大战略机遇，以转变经济增长方式、调整产业结构为目标，以引进战略投资和发展战略性新兴产业为主线，狠抓招商引资和项目建设，提升服务水平，推动全区经济社会协调快速发展，提出2015年招商思路：

一是抓项目带动，推动项目建设大突破。扎实开展“项目攻坚落实年”活动，千方百计引进规模大、质量高、带动强的大项目，打造驱动发展的强大引擎。瞄准世界500强、央企国企、知名民企和上市公司，深入系统地研究国家产业政策导向、资本流动趋势和竞争对手的优劣势等，增强项目信息储备，提高引进能力。实施重点项目领导分包责任制，对确定的重点项目，包任务目标、包开工时限、包全程服务，形成强有力的推进机制。

二是加快发展战略性新兴产业和现代服务业，助推产业结构换档升级。坚定不移地走绿色崛起之路，“无中生有”培育发展新兴产业，“有中生新”改造提升传统产业。抓住国家鼓励支持的宝贵机遇，集中力量大力发展高端装备制造、节能环保、新能源、生物工程等四大支柱产业，全力引进福田新能源汽车及零部件、光宇新能源大巴车、中建材凯盛科技铜铟镓硒（CIGS）薄膜太阳电池组件、北重、巴威锅炉搬迁等重大项目；集聚发展数据产业，以中科院北京分院、北大科技产业园为龙头，推进智慧城市、数据产业研发中心等重点项目建设，吸引后续项目落户，促进产业集聚，放大“数谷”品牌，积极发展高端服务业，重点发展工程设计、技术服务、金融保险、服务外包，重点推进路能达国际汽车产业园、国药生命科学园的建设。汇聚人气、财气、商气，打造经济增长的新版块。

三是强化企业服务，推动以商招商。坚持针对重点企业、项目客户的定期走访制度，指定专人定期与企业沟通、联络，建立和完善与企业的沟通机制，认真研究现有重点企业上下游配套关系，及时掌握行业发展动态，发挥现有企业的桥梁和纽带作用，推动骨干企业与外来企业开展战略合作，通过对现有企业的优质服务实现以商招商。

（张　杰）

【招商方式】　2015年，秦皇岛开发区紧抓国家宏观产业调整和京津冀协同发展的重大机遇，以产业项目招商为主线，以战略投资项目为主攻目标，突出重点，招大引强，与全区工作重心同步，积极开展招商引资工作。

小团组招商。充分发挥小团组招商针对性、灵活性、实效性强的优势，提前谋划，做足功课，精心制定外出招商活动方案。针对世界500强、跨国公司、“央企”和知名民企，采取一对一、点对点的招商方式，在北京、“长三角”、“珠三角”等重点区域开展招商引资活动，与中建材、北汽福田、中国通用、巴威锅炉、北重、美国甲骨文、斐讯通讯、新筑股份等20余家央企、跨国公司及国内知名企业建立联系。通过与企业的近距离接触洽谈，获取并推进中建材、北汽福田、中国通用、美国甲骨文等一批重点项目。

驻京招商。借助京津冀协同发展和深化与中关村海淀园合作的战略机遇，选派专门小组，轮流驻京招商。先后拜访北汽福田、清控科创、普华永道、恒业世纪、绿色金可、北京威卡威、华宇软件、新兴重工、三兴汽车及北京市经信委、北京市投促局等30余家企业和机构。并接待北汽福田、绿色金可、北京威卡威等十几家企业到区考察，获取北汽福田新能源客车、北京威卡威汽车零部件制造基地等一批重点项目信息。

驻企招商。结合中信戴卡轮毂制造股份有限公司在汽车行业的影响力和产业基础，派驻专人到戴卡公司协助企业进行汽车产业园的招商和跟进工作，取得良好效果。其中KSM二期、中信戴卡零部件实验中心项目已经竣工，获取戴卡汽车零部件系统研发中心、戴卡创新中心等重点在谈项目。

展会招商。积极参加国家、河北省、秦皇岛市组织的各类重大展会活动，拓宽招商渠道，加大对外宣传推介力度。先后参加北京招商周活动、5•18廊坊国际贸易洽谈会、98厦洽会、秦皇岛集中招商月、北京国际科技博览会、亚洲石油机械展、重庆装备产业博览会、无锡新能源产业展览会、中国（北京）3D虚拟现实、工业仿真技术及产品展览会、北京国际汽车工业展览会、中国动力系统及技术装备制造展览会、中国国际工业博览会、中国国际内燃机及零部件展览会、国际医疗仪器设备展览会等30余场行业展会，接触企业400余家。

以商引商。坚持针对重点企业、项目客户的定期走访制度，指定专人定期与企业沟通、联络，建立和完善与企业的沟通机制，认真研究现有重点企业上下游配套关系，及时掌握行业发展动态，发挥现有企业的桥梁和纽带作用，推动骨干企业与外来企业开展战略合作，通过对现有企业的优质服务实现以商招商。通过对中信戴卡、臻鼎科技、金海食品、天威保变、永顺泰等企业的优质服务，促进现有企业增资扩产，不断壮大。

传媒招商。充分利用网络、电视、报纸、杂志等媒体，多渠道、全方位宣传秦皇岛市情和开发区投资环境。同时，加强网站建设，完善网站功能，提升宣传效果。有力地促进了媒体招商，取得明显成效，获得了一批有价值的项目信息。

（张　杰）

【招商管理】　2015年，秦皇岛开发区强化招商管理工作，推动招商引资和项目建设实现跨越发展。

一是强化纪律，转变作风。以“三严三实”专题教育活动为抓手，加强制度建设，领导班子带头执行制度规定，严守工作纪律，强化招商组织，严格目标管理，严明考核奖惩，确保完成年度目标任务。加强项目管理与调度，加快项目推进。实施领导分包项目责任制，对确定的重点项目，包任务目标、包开工时限、包全程服务，形成强有力的推进机制。实行周调度制度，保证各级领导和相关部门及时掌握项目进度，解决存在问题，落实推进措施，有力地促进在谈项目尽早落地，落地项目及时开工，开工项目尽早投产。光宇新能源乘用车、北京威卡威汽车零部件、雷声导航等重大项目成功引进，福田新能源汽车及零部件、通用哈动力合资燃气轮机、凯盛薄膜太阳能电池组件、北重锅炉、巴威燃气轮机等20个项目取得实质性进展。河北省首家北美州工业园区——加拿大泰瑞斯工业园正式启动。项目建设呈现批次衔接、后劲十足的良好局面。

二是强化服务，优化环境。扎实开展“三严三实”专题教育活动，严格落实中央“八项规定”，“四风”问题得到有效整治。行政审批制度进一步简化，政务服务水平大幅提高，投资环境日益优化。全力拓展信息渠道，狠抓项目信息。第一明确招商制度。要求招商人员在目标明确、保证效果的前提下积极“走出去”，规定招商部门领导赴外招商时间每月不少于1/3，一般业务人员不少于1/4，通过制度约束让每个招商人员都能建立自己的人脉关系和项目渠道。第二明确招商重点区域，分析招商渠道、挖掘客户资源、捕捉项目信息。外资和港澳台资以欧美、日韩等国家和中国香港、台湾地区为重点，内资以京津、长三角、珠三角等地区为重点，着重瞄准世界500强、央企国企、上市公司、行业领军企业，广泛联系沟通，及时掌握产业政策、发展现状、资本流向，主动外出招商，不断获取有价值的项目信息，增加项目储备。第三加强与中关村海淀园的战略合作，打造产业对接平台，选派精干人员轮流驻京招商。第四强化对重点企业、项目客户的定期走访制度，指定专人定期与企业沟通、联络，建立和完善与企业的沟通机制，认真研究现有重点企业上下游配套关系，及时掌握行业发展动态，发挥现有企业的桥梁和纽带作用，推动骨干企业与外来企业开展战略合作，通过对现有企业的优质服务实现以商招商。第五密切与驻外机构、秦皇岛市台办、侨联、工经联、发改委、商务局、投促局、贸促会等相关部门和韩国商会等部门的联系，利用其外联优势，获取信息。第六加大对外宣传力度，利用互联网、电话、会议、行业协会等多种途径不断拓展项目渠道。

三是崇尚实干，狠抓落实。进一步修改完善招商目标考核管理办法，把落实项目、在谈项目、项目信息、客户资源、到位资金等作为主要考核内容进行量化考核，层层分解落实，将考核结果作为奖惩和岗位调整的重要依据，最大限度调动招商人员的积极性和主动性。

（张　杰）

【招商队伍建设】 以"三严三实"专题活动为契机，打造过硬招商队伍。首先是努力培养一线人员坚忍不拔、志在必得的坚强意志和勇挑重担、敢打敢拼的奉献精神；二是培养创新思维，不断发掘和尝试新的招商理念和方式；三是健全招商人员绩效评价体系，完善招商考核制度，将年度目标任务层层分解，传递压力，以项目成败论英雄，充分激发一线人员的工作积极性和潜能，不断提高重大招商项目的对接率和成功率；四是不断提高招商队伍专业化水平，采取多种形式开展针对产业政策、土地规划、谈判技巧等方面的招商业务培训，注重锻炼和培养年轻同志，让他们在工作实践中提高，承担起工作任务，不断增强队伍的整体实战能力，打造出一支重责任、有激情、能吃苦、善沟通的高素质招商队伍，为完成全年目标任务提供保障。

（张　杰）

招商成果

【概述】 2015年，全区实际利用外资18912万美元，实际到位内资1334837万元，已完成年度目标任务。3月，宏启胜电子在现有厂区A6厂房内扩大生产规模，全年生产线路板1,254万平方英尺，营业额33.68亿元。增资项目总投资12.2亿元，主要用于生产单面软性线路板。5月，鹰领航空标准样板厂房正式投入生产运营。8月，天威保变特高压变压器基地增资项目开工，项目总投资约5亿元，投产后年增加变压器生产能力2000万千伏安，增加年销售收入约90100万元，增加税收3157万元，增加就业岗位250人。10月，汽车创意产业园项目在秦皇岛开发区开工，占地约3.33万平方米，总投资超过20亿元，本项目致力于整合秦皇岛市及开发区汽车零配件、二手车交易、汽车维修、4S店集群、汽车文化等汽车相关产业，采取国际最新经营理念和模式，打造北方综合汽车产业基地。12月，鹰领航空公司成立，注册资本1000万元人民币，注册地址秦皇岛开发区数谷大道4-36号。

（张　杰）

【天威保变特高压变压器基地增资项目开工】 2015年8月，天威保变特高压变压器基地增资项目开工，天威保变2004年落户秦皇岛开发区，为适应国家经济快速发展，做强输变电产业，抢占高端市场，提升公司核心竞争力，公司决定在现有厂区内建设±1100kV特高压项目。项目总投资约5亿元，投产后年增加变压器生产能力2000万kVA，增加年销售收入约90100万元，增加税收3157万元，增加就业岗位250人，对秦皇岛经济的发展起到推动作用。

（王艳敏）

【汽车创意产业园项目开工】 10月23日，汽车创意产业园项目在秦皇岛开发区开工，项目由深圳市路能达汽业园投资运营有限公司投资。占地约3.33万平方米，分3期建设，总投资超过20亿元，2017年完工。本项目致力于整合秦皇岛市及开发区汽车零配件、二手车交易、汽车维修、4S店集群、汽车文化等汽车相关产业，采取国际最新经营理念和模式，打造北方综合汽车产业基地。

（马　煜）

【宏启胜软性线路板增资项目开工】 2015年，应公司成长规划及重要客户合作要求，宏启胜电子在现有厂区A6厂房内扩大生产规模，公司是臻鼎科技集团在秦皇岛投资设立的高科技企业，于2007年落户秦皇岛开发区，员工12,700人，2014年生产线路板1,254万平方英尺，营业额33.68亿元。增资项目总投资12.2亿元，主要用于生产单面软性线路板。生产设备自2015年第一季度陆续到厂安装并进行调试及试生产，正式投产后产量可达到2040万平方英尺。

（王艳敏）

【鹰领航空高端装备技术秦皇岛有限公司正式运营】 2015年5月，鹰领航空标准样板厂房正式投入生产运营，位于秦皇岛开发区洋河道11号；年底，海洋溢油高效吸附材料（吸油包）进入正式量产；海洋溢油应急清理装备6米集装箱系列成套清理装备产品已完成；11月23日，海上溢油应急清理技术外场海域试验项目通过河北海事局验收；12月25日，总装集成实车装配平台通过预验收；直升机主尾旋翼地面模拟实验平台投入应用验证试验。

鹰领航空公司成立于2014年12月8日，注册资本1000万元人民币，注册地址秦皇岛开发区数谷大道4-36号。公司重点服务于航空航天领域，主要经营范围为：高端装备制造产业相关成套设备、工业自动化生产线、装配线、航空航天飞行器及相关零部件实验装备、焊接设备及焊接材料的设计、技术开发、生产、销售及相关技术咨询服务；信息系统集成服务；软件设计、开发与技术服务；科技信息咨询服务。技术研发项目部分：主要有海洋溢油应急清理装备新产品研发项目；大型火箭骨架型材拉弯装备研制及产业化项目；航空合金型材三维数控辊弯装备研制及产业化项目；舰载直升机主、尾旋翼轴承地面综合试验台研制项目；总装集成实车装配平台等。

（侯佳雨）

园区建设

【概述】 秦皇岛出口加工区主要开展保税加工、保税仓储、物流、配送、研发、检测、维修、国际贸易和转口贸易、国际物流分拨配送、国际商品展示、售后服务等业务。是国家所有对外开放区域中层次最高、政策最优惠、功能最齐全的特殊经济区域。2015年，投资兴建的两座冷库已经投入使用，总建筑面积4267.4平方米的，共有8个500吨冷藏能力的库室，总冷藏能力4000吨。办公辅助用房300平方米（两层），提供国检部门和冷库运营方使用。全年，共入区企业5家，累计23家。区内企业累计完成营业总收入12833万元；实现工业总产值12784万元；实现进出口总额5965万美元。2015年，创业中心现有孵化面积5.67万平方米，在孵科技型企业98家。毕业企业5家，增加入驻企业24家，孵化企业行业领域覆盖面广，主要包括：光机电一体化、新能源、海洋工程、新材料、计算机软件、生物工程、环境保护。创业中心申报工信厅“中小企业示范平台建设项目”获得专项资金27.5万元。2015年，青龙园区招商引资26748万元，新增项目21个，注册资本8248万元，千万元以上项目4个。所辖企业实现生产总值2.9亿元，实现销售收入4.2亿元，上缴各种税金3100万元。累计有中、外企业153家，累计注册资本6.5亿元。2015年，燕大科技园申报工信厅“中小企业公共技术服务平台”1项，获批资金27万元；组织申报科技型中小企业创新基金，获批资金130万元；组织科技园及教师成果转化名录，孵化教师创业企业2家；与秦皇岛市旅游局签署共建大学生旅游业创业见习基地，吸纳创业团队24个，增加学生创业实体7个。

（方志办）

【出口加工区】 建设综合保税区取得进展。2015年3月24日，秦皇岛市政府冯志永副市长带队，石家庄海关、秦皇岛开发区管委、秦皇岛海关派人参加，赴海关总署汇报秦皇岛出口加工区申请设立B区的情况。海关总署加贸司支持并批准B区批准设立后直接挂牌综合保税区。

保税物流业务有所突破。2015年，金海食品公司借助出口加工区保税业务平台，累计入区储存进口白豆片3万吨，同时海源保税物流公司尝试从韩国进口饮料业务。全年实现保税物流进出口额2979万美元，同比增长239.4%，首度超过加工贸易进出口额。

冷链物流业务进展顺利。亚粮国际工贸秦皇岛有限公司拟在秦皇岛出口加工区征地143334.05平方米，总投资7亿元人民币，主要建设内容包括冷库仓储区、恒温仓储区、常温仓储区、保税仓储区等总建筑面积20万平方米。项目正常运营后，年物流量约200万吨，年交易额300亿元，将成为东北业地区重要的冷链物流集散转运中心。由秦皇岛开发区投资兴建的总建筑面积4267.4平方米的两座冷库已经投入使用，每座冷库设计为4个500吨冷藏能力的库室，总冷藏能力达到4000吨。设计办公辅助用房300平方米（两层），提供国检部门和冷库运营方使用。负责冷库运营的海东青食品公司已经开展进出口业务，主要开展针对北美、北欧、澳洲的冷冻海产品、副食品及东盟国家的冷藏水果、蔬菜等业务。依托以上项目，秦皇岛出口加工区将打造进口冷冻、冷藏食品仓储、加工、转运的冷链物流产业基地。

完成进出口指标任务。全年，共入区企业5家，其中：生产性企业2家，保税物流企业3家，累计23家（其中，生产性企业12家，保税物流企业11家）。区内企业累计完成营业总收入12833万元，同比增长1.45%，累计122447万元；实现工业总产值12784万元，同比增长8.8%，累计120266万元；实现进出口总额5965万美元，同比增长39.8%，累计36683万美元。

2015年，共审核进出口报关单4066票，同比增长0.7%；监管货运量13.09万吨,同比增长128%；监管货值2.26亿美元，同比增长10.8%；征收税款1528.3万元，同比增长270.9%。

（梁嘉琪）

【高新技术创业服务中心】 2015年，创业中心紧紧围绕全区科技工作的顶层设计和紧密衔接京津冀协同发展重大国家战略，谋划工作思路。在为企业提供有力的技术支持、良好的创业氛围和中介机构增值服务的同时，着力于创新创业能力建设，通过资源整合提供各种增值服务，搭建有特色的创新创业平台。

创业中心有孵化面积5.67万平方米，在孵科技型企业98家。孵化企业行业领域覆盖面广，主要包括：光机电一体化、新能源、海洋工程、新材料、计算机软件、生物工程、环境保护。产品、技术研发和市场营销等方面均处于良好状态，表现出很高的成长性。截至年底，“毕业”企业5家，增加入驻企业24家，与秦皇岛小薇科技有限公司、秦皇岛海绵科技有限公司等多家企业签订入孵协议。

创业中心充分发挥在科研成果转化、产业结构调整和地方经济发展等方面的作用。形成“苗圃+孵化器+加速器到产业化”创业孵化链条，逐渐从企业培育向产业培育转变，建立“孵化器+科技园区”的合作共建模式。创业中心申报工信厅“中小企业示范平台建设项目”获得专项资金27.5万元。加入河北省科技企业孵化协会，加强与成员单位之间的联系和交流，进一步增强为企业服务的能力。9月，创业中心在科技部火炬中心开展的2014年度608家国家级科技企业孵化器的考核评价工作中，通过网上申报、专家评审、科学计算等程序，被评为优秀（A）类。10月，创业中心作为京津冀园区协同发展联盟发起成员单位之一与中国技术创业协会孵化联盟和京津冀3地园区共同倡议，以促进京津冀区域“园区合作、协同发展”为目标，发起组建京津冀园区协同发展联盟。11月，创业中心荣获河北省第三届创新创业大赛组织工作先进集体表彰。

（吴珊珊）

【青龙园区】 2015年，青龙园区招商工作面临原有企业对项目投资减少，特别是涉及到扩大生产方面的固定资产投资收缩；招商引资信息量明显减少，到园区注册的企业，尤其是科技生产型企业下滑；建设项目数量减少的困难。适时调整工作策略，改进招商方法，通过加大以商招商、以情招商、以服务招商、以政策招商拓宽招商渠道，破解招商难题，力争在困境中有所创新。全年，共组织外地客商到青龙考察20多次，实现与县政府签约5个，为县直部门、有关乡镇介绍项目15个，帮助协调解决涉及秦皇岛开

高新技术创业服务中心组织企业培训

发区、秦皇岛市政府的问题30多件。

2015年，招商引资26748万元，超额完成全县招商引资引进市外资金的任务以及全县招商引资引进省外资金的任务。新增项目21个，注册资本8248万元，千万元以上项目4个。所辖企业实现生产总值2.9亿元，实现销售收入4.2亿元，上缴各种税金3100万元。累计有中、外企业153家，累计注册资本6.5亿元。全年，项目建设3个，实际完成投资18500万元，超额完成全县项目建设目标任务，完成项目建设计划新开工并完成投资5000万～1亿元项目3个的目标任务。海纳电测公司于2015年6月19日取得了ISO14001环境管理体认证证书。

（程　新）

项目建设

【概述】全年实施省市重点项目16个，总投资123.4亿元，完成投资37.05亿元，超年度计划8000万，占当年计划的102.21%。全年续建保投产项目3个，全年续建项目有3个，全年计划开工项目有10个。以十大产业项目为统领，持续实施重点项目领导分包责任制，协同破解难题，竭力服务企业，全力实施攻坚，取得良好成效。臻鼎增资项目当年建成投产，京能热电联产正式开工，金光伏薄膜太阳能完成注册，秦皇岛能源交易中心开锣运营，中兴网信一期投入使用，路能达汽车产业园一期主体封顶，亚粮泰盛大宗商品交易中心正式签约，北大科技产业园两个子项目（城安胜邦、丰泰自动化）即将施工，北斗数谷二期等项目也均取得了重要进展。十大产业项目扎实推进，捷报频传，已成为支撑全区加快发展的中坚力量。此外，中信戴卡轻量化铸造车轮、NPB轴承异地扩建、海纳电测总部基地等一大批新建项目投产运营，项目建设呈现批次衔接、后劲十足的良好局面。

（方志办）

【续建保投产项目】续建保投产项目3个。中兴网信“智慧城市”秦皇岛北方基地项目，总投资2.3亿元，当年计划投资1.4亿元，全年已完成投资2亿元，占当年计划的142.86%,已试运行。秦皇岛阿尔法工业园开发有限公司秦皇岛装配式住宅产业化示范基地项目，总投资3亿元，当年计划投资0.7亿元，全年完成投资0.4亿元，占当年计划的57.14%,一期工程完工。中豪金山投资控股有限公司金山国际现代新兴服务产业基地一期工程（省重点），总投资22.48亿元，当年计划投资5亿元，全年完成9.32亿元，占当年计划的186.4%,科技展览馆主体完工，道路施工。

（方志办　王　淞）

【续建项目】全年续建项目有3个。秦皇岛金海食品工业有限公司三期增资项目，总投资8.2亿元，当年计划投资3亿元，全年已完成投资0.67亿元，占当年计划的22.33%,浓缩蛋白车间施工，立体库主体完工。秦皇岛中菱船舶有限公司船舶设备生产项目，总投资1.9亿元，当年计划投资0.6亿元，全年完成投资0.2，占当年计划的33.33%,2015年进入基础施工阶段。河北科力有限公司汽车亮饰条和阻水条项目，总投资1.37亿元，当年计划投资0.8亿元，全年完成投资0.8亿元，占当年计划的

100%,正进行厂房、研发楼主体施工。

（王　淞）

【计划开工项目】全年计划开工项目有10个，分别是：宏启胜精密电子（秦皇岛）有限公司软性线路板增资项目，总投资6.18亿，2015年计划投资4亿元，全年已完成投资6.18亿元，占2015年计划的154.50%,2015年已试生产。中信戴卡股份有限公司新建零部件试验中心项目，总投资1.44亿，2015年计划投资0.8亿元，全年完成投资1.14亿，占当年计划的142.50%,2015年进入楼体钢结构施工阶段。中信戴卡股份有限公司年产100万件轻量化铸造车轮项目，总投资1.15亿元，当年计划投资1.15亿元，全年已完成投资1.02亿元，占当年计划的88.7%,2015年已试生产。秦皇岛光旭能源科技有限公司太阳能电池项目，未开工，总投资30亿，当年计划投资10亿元，预计6月底进厂施工，总体设计已完工，已进入办理土地手续阶段。天威保变（秦皇岛）变压器有限公司±1100千伏特高压变压器基地建设项目，总投资5.1亿元，当年计划投资1.5亿元，全年已完成投资0.92亿元，占当年计划的61.33%,2015年厂房框架完工。秦皇岛中石油燃料沥青有限责任公司沥青生产装置技术改造项目,未开工，由于中石油系统领导更换，项目需内部重新审批，2015年进入可研编制阶段。秦皇岛联彩石油储运有限公司石油储运、码头项目及能源交易中心项目（省重点），总投资20亿，当年计划投资4亿元，全年完成投资11.22亿元，占当年计划的280.5%,交易中心已运营，储运码头填海工程施工。八达物联（秦皇岛）集散地项目，总投资12.56亿元，2015年计划投资2.6亿元，全年完成投资2.26亿元，占2015年计划的86.92%,2015年围墙建设完成，正进行基础施工。中信戴卡股份有限公司模具研制中心项目，总投资3亿元，2015年计划投资0.1亿元，全年完成投资0.8亿元，占2015年计划的800%,2015年进行了厂房主体施工。秦皇岛惠恩生物技术有限公司健康食品项目，总投资1.6亿元，2015年计划投资0.2亿元，全年完成投资0.12亿元，占2015年计划的60%,2015年进入土建施工阶段。

（王　淞）

工业

综　述

2015年完成规上工业增加值169.9亿元，同比增长8.3%，占全市的51.2%，比“十一五”末提高12.4个百分点，实现了由占全市的1/3到半壁江山的巨大跨越；实现利润17.4亿元，占全市的93%，比“十一五”末提高了31个百分点。以开发区工业为主导的第二产业迅猛发展，给全市作出了较大贡献。

在工业中逐渐形成了以粮油食品加工与制造业、机械电子业、非金属矿物业、化学原料及化学制品业、金属压延及制品业为主的5大支柱产业。2015年有规模以上工业企业152家，全部从业人员平均人数61082人，实现工业总产值653.27亿元，主营业务收入676.11亿元，利税总额31.65亿元，与同期相比略有下降。主营业务超亿元企业达到60家，其中，主营业收入超10亿企业有14家，分别是中信戴卡股份有限公司、秦皇岛金海粮油工业有限公司、秦皇岛中石油燃料沥青有限责任公司、宏启胜精密电子（秦皇岛）有限公司、秦皇岛金海食品工业有限公司、山海关造船重工有限责任公司、中国—阿拉伯化肥有限公司、海湾安全技术有限公司、旭硝子汽车玻璃（中国）有限公司、秦皇岛正大有限公司、秦皇岛开发区美铝合金有限公司、秦皇岛首钢板材有限公司、秦皇岛兴龙轮毂有限公司、中粮面业(秦皇岛)鹏泰有限公司。

在整个规模以上工业企业中，机械电子业企业有68家，占到全部规模工业企业的44.74%，实现工业产值328.36亿元、主营业务收入346.67亿元、利税23.67亿元，分别占全部规模以上工业企业的50.26%、51.27%、74.79%。机械电子业中的专业设备制造快速发展带动了整个机械电子业的迅速回升，也标志着开发区的产业结构正在逐步优化。

工业生产平稳增长，企业利润降幅扩大。据统计局月报显示，规模以上工业累计完成增加值169.94亿元，同比增长8.3%，其中，轻工业完成23.67亿元，下降7.7%；重工业完成146.27亿元，增长11.5%。规模以上工业企业主营业务收入672.96亿元，同比下降3.0%。实现利税32.46亿元，下降18.6%；其中，实现利润17.35亿元，下降22.4%。

外贸进出口继续增长。全年完成进出口总额31.76亿美元，增长5.9%。其中，出口总额18.19亿美元，增长0.5%；进口总额13.60亿美元，增长14.0%。

（方志办）

粮油食品加工及制造业

【概述】2015年，秦皇岛开发区粮油食品加工及制造业包括农副食品加工、食品制造、酒饮料制造、烟草制品业，全部从业人员年平均人数为4604人。该行业有规模以上工业企业9家，占全区规模以上工业企业总数的5.92%，实现工业生产总值145.62亿元，并且占全部工业生产总值的22.29%；实现主营业务收入为142.50亿元，占全部主营业务收入的21.08%；利税为3.5亿元，并且占全部利税总额的11.06%，工业生产总值较2014年比增加1.81%，主营业务收入和利税基本上和2014年持平。开发区食品加工业的众多龙头企业，不断强科技创新和自主研发，努力延伸产业链条，经济效益明显提升，初步形成了以金海工业、正大食品、中粮面业等企业为代表的食品加工产业集群，推动行业稳步发展。

（方志办）

【扩建12万吨/年小麦加工项目】作为专用粉行业的领军企业，鹏泰公司连续9年满产满销，产品供不应求。企业2016年投资7千万元扩建12万吨/年小麦加工项目，选用国内先进的生产设备，开发更科学、环保的生产工艺。项目将于年底竣工。

（李鹤飞）

【与广东华美培训中心联合办学】为进一步提升产品品质及服务，企业与“烘焙界的黄埔军校”——广东华美培训中心联合办学，成立秦皇岛培训基地，并面向社会共同招收学员。培训内容主要涉及制粉技术、烘焙知识，设置最前沿烘焙培训课程，培养高技能人才。首期烘焙提高班已于2016年8月开班。

（李鹤飞）

【秦皇岛金海食品工业有限公司立体项】秦皇岛金海食品工业有限公司（简称：金海食品）是由丰益中国东北投资私人有限公司投资兴建，集粮食加工、仓储物流、贸易经营于一体的大型农产品加工企业。公司坐落于秦皇岛经济技术开发区东区内，占地1100亩，总投资额约20亿元。

金海食品以东北的优质大豆为原料，可生产大豆浓缩蛋白、大豆分离蛋白、组织蛋白、食用豆粉、脱脂大豆粉、低温脱脂大豆粉、酱油专用豆粕、小包装食用油、食品豆、磷脂、豆浆粉和豆腐花等优质产品。其中，大豆浓缩蛋白产品的加工在国内尚无同类规模、同等技术的加工企业，技术居国际一流。

金海食品立体库项目总投资约4300万元，从2014年7月开始筹建，历经近18个月，终于在2016年2月28日

金海食品食用油生产线

正式投入使用。金海食品新建立体库与传统库房相比能够同时实现以下功能：1、小包装油的追溯赋码、自动码盘、远距离自动输送、立体存储、自动发运；2、浓缩蛋白的远距离管道输送、全自动打包、机械手码垛、立体存储、自动发运；3、其它成品及辅料的集中立体存储、自动发运。

整个项目实施后存储区共有15392个货位，同等存储量的情况下，对比以往传统的存储模式可节省土地10000平方米。作为益海嘉里集团首家工厂推行的立体库项目，将为后期货物自动化存储作出巨大贡献。

（陈　明）

【亿科油用牡丹助推农业产业转型】 6月25日，秦皇岛市在开发区召开油用牡丹种植现场观摩会，副市长王亚洲，开发区管委副主任郭晓城出席观摩会。来自市财政局、林业局等部门以及全市各县区的林业、农工等相关单位主要负责人参加会议。

近年来，由于牡丹籽油的发现，赋予了油用牡丹新的发展机遇。2014年4月，秦皇岛亿科农业开发有限公司与北京上禾牡丹农业开发有限公司开展合作，共同开发油用牡丹合作种植项目。北京上禾提供项目资金和技术，亿科农业提供1000亩种苗繁育基地、500亩种植示范基地以及50亩种苗繁育科研基地，根据双方的合作规划，在未来进行推广后，双方还将在秦皇岛市建设油用牡丹加工厂，对种植农户进行统一收购。

（王勤诣）

【长胜科技启动睡眠非药物干预公益项目】 河北省健康服务行业协会与秦皇岛长胜农业科技发展有限公司主办的睡眠非药物干预公益项目启动。河北省人民医院、解放军白求恩国际和平医院等医院的医疗专家参加项目研讨。在启动会上，各位参会专家对汇报中提到的速溶芦笋粉改善女性更年期的内容予以高度关注，结合目前临

床情况展开热烈讨论。会中各位专家高度重视项目的安全性，针对体检指标进行更加细化地分析，为日后产品功效的验证指出了更科学的方向。

（郑旭静）

【长胜科技增添新产品】12月18日，秦皇岛长胜营养健康科技有限公司举行浓缩芦笋汁项目投产仪式，标志着长胜科技产品种类从单一化的速溶芦笋粉开始向多元化发展。项目投产后，将为完美（中国）有限公司提供芦笋汁原料，与娃哈哈、伊利等国内著名饮品企业合作也正在积极洽谈中，预计2016年公司销售收入将达到6000万元。

秦皇岛长胜营养健康科技有限公司成立于2005年，是一家致力于芦笋生物加工技术开发与转化的食品企业，主要从事以芦笋皂苷为主要成分的食物或功能食物原料——速溶芦笋粉与芦笋汁的研发、生产和销售。此次投产的浓缩芦笋汁相比于芦笋粉具有食用方便、营养成分更高、产品配方更稳定等特点，通过产品的多元化发展，长胜科技将能完全满足芦笋加工行业各类用户的需求。

（刘　镝）

机械制造及电子业

【概述】 2015年，全区规模以上机械制造及电子业产业集聚能力、扩张速度和运行质态都得到了明显提升，逐步成长壮大。全区有企业68家（其中，通用设备制造13家，专用设备制造25家，汽车制造11家，铁路船舶航空运输设备制造业3家，电气设备制造8家，电子仪器仪表设备制造8家），全部从业人员年平均人数39527人。实现工业产值328.36亿元、主营业务收入346.67亿元、利税23.67亿元，分别占全部规模以上工业企业的50.26%、51.27%、74.79%。

（方志办）

【首台120米射程全液压射雾车下线】 世界首台射程为120米的一体式全液压射雾车在秦皇岛思泰意达科技发展有限公司成功下线。120米一体式全液压射雾车的射程为世界之最，较公司以前生产的80米射程射雾车相比可实现远程立体喷雾和更大空间粉尘抑制。该车采用一体式全液压技术，不再采用额外的柴油发电机提供动力，改用车辆底盘发动机驱动液压系统，减轻了机器作业时的环境污染，同时依靠液压系统驱动射雾器风机、离心水泵，射程及水流量无级调节，实现节能高效，射雾抑尘原理是通过高压将水雾化成与粉尘大小相当的水珠，在风机作用下将水雾抛射到远方，粉尘颗粒与水珠颗粒相结合，逐渐凝结成颗粒团，在自重的重力作用下沉降，从而实现粉尘治理的目的。

（刘 镝 赵家文）

思泰意达喷雾车

【天业通联供货科威特】 天业通联公司与韩国LG集团所属GS公司签订路桥设备采购合同，天业通联将为科威特跨海大桥工程提供全部大型施工设备，这标志着天业通联在国内低迷市场行情下成功进军国际市场，向国际化企业迈进。科威特跨海大桥建设项目全长12.43公里，计划工期48个月，工程总造价5.79亿美元。天业通联公司提供的施工设备包括一套1700吨架桥机，2台850吨提梁机，4台425吨运梁车，2台15吨门吊和两台80吨门吊及部分附件，全部设备将于2016年初抵达科威特现场。

（田　凯）

【康泰医学获2014年河北省政府质量奖】康泰医学系统（秦皇岛）股份有限公司获得2014年河北省政府质量奖中的组织奖。全省共有10家单位和10名个人分别获得2014年河北省政府质量奖的组织奖和个人奖。康泰医学首次获得该奖项，也是秦皇岛市唯一获奖企业。河北省政府质量奖是省政府设立的最高质量荣誉奖项，分设组织奖和个人奖，分别授予质量水平业内领先的企业和在质量领域作出突出贡献的个人。

（赵家文　吕　扬）

【康泰医学通过CMMI三级评估认证】康泰医学系统（秦皇岛）股份有限公司通过CMMI（能力成熟度模型集成）三级评估认证，标志着公司软件开发能力和管理模式达到了一个新的水平。CMMI认证源自美国，是当今国际软件行业最权威的评估认证体系，分为5个等级。企业通过CMMI国际认证后，对项目的估计与控制能力可提升40%以上，生产率提高约15%，软件产品出错率下降超过30%，从而帮助企业对软件工程过程进行管理和改进，有效提升项目进度和预算的可预测性，提高公司产品的整体质量和风险防控能力。2015年，开发区已有3家企业通过CMMI三级评估认证，占全市的75%，分别为秦皇岛晨砻信息科技有限公司、秦皇岛燕大燕软信息系统有限公司、康泰医学系统（秦皇岛）股份有限公司。

（张　晴）

【凯斯曼汽车零部件制造项目开工建设】凯斯曼秦皇岛汽车零部件制造有限公司年产157万件高压铸造气缸头盖、65万件差压铸造转向节支架项目开工建设。该项目位于秦皇岛经济技术开发区新兴产业园区、龙海道以北，总投资达4.73亿元，将陆续建设总建筑面积达56586平方米的熔炼车间、高压铸造车间、差压铸造车间、机加工车间等生产及配套设施，添置炉内喷吹机、热处理炉等国内设备66台（套），引进2700T高压铸造机、油雾过滤处理设备等国外先进设备69台（套）。此次新开工的为该项目一期工程——KSM1#l联合厂房，建筑面积32587平方米，工程造价8533万元。项目建成后将与现有的中信戴卡等公司一道，逐步延伸开发区的汽车产业链，促成汽车产业聚集的规模效应。

（王黎明）

【齐燕数控机床自动化冷镦机下线】 秦皇岛齐燕数控机床有限责任公司研发制造的BP-440SS型螺栓自动镦锻机已顺利下线，2015年进行稳定试验，将于2015年下半年开始批量生产。冷镦机是用来批量生产螺母螺栓等紧固件的专用设备。BP-440SS型螺栓自动镦锻机又称多工位自动冷镦机，是公司以2006年第一台冷镦机的生产经验为基础，吸收日本坂村株式会社的先进制造技术自主研发而成。该设备每分钟可生产210个零件，生产效率是同类设备的2倍。其内置的动平衡系统，在提高生产效率、降低噪声、保障运转稳定等方面起了关键作用。在运转监测方面，该设备对模具、机械手的运转实行自动监控、自动报警，避免了传统手动监测中监测滞后所引起的运转异常等问题。另外它能够自动调整挡料长度、送料长度、模枪尺寸，所有数据均有实时显示，其自动化程度在国内处于领先地位。

（艾北芳）

【哈电重装发运阳江4号核电机组首台蒸发器】 6月7日，由哈电集团（秦皇岛）重型装备有限公司自主研发制造的阳江4号核电机组首台蒸汽发生器成功发运。该设备在管板深孔加工、焊接、管子管板胀接等方面取得了技术突破，在业内同类产品中质量最优。

阳江4号核电机组蒸汽发生器采用CPR1000压水堆核电技术，为典型的立式倒U型管式结构，其制造技术和质量控制要求包含RCC-M规范和中国国家核安全法规对核一级设备制造的全部要求。为保证设备质量，哈电重装注重核安全文化理念，将人员行为管理工具运用到设备制造过程中，严格执行风险管控。管板堆焊、下封头堆焊、环缝焊接等工序合格率均达到99.9%以上，管子管板焊接、液压胀接、深孔加工工序中产品合格率达到100%。

（艾北芳）

【秦皇岛恩彼碧轴承有限公司新厂开工】 10月13日，秦皇岛恩彼碧轴承有限公司举行新厂开工庆典仪式，秦皇岛恩彼碧轴承有限公司新厂总建设用地面积10.49公顷，总建筑面积66650平方米，规模是原厂的2倍，该项目建设总投资金额为6270万美元，加上原有固定资产，总规模达9220万美元。新厂建成之后，日本工厂所有生产设备和能力也转移至秦皇岛新工厂，年轴承组件生产能力达到1000万套，比老厂大幅度提高。

（李佳新）

【海纳电测总部基地正式开工建设】 11月8日，河北海纳电测仪器股份有限公司在开发区举行总部基地建设暨电能计量仪器检测设备扩产项目开工仪式。河北海纳电测仪器股份有限公司是从事电能计量装置校验设备研制开发、生产制造、产品销售的高新技术企业，公司产品共有电力互感器检定/校验装置、电能表校验装置、智能电网配套仪表校验装置、电力自动化配套设备等4大类10个系列30多个型号品种。公司产品已销往全国22个省600多个县市电力行业相关部门，其中电力互感器校验设备类产品销售占全国约40%的市场份额，2012年12月公司股权实现了在天津股权交易所挂牌交易。公司总部基地的开工建设，为企业的做大做强奠定了基础。

（李佳新）

【惠斯安普HRA落户国家体育总局】2015年，惠斯安普HRA功能医学检测设备落户国家体育总局运动医学研究所，为国家运动员提供体质监测、训练指导、疾病早期筛查及健康风险评估服务。通过HRA设备，运动员可以检测训练前和训练后的体质变化，全面了解自己身体当前功能状态，根据功能变化制定训练计划和体能恢复膳食处方。对筛查出的健康风险，可以及时考虑停训某些科目，或者减少训练量，以确保运动员的健康。国家体育总局运动医学研究所是专门从事运动医学临床、教育、研究与下队服务的单位。作为奥运会备战牵头单位，先后组织完成了众多总局、科技部以及国家自然基金委员会的科研课题。

（宁迎波）

【山船重工首艘3.85万吨散货船交付使用】山船重工为民生租赁、大连泰嘉建造的首艘3.85万吨散货船顺利交付使用。该船型具有国内自主知识产权，设计理念先进，操作性能良好，属新型节能环保船舶，船体总长182米，型宽30米，型深14.8米，机构吃水10.5米，适用于国际海域无限航区。山船重工共承担10艘同类型散货船的制造任务。

（方志办）

【秦皇岛开发区赛福电子公司新建厂房工程竣工】3月12日，赛福电子公司扩建的1#5#厂房竣工，建筑面积5000平方米，为扩大再生产和业务拓展奠定了基础。赛福电子是继海湾公司之后，开发区又一家生产消防产品的专业制造商，2014年销售收入达6600余万元。

（方志办）

【秦冶重工研发制造首台浇钢车投入使用】秦冶重工为山东西王特钢生产的200吨浇钢车顺利投入使用，该产品填补了秦皇岛市装备制造业领域的空白。秦冶重工承担2套200吨浇钢车制造任务，该车用于浇钢模铸使用，钢水罐放置在车上后，可以实现3个方向（横向、纵向、垂直上下）的运动，并实现全自动化浇铸。

（方志办）

【世界最大的带座轴承生产基地在秦皇岛开发区建成投产】10月13日，由日本Pillow Block 制造株式会社投资6270万美元建设的恩彼碧轴承项目在开发区投产运营。该项目占地面积150亩，总建筑面积6.6 万平方米，包括铸造车间、热处理车间、轴承车间、车削车间等，形成年产1000万套轴承的生产能力，预计年产值8亿元，利税5000万元，并提供1000个就业机会，成为世界最大的带座轴承生产基地。

（方志办）

【天威秦变顺利完成观音岩永仁站12台换流变压器生产制造任务】4月20日，天威秦变承制的观音岩永仁站12台换流变压器全部制造完成，陆续发往安装现场。“观音岩”直流工程是南方电网公司重大直流输电项目，起点为楚雄永仁县，止于文山富宁县，线路全长577 公里，额定输送功率为双极3000兆瓦、单极1500兆瓦，额定电流为3000安。

（方志办）

【秦皇岛开发区云立方干雾降温机器人助力2015秦皇岛马拉松】5月31日上午，2015秦皇岛马拉松赛暨全国马拉松锦标赛在秦皇岛市奥林匹克中心鸣枪开跑。为了让选手取得好成绩，并且在赛后防止运动员因体温过高而出现意外。云立方秦皇岛科技有限公司研制的6台干雾降温机器人分布在起始点，以保障大赛的顺利进行。

干雾降温技术，最早缘于美国、日本世博会，已成为国际上最流行的室外降温方法。云立方干雾降温机器人采用以水为原料的纯物理方式，以蒸发吸热原理吸收环境热量，降温过程中不产生有害物质，不对环境二次污染，降温效果迅速，人体舒适度好。干雾降温终端将粒径1-10μm的水雾颗粒由特制的喷嘴喷出，在空气中扩散，扩散过程中不断被蒸发，并吸收该区域大量热能，达到降温目的。所以整个降温区域不但降温迅速，而且含有大量负离子，同时增加区域湿度，可调节到最佳人体舒适度。

云立方干雾降温机器人是一种高效、节能的新型降温设备，代表了目前开放和半开放局域环境优化调节领域的先进节能减排技术，打破了传统空调、风扇的适用范围，能够缓解“城市热岛效应”，使节能减排科技更贴近民众生活，让城市环境得以净化。

（方志办）

金属压延及制品业

【概述】2015年，秦皇岛开发区金属压延及制品业包括黑色金属、有色金属压延加工和金属制品业，全部从业人员年平均人数为5651人。有规模以上工业企业30家，该行业占全区规模以上工业企业总数的19.74%，实现工业生产总值59.35亿元，占全部工业生产总值的9.09%；实现主营业务收入为62.50亿元，占全部主营业务收入的9.24%；利税为负增长。

（方志办）

【中信戴卡公司零部件实验中心扩建工程开工】中信戴卡股份有限公司零部件实验中心扩建工程1月15日开工建设。该项目位于开发区龙海道185号，建筑面积12050.46平方米，建筑高度11.25米，为跨度24米的两层钢结构和框架结构厂房，总投资2244万元，工期11个月。中信戴卡公司现有的零部件实验中心是目前亚洲最大的汽车轮毂实验中心，随着此次实验中心新厂房的建设，实验中心将可开展对汽车转向节支架、底盘传动架等汽车核心部件的实验检测，并填补中国在此方面的技术空白，同时也可大幅提高中信戴卡公司的技术研发实力。

（王黎明）

【中信戴卡公司在中国汽车零部件行业出口排名第一】中国海关信息网发布2014年度中国汽车产业出口百强榜单，中信戴卡股份有限公司名列百强榜第4位，在中国汽车零部件行业出口中排名第一。中信戴卡公司着重创新驱动，努力转变发展方式，转换增长动力，实现产业转型升级。2014年，公司克服全球经济走势低迷影

中信戴卡轮毂生产线

响，不断调整经营思路，加大科技创新力度，拓宽海内外销售渠道，出口额同比增长22.87%。

（冯　娜）

【中秦渤海试生产个性化车轮】中秦渤海有限公司年产200万只高强度、轻量化铝合金车轮项目已进入试生产阶段。该项目致力于个性化改装车市场，将在这一领域为企业发展注入新的活力。

中秦渤海有限公司生产线

中秦渤海有限公司依托中秦兴龙工业集团的技术力量和资金支持，将目光投向个性化车轮，相比同行业企业，中秦渤海定位海外改装市场，由于外观设计炫丽，尺寸涵盖范围广，定位准确，深受用户喜爱，2015年已经拥有超过70万只订单，预计该项目正式投产后，销售量将更为可观。同时，为了提升设计人员的创作灵感，丰富知识储备，中秦渤海与燕山大学展开深入合作，定期组织员工进行学习培训，并每年拿出销售业绩的3%用于个性化车轮的研发，保证了车轮创作的独特性。

（王勤诣　米　良）

非金属矿物制品业

【概述】2015年，秦皇岛开发区非金属矿物制品业有规模以上工业企业10家，全部从业人员年平均人数为2677人。该行业占全区规模以上工业企业总数的6.58%，实现工业生产总值19.22亿元，并且占全部工业生产总值的2.94%；实现主营业务收入为19.26亿元，占全部主营业务收入的2.85%；利税为0.2亿元，并且占全部利税总额的0.63%。

（方志办）

【华光玻璃走俏国际市场】2015年，华光玻璃从一条镀膜玻璃生产线，到如今拥有钢化玻璃、中空玻璃、夹胶玻璃、银镜玻璃、LOW-E玻璃等多条生产线，历经14年的技术开发，已成为北方地区规模较大、产品较全的玻璃深加工基地。

公司玻璃年产量达到92万平方米，其中50%用于出口，是2015年市场需求量较大的节能玻璃。LOW-E玻璃又称低辐射玻璃，它既有很高的可见光透过率，又有很好的红外线反射率。华光玻璃评借与台湾东泰昆山镀膜公司多年的技术合作，充率先成为国内第一家提供该玻璃生产线的厂家，产品主要出口美国、澳大利亚、

华光玻璃生产线

韩国等国家。

（梁丽丽　艾北芳）

【杰伯特脱硝技术运用到建材行业】 秦皇岛杰伯特环境科技有限公司承接了海拉尔蒙西水泥有限公司2000吨水泥窑脱硝项目。公司的SNCR烟气脱硝技术与氨水配制存储技术荣获国家实用新型专利，可在达到国家烟气治理标准的前提下大幅降低企业成本。

（方志办）

化学原料及化学制品制造业

【概述】2015年，秦皇岛开发区化学原料及化学制品制造业包括石油加工炼焦及核燃料加工业、化学原料及化学制品制造业、医药制造业、化学纤维制造业橡胶制品业、橡胶塑料制品业，全部从业人员平均人数为2677人。有规模以上工业企业13家，该行业占全区规模以上工业企业总数的8.56%，实现工业生产总值84.91亿元，并且占全部工业生产总值的13.00%；实现主营业务收入为88.36亿元，占全部主营业务收入的13.07%；利税为3.41亿元，并且占全部利税总额的10.77%。

（方志办）

【天秦装备用品包装技术填补国内空白】秦皇岛天秦装备制造股份有限公司的“可实现储运集装一体化大型密封塑料包装”项目进入设计定型阶段，此项目以塑料代替金属、玻璃钢等材料用于防护大重量、长径比超大尺寸的精密仪器生产，填补了国内该技术领域的空白。储运集装一体化大型密封塑料包装由天秦装备自主研发，采用环保材料，通过热塑性材料挤出成型、塑料零件注塑成型生产出由包装筒、支撑架、捆绑器三部分组成的长约1.5米的特种部队军工用品整体外包装。项目突破了包装托盘式集装的常规技术，完成了箱体自身的自由组合，实现了对内装精密仪表、器材、智能产品的特殊防护、贮存、集装、运输，具有良好的抗冲击、抗弯曲能力，大大提高了产品的密封性、阻燃性及防潮、防霉菌、防静电功能，获得实用新型专利。批量生产后，预期订单额将达6000万元左右。天秦装备每年都会并行生产出2至3个新产品，研发投入达到上一年销售收入的5%以上。公司将进一步开拓市场，将产品从弹药防护外包装转移到设备类、功能类产品多样化生产上来，在开发“高效低耗海水淡化装备、3D打印技术应用转化项目、中大口径弹药包装”等方面实现突破。

（张　晴）

【宏岳塑胶集团入选中国轻工业百强企业】2015年，中国轻工业联合会发布“2014年度中国轻工业百强企业”荣誉榜单，宏岳塑胶集团凭借优秀的市场表现与稳健可持续的盈利能力，在价值能力和财政能力榜单中入选百强。公司面对建筑管道需求整体增速放缓局面，宏岳集团勇于革新，以客

宏岳集团公司塑胶生产线

户为出发点，开展了品牌发展、科研创新、供应链优化、渠道建设、人才培养等全方面优化工作，明确了发展目标和推进计划，公司经营业绩实现稳定增长。

（冯　娜）

其他制造业

【概述】2015年，秦皇岛开发区其他制造业包括木材、家具、纸品、文体用品、纺织服装、工艺品、废弃物品制品等的加工制造业，全部从业人员年平均人数为5571人。有规模以上工业企业13家，该行业占全区规模以上工业企业总数的8.56%，实现工业生产总值6.66亿元，并且占全部工业生产总值的1.02%；实现主营业务收入为6.78亿元，占全部主营业务收入的1.00%；利税为0.6亿元，并且占全部利税总额的1.90%。

（方志办）

【领先生物获省农业补助资金】2015年领先生物农业股份有限公司获河北省2014年度农业产业化奖励类项目补助资金50万元，是2014年秦皇岛市唯一因技术创新发明专利获得河北省农业产业化奖励补助资金扶持的企业，该公司已连续2年获得该项资金扶持。

领先生物农业股份有限公司是一家主要从事农业领域节能环保型生物制品研发、生产和经营的高新技术企业，所获资金将用于公司的技术研发和成果推广。

（芦洪玉）

【星箭公司发展态势利好】星箭公司一月从完成产值200多万，生产抗辐射玻璃盖片8万片、蓝波滤光片近3万片，创历史同期最高水平，实现了首月开门红。

企业自2014年开始转变经营思路，坚持两条腿走路：一方面保证国家空间用玻璃的需求，一方面向光学玻璃方向发展。产品由航空、航天等 军事领域向船舶、精密仪器、照相机、手机等民用领域及光伏产来拓展。特别是新品蓝波滤片开始批量生产以来，订单不断，日可生产2000片。占到了企业的半壁江山，这必定为企业发展奠定坚实的基础。

（王继军）

【正渗透膜水处理项目测试完成】秦皇岛海绵科技有限公司正渗透膜公司正渗透膜项目已完成测试，于2015年7月实现膜片量产，项目一期目标计划年产膜片20万平方米。正渗透膜技术依靠选择性渗透膜两侧的渗透压差为驱动力自发实现水在膜中的传递，通过只过滤水分子最终得到纯水。正渗透膜技术是2015年世界最先进水处理法，主要应用于海水淡化、高污染废水处理、水净化等领域，经过处理的水主要用于工业生产。该技术与传统的反渗透水处理技术相比具有不加压、低能耗、零排放等优点。

（方志办）

【星箭公司成功研制空间站窗口照明玻璃】用于中国空间站照明系统的空间用窗口玻璃由秦皇岛星箭特种玻璃有限公司研制成功，首批产品正在加紧生产，2015年11月下旬发往中国航天科技集团。

该产品具有透过率强、耐高低温冲击、抗紫外线强的特点，经过搭载试验及测试，各项数据完全达到技术指标要求。这是继OSR基片、抗辐照玻璃盖片之后，星箭公司研制成功的第三款产品，实现了航天用玻璃温控系统、能源系统、照明系统的全覆盖。

秦皇岛星箭特种玻璃有限公司自2000年成立以来，研制生产的特种玻璃产品已成功应用于“神舟五号”至“神舟十号”系列飞船、“天宫一号”目标飞行器和“嫦娥一号”至“嫦娥三号”探月卫星等航天器上。同时，公司成为同行业中航天科技集团公司唯一一家合格供货方，市场占有率已经达到95%以上。

（王继军）

星箭公司厂区

电力·燃气·水的生产及供应业

【概述】2015年，秦皇岛开发区电力燃气水的供应业包括电力、热力、燃气及水的生产和供应业，全部从业人员年平均人数为1031人。有规模以上企业9家，该行业占全区规模以上企业总数的5.92%，实现工业生产总值9.1亿元，并且占全部工业生产总值的1.40%；实现主营业务收入为10.05亿元，占全部主营业务收入的1.50%；实现利税0.7亿元，占全部规模以上利税总额的2.21%。

（方志办）

【秦皇岛开发区泰盛水务有限公司】公司成立于2015年2月12日，由中节能水务发展公司和秦皇岛开发区泰盛水务有限公司共同出资组建，有在职员工101人。公司始终立足安全用水，突出优质服务，凝心聚力，扎实工作，取得了较好的成绩，荣获了2015年度“平安建设”先进单位等诸多荣誉。

给水方面全年度水质合格、水量充足，保障了区内企业、居民的生产、生活用水；服务方面强化服务意识，创新服务举措，实现供水抢修和售水窗口全年无节假日服务，24小时受理来电，用户对服务满意率较高；安全方面加强安全生产巡视、检查、应急演练和规章制度的落实，确保水厂、供水加压站供水设施、设备及供水管网安全运行。2015年，公司完成自来水售水量707万立方米,直供水（原水）售水量260万立方米,污水处理量630万立方米,总营业收入3,127.16万元，利润总额为483.16万元。全年新增居民用户4707户，非居民用户45户,完成给水设施建设6项，铺设给水管道长度4250米。接待用户来电来访5300余次，上门服务及维修、换表3282余次，管网维修工程163项。

（周赛楠）

【秦皇岛供电公司开发区客户服务分中心】秦皇岛供电公司开发区客户服务分中心位于秦皇岛开发区峨眉山中路6号，担负着全区的电力供应、销售以及配电网络的设计规划、运行管理和检修维护。截止2015年末，开发区客服分中心共拥有中心开闭所（配电室）37座，配电室59座，箱变箱开共计175座，公用变压器合计473台，容量合计378.75MVA，公用线路589.6KM，其中电缆线路569.9KM，架空线路19.7KM。

2015年，分中心加强配网设备运维，注重抓好安全生产，截止12月31

日，累计安全运行6939天，售电量完成17.06亿千瓦时，供电能力和可靠性不断提升，完成了春节、国庆节等重要节日以及迎峰度夏、阅兵庆典、高考等重要社会活动的供电保障任务；认真开展现场踏勘，合理布设辖区配网电源点，进一步优化辖区配网网架，保障政府项目顺利落地。全年新投开闭所及配电室19座，箱站（开）8座，有力推进变电站的负荷开放以及开发区的配网建设工作；在公司的大力支持下，新购建的开发区东区营业厅，完成室内装修，已具备营业条件，将为提升东区供电服务品质提供硬件支撑；落实“十分钟缴费圈”服务要求，大力推广电子渠道缴费方式，努力实现缴费方式多元化；遵循“简化手续、优化流程、加快业扩报装”的工作要求，精简申报资料，广泛宣传业扩流程和所需资料，最大限度消除重复登门现象，实现业扩报装的提质增速；积极走访调研，为煤改电锅炉用户开通业扩报装“绿色通道”，节能环保取得实效；加强服务规范化管理，积极对接政府和客户需求，倡导投身公益活动，借助共产党员服务队“星级”创建工作不断丰富服务内容，兑现服务承诺，积极履行社会责任；扎实开展“三严三实”专题教育活动，不断深化思想作风和职业道德建设。年内，开发区客服分中心荣获“驻区先进单位”、分中心党支部荣获秦皇岛供电公司“电网先锋党支部”光荣称号。

（王　芳）

【秦皇岛燃气总公司压缩天然气分公司】2015年10月,秦皇岛燃气总公司正式挂牌与华润燃气有限公司合作，更名为秦皇岛华润燃气有限公司。

秦皇岛华润燃气有限公司压缩天然气分公司主要开展如下业务：开发区管网的运行管理和民用户的点火、收费、安检工作和全市大工业用户的运行管理。公司成立于2003年6月，目前拥有天然气民用户6万余户，公建户（酒店、饭店、小吃店）42户，工业用户40户。分公司拥有职工94人。开发区燃气用户由压缩分公司民用户管理中心、工业户管理中心、维修施工中心负责，位于西环北路70号，名称为“秦皇岛市燃气总公司开发区服务厅”。服务热线：8500556。

2015年1～12月，开发区接收民用户23209户，共计接收63499；点火8568户，共计34664户，安检9909户，安检率72%。销售气量2850000m³，销售收入6900000元。

截止2015年12月底，开发区和全市工业户销售总量为116003816m3，销售总收入365955794.80元（含税）。工业户已竣工的燃气配套工程31项，在建工程6项，置换动火作业12次，工程竣工、验收质量一次合格率达100%。

（何　欣）

2015年秦皇岛开发区工业企业基本情况表

序号	单位详细名称	开业（成立）时间—年	开业（成立）时间—月	主要业务活动或产品1
1	秦皇岛晟佳机械制造有限责任公司	2012	8	生产燃烧炉部件
2	秦皇岛市泰兴天燃气有限公司	2012	9	天燃气供应
3	秦皇岛柏泰六淳自动化设备有限公司	2013	8	手机电子元件的生产
4	秦皇岛市达瑞胶粘制品有限公司	2013	8	钢片、背胶生产
5	秦皇岛中轻啤酒原料有限公司	2013	10	麦芽
6	秦皇岛永拓防腐工程有限公司	2014	3	船舶防腐
7	山海关船厂劳动服务公司	1984	5	修船劳务
8	秦皇岛经济技术开发区动力公司	1991	4	热力生产和供应
9	海湾安全技术有限公司	2000	4	探测器
10	秦皇岛天秦装备制造股份有限公司	1996	3	包装箱
11	秦皇岛开发区恒热保温材料制造有限公司	1997	7	生产保温管
12	秦皇岛信越智能装备有限公司	2015	4	汽车零部件制造机械
13	中节能泰盛秦皇岛水务有限公司	2015	2	自来水生产与供应
14	秦皇岛中石油昆仑天然气利用有限公司	2010	3	天然气供应
15	秦皇岛优益重工科技有限公司	2010	3	起重机制造
16	秦皇岛市政混凝土有限公司	2010	4	商品砼的制造销售
17	秦皇岛新东方防腐工程有限公司	2010	4	船舶防腐
18	宏点精密电子（秦皇岛）有限公司	2010	10	线路板加工
19	秦皇岛兴龙华威科技开发有限公司	2010	6	生产轮毂模具
20	秦皇岛市东旭达黏胶制品有限公司	2010	7	钢片、背胶
21	新顺成（秦皇岛）食品工业有限公司	2010	8	水解植物蛋白
22	秦皇岛锐恒金属表面处理有限公司	2010	12	轮毂抛光
23	秦皇岛荣氏德环保科技有限公司	2011	4	抑尘设备、水处理设备
24	秦皇岛新轻车轮工程技术有限公司	2011	5	锻造车轮
25	秦皇岛市浩越船务工程有限公司	2011	7	船舶制造
26	秦皇岛顺福船舶工程有限公司	2012	5	船舶制造
27	秦皇岛燕大国海不锈钢业有限公司	2000	7	金属丝绳及其制品的制
28	秦皇岛三秦西服有限公司	1992	6	男士服装
29	秦皇岛同和热电有限公司	1995	11	电力
30	秦皇岛华瀛磷酸有限公司	1996	3	磷酸
31	秦皇岛东洋特殊钢业有限公司	1997	1	方矩形钢管
32	秦皇岛富连京电子有限公司	1993	1	生产半导体致冷器件
33	秦皇岛首钢板材有限公司	1992	4	中厚钢板

34	秦皇岛长城玻璃工业有限公司	1993	2	压型玻璃制品
35	中国-阿拉伯化肥有限公司	1985	6	氨磷钾高浓度复合肥
36	秦皇岛恩彼碧轴承有限公司	1993	12	轴承组件
37	秦皇岛飞天汽车配件制造有限公司	1993	12	悬架
38	中粮面业(秦皇岛)鹏泰有限公司	1992	4	各种等级专用面粉及麸皮、小麦批发
39	秦皇岛市康泰医学系统有限公司	1996	7	多参数监护仪器
40	秦皇岛诚厚皮草制品有限公司	2000	11	裘皮条
41	秦皇岛天业通联重工股份有限公司	2000	10	盾构机、运架一体机、矿山车
42	秦皇岛正大有限公司	1995	2	屠宰
43	欧登多(秦皇岛)机械制造有限公司	1995	11	生产和销售推抬锯相关木工机械
44	乐金电子（秦皇岛）有限公司	1995	12	钢铁铸件
45	宝高(秦皇岛)海洋技术工程有限公司	1996	3	滑动轴承
46	秦皇岛市鸿瑞科技开发有限公司	1996	7	筒仓机生产
47	邦迪管路系统有限公司	1987	5	涂层管材
48	中信戴卡股份有限公司	1998	5	汽车零部件生产
49	秦皇岛开发区华光工业技术玻璃有限公司	2001	3	玻璃深加工
50	秦皇岛中石油燃料沥青有限责任公司	2001	2	石油沥青
51	秦皇岛东燕节能技术有限公司	2001	3	不锈钢管
52	秦皇岛天鼎化工有限公司	2001	4	生产复合肥
53	秦皇岛首秦钢材加工配送有限公司	2007	4	金属表面处理及加工
54	山海关造船重工有限责任公司	2007	5	金属船舶制造
55	秦皇岛秦伊铸造有限公司	2007	7	阀体制造
56	秦皇岛恒美铝业有限公司	2007	9	铝制品加工
57	哈电集团(秦皇岛)重型装备有限公司	2007	10	制造核岛及常规岛主设备
58	秦皇岛京能金属制品有限公司	2007	12	镀锌铁线
59	秦皇岛哥特尼橡塑模具有限公司	2008	5	注塑模具
60	秦皇岛盛泽新材料科技有限公司	2008	5	汽车导流罩、降噪装置
61	秦皇岛赛福恒通消防设备有限公司	2008	6	消防设备生产
62	秦皇岛金程汽车制造有限公司	2008	7	汽车整车制造
63	秦皇岛本征晶体科技有限公司	2008	8	光学镜片
64	秦皇岛太平洋船业有限责任公司	2008	9	船舶修理
65	秦皇岛燕良精密管业有限公司	2008	9	汽车金属管
66	秦皇岛秦冶重工有限公司	2008	10	冶炼设备
67	艾尔姆风能叶片制品（秦皇岛）有限公司	2008	12	风力发电叶片制造
68	秦皇岛傲丹特金属材料科技有限公司	2009	7	贵金属加工

69	中航惠腾秦皇岛风电设备有限公司	2012	10	风电叶片
70	益海嘉里（秦皇岛）蛋白工业有限公司	2009	12	大豆分离蛋白
71	秦皇岛市兴恒铝业科技有限公司	2009	12	铝制品
72	秦皇岛同力达环保能源工程有限公司	1998	7	水处理设备
73	山海关开发区电站辅机厂	1999	2	消防喷淋
74	秦皇岛安冶金属工业有限公司	1999	3	A356.2铝合金锭
75	领先生物农业股份有限公司	1999	6	海藻精粉
76	秦皇岛市宇田科技有限公司	2000	1	冶金阀门
77	秦皇岛开发区春光铸造机械有限公司	1999	12	工业炉
78	秦皇岛开发区大海汽车漆实业有限公司	2000	5	汽车涂料
79	秦皇岛普达电子有限公司	2000	7	生产定量包装机
80	秦皇岛金海粮油工业有限公司	2000	6	豆油
81	河北海纳电测仪器股分有限公司	2001	5	全自动互感器校验装置
82	秦皇岛开发区港田铝塑包装有限公司	2001	6	塑料包装袋
83	秦皇岛市燕秦纳米科技有限公司	2001	8	纳米晶磁芯
84	秦皇岛开发区海岸机械制造有限公司	2001	8	机械设备设计\制造
85	宏岳塑胶集团有限公司	2001	8	PVC管材、管件
86	秦皇岛开发区美铝合金有限公司	2001	9	A356铝锭
87	秦皇岛金海食品工业有限公司	2002	3	精制食用油
88	秦皇岛市海业工贸有限公司	2002	3	船舶修理与拆装
89	秦皇岛安冶精密铸造有限公司	2002	3	不锈钢铸件
90	秦皇岛烟草机械有限责任公司	1967	9	烟草加工机械
91	万基钢管（秦皇岛）有限公司	2002	4	直缝埋弧焊钢管
92	秦皇岛中德实业有限公司	2002	4	贴标机
93	秦皇岛凯达电气化铁路器材有限公司	2001	9	复合绝缘子
94	秦皇岛泰山建材有限公司	2002	4	纸面石膏板（墙板）
95	秦皇岛恒美金属加工有限公司	2002	5	氟碳喷涂加工
96	秦皇岛市坤平安全玻璃有限公司	2002	8	玻璃深加工
97	秦皇岛科泰工业有限公司	2002	9	汽车零部件
98	秦皇岛戴卡美铝车轮有限公司	2004	8	铝合金轮毂
99	大洋精密机械（秦皇岛）有限公司	2003	1	轴承
100	秦皇岛戴卡兴龙轮毂有限公司	2003	1	铝合金轮毂
101	秦皇岛图成玻璃技术有限公司	2003	3	钢化炉
102	华龙日清纸品（秦皇岛）有限公司	2003	3	纸制品
103	秦皇岛龙鼎电气有限公司	2003	4	高低压开关柜
104	秦皇岛利达产业有限公司	2003	7	托盘生产
105	秦皇岛中达四方金属制品有限公司	2003	7	精密带钢
106	秦皇岛北方管业有限公司	2003	7	波纹补偿器

107	秦皇岛市兴龙源金属制品有限公司	2003	7	铁托盘
108	旭硝子汽车玻璃（中国）有限公司	2003	8	钢化玻璃
109	秦皇岛安冶铝业有限公司	2003	8	铝合金液
110	秦皇岛新华玻璃加工有限公司	2003	11	玻璃组装门
111	秦皇岛中石油昆仑燃气有限公司	2003	9	天然气供应
112	秦皇岛卡尔.凯旋木艺品有限公司	2003	12	实木门
113	秦皇岛首耐高温陶瓷有限责任公司	2004	1	耐火材料
114	通用电气-哈动力-南汽轮能源服务(秦皇岛)有限公司	2004	3	维修服务
115	河北联技安全系统有限公司	2004	4	Ziton系统消防产品
116	秦皇岛市运通玻璃机电技术有限公司	2004	4	玻璃钢化炉
117	秦皇岛华宇通电力科技有限公司	2004	6	电力设备的生产销售
118	秦皇岛一心西服有限公司	2004	7	男士西服
119	秦皇岛欧泰克节能门窗有限公司	2004	8	铝制百叶窗
120	秦皇岛关东针织有限公司	2004	10	女士长筒袜
121	科艾斯机械设备制造秦皇岛有限公司	2005	3	啤酒灌装机设备
122	秦皇岛飞凯特金属制品有限公司	2005	3	金属包装箱
123	永顺泰（秦皇岛）麦芽有限公司	2007	5	麦芽
124	秦皇岛兴龙轮毂有限公司	2005	6	铝合金轮毂
125	秦皇岛万祥铝业有限公司	2005	6	铝板
126	秦皇岛莱特流体设备制造有限公司	2005	7	水处理设备
127	秦皇岛合力预应力钢绞线有限公司	2005	8	钢绞线
128	秦皇岛威卡威汽车零部件有限公司	2005	8	汽车零部件
129	河北福恩特电气设备有限公司	2005	9	电缆桥梁
130	秦皇岛市泰德管业科技有限公司	2005	10	金属软管
131	威乐水泵电机有限公司	2005	11	生产电机
132	秦皇岛方华埃西姆机械有限公司	2005	12	模具
133	秦皇岛三养健能仕食品有限公司	2005	12	果葡糖浆
134	秦皇岛弘和机械有限责任公司	2006	1	普通机械设备制造、加工、安装、销售
135	秦皇岛紫竹药业有限公司	2006	4	左炔诺孕酮
136	秦皇岛首信自动化系统工程有限公司	2006	3	工业自动化系统及设备安装
137	天威保变（秦皇岛）变压器有限公司	2006	4	交流变压器
138	河北鹏远光电股份有限公司	2006	4	LED照明灯具制造
139	秦皇岛海湾塑胶金属制品有限公司	2006	6	塑胶制品
140	秦皇岛津峰线缆制造有限公司	2006	5	线缆制造
141	秦皇岛燕大源达机电科技股份有限公司	2006	6	生产干混机
142	五矿天威钢铁有限公司	2006	9	矽钢片
143	秦皇岛正时乐液压设备有限公司	2006	9	扩口式无焊管路

144	秦皇岛奥莱德铝业科技有限公司	2006	10	铝钛硼
145	秦皇岛开发区秦盛水务有限公司	2006	11	自来水生产与供应
146	秦皇岛思泰意达科技发展有限公司	2006	11	挡风抑尘网
147	秦皇岛市四海气体有限公司	2006	11	液氧充装
148	中油宝世顺(秦皇岛)钢管有限公司	2006	12	油气输送钢管制造、管件制造及防腐
149	秦皇岛远舟工业气体有限公司	2006	12	压缩气体、液化气体、易燃液体的批发
150	宏启胜精密电子（秦皇岛）有限公司	2007	1	柔性线路板
151	中粤浦项(秦皇岛)马口铁工业有限公司	2007	2	镀锡薄钢板
152	秦皇岛爱迪特高技术陶瓷有限公司	2007	3	生产氧化锆陶瓷块

2015年秦皇岛开发区主营业务收入超亿元工业企业主要经济指标

序号	企业名称	主营业务收入		
		本年累计	去年同期	增长%
1	中信戴卡股份有限公司	1515588	1463368	3.6
2	秦皇岛金海粮油工业有限公司	728049	709447	2.6
3	秦皇岛中石油燃料沥青有限责任公司	488954	507062	-3.6
4	宏启胜精密电子（秦皇岛）有限公司	431104	333046	29.4
5	秦皇岛金海食品工业有限公司	398134	463477	-14.1
6	山海关造船重工有限责任公司	163723	92645	76.7
7	中国-阿拉伯化肥有限公司	237571	228573	3.9
8	海湾安全技术有限公司	199638	190370	4.9
9	旭硝子汽车玻璃（中国）有限公司	143967	145120	-0.8
10	秦皇岛正大有限公司	133692	143639	-6.9
11	秦皇岛开发区美铝合金有限公司	112568	119700	-6.0
12	秦皇岛首钢板材有限公司	116127	182840	-36.5
13	秦皇岛兴龙轮毂有限公司	101691	107525	-5.4
14	中粮面业(秦皇岛)鹏泰有限公司	101044	98452	2.6
15	哈电集团(秦皇岛)重型装备有限公司	90248	91396	-1.3
16	秦皇岛戴卡兴龙轮毂有限公司	96905	88289	9.8
17	秦皇岛烟草机械有限责任公司	88558	94530	-6.3
18	艾尔姆风能叶片制品（秦皇岛）有限公司	85892	74393	15.5
19	秦皇岛秦冶重工有限公司	72783	48952	48.7
20	中粤浦项(秦皇岛)马口铁工业有限公司	63513	108710	-41.6
21	天威保变（秦皇岛）变压器有限公司	81692	63921	27.8
22	邦迪管路系统有限公司	44479	47605	-6.6

23	秦皇岛天鼎化工有限公司	44362	31053	42.9
24	秦皇岛安冶铝业有限公司	42573	37673	13.0
25	秦皇岛首秦钢材加工配送有限公司	39597	76137	-48.0
26	秦皇岛顺福船舶工程有限公司	37626	28867	30.3
27	秦皇岛华瀛磷酸有限公司	29077	41065	-29.2
28	秦皇岛方华埃西姆机械有限公司	35569	21469	65.7
29	秦皇岛市康泰医学系统有限公司	31782	49526	-35.8
30	秦皇岛威卡威汽车零部件有限公司	34796	21469	62.1
31	秦皇岛天业通联重工股份有限公司	30887	53130	-41.9
32	秦皇岛中石油昆仑燃气有限公司	33435	42576	-21.5
33	中油宝世顺(秦皇岛)钢管有限公司	55021	98408	-44.1
34	乐金电子（秦皇岛）有限公司	31261	40733	-23.3
35	宏岳塑胶集团有限公司	30592	32288	-5.3
36	秦皇岛恩彼碧轴承有限公司	25883	24874	4.1
37	益海嘉里（秦皇岛）蛋白工业有限公司	23360	14520	60.9
38	秦皇岛经济技术开发区动力公司	25816	24845	3.9
39	秦皇岛科泰工业有限公司	22458	25022	-10.2
40	通用电气-哈动力-南汽轮能源服务(秦皇岛)有	22370	26725	-16.3
41	威乐水泵电机有限公司	21808	21404	1.9
42	秦皇岛市泰德管业科技有限公司	21164	15786	34.1
43	秦皇岛戴卡美铝车轮有限公司	20128	18532	8.6
44	秦皇岛万祥铝业有限公司	18475	63913	-71.1
45	万基钢管（秦皇岛）有限公司	18517	19288	-4.0
46	永顺泰（秦皇岛）麦芽有限公司	17344	18742	-7.5
47	五矿天威钢铁有限公司	17299	29401	-41.2
48	科艾斯机械设备制造秦皇岛有限公司	14704	17126	-14.1
49	秦皇岛太平洋船业有限责任公司	15041	11502	30.8
50	秦皇岛龙鼎电气有限公司	12021	13654	-12.0
51	秦皇岛开发区华光工业技术玻璃有限公司	15078	14017	7.6
52	秦皇岛紫竹药业有限公司	13461	10235	31.5
53	秦皇岛燕大国海不锈钢业有限公司	13387	15812	-15.3
54	秦皇岛市兴恒铝业科技有限公司	12019	10062	19.4
55	秦皇岛天秦装备制造股份有限公司	12333	10575	16.6
56	秦皇岛同和热电有限公司	13902	14042	-1.0
57	秦皇岛北方管业有限公司	10707	13155	-18.6
58	秦皇岛三养健能仕食品有限公司	10338	16184	-36.1
59	秦皇岛弘和机械有限责任公司	10351	10740	-3.6
60	秦皇岛思泰意达科技发展有限公司	12305	11017	11.7

服务业

秦皇岛经济技术开发区年鉴2016

QIN HUANG DAO JING JI JI SHU KAI FA QU NIAN JIAN

综　述

2015年，秦皇岛开发区服务业总体发展态势均衡。限额以上企业，物流业有16家，信息传输业有12家，批发业有26家，零售业有31家，住宿餐饮业合计10家，房地产业32家，其他服务业32家。从这个分布看，房地产业和其他服务业是大户，其次为批发零售业，物流业居中，而住宿餐饮业则占比略小。

房地产业的32家超过2014年的30家，尽管当年有开发量的企业比2014年少了一家，完成投资也有所下降，但是2015年内的房屋销售面积则有100.2%的增长率，故整个行业依然看好，势头不减。

另一大户其他服务业中，物业管理和房地产中介企业11家，租赁和商务服务业12家，几乎占去该行业的半壁江山。而且与2014年相比，物业管理和房地产中介企业增加了3家，租赁和商务服务业减少1家，可见与房地产业的发展相呼应，物业管理和房地产中介正在以异军突起之势，在传统服务业之外，迅速拓展领土，成为不可忽视的重要行业。此外其他服务业中发展趋势明显的还有科学研究和技术服务业，一年之内，由2014年的3家发展为6家，增长率100%。虽然目前还不足以同房地产、物业管理和房地产中介、租赁和商务服务的规模相抗衡，但其发展势头足够强劲，颇为值得期待。

批发零售业从限上企业的总数看显著缩减，由2014年的77家骤减为57家，总的主营业收入也大幅下跌，由2014年的2517665万元降至1340079万元，跌幅达46.77%。其中限上批发业企业由2014年的48家缩减到26家，其主营业收入由2014年的2114401万元缩减至966642万元。而限上零售业企业数目较2014年增加了2家，达到31家。其主营业收入则在2014年403264万元的基础上，减少为373437万元。相对批发业而言，减幅不大。2015年限上批发业仍然是食品饮料及烟草制品、纺织服装及家庭用品、医药及医疗器材、矿产品建材及化工产品、机械设备五金交电及电子产品业5个行业，其中主营业收入占比较大的为矿产品建材及化工产品与医药及医疗器材，尤以矿产品建材及化工产品的比重为最大，占到80.6%，应是一个有很好发展前景的行业。2015年限上零售业主营业务收入超亿元的13家全部是汽车零售业企业，其主营业务收入占限上零售企业的76.6%，是批发零售业当之无愧挑大梁者。

2015年物流业限上企业在2014年13家的基础上增至16家，年末从业人数也由2014年的696人增至851人。16家限上物流企业全年资产总额同比增长3.72%，但营业收入和利润总额同比皆有所下降。从这几个数据的对比中可见，物流业作为传统服务业行业，依然发展平稳，已经可以泰然应对各类新兴服务业行业对市场份额的冲击。

2015年信息传输业限额以上企业12家，比2014年增加了3家。年末从业人数1644人，少于2014年的1872人。除资产总额有7.79%的同比增长外，营业收入、营业成本、利润总额分别同比下降12.97%、15.73%、53.93%。综合考量，行业降幅比较明显。

2015年住宿餐饮业限上企业10家，比2014年减少1家。其中住宿业减少1家，餐饮业限上企业数量没有变化。全行业主营业收入较2014年减少10.24%。从入统的重点企业看，行业发展总体均衡，餐饮业更为兴盛。

2015银行业的存款余额和贷款余额皆比年初有小幅增长，整个行业，呈现平稳发展态势。

2015年管委直属企业发展势头良好。其中国资公司年内拥有24家投资企业，总资产203亿元。全年通过各种方式实现融资23.54亿元，实现担保14.87亿元。年内中节能泰盛秦皇岛水务有限公司组建成立，全年实现营业收入3127.16万元，创造利润483.16万元。

综上，2015年全区服务业发展状况良好。传统行业依然可以坚挺，新兴行业正在蒸蒸日上，除个别行业发展势头有所减缓外，整体依然是稳步前行、后劲颇足的态势。只要把稳市场脉搏，未来发展空间并不小。

（方志办）

仓储物流业

【概述】 2015年，秦皇岛开发区物流业交通运输、仓储和邮政业企业加强内部管理，严格奖惩制度，确保服务质量，努力克服严峻的经营环境，实现利润同比下降，资产规模略有扩大。16家限上交通运输、仓储和邮政业企业全年营业收入99409万元，同比下降29.78%,；营业成本91094万元，同比下降30.88%；利润总额2711万元，同比下降9.51%；资产总计303410万元，同比增长3.72%；应付职工薪酬7418万元，同比增长5%；从业人员期末人数851人。

（陈　昊）

【河北省首家水产品保税冷库通过评审】 5月21日，位于秦皇岛出口加工区的秦皇岛海东青物流有限公司水产品存储冷库通过河北检验检疫局评审组备案考核，成为省内首家通过验收的水产品保税冷库。秦皇岛海东青物流有限公司成立于2014年，是秦皇岛出口加工区增加保税物流功能以来建立的第一家冷链物流企业。该公司水产品存储冷库库容4000吨，温度可保持在-18℃～-25℃左右。 此前由于没有进口水产品备案冷库，河北所有进口水产品都要绕道大连和天津报关检验。秦皇岛海东青物流有限公司水产品存储冷库的投入使用，既打破了该辖区进口水产品以邻港为依托的不利局面，降低了运输成本，提升了企业资金的周转空间，又便于检验检疫部门和海关集中查验，大大提高通关效率。

（方志办）

【八达物流在上股交成功挂牌】 6月30日，八达物流秦皇岛有限公司股权报价系统专场挂牌仪式在上海股权托管交易中心举行。 八达物流一家在开发区注册和建设的大型电商物流企业。八达物流秦皇岛集散项目与秦皇岛市和开发区大力发展现代服务业的发展规划高度契合，由该公司策划实施的八达物联秦皇岛集散项目总占地1066672平方米，总建筑面积105万平方米，总投资50亿元。该项目一期工程是占地318668.3平方米的仓储配送区，已经在秦皇岛开发区开工建设，规划建设31万平方米的冷藏库、恒温库和普通库，以及2万平方米的网络机房和办公楼，累计投资10亿元。

（方志办）

【秦皇岛能源交易中心正式开盘运营】 8月11日上午，秦皇岛能源交易中心正式开盘运营。该项目是秦皇岛开发区历经8年成功引进的战略投资项目，为国内北方首家成品油现货交易中心。2014年9月15日，开发区专门成立秦皇岛能源交易中心项目筹备工作领导小组，由管委主要领导总体负责推进项目建设，下设综合协调、交易业务、政策研究、金融服务、宣传策划、网络信息、后勤保障等7个专项小组，分别由主管领导任组长，相关单位一把手直接负责，确保项目如期进行。2015年6月，秦皇岛开发区与联彩石油公司共同启动了秦皇岛联彩石油储备库和秦皇岛能源交易中心两个项目的建设。石油储备库项目一期建设3个10万吨级泊位，二期建设3个10万吨级泊位和4个5万吨级泊位。该项目建成后，既为国内华北、环渤海地区的石化企业提供油品中转、仓储服务，又为韩国、日本等国家和地区的石化生产商及贸易商提供成品油转运服务。作为秦皇岛能源交易中心指定交割库，利用秦皇岛港的区位优势和政策环境，形成大宗油品国内、国际中转、集散和分拨基地、华北地区最大的成品油储运基地。中心将能源运输和能源贸易结合在一起，赋予秦皇岛能源竞价交易的功能，改变秦皇岛以能源转运为主的能源产业结构。开盘当日，秦皇岛东奥集团、蓬莱市海达石油有限公司、德雷西（莱州）国际贸易公司、京海石化（天津）有限公司、联合安能石化有限公司与秦皇岛能源交易中心签约成为会员企业。作为首家会员企业，秦皇岛东奥集团当日成交3笔合同共计10000吨成品油，

2015年8月11日，秦皇岛能源交易中心举行开锣仪式

“新郁金香”号轮船

创造了秦皇岛能源交易中心首个交易日的“开门红”。

（方志办）

【秦皇岛开发区与东煤交易签约发展煤炭电商平台】 11月5日，开发区管委与东北亚煤炭交易有限公司共同签署了关于成立东煤交易（秦皇岛）有限公司的合作协议。根据合作协议，东北亚煤炭交易有限公司利用开发区投资环境、产业布局、创新发展等方面优势，投资建立东煤交易（秦皇岛）有限公司并建立运营秦皇岛链客空间，形成区域内煤炭资源共享经济生态圈。东北亚煤炭交易有限公司成立于2010年，是致力于“互联网+”煤炭供应链服务的电子商务平台。

（方志办）

【秦仁海运有限公司】 2015年，秦仁海运有限公司认真分析集装箱货运面临的市场环境变化，准确把握市场脉搏，积极参与市场竞争，加大市场开发力度。年内环渤海北部地区到韩国仁川一带集装箱航线密集，天津地区到仁川一带集装箱航线5条，营口、大连地区到仁川集装箱航线4条，在全球金融危机连续冲击，中韩之间贸易量

持续下降情况下，市场竞争持续白热化。而公司承运的集装箱货源，85%以上来自秦皇岛以外地区，尤其是天津、北京、张家口及辽西地区，与其他航线腹地交叉，是在投入大量陆运补贴前提下，夹缝中争取一份市场份额。公司营运的“新郁金香”轮又突发故障，进行了为期一个月的修理，对保障准确班期带来了极大的困难。针对这种局面，公司对以往公司的货运价格策略进行总结分析，随着市场的变化灵活调整部分货源运输价格，以赢得用户和市场。2015年，公司积极协调口岸部门，为客户提供良好的通关等口岸延伸服务，在秦皇岛地区为进出口单位提供快速、周到、便捷的运抵、报检和报关等延伸服务，保障货物的运输和通关效率，使之成为公司的特色和吸引货源的根本基础。2015年公司客货量均实现既定目标。全年集装箱承载量共完成26377TEU（标准箱，长20英尺为标准集装箱），同比减少12.35%，其中出口完成16376TEU，进口完成10001TEU，实现货运营业收入12600万元。

（周洁楠）

【河北金亚物流有限公司】 秦皇岛金亚物流有限公司位于秦皇岛开发区珠江道盛景金领域。公司成立于1996年，注册资金1000万元人民币，分别在天津、石家庄、黄骅、廊坊设有分公司，具有国际货运代理一级资质。公司有集装箱运输车60台，有冷藏运输车辆20台，车辆全部装有GPS系统。公司经营地域主要是天津港和秦皇岛港集装箱运输业务，长期为客户代理货物出口至日本、韩国等地。2015年公司有员工80人，资产总额为人民币1992万元，比2014年增长7.79%。实现营业收入5558万元，比2014年增长4.69%。利税98万元，比2014年增长20.99%。

（李剑侠）

【秦皇岛金叶物流有限责任公司】 秦皇岛金叶物流有限责任公司成立于2006年1月，为秦皇岛烟草机械有限责任公司的全资子公司，注册资本300万元，营业执照注册号为130301000009252。公司秦皇岛市经济技术开发区永定河道3号。主要经营普通机械设备制造、修理、包装箱制作、产品装箱、房屋维修、绿化工程、土石方工程、提供国内劳动力服务、普通货运、货物起重、吊装、搬运。截至2015年12月31日，公司资产总额1839万元，负债总额1143万元，净资产696万元。2015年累计实现营业总收入5473万元，发生营业总成本5312万元，实现利润总额161万元，比2014年增长16.67%。

（徐　进）

信息传输业

【概述】 2015年，秦皇岛开发区限上信息传输、软件和信息技术服务业企业12家，全年营业收入51466万元，同比下降12.97%；营业成本33820万元，同比下降15.73%；利润总额3437万元，同比下降53.93%；资产总计111582万元，同比增长7.79%；应付职工薪酬11100万元，同比下降22.58%；从业人员期末人数1644人。

（陈　昊）

【秦皇岛澳大利亚科技产业园项目签约】 11月22日，开发区与澳大利亚科技投资委员会共建秦皇岛澳大利亚科技产业园项目签约。此次合作双方共建秦皇岛澳大利亚科技产业园，以科技开发、产业化项目合作为重点，为秦皇岛引进澳洲电子通讯、信息技术、环保科技、新材料、新能源等优势产业以及先进的医疗康复、高等教育等公共服务资源。

（方志办）

【中国联合网络通信有限公司秦皇岛市分公司】 中国联合网络通信有限公司秦皇岛市分公司2015年继续保持省级文明单位称号。2015年秦皇岛联通以“创新变革”为主线，以队伍建设、作风建设和党风廉政建设为保障，着力提升专业化运营能力、网络支撑能力、营销服务能力和价值创造能力。

在机制体制方面，按照“专业化、集中化、扁平化”原则建立专业化运营体系。在经营发展方面，聚焦移动、宽带和融合业务，实施终端牵引、渠道拉动和融合带动策略，引导客户换机换卡，沃4G业务得到快速发展。落实京津冀一体化资费政策，推出家庭客户消费新模式“智慧沃家”套餐，将光纤宽带、4G手机、IPTV和固定电话多个产品融合，打包优惠，实现了一份套餐全家共享，降低了家庭通信支出，每月可以节省50%以上的费用。

公司不断拓展服务渠道，全年新建实体渠道170家，末梢渠道1423家。在网络保障方面，着力打造“精品移动网络、精品集团客户网络、精品机房和精品装维片区”。完成2015年秦皇岛暑期重要通信保障任务和2015秦皇岛马拉松暨全国马拉松锦标赛通信保障工作。2015年，公司移动宽带网络能力实现新跨越。年内着力开展移动宽带精品网络建设。新建基站数超过前3年建设总量，全年新建4G基站

678个，新建3G基站575个。4G室分覆盖楼宇28栋，3G室分覆盖楼宇276栋，新建RNC3个。3G网络实现了的行政村以上全面覆盖，4G网络实现城区、县城、重要景区、交通干线及乡镇以上区域的全面覆盖。

2015年，公司宽带网络开启“全光网通信”新时代。按照高于“宽带中国”战略的标准，将宽带网络大升级、大改造攻坚工程列为2015年“一号工程”，2000多名员工连续12个月攻坚克难，在全省第4个、全国第20个完成全光网市建设，累计新建FTTH端口（Fiber To The Home，即一根光纤直接到家庭）30万线，下电端局设备10个，关停接入网及模块局设备445套，退网PSTN设备20万线（Public Switched Telephone Network，公共交换电话网络，旧式常用电话系统）、DSLAM设备（DSLAM-DSLAM，数字用户线路接入复用器）11万线，割接宽带用户6.63万户。开启了秦皇岛市“全光通信”新时代。所有乡镇和行政村实现全光网络覆盖，实现了100M普及，1000M引领的服务能力，高速光纤宽带网让“三网融合”成为现实。

2015年，公司联通电视成为三网融合新时尚。“联通电视”作为“三网融合”新产品，海量直播、点播、时移、回放等功能得到客户的高度认可。2015年底推出“联通电视+手机视频业务和4K视频业务”，实现了宽带内容“多屏互动”和超高清视频播放，真正满足客户随时、随地、随心观看视频的需求。截至2015年底，联通电视用户达到10万户。

2015年，公司助力智慧城市再上新台阶。年初，河北省政府与中国联通集团签署了深化“智慧河北”战略合作协议。在河北联通的大力支持下，秦皇岛联通整合物联网、互联网和通信网络等资源，发挥行业化应用领先优势，完成数字社区、智慧林业、智慧旅游、智能交通、智慧工地、移动电子政务网等项目。

2015年，公司服务开发区成效显著。全年在秦皇岛开发区范围内新建4G基站42个，3G基站32个。完成了开发区3G手机督察督办系统建设，以3G手机作为应用终端，通过数据流量应用，可实现工作督办、周报、月报、总结和日常工作汇报等功能。系统运用现代信息技术手段，通过联通3G网络平台，对政府工作督办流程进行了改造和优化，有效推动政务工作创新，提高了办公效率。

（张　丽）

【中国移动通信集团河北有限公司秦皇岛分公司开发区营销中心】 2015年，中国移动通信集团河北有限公司秦皇岛分公司下辖山海关、北戴河、昌黎、抚宁、卢龙、青龙6个县分公司，1个市内营销中心，1个自营厅运营中心。2015年公司有员工1166名。

2015年，公司无线网络建设工作

聚焦4G网络覆盖，从城区深度覆盖、农村广度覆盖和重要场景覆盖三方面入手，全面开展4G网络建设，全年共建设开通4G基站986个，4G基站规模达到2435个，4G基站规模增长68%。

2015年，公司助力城市信息化建设，大力推进“智慧城市”建设步伐，为政府、企业、家庭提供多维度移动信息化服务。为保证开发区原区域及新建项目网络覆盖良好，公司2015年针对开发区共建设4G宏基站36个，进一步提升4G网络覆盖质量，对开发区管委新址、富士康等工业园区、市政府新址等重点区域均进行了覆盖；建设4G室内分布系统22个，对党政机关、大型商场、写字楼、医院、大型住宅小区等区域进行室内场景的覆盖。经过2015年网络建设，开发区4G网络室外连续覆盖和重点场景的室内深度覆盖质量均有进一步提升。

年内，公司投入5亿元进行网络建设优化与服务提升，并积极应对各类通信保障事件，累计投入保障人员2059人次，车辆528车次。为中式八球国际大师邀请赛、世界徒步大会、国际马拉松、碧螺塔两岸三地电影节颁奖会等重要活动提供通信保障。

（许　涵）

【中国电信集团公司秦皇岛市分公司】 中国电信秦皇岛市分公司隶属于中国电信集团河北省分公司，2015年有员工237人，下设市场部、政企客户部等14个职能部门和中港、北港、山海关、北戴河等9个分支机构。

年内移动业务方面新建移动网建设基站1691个，重点解决了市区和县城的投诉热点区域及农村支局建设的网络覆盖，同时继续推进承秦高速及17段隧道覆盖等重点项目4G覆盖。宽带业务方面家庭宽带实现覆盖 90余万用户，其中城市覆盖 60余万户，农村地区覆盖30余万户；4G建设方面：2015年秦皇岛公司响应省公司号召开展“4G 大会战”共计投资2亿余元，共开通1691个LTE基站（在一定的无线电覆盖区中,通过移动通信交换中心,与移动电话终端之间进行信息传递的无线电收发信电台），各区县4G城区覆盖率均达到 99.6% 以上，基本实现了全面覆盖。

分公司根据国家“百年电信、百兆中国”宽带发展战略，2015年开展了“宽年惠民”工程，一是实现了农村100% FTTH宽带覆盖（FTTH是光纤直接到家庭的外语缩写，中文缩写为光纤到户），通过“宽带+手机+电视”的融合产品，实现农村用户随时随地了解时事信息的愿望。二是响应国家号召，开展宽带提速降费，全市百兆宽带占比达到32%，三是为推进“光进铜退”，实惠用户，免费为1.7万户进行转光纤接入，全部提速10M以上。四是秉承“电信宽带 服务升级”的理念，将宽带免费上门修障服务时间延长至夜间22：00，树立了良好的服务口碑。五是推出宽带免费大提速、百兆宽带包年费用下调，流量加装包“买一送一”，流量不清零、流量可转赠等提速降费10大举措。

为提高秦皇岛市企业的信息化能力，秦皇岛电信聚焦信息化产品，为用户提供内容丰富、安全可靠的信息化服务。为保障重要客户的信息通讯安全，2015年秦皇岛电信基于中国电信CDMA移动通信网络和安全管理平台，通过内置国家密码管理委员指定加密算法的专用手机终端，可以为用户提供商用级端到端手机话音通信加密功能服务。同时，为农牧局管理者、农技员、农业专家、农业大户提供农技宝产品，为农业管理、政策下发、农产品市场行情、种植养殖技术培训等方面提供信息化交流与管理平台。此外在企业和学校，秦皇岛电信为安丰钢铁、建材学院提供翼机通业务，实现了企业员工和在校学教职人员的考勤、门禁、食堂消费、车库管理等功能，让企业和学校接轨信息化管理模式，让管理变得更轻松。

电信公司召开“赢战2016、决胜双节”营销誓师启动会

为更好的服务客户，秦皇岛电信2015年进一步加强渠道建设，全市共有近 792 个营业网点，同时建立缴费站 2000 余个。网点覆盖做到了城区核心区域都有自办厅，乡镇及农村集市以上区域都有代理店，村村都有缴费网点，电信用户可随时随地的享受各种电信服务。本着“用户至上 用心服务”的服务理念，重视客户服务，多种方式提升客户感知，通过下发各类服务文件，确保基础服务的落实；通过组织各种服务培训，确保优质服务提升；通过成立服务稽查小组，全面监管客户服务；通过开展满意服务调查，主动了解客户需求。秦皇岛电信公司2015年3G/4G业务同城满意度第一，有线宽带满意度同城第二。2015年，秦皇岛电信在开发区共投资1500多万元，建设了90多个项目，新增小区覆盖用户万余户，改造用户5301户。新建168个4G基站，投资504万元，建设IPRAN网络接入点105个。

（杨　爽）

批发零售业

【概述】 2015年秦皇岛开发区社会消费品零售额保持平稳增长。完成全社会消费品零售总额542635万元，同比增长9.6%。全区限额以上批发零售业法人企业57家，全年实现主营业务收入1340079万元，其中限额以上批发企业有26家，主营业务收入966642万元，限额以上零售企业31家，主营业务收入373437万元。

批发业全年主营业务收入超亿元的企业有16家，其中超10亿元企业有3家，它们分别是秦皇岛开发区秦发贸易有限公司、河北五兴能源集团有限公司、秦皇岛市博恩贸易有限公司。超10亿元企业全年实现主营业务收入503931万元，占限上批发企业主营收入的52.1%。

限上批发企业按行业中类分，主要涉及食品饮料及烟草制品、纺织服装及家庭用品、医药及医疗器材、矿产品建材及化工产品、机械设备五金交电及电子产品业5个行业，分别实现主营业务收入59543万元、4626万元、103973万元、779092万元、19409万元，分别占限上批发企业主营收入6.2%、0.5%、10.7%、80.6%、2.0%。以河北五兴能源集团有限公司、秦皇岛开发区秦发贸易有限公司、国药乐仁堂秦皇岛医药有限公司为代表的批发企业的发展，带动了全区商贸业的平稳增长。

全区限额以上零售业法人企业有31家，其中主营业务收入超亿元零售企业13家。超亿元企业分别是：秦皇岛中宝汽车销售服务有限公司、秦皇岛世之捷汽车销售服务有限公司、秦皇岛佳浩汽车销售服务有限公司、秦皇岛瑞通佰盛汽车销售服务有限公司、秦皇岛龙之俊丰田汽车销售服务有限公司、秦皇岛捷通汽车销售服务有限公司、秦皇岛市庞大一众汽车销售有限公司、秦皇岛市金时帮达汽车贸易有限公司、秦皇岛金友汽车销售服务有限公司、秦皇岛四联通合汽车销售服务有限公司、秦皇岛新秦高级轿车销售有限责任公司、秦皇岛星驰汽车销售有限公司、金时福润汽车贸易有限公司。超亿元企业全年实现主营业务收入285987万元，占限上零售企业主营业务收入的76.6%。按零售行业中类分，主要集中于汽车零售业。以秦皇岛中宝汽车销售服务有限公司、秦皇岛佳浩汽车销售服务有限公司为代表的汽车企业成为拉动全区零售行业发展的主力。

（舒胜华）

【秦皇岛兴龙广缘商业连锁有限公司】 2015年1月5日，兴龙广缘缘商业连锁有限公司孟营店豆腐坊顺利开业，为自营品牌增添新品。21日，公司“多福缘”商标注册成功。2月11日，公司广缘微店正式上线运营。公司同年4月成立自有品牌团队，开启自有品牌的创业发展，被评为“2014年中国快速消费品连锁百强”企业。8月19日，广缘洗洁精正式投产，公司加入中国品牌商业联盟。同月，生态谷店开业。8月31日，孟营店滔博运动城开业。公司10月14日成立散货分装部，逐步开展散货包装业务。15日，成立进口商品采购部。10月底，兴龙广缘初步实现白酒自营。11月21日，公司和月大街自营百货店开业，填补了北部工业区综合购物的空白。2015年公司成长训练营合计开设13个班次，共培训基层管理人员317名，累积开设课程68门。店长班开设4期，39名学员参与培训，累积开设课程21门。2015年，公司基本实现绩效考核全覆盖，年内公司有员工3002人，有资产总额56351.62万元，销售收入115234.53万元，创造利润1538.45万元，上缴税金2329.62万元。

（肖　乐）

【秦皇岛开发区华北储运有限公司】 秦皇岛开发区华北储运有限公司主营业务为煤炭运销。公司注册资金500万元，其中中国铁道旅行社出资300万元占60%，中国煤炭进出口公司出资200万元占40%，截至2015年底，有员工15人。

2015年，公司一手抓经营、一手抓管理，实现“两突破三提高一下降”。“两突破”即煤炭发运数量突破500万吨，利润总额突破100万元，为近3年最好水平。“三提高”即公司整体创效能力有所提高，员工整体素质有所提高，员工可比性收入有所提高。“一下降”即管理成本大幅下降。2015年，公司实行预算管理，采取合并办公用房、三次压缩车辆、房租、物业、电话费用等具体措施，落实出差住宿、车辆使用、业务招待等节支措施，控制人员编制，降低人工成本费用支出，取得明显成效。全年期间费用支出393.24万元，占总成本的2.67%，为年预算的80.91%，同比减少77.97万元，减幅16.54%。

2015年，公司运销煤炭532万吨，其中代理南梁矿煤炭5万吨，代销南梁矿煤炭5万吨、代理运输朔中公司煤炭450万吨、代理运输杨涧公司煤炭21万吨、天津港口销售47.3万吨，其他煤炭购销和代理运输3.7万吨；完成销售收入1.48亿元；实现利润总额100.27万元，比上年增加81.13万元。

（张俊山）

【秦皇岛世之捷汽车销售服务有限公司】 秦皇岛世之捷汽车销售服务有限公司是长久集团投资的秦皇岛地区最

高端的豪华汽车销售旗舰店。公司自2013年1月7日通过捷豹路虎中国POCA验收，正式成为捷豹路虎授权经销商。整个4S店占地面积6550平米，建筑面积4680平米。2015年，公司市场范围覆盖秦皇岛、唐山、承德、锦州、葫芦岛等周边地市。

年内汽车市场低迷,公司努力提升服务与业绩，在不利的市场情况下逆流而上，完成各项业绩指标。年内组织了多场大型活动，以彰显品牌形象、增加客户认知度，拓展营销市场。1月，举办公司2周年店庆大型活动，以最大的优惠回馈客户。4月，举行“全新路虎•发现神行开启发现基因探索之旅”秦皇岛站上市发布会。5月，作为2015年秦皇岛国际马拉松赛的唯一指定用车合作伙伴，秦皇岛世之捷捷豹路虎4S店携捷豹路虎大家庭盛装亮相赛事。9月，参与秦皇岛市纪念抗战胜利“九三”大阅兵活动，将最全的捷豹路虎车型、最大的优惠力度、最优质的服务提供给客户。2015年，公司有员工77人，实现营业收入35944万元，创造利润457.23万元，上缴税金24.90万元。

（白素云　李　萍）

住宿·餐饮业

【概述】 2015年，全区限额以上住宿餐饮法人企业10家，全年实现主营业务收入15448万元。其中限上住宿业5家，全年实现主营业务收入12172万元；限额以上餐饮业5家，全年实现主营业务收入为3276万元。重点住宿餐饮企业有秦皇岛秦皇国际大酒店有限公司、秦皇岛碧水华庭俱乐部有限公司、秦皇岛鸿升扬州饭店有限公司、秦皇岛市北戴河国际俱乐部有限公司。

（舒胜华）

【秦皇岛鸿升扬州饭店有限公司】 2015年秦皇岛鸿升扬州饭店有限公司着重从内强素质、外塑形象两方面着手，深化企业内涵，升华企业形象。4月13日，扬州饭店参加由秦皇岛开发区消防大队与新天地物业联合举办的消防知识培训讲座，并在培训后自行组织了消防知识问答比赛活动。6月，扬州饭店开展“青春无悔”迷彩军训活动，聘请专业教官组织进行了为期7天的军训活动。10月，扬州饭店配合集团公司拍摄“盛景之路”企业宣传片，回顾集团公司成长发展历程、弘扬企业文化。12月，扬州饭店举办“第二届餐饮服务技能大赛”，对员工服务技能进行了综合评定，并选出“服务之星”“技能高手”。2015年，公司有员工75人，资产总额13012.64万元，全年营业收入1339.43万元。年内利润为负89.73万元，上缴税金73.22万元。

（马俊莹）

【秦皇国际大酒店】 2015年，秦皇国际大酒店酒店迎来送往，接待了一系列大型活动。1月20日，秦皇国际大酒店接待举行了2500人参加、规模盛大的达飞年会。此次活动为期2天，由于人数较多，秦皇国际大酒店分别提供了一楼国际会议中心、三楼宴会厅及五楼秦皇汇共3个厅。2月9日，盛景集团年度工作总结表彰大会在秦皇国际大酒店一楼隆重举行。5月29日，秦皇国际大酒店爱心公益小分队走进秦皇岛市社会儿童福利院，在六.一儿童节到来之际给孩子们送去了快乐、和温暖。9月25日，“云南美食、滇覆味觉”秦皇国际大酒店首届“云南美食节”隆重开幕，来自云南的特色、经典美食首次悉数亮相，云南美食节首次登陆秦皇岛。10月15日，秦皇国际大酒店开业5周年庆典暨《盛景之路》回顾展在秦皇国际大酒店一楼国际会议中心隆重举行。500余人参加了庆典仪式。12月4日、5日，秦皇国际大酒店接待了由北京市劲松职业高中组织的，包括北京黄庄职业高中、北京市外事学校、北京市信息管理学校等6所学校近40名烹饪和酒店专业教师组成的关于“企业服务创新与菜品创新”的参观考察团。考察团对酒店的满意服务、惊喜服务和感动服务和个性化服务留下深刻印象。亲情化的“中国服务”正在成为秦皇国际大酒店的品牌。2015年，公司有员工471人，资产总额135833万元，实现营业收入7765万元，上缴税金989万元。

（侯丽丽）

【秦皇岛市北戴河国际俱乐部有限公司】 秦皇岛市北戴河国际俱乐部有限公司下辖开发区专家公寓会所、秦皇汇分公司。专家公寓会所位于秦皇岛开发区峨眉山中路，青馨家园一期对面。会所餐厅装修豪华，环境优雅，设有1个散客大厅和7个贵宾厅，

秦皇国际大酒店开业五周年庆典仪式

2015年5月29日，公司慰问社会福利院小朋友

2015年秦皇国际大酒店参加云南美食节开幕式

经营推出川、鲁、粤、淮阳等各式菜品，同时还推出谭家菜和本地特色菜。会所有家庭式套间52间，其中双人间36间、单人间16间，每间面积97平方米，房间内设施齐全，全部无线覆盖，可免费上网。以味道为核心，以养生为目标的秦皇汇分公司位于开发区森林体育公园东侧的秦皇西大街88号，占地面积3800平方米，拥有可同时容纳100人就餐的大厅1个，拥有大小包间24个。秦皇汇的菜品以创意菜、融合菜、分子菜为主，以家常菜、本地特色海鲜为辅。2015年北戴河国际俱乐部完成开发区各项接待任务，实现收入1989.6万元，比2014年增长11.52%。上缴各项税金124.3万元，比2014年有所下降。

（王　伟）

北戴河国际俱乐部前台

北戴河国际俱乐部内部环境

银行业

【概述】 2015年，全区金融机构各项存款余额1893200.00万元，比年初增长78700.00万元，增长4.3%。其中个人储蓄存款余额867300.00万元，增长10.2%。全部金融机构各项贷款余额1675500.00万元，增长5.6%。

（李红梅）

【开发区召开银企对接会】 11月11日，为增强企业与银行间的信息交流，使银行为企业提供专业化的金融服务，使企业充分利用金融工具推动发展，开发区召开银企对接会，加强开发区科技型企业与金融机构间的双向沟通，缓解企业融资难题。 会上，秦皇岛银行等金融机构负责人介绍了金融信贷政策、金融产品创新和服务企业的相关举措。秦皇岛开发区中科百捷、星箭玻璃、中兵建设等企业代表就如何有效利用资本市场做了经验交流。中兵建设、海纳电测、馨凯运输3家企业与秦皇岛银行共签署了2500万元的借款合同。

（方志办）

【开发区与中瑞控股集团签署供应链金融项目战略合作协议】 11月17日，开发区与中瑞控股集团签署供应链金融项目战略合作协议。协议的签署，对于推动开发区整合大宗商品交易资源，完善金融链供应体系，加速形成产业集聚，提升综合竞争实力等方面具有重要的意义。协议规定，项目计划投资5亿元，以现代服务业和产业聚集为切入点，在大宗商品贸易领域开展合作，同时围绕开发区基础设施建设等领域开展供应链金融业务。

（方志办）

【中国银行股份有限公司秦皇岛市开发区支行】 中国银行股份有限公司秦皇岛市开发区支行简称中行秦皇岛开发区支行， 2015年有员工38人。2015年，支行各项业务呈现处快速、健康、良好的发展势头，多项指标创历史最高。截至2015年底，存款228370万元，新增22035万元；贷款303082万元；计费收入1.41亿元，全年办理票据贴现11065万元；办理国际结算8.4亿美元；实现计费收入1.41亿元；多项指标均创历史新高。2015年绩效考核排名一直处于全辖先进位次，全行可持续发展能力进一步增强。

（窦淑华）

【中国工商银行股份有限公司秦皇岛

开发区支行】 中国工商银行股份有限公司秦皇岛开发区支行2015年实现全部存款余额23.29亿元，其中对公存款余额 10.55亿元，储蓄存款余额12.74亿元；各项贷款余额56.77亿元；实现账面中间业务收入4398万元，完成全年任务的118%；实现拨备前利润14494.89万元。年内支行不断强化安全意识，实现全年无重大事故。2015年通过以贷引存、推动重点项目等方式，全力做到储蓄存款和对公存款的争揽、回流和稳定工作。通过加快重点客户重点项目的推进，积极发展资产业务。拓宽渠道，做好基金、理财、保险、电子银行等产品的综合营销，大力发展互联网金融产品，努力做到应收尽收。年内支行成功通过了2015年度全国金融业千佳示范单位的年度复查，并被河北省新闻网评选为第二届网友最满意银行网点。

（闫　琨）

【中国建设银行股份有限公司秦皇岛经济技术开发区支行】 中国建设银行股份有限公司秦皇岛经济技术开发区支行是秦皇岛市首家在开发区成立的金融机构。2004年9月支行更名为中国建设银行股份公司秦皇岛经济技术开发区支行。2015年有员工35人。

2015年支行全年未发生安全和责任事故。2015年，支行为推动服务效能建设，将服务精细化管理与规范化管理向深层次延伸，将客户体验放在首位。在大厅设置背景墙、摆放鲜花，为客户提供全新的金融体验，使客户更宾至如归的感觉。支行在提高综合服务水平上做文章，从流程到规范，落实每个细节，做到人人过关，固化演练结果。

2015年存款，截至2015年12月31日，支行存款完成一般存款余额23.12亿元，日均新增2.84亿元，完成率70%。其中，支行对公存款余额达16.67亿元，日均存款余额22.53亿元，较年初新增2.25亿元，完成率64%。个人存款时点余额6.45亿元，余额新增5207万元，完成率104%，日均新增5898万元，完成率108%。

2015年中间业务，支行完成中间业务收入4205万元，计划完成率100%，其中对公业务3473万，计划完成率102%，个人业务667万，计划完成率90%。

2015年信贷业务，支行表内外对公贷款余额合计35.57亿元，较年初增加2.27亿，累计投放191笔，投放金额32.74亿元，收回198笔，收回金额30.49亿元。其中公司机构类客户贷款累计投放95笔，投放金额33.19亿，累计收回131笔，收回金额23.67亿元，年末余额33.19亿元，较年初增加2.18亿元。小企业贷款累计投放96笔，投放金额6.91亿元，收回68笔，收回金额6.83亿元，目前余额2.38亿元，较年初新增839万元。

2015年，支行有余额信贷客户60户（含表内外），较年初增加20户。

公司客户15户，较年初新增5户，小企业类客户39户（表内外），较年初新增14户。对公有效客户数量356户，较年初增加18户，折算后有效客户为2785户，年度新增384户。个人有效客户新增125户，计划完成率9%，本年折算后新增3444户。

2015年对公和个人产品，支行累计新开立对公账户202户，其中基本户91户，账户净增132户；累计办理对公ETC80个，计划完成率229%，完成量和完成率全行第二；对公产品覆盖度4.22。年内个人产品累发借记卡10904张；新增代发单位127户，代发金额7.3亿元，代发工资9719人，计划完成率184%，排名第一；信用卡新增客户2364户，其中热购卡570张，ETC卡1917张，分期业务2576万元；个人产品覆盖度5.05%，排名前三。

2015年国际业务，完成国际结算量9166万美元，跨境人民币结汇4.9亿元，完成率979%，净新增国际结算客户3户，计划完成率150%。2015年支行被建行河北省分行评为“青年文明号”。

（黄文良）

【交通银行股份有限公司秦皇岛分行开发区支行】 交通银行股份有限公司秦皇岛分行在经济技术开发区共设立开发区、长江中道、泰盛3家支行。2015年，3家支行有员工37人。人民币存款余额18.75亿元，外币存款余额1433万美元，人民币贷款余额1.75亿元，实现经营利润2729万元。贷款主要投放到燃气和水、食品、汽车、有色金属、石油化工、建材等行业，全力加大对宏启胜精密电子（秦皇岛）有限公司等开发区重点企业的信贷支持力度，加大对瑞晶太阳能公司等小企业的金融支持力度。2015年，支行组织开展了“我的微笑，真心相伴”服务提升专项劳动竞赛和“服务我最棒”积分竞赛活动，支行严格操作风险管理，全年实现无风险事件、无安全责任事故、无不良社会影响。

（张　科）

【中国农业银行股份有限公司秦皇岛开发区支行】 中国农业银行股份有限公司秦皇岛开发区支行2015年在岗员工92人。支行下辖燕大支行、银都支行2个二级支行和珠江道分理处、长江道分理处、汽配城分理处、碧水华庭分理处、数谷分理处5个分理处。

2015年支行加大风险防控力度，提高信贷资产质量。积极拓展新的服务产品，提升市场竞争力。通过实地摸清企业底数、与企业高管会谈等一系列措施和手段，有效调整开发区的信贷资产结构，提高优质信贷资产质量，促进整体经济效益的提高。全年在做大做强个人按揭住房贷款的同时，积极营销“房抵贷”“旺铺贷”“个人助业贷款”“车位分期”等个人业务特色品种，丰富个人贷款品种，提升区域市场竞争力。截至

2015年末，累计发放个人特色贷款6118万元，调查详尽、流程完备，得到上级行的肯定及区域个人客户的认可，带动一批优质个人客户落户。

2015年，支行强化营销，提前做好项目储备，提升发展后劲。支行制定了2015年开发区支行机关包点工作实施方案。各位行长按照分管业务针对网点的短板业务指标进行督导落实，督促网点开展专项营销活动，上半年共开展专项营销活动25场，涉及零售、对公、银行卡、机构等方面业务。下半年大力推动综合营销活动，强力推动网点进社区、进市场、进门店、进校园。针对任务差距大的网点、零售方面的短板业务，制定专项营销方案。由主管行长及包点行长对燕大支行、珠江道分理处、碧水华庭分理处等任务指标落后的网点重点帮扶。

2015年，支行大力发展中间业务，提高中间业务收入贡献度，使中间业务收入成为新的利润增长点。截至2015年11月，支行中间业务收入1015万元，其中公司业务收入138万元，投资银行收入170万元，机构业务收入172万元，零售银行业务收入196万元，电子银行业务收入238万元，国际业务收入17万元。金融市场与投资银行业务收入170万元，托管业务收入27万元。

2015年，支行以人为本，加强对员工综合业务技能的培养。一是制定年度、季度、月度学习计划，利用业余时间组织客户经理学习上级行文件精神、新业务产品管理办法、日常业务操作规程，确保业务的健康发展。二是积极选派年轻同志到市分行业务部门学习，组织召开柜员业务技能培训会，鼓励青年员工参加各级行业务技能比赛。促进员工业务素质和政治素质的提高，为业务的健康、快速发展奠定基础。在省行组织的业务竞赛中，支行一名柜员取得了全能第一名、ABIS（中国农业银行综合应用系统）录入第四名、机器点钞第五名的好成绩。

2015年，支行加强运营基础管理，定期组织网点运营主管召开月度风险例会及运营工作例会，通过对运营主管提出的操作风险点进行分析讨论，化解部分操作风险，对部分临柜业务操作进行统一规范。年内获得省行授予的“运营基础管理先进单位”称号。截至2015年末，支行实现贷款余额116073万元，其中法人贷款45929万元,个人贷款70145万元。各项储蓄存款190592.68万元，比年初增加15592.72万元。

（许胜利）

【秦皇岛银行开发区支行】 秦皇岛银行长江科技支行企业类型为国有股份有限公司，2015年有员工23人。2015年7月1日，支行由秦皇岛银行开发区支行的发展大厦一楼迁址到祁连山南路29号、31号，正式更名为秦皇岛银行长江科技支行，是秦皇岛市第一家科技支行。

2015年，支行开展了“点滴做起，信任永恒”为主题的金融知识进社区的营销宣传活动。职工利用业余时间,走出柜台,在居民小区和闹市区发传单搞宣传，展示形象，扩大影响力，营销销秦皇岛银行的各种产品。2015年，支行深入到客户生产一线中，为企业谋求发展，加强信贷管理，确保贷款质量，保障了银行贷款处于良性状态。支行在2015年度总部举办的业务技术比赛中支行夺得了2项第一名。截至2015年12月31日,支行各项存款余额239375万元，较2014年同期增长71764万元。各项贷款149893万元，较2014年同期增长72223万元。

（洪启艳）

房地产·建筑业

【概述】 2015年，秦皇岛开发区全区实有房地产开发企业32家，32家房地产开发企业当年有开发工作量的有11家，占房地产开发企业的34.4%。

年内开发投资：2015年，11家有工作量的房地产开发企业中，当年完成开发投资271203万元，同比下降7.5%。

年内房屋销售：2015年，全部房地产开发企业商品房屋销售面积44.14万平方米，增长100.2%。其中，销售住宅43.46万平方米。商品房屋销售额21.74亿元，其中，住宅商品房销售额21.20亿元。

2015年，开发区共有资质以上建筑业企业33家。其中：一级资质12家，二级资质11家,三级等级资质10家。当年完成建筑业总产值30.64亿元，比上年下降16.5%；竣工产值16.36亿元，下降18.8%。施工房屋面积183.15万平方米，下降37.6%；竣工房屋面积72.26万平方米，下降39.0%；竣工房屋价值9.37亿元，下降37.1%。建筑房屋竣工率39.5%，比去年下降0.8个百分点。全年营业收入35.85亿元，下降7.6%；实现利润总额5.45亿元，增长1.6倍。

（王东勇　徐　媛）

【铂悦山住宅楼项目设计获评绿色建筑最高等级三星级】 作为秦皇岛开发区首个申报“三星级绿色建筑设计标识”的项目，铂悦山1～14号住宅楼项目顺利通过绿色建筑设计标识专家评审，成为国家最高等级绿色建筑——三星级绿色建筑设计项目。该项目的设计及后续建造、运营，为开发区发展绿色建筑，特别是高星级绿色建筑积累了有益经验。项目在设计上充分利用自然资源，在有效实现自然通风与采光的基础上，综合运用节能、节地、节水、节材等多项绿色建筑技术，100%的住宅采用太阳能热水系统，通过中水处理系统，实现水资源二次利用，用于入户冲厕、地库冲洗、绿化浇洒等，非传统水源利用率达到31.66%。

（方志办）

【秦皇岛兴龙房地产集团有限公司】 具备国家房地产开发一级资质的秦皇岛兴龙房地产集团有限公司，简称“中秦兴龙地产”，凭借青馨家园一期至五期、兴龙国际城、龙溪御园、北戴河御墅龙湾、兴龙生态谷、兴龙银座、兴龙香玺海、宝鸡龙廷山水、天津峰景苑等精品工程，跻身秦皇岛

秦皇岛兴龙房地产开发有限公司

香玺海公寓样板间开放

天津峰景苑二期开盘

秦皇岛鸣岐房地产开发有限公司

鸣岐地产开发的楼群

鸣岐酒店开业

天成佳境的物业员工

地区最具竞争力、最受消费者信赖的房地产行业领军企业之一。2015年，公司从多层住宅到高层住宅、从联排别墅到独立别墅、从大型购物中心到主题步行商业街、从酒店式公寓到高档写字楼，将产品开发定位于城市主流房产市场，以满足城市各阶层消费者的住房及商业需求。6月16日，兴龙地产峰景苑项目住宅二期工程开工典礼仪式于二期项目工地隆重举行。8月29日，“启帷海派度假生活——兴龙香玺海公寓式酒店精装样板间开放仪式暨兴龙幸福会商家联盟签约仪式”在兴龙香玺海公寓门前广场成功举办。9月10日，南岭六号青竹雅苑工程正式开工。9月10日，南岭六号青竹雅苑工程正式开工。10月31日，峰景苑项目二期花屿台盛大开盘。

（胡　晶）

【秦皇岛市富立房地产开发有限公司】　2015年，富立房地产开发有限公司开发建设的富立•秦皇半岛一期二段、秦皇半岛二期一段共1413余户业主在年内如期交房。1月，富立•秦皇半岛获得腾讯房产授予的“2014年度秦皇岛最具升值潜力楼盘”称号。2月，获得搜狐焦点网授予的“中国地产新视角2014年度养生生态宜居大盘”称号。12月，又被搜狐焦点网授予“2015年度畅销楼盘”“互联网创新营销楼盘”荣誉称号。

（苏志红）

【秦皇岛鸣岐房地产开发有限公司】
秦皇岛鸣岐房地产开发有限公司位于开发区西环路29号，成立时间为2008年4月21日，注册资金1亿元。2015年有员工130人。

公司先后开发了“天成锦江苑”和“天成佳境”2个楼盘，项目占地均在42万平米以上。其中“天成锦江苑”项目是集别墅、花园洋房、变维户型、尚品高层、商业街区于一体的大型综合人文社区，2015年项目销售已接近尾声，累计交房2400余户。“天成佳境”项目以高层为主，户型区间为60～130平米的舒适2居和经典3居。项目共计2882套住宅，其中面向市场客户销售400余套，剩余房源经过公开投标及谈判，最终作为开发区返迁安置房被开发区管委收购。2015年10月1日，“天成佳境”项目市场客户如期收房，“天成佳境”项目返迁安置房已达到交房验收标准。

2015年9月19日，鸣岐地产旗下的秦皇岛鸣岐酒店有限公司开业纳客，鸣岐酒店位于秦皇岛开发区华山南路57号天成锦江苑项目29号楼，占地1615.4平方米，总建筑面积7232平方米。集住宿、洗浴、餐饮为一体的综合性服务酒店。酒店主体共6层，整体设计风格以新中式风格为主，环境优雅、设施完善、服务周到。酒店设有客房109间，其中大床房48间、套房10间、家庭房18间、标准间25间，三人间8间，最多可容纳247人。酒店设有中央空调、卫星电视、宽带网、餐厅、洗浴中心等服务设施，充分满足客人不同层次的住宿需求。2015年，公司纳税5394万元，比2014年的3443万元增长56.67%。

（叶　宁）

富力地产环境优雅的开发项目

其他服务业

【概述】 2015年，秦皇岛开发区其他服务业（除交通运输、仓储和邮电业、信息传输、软件和信息技术服务业以外的服务业）存在市场需求低迷、人力成本上涨等诸多困难。年内实际入统的其他服务业限上企业32家。其中，物业管理和房地产中介企业11家，实现营业收入16745万元，同比增长11.81%；营业成本13803万元，同比增长34.24%;资产总计28835万元，同比下降6.05%；应付职工薪酬10870万元，同比增长15.07%；从业人员期末人数2765人。租赁和商务服务业12家，实现营业收入31717万元，同比下降9.78%；营业成本26301万元，同比下降18.81%；资产总计14942万元，同比下降18.52%；应付职工薪酬16504万元，同比下降22.27%；从业人员期末人数3917人。科学研究和技术服务业6家，实现营业收入13217万元，同比下降28.04%；营业成本8453万元，同比下降34.86%；利润总额1519万元，同比下降36.67%；资产总计15833万元，同比增长5.38%；应付职工薪酬3126万元，同比增长19.24%；从业人员期末人数630人。水利、环境和公共设施管理业1家，实现营业收入219万元，同比下降4.02%；营业成本121万元，同比下降44.18%；利润总额负18万元；资产总计798万元，同比下降9.62%；应付职工薪酬62万元，同比增长10.12%；从业人员期末人数11人。居民服务、修理和其他服务业2家，实现营业收入959万元，同比下降8.19%；利润总额21万元，同比下降4.55%；资产总计529万元，同比增长9.18%；应付职工薪酬864万元，同比下降9.46%；从业人员期末人数261人。

（陈 昊）

【视野民用无人机项目落户秦皇岛开发区】 3月31日，视野民用无人机项目落户秦皇岛开发区。该项目由香港视野机器人有限公司建设运营，入驻北岛博智孵化器，从事民用无人机产品的研制与推广，并在秦皇岛建设民用无人机应用基地，产品覆盖森林火灾智能监控、城市环境检测、野外数据采集等领域。

（方志办）

【10家高新技术企业签约入驻开发区智慧城市北方基地】 4月13日，秦皇岛智慧城市产业发展恳谈会在深圳举行，武汉东信同邦信息公司、深圳博康系统工程公司等10家企业签约入驻

秦皇岛开发区智慧城市北方基地。10家企业涉及信息技术、网络工程、数据处理等领域，将共同参与秦皇岛智慧城市建设与运营。

（方志办）

【火柴盒公司杀毒软件在北美洲上市】 4月17日，由秦皇岛火柴盒计算机技术开发有限公司自主开发的杀毒软件（英文名：Compu Clever Antivirus Plus）测试版正式在北美市场上线，标志着该公司由工具类软件公司跃升为安全类软件公司。火柴盒计算机技术开发有限公司是一家国际化通用软件出口企业，主要研发个人电脑优化和实用性电脑工具类软件，是河北省第一家完全面向欧美市场、提供自主知识产权软件产品和服务的高科技公司。公司是微软公司长期合作伙伴，研发的4款软件成为微软公司的指定产品。

（方志办）

【“智慧交通”项目全面铺开】 3月，开发区中兴网信秦皇岛科技有限公司“智慧交通”项目在秦皇岛市全面铺开，逐步实现交通智能化管理全覆盖。通常判断道路是否会发生拥堵，车流量、车速、车距都是诱发因素。“智慧交通” 在距十字路口约200米的地方设立交通诱导屏，视频监控系统采集实时路况信息，以每5秒上传一次数据的速度将实时路况传送至综合指挥平台，最后在交通诱导屏上以红、黄、绿3种颜色标志出道路拥堵状况，实现司机对前方路况早了解、早判断，在拥堵发生前实现车辆分流。中兴网信自主研发的枪球联动系统对市区主干道的覆盖率已经超过90%，系统利用枪机和球机对路况进行视频采集。若枪机检测出有交通违法、违章行为，球机就会对其进行精准定位并抓拍，实现交通管理自动化、智能化。涉及到交通处罚时，该系统捕捉到的车内异常行为也会形成处罚依据。

（方志办）

【北岛博智与科技世界网传媒集团洽谈合作】 4月10日，中国网络传媒股份有限公司旗下科技世界网传媒集团与北岛博智（秦皇岛）科技孵化器有限公司洽谈上市事宜。中国网络传媒股份有限公司已在美国成功上市，其子公司科技世界网传媒集团有限公司是以科技世界网为主体的网络传媒科技产业公司。北岛博智是河北省唯一一家社会资本进驻成立的孵化器，已成功孵化2家年销售额过亿企业，2015年前在孵企业及创业团队27家。中国网络传媒股份有限公司与北岛博智将以互持股份的方式合作。北岛博智通过此模式对接国际市场，为入孵企业增加投融资新渠道。

（方志办）

【北岛博智举行冬季入孵签约会】 2015年12月29日，北岛博智科技孵化器有限公司在开发区举行冬季入孵签约会，此次集体签约入孵的10家企业有金汇通信息技术有限公司、微动力生物技术有限公司、快沃仕智能科技有限公司、置和大业智能科技有限公司、赛特琳环境科技有限公司、驰凯科技有限公司、两只老虎科技有限公司、克伦威尔环境科技有限公司、睿比特环境科技有限公司、北岛金刚新能源有限公司。公司项目涉及智慧金融、生物降解雾霾、公共自行车租赁、无人洗车房等行业，创业者有来自国内的行业精英，也有海外归来的留学生。

（方志办）

【快点儿科技首家入驻e谷创想空间】 7月，秦皇岛快点儿网络科技有限公司正式入驻e谷（秦皇岛）创想空间孵化器，成为首家入孵企业，标志着位于中关村海淀园秦皇岛分园内的e谷（秦皇岛）创想空间孵化器正式投入使用。秦皇岛快点儿网络科技有限公司致力于商业软件、手机软件的自主研发和运营。e谷（秦皇岛）创想空间是秦皇岛漫游世纪科技孵化器有限公司创办的新型创新创业平台，致力于用“创业孵化+创业投资”的孵化模式，为早期项目和初创企业提供开放办公、早期投资和产业链孵化等服务，延续中关村服务理念，为创新创业者提供全程“中关村式”服务，打造具有影响力的新兴产业、创新创业企业和人才的聚集地，使中关村模式在秦皇岛完美复制。正式投入使用e谷创想空间孵化器总面积3万平方米，已经和18家企业签署入孵协议，5家企业达成入孵意向。

（方志办）

【秦皇岛燕山大学计算机软件中心有限公司】 秦皇岛燕山大学计算机软件中心有限公司是河北三大软件园的核心骨干企业，是列入河北省十五规划的重点发展企业，是河北省经贸委重大产业化建设项目，是河北省唯一一家国家级大学科技园的第一个入园企业和核心骨干企业。2015年拥有本科学历101人，硕士16人，博士3人；其中有把握世界信息技术前沿的领导团队；有精通软件开发和高端系统集成等信息技术的员工团队；有多年从事企业管理和软件系统设计及开发工作、具有丰富实践经验的资深人员做系统分析和项目管理。2015年，公司资产总额位1391万元，有员工120人。2015全年营业额1185万元，比2014年增

燕大软件公司软件开发团队

服务业

燕山大学科技园

长7.83%。全年实现利润151万元，比2014年增长12.69%。全年上缴税金58万元，比2014年增长81.25%。

（陈　新）

【秦皇岛光彩服务产业集团公司】 光彩集团2015年有员工1862人。截至2015年底，集团已在全国200余个城市和地区建立了全方位家庭服务呼叫中心，服务人群300多万人，覆盖60多个门类的服务项目，涉及医疗急救、健康咨询、家庭服务、防盗报警、维修服务、法律咨询、生活日用品配送等诸多方面。光彩集团作为国内现代家庭服务业的龙头企业，被业内公认为“中国家庭服务业第一品牌”。2015年，光彩集团继续扎实推进各项事业。年内，集团在北戴河、四川程度等地多次举办智慧养老高峰论坛，邀请全国各地养老及相关行业的精英共同探讨智能化养老的前景及发展规划，取得良好的社会效益。9月，通过ISO9001:2008国际质量管理体系认证，标志着集团的管理和服务水平更加智能化、标准化，达到国际标准。11月，第二次获得“河北省高新技术企业”认证，表明集团的自主创新能力和科技研发水平继续保持国内一流。年内，集团被评为“2015年度全国百强家庭服务企业”，河北省共三家企业获得此称号，光彩集团是秦皇岛市唯一一家获此殊荣的单位。

（徐立峰）

【中冶京诚（秦皇岛）工程技术有限公司】 中冶京诚（秦皇岛）工程技术有限公司2015年有员工450余名，其中高级职称以上人员100余人，具备国家注册工程师150余人，其他专业工程师140余人，国家安全生产委员会委员1人，国家安全生产技术专家6人，冶金建设行业高级专家6人。公司拥有多项专利成果和行业专有技术，于2011年11月正式获得科技部批准，成为高新技术企业，并被国家安监总局认定为“全国非煤矿山安全生产技术支撑机构”，2014年成为河北省指定的非煤矿山建设项目安全设施设计审查与竣工验收单位。公司已建立完善的符合GB/T 19001—2008、GB/T 24001—2004、GB/T 28001—2011标准的质量、环境、职业健康安全的三标管理体系，通过了北京中设认证中心的认证并得到了有效运行。

2015年，公司承担了国内首个地下采选一体化铁矿山项目的设计工作，该项目建成后将成为国内首个地下选矿厂。公司参与编制的《金属非金属矿山建设项目安全设施目录（试行）》《金属非金属矿山建设项目安全设施设计编写提纲》分别于2015年3月16日和2015年6月30日以总局第75号令和安监总管一〔2015〕68号文发布，两部文件于2015年7月1日起正式施行。2015年，公司顺利完成云南省非煤矿山转型升级专家排查会诊工作，受到云南省安监局好评。

2015年，公司获得一系列重要奖项：公司设计的周油坊铁矿选矿工程获得冶金建设行业优秀设计一等奖；公司设计的石人沟铁矿地下开采三期工程获得冶金建设行业优秀设计二等奖；公司设计的陕西昊田集团利用煤矸石渣油及电石硅铁余热2×50兆瓦热电联产工程获冶金建设行业优秀设计二等奖；公司设计的赤城非凡矿业狼窝沟尾矿库加高扩容工程获得冶金建设行业优秀设计三等奖；公司设计的赤城银达矿业温家沟尾矿库工程获得冶金建设行业优秀设计三等奖。公司设计的唐山市瑞丰钢铁有限公司2×25兆瓦利用高炉转煤气发电工程获冶金建设行业优秀设计三等奖。

（王春生）

【秦皇岛市长彤实业有限公司】 秦皇岛市长彤实业有限公司公司主要服务于中国移动、中国电信和中国铁塔3大运营商，从事通信设备的维护、通信设备与线路安装、网络设备安装、综合布线、安全技术防范系统的设计、施工与维修。2015年有员工400人。公司高标准推行各项维护工作，完成了全年重大节日及恶劣天气的通信保障任务，得到了甲方的认可。2015年公司在学习、实践、思考、总结的基础上，先后出版了《运用中西智慧搞好企业管理》、《推行一划四定促进企业管理》两本企业管理书籍。2015年公司营业总收入3705万元，资产总额2348万元，比2014年同期增长21万元。

（谢 琦）

【秦皇岛秦山化工港务有限责任公司】 秦皇岛秦山化工港务有限责任公司位于秦皇岛市海港区龙海大道66号，1998年11月成立，2001年7月13日试运营，由河北建设投资交通投资有限责任公司、秦皇岛发电有限责任公司、秦皇岛市化工集团有限公司、秦皇岛市科技投资公司四家股东共同出资组建，注册资本6400万元，总投资1.6亿元，为国家一类开放口岸。秦山港主营液体化工品、散杂货物装卸及堆存业务，进出口货类以硫酸、钢材、煤炭为主。2015年拥有2个泊位，其中一个为万吨级，另一个为5000吨级。设计年吞吐能力98万吨，航道及港池设计水深-8.8米，码头前沿长368米，宽65米，可以接卸万吨级船舶。拥有5台大型门座式起重机，2台40吨龙门吊以及铲车、吊车、叉车、板车等装卸散杂货所需的工具。港内堆场面积10公顷，并设有海关专用监管区1个。港内有万吨级航道及先进的通信导航系统，保证船舶昼夜安全通行。2015年全年实现营业收入2,964.69万元，比2014年同期减少1,366.16万元，同比降低31.54%。2015年利润总额负633.08万元，比2014年同期减少532.30万元，同比降低528.18%。2015年全年达到港口主管单位的安全生产管理要求，无重大安全生产责任事故及重大质量事故发生。

（董 晶）

【秦皇岛佳美物业服务公司】 秦皇岛佳美物业服务公司成立于2003年，是国家一级资质物业服务管理企业。公司致力于“打造中国产业园区智慧绿色运营专家”理念，为客户提供智能化管理、厂区绿化养护、设施设备维修保养、大型会务接待等多项物业配套服务，2015年管理总面积逾123万平方米。2012年公司通过GB/T19001-2008质量管理体系、GB/T24001-2004环境管理体系、GB/T28001-2011职业健康安全管理体系认证。公司以全面落实3个体系各项要求为基础，不断提升服务管理标准，提倡“专业、敬业、商业”的企业精神，遵循“安全、绿色、高效、增值”的服务理念，坚持以过硬的专业技能从市场获取公平回报，建设具有佳美特色的标准化体系。2015年7月，公司再次顺利通过三体系认证。同月，公司获得河北省住宅与房地产业协会公布的“河北省物业服务行业节能降耗奖”。12月，在“互联网+房地产研讨会暨《城市开发》杂志编委年会”上，公司荣获“2015中国物业管理最具品牌影响力企业”殊荣。

（方志办）

管委直属企业

【概述】 2015年，管委直属企业依然以负责管理9家公司的国有资产经营有限公司为主体，年内公司总资产达203亿元，拥有投资企业合计24家。其中全资子公司12家，控股公司3家，参股公司9家。2015年，国资公司充分发挥融资职能，通过银行贷款、保理贷款、棚改贷款、发行债券等方式多渠道筹集资金,共融资23.54亿元，担保14.87亿元。年内公司获联合资信评估有限公司给予国资公司长期主体信用AA等级，并且完成7家公司的工商注册。2015年，中节能水务发展公司和秦皇岛开发区泰盛水务有限公司共同出资组建了中节能泰盛秦皇岛水务有限公司。年内公司完成自来水售水量707万立方米,直供水（原水）售水量260万立方米,污水处理量630万立方米,总营业收入3,127.16万元，利润总额为483.16万元。2015年，秦皇岛正源会计师事务所有限责任公司实现业务收入2550万元，缴纳税款总额260万元。2015年，泰盛地方铁路管理有限公司强化铁路线路设备实施的管理维护，圆满实现“标准化安全年”。

（方志办）

【泰盛水务对东区九号污水厂实施工艺提标改造工程】 12月，秦皇岛开发区泰盛水务公司启动东区九号污水厂实施工艺提标改造工程。开发区东区九号污水厂建设于2003年，设计出水水质标准为《城镇污水处理厂污染物排放标准》（GB18918-2002）一级B标准，2011年国家强制要求渤海近海海域污水厂必须达到一级A标准排放。开发区已与中节能水务发展公司合作，计划新建陕西北路污水处理厂以解决设计标准落后、排放不能达标问题。启动工艺提标改造工程是为保证新建污水厂投入使用前现有九号污水厂的正常排放，通过新装气浮设备及投加COD及氨氮降解药剂，确保东区九号污水厂出水达到一级A标准排放出水。

（方志办）

【秦皇岛开发区国有资产经营有限公司】 秦皇岛国有资产经营有限公司成立于2005年。2011年6月，经秦皇岛经济技术开发区管委会授权，公司实现重组整合，对开发区直属企业进行监管，履行出资人职责，确保国有资产保值增值。2015年，国资公司总资产203亿元，共拥有投资企业24家，包括：秦皇岛经济技术开发区港务有限公司、秦皇岛开发区泰盛地方铁路管理有限公司、《旅游总览》杂志社有限公司、秦皇岛数据产业研究院有限公司、秦皇岛亿科农业开发有限公司、秦皇岛经济技术开发区创安联防有限公司、秦皇岛开发区泰盛工程管理有限公司、秦皇岛开发区泰盛房地产开发有限公司、泰盛国际投资服务有限公司、秦皇岛秦皇新天地项目投资有限公司、秦皇岛开发区泰盛汽车服务有限公司、秦皇岛开发区创元海运有限公司12家全资子公司。秦皇岛开发区泰盛担保有限公司、秦皇岛泰盛健康服务有限公司、秦皇岛瑞泰供应链管理有限公司3家控股公司，秦皇岛开发区集中供热有限公司、秦皇岛银行股份有限公司、国开瑞明（北京）投资基金有限公司、秦皇岛能源交易中心股份有限公司、秦皇岛联彩石油储运有限公司、秦皇岛市中兴校车服务有限公司、秦皇岛中兴恒和北斗卫星运营服务有限公司、秦皇岛盛旭能源科技有限公司、秦皇岛红土创业投资有限公司9家参股公司。

2015年，国资公司负责管理秦皇岛经济技术开发区动力公司、秦皇岛同和热电有限公司、秦皇岛开发区创元海运有限公司、秦皇岛泰盛地方铁路有限公司、秦皇岛开发区泰盛水务有限公司、秦皇新天地项目投资有限公司、秦皇岛开发区泰盛汽车租赁服务有限公司、秦皇岛开发区泰盛房地产开发有限公司、秦皇岛亿科农业开发有限公司共9家公司。

2015年，公司充分发挥融资职能，积极配合区财政局、金融办，通过银行贷款、保理贷款、棚改贷款、发行债券等方式多渠道筹集资金,共融资23.54亿元，担保14.87亿元。年内公司获联合资信评估有限公司给予国资公司长期主体信用AA等级。年内，完成秦皇岛开发区泰盛汽车租赁服务有限公司、秦皇岛泰盛健康服务有限公司、神州数码（秦皇岛）网络信息安全技术有限公司、秦皇岛盛旭能源有限公司、秦皇岛瑞泰供应链有限公司、秦皇岛红土创业投资有限公司、亚粮泰盛（秦皇岛）大宗商品交易中心股份有限公司共7家公司的工商注册。

2015年，公司将安全生产作为企业的首要工作来抓，牢固树立“安全第一、预防为主、综合治理”的安全生产方针，严格落实市、区安监部门的工作要求，通过增强安全培训、加强应急演练、强化安全防控等措施，时刻绷紧安全弦，强化管理不放松。先后组织开展了“主要负责人履职尽责警示教育”宣讲、“消防知识教育培训”、“《新安全法》知识答题”和“应急演练”等活动共16次。2015年国资系统未发生重大安全生产事故。

2015年，为加强企业经营、管理，年初与各所属公司签订《目标考核责任书》，每季度召开企业经营分析会，总结、分析各公司生产经营情况汇报，安排部署下一步工作任务，督促所属公司在企业管理、节能降耗、技术改造、服务质量等方面下功夫，千方百计提高增效点，努力降低企业成本，完成了“在取消财政补贴的前提下，实现扭亏”的工作目标，系统盈利196.62万元。

（刘　晖）

【中节能泰盛秦皇岛水务有限公司】 中节能泰盛秦皇岛水务有限公司成立于2015年2月12日，由中节能水务发展公司和秦皇岛开发区泰盛水务有限公司共同出资组建，有员工101人。公司立足安全用水，突出优质服务。在给水方面，全年度水质合格、水量充足，保障了区内企业、居民的生产、生活用水。在服务方面，强化服务意识，创新服务举措，实现供水抢修和售水窗口全年无节假日服务，24小时受理来电。在安全方面，加强安全生产巡视、检查、应急演练和规章制度的落实，确保水厂、供水加压站供水设施、设备及供水管网安全运行。2015年，公司完成自来水售水量707万立方米,直供水（原水）售水量260万立方米,污水处理量630万立方米,总营业收入3,127.16万元，利润总额为483.16万元。全年新增居民用户4707户，非居民用户45户,完成给水设施建设6项，铺设给水管道长度4250米。接待用户来电来访5300余次，上门服务及维修、换表3282余次，管网维修工程163项。

（周赛楠）

【秦皇岛正源会计师事务所有限责任公司】 秦皇岛正源会计师事务所有限责任公司成立于1999年10月，位于开发区万众大厦12层。公司旗下拥有正源会计师事务所、正源税务师事务所、正源会计咨询服务公司、正源资产评估公司（3A）、正源工程建设咨询事务所(甲级)、正源司法鉴定中心、正源房地产评估公司、正源土地评估公司等八个独立法人，注册资本合计540万元。2015年，服务领域包括财务审计、税务审计、资产评估、房产评估、土地评估、工程造价审计、司法鉴定、会计咨询等业务。年内有员工120人，其中各领域专家19名、注册会计师35名、注册税务师12名、注册资产评估师12名、注册房地产评估师8名、注册土地评估师6名、旧机动车鉴定估价师6名，注册工程造价师11名，注册咨询师3名、高级会计师3名、所有员工均大专以上学历，其中硕士2名。人力资源配置实现合理优化。在河北省注册资产评估师协会办的优秀评估师评选中，多人多次被评为河北省优秀注册资产评估师。2015年，公司实现业务收入2550万元，缴纳税款总额260万元。

（张贵江）

【泰盛地方铁路管理有限公司】 2015年，泰盛铁路公司致力于服务好东区各接轨企业，强化铁路线路设备实施的管理维护。年内不断加强铁路设备

▲ 志愿者到老沟小学开展送“温暖午餐”活动

▲ 安全知识竞赛

▲ 安装新式环保锅炉

▲ 安全知识竞赛

▲ 道口设备维修

设施维护、维修，对各道口栏门进行改造大修，及时更换线路重伤钢轨，清理侵限树木、杂草，治理沿线开环种地，疏通线路排水，做好铁路安全行车的基础保障工作。9月，依据国家有关环保要求拆除了信号楼及原公司院内的老式燃煤锅炉各一台，并安装了符合环保要求的锅炉。2015年实现“标准化安全年”。公司注重精神文明建设，勇于承担社会责任，积极开展志愿者工作，公司志愿者定期到居民小区清捡垃圾。2015年1月22日，组织“温暖午餐”志愿活动，单位志愿者成员个人捐款，为青龙老沟小学捐赠了价值3500元生活及学习用品。4月24日，又为丰富山区孩子的体育活动捐赠了价值1500元的篮球架。

（郗立峰）

2015年秦皇岛开发区限上物流业、信息传输业、其他服务业企业基本情况表

序号	单位详细名称	开业(成立)时间(年)	开业(成立)时间(月)	主要业务活动(或主要产品)1	主要业务活动(或主要产品)2
1	中兴网信秦皇岛科技有限公司	2012	12	软件开发	信息系统集成服务
2	中央储备粮秦皇岛直属库	1968	11	粮食仓储	粮食购销
3	秦皇岛金亚物流有限公司	2000	06	集装箱运输	国际、国内货物运输代理服务
4	秦皇岛浩达劳务有限公司	2010	9	劳务派遣	
5	秦皇岛世奥机动车检测有限公司	2010	10	机动车综合性能检测	
6	秦皇岛馨凯运输有限公司	2011	4	普通运输	仓储服务
7	秦皇岛力博劳务服务有限公司	2011	4	劳动力服务	劳务派遣
8	秦皇岛开发区创元海运有限公司	2011	05	船舶租赁	船舶配套设备
9	河北广电网络集团秦皇岛有限公司	2000	11	有线电视的设计安装	信号传送、入户服务
10	秦皇岛市长彤实业有限公司	2000	12	通讯设备的维护	通讯设备安装
11	秦皇岛华源劳务派遣有限公司	2007	12	劳务派遣	社会劳动保障代理
12	秦皇岛开发区万佳劳务有限公司	2008	02	提供劳动力服务（不含中介）	
13	秦皇岛鑫众建安劳务有限公司	2008	04	劳务派遣	

14	秦皇岛光彩科技发展有限公司	2008	10	社区呼叫中心建设、运营、管理	软件开发
15	秦皇岛经济技术开发区创安联防有限公司	2009	1	安全防范技术的咨询	提供劳务服务
16	秦皇岛裕恒昌国际货运代理有限公司	2009	02	海上、陆路国际货物运输代理	货物的绑扎固定及装卸服务
17	秦皇岛天正劳务派遣有限公司	2009	11	劳务派遣	人事代理
18	秦皇岛中海船务代理有限公司	1998	3	国际国内船舶代理	
19	秦皇岛燕山大学计算机软件中心有限公司	1998	05	计算机软件开发	服务培训
20	秦皇岛神州森德网络技术有限公司	1998	03	信息服务代理	
21	秦皇岛正源工程建设咨询事务所有限责任公司	1998	08	工程概算预算	招核算代理
22	秦皇岛秦山化工港务有限责任公司（开西）	1998	11	液体化工品、油品装卸	散杂货装卸
23	秦皇岛正源会计师事务所有限责任公司	1999	10	审查会计帐目	验证企业资本
24	秦皇岛市辰星物业有限公司	1997	08	物业管理及综合服务	
25	秦皇岛世纪星物业服务有限公司	2002	01	物业管理	
26	秦皇岛秦仁海运有限公司	2002	03	中韩国际海上客货运输	国际货运代理业务
27	秦皇岛市新发石油运输有限公司	2002	04	危险货物运输	
28	秦皇岛兴龙物业服务有限公司	2002	04	物业管理	绿化工程施工
29	辉固地球数据(秦皇岛)有限公司	2002	11	全数字航空摄影测量快速三维立体采集数据服务系统	航空摄影测量正射影像产品制作数据服务系统
30	秦皇岛开发区诚服物业管理有限公司	2003	01	物业服务	
31	秦皇岛四通物业服务有限公司	2003	02	物业管理	建筑材料
32	秦皇岛佳美物业服务有限公司	2003	03	物业管理	家政服务
33	秦皇岛东易科技有限公司	2003	04	软件开发	软件技术服务
34	秦皇岛开发区动力物业服务中心	2003	07	住宅区物业管理	
35	秦皇岛晨砻信息科技有限公司	2003	11	电子商务服务	计算机软件服务
36	秦皇岛市兴龙置家房地产经纪有限公司	2003	11	房地产居间	房地产代理

37	秦皇岛市力源劳动力服务有限责任公司	2003	12	劳务派遣	
38	秦皇岛开发区首岛贸易有限公司	2004	06	往煤炭上喷洒防冻液服务	
39	秦皇岛天亿达贸易有限公司	2004	09	货物专用运输	
40	中钢国际货运河北有限责任公司	2004	12	货运代理	仓储服务
41	河北新丰工程检测有限公司	2004	08	工程材料检测	地基基础工程检测
42	秦皇岛开发区爱民保洁服务有限公司	2005	06	清洁服务	绿化服务
43	秦皇岛市辉煌机械配件清洗服务有限公司	2005	09	机械配件清洗服务	
44	秦皇岛市宏添源物业服务有限公司	2005	10	物业服务	
45	中冶京诚（秦皇岛）工程技术有限公司	2005	11	其他房屋建筑工程设计服务	工程设计
46	秦皇岛金叶物流有限责任公司	2006	01	货物运输及吊装	产品装箱
47	秦皇岛沐风劳务有限公司	2006	04	劳务	
48	秦皇岛市众和煤炭采制样技术咨询有限公司	2006	09	煤炭采样	煤炭制样
49	秦皇岛开发区翔开市政工程有限公司	2006	09	市政工程	工业与民用建筑工程
50	秦皇岛动力设备物流有限责任公司	2006	10	普通运输	大型物件运输
51	秦皇岛中远集装箱船务代理有限公司	2004	10	国际船舶代理业务	
52	秦皇岛观山海运输有限公司	2011	01	省际包车客运	
53	秦皇岛华源电力工程设计有限公司	2013	03	送变电工程设计	工业与民用建筑工程设计
54	秦皇岛市鉴诚国际货运代理有限公司	2008	08	国内快递	
55	秦皇岛燕大燕软信息系统有限公司	2003	07	计算机软件开发	网络工程
56	秦皇岛市同兴物业服务有限公司	2007	05	物业管理	
57	秦皇岛中兴恒和北斗卫星运营服务有限公司	2014	4	北斗民用增值服务	卫星应用技术开发
58	秦皇岛市中兴校车服务有限公司	2014	6	校车运营管理服务及业务咨询	
59	秦皇岛秦冶房地产开发有限公司	2013	03	房产租赁	
60	中誉通信有限公司	2000	05	互联网接入服务	

2015年秦皇岛开发区限上批零、住餐企业基本情况表

序号	单位详细名称	主要业务活动(或主要产品)1	主要业务活动(或主要产品)2	经济性质	开业(成立)时间(年)	开业(成立)时间(月)
1	秦皇岛星驰汽车销售有限公司	轿车销售		与港澳台商合资经营	2013	07
2	秦皇岛春江水暖餐饮有限公司	正餐		私营有限责任公司	2011	6
3	秦皇岛沸腾鱼乡酒店有限公司	正餐		私营有限责任公司	2012	01
4	秦皇岛市云天海湾假日酒店有限公司	住宿	餐饮	私营有限责任公司	2007	05
5	秦皇岛碧水华庭俱乐部有限公司	正餐	住宿	私营有限责任公司	2008	03
6	秦皇岛鸿升扬州饭店有限公司	餐饮正餐		私营有限责任公司	2002	12
7	秦皇岛广顺餐饮有限公司	住宿	餐饮	私营有限责任公司	2006	08
8	秦皇岛市新尚府餐饮有限公司	大型餐馆	提供会议服务	私营有限责任公司	2010	04
9	秦皇岛开发区秦发贸易有限公司	煤炭批发		私营有限责任公司	1995	02
10	秦皇岛世之捷汽车销售服务有限公司	捷豹路虎品牌汽车销售	汽车配件、汽车装饰用品销售	私营有限责任公司	2012	04
11	秦皇岛奥宝国际贸易有限公司	金属丝材料批发		私营有限责任公司	2007	10
12	秦皇岛四联汽车销售服务有限公司	汽车零售	雪佛兰	私营有限责任公司	2008	03
13	秦皇岛泰德煤网电力燃料有限公司	煤炭批发		私营有限责任公司	2008	04
14	秦皇岛嘉隆商贸有限公司	斯柯达汽车零售	斯柯达汽车维修	私营有限责任公司	2009	01
15	秦皇岛四联通合汽车销售服务有限公司	上海大众汽车销售		私营有限责任公司	2009	02
16	秦皇岛通源汽车销售服务有限公司	销售长安轿车		私营有限责任公司	2009	04

17	秦皇岛中宝汽车销售服务有限公司	汽车零售		私营有限责任公司	2009	07
18	河北五兴能源集团有限公司	煤炭批发		私营有限责任公司	1997	06
19	秦皇岛市方华贸易集团有限公司	主营煤炭	煤炭及输送带代理	私营有限责任公司	1998	11
20	秦皇岛光耀照明器材有限公司	照明器材(汽车灯光）批发	汽车配件零售	私营有限责任公司	1999	09
21	秦皇岛市铭伟经贸有限公司	煤炭批发		私营有限责任公司	2000	05
22	秦皇岛市博恩贸易有限公司	煤炭批发		私营有限责任公司	2001	05
23	秦皇岛金友汽车销售服务有限公司	汽车销售	上海大众4S店	私营有限责任公司	2001	08
24	秦皇岛佳浩汽车销售服务有限公司	汽车零售	汽车配件销售	私营有限责任公司	2003	08
25	秦皇岛市瑞华和信国际贸易有限公司	奶制品乳制品填加剂批发	牛奶批发	私营有限责任公司	2004	04
26	秦皇岛市国阳进出口贸易有限公司	钢材出口	贸易中东欧美	私营有限责任公司	2005	03
27	秦皇岛捷通汽车销售服务有限公司	汽车销售	别克汽车	私营有限责任公司	2005	04
28	秦皇岛顺通船务有限公司	燃料油销售	修船	私营有限责任公司	2005	06
29	秦皇岛龙之俊丰田汽车销售服务有限公司	高级汽车销售		私营有限责任公司	2006	07
30	秦皇岛民乐医药连锁有限责任公司	中成药	中药饮片	私营有限责任公司	2015	4
31	秦皇岛光华医药贸易有限公司	药品批发	医疗机械销售	私营有限责任公司	2006	3
32	河北汇信化工科技开发有限公司	化工原料销售		私营有限责任公司	2009	03
33	秦皇岛开发区华博工贸有限公司	木箱销售	低盐重质碱销售	私营有限责任公司	2001	06
34	秦皇岛庞大华昌汽车销售服务有限公司	汽车销售		私营有限责任公司	2010	9
35	秦皇岛庞大永昌汽车销售服务有限公司	汽车销售	二类机动车维修	私营有限责任公司	2009	09

36	秦皇岛晨砻酒店有限公司	住宿	餐饮	其他有限责任公司	2002	11
37	秦皇岛秦皇国际大酒店有限公司	住宿	餐饮服务	其他有限责任公司	2010	10
38	秦皇岛市北戴河国际俱乐部有限公司	住宿餐饮		其他有限责任公司	1999	08
39	秦皇岛金时福润汽车贸易有限公司	汽车零售	长安福特轿车	其他有限责任公司	2013	7
40	秦皇岛开发区华北储运有限公司	煤炭批发		其他有限责任公司	1996	09
41	秦皇岛北大荒物流有限公司	粮食（玉米）收购批发		其他有限责任公司	2013	03
42	秦皇岛庞大龙翔汽车销售有限公司	汽车销售	汽车零配件的销售	其他有限责任公司	2012	5
43	秦皇岛冀东恒通汽车销售服务有限公司	汽车零售	乐驰、宝骏汽车	其他有限责任公司	2007	06
44	秦皇岛庆昌汽车销售服务有限公司	长城汽车零售	汽车维修	其他有限责任公司	2008	01
45	秦皇岛市庞大一众汽车销售有限公司	汽车零售		其他有限责任公司	2008	03
46	秦皇岛庞大雄狮汽车销售服务有限公司	汽车零售		其他有限责任公司	2008	04
47	秦皇岛中冀斯巴鲁汽车销售有限公司	汽车零售	斯巴鲁品牌汽车销售	其他有限责任公司	2008	04
48	秦皇岛龙之豪汽车销售服务有限公司	高级轿车零售	吉普、克莱斯勒	其他有限责任公司	2008	12
49	秦皇岛庞大赫峰汽车销售服务有限公司	汽车零售	汽车零配件销售	其他有限责任公司	2008	12
50	秦皇岛市金时帮达汽车贸易有限公司	汽车零售	广汽丰田轿车	其他有限责任公司	2009	03
51	秦皇岛开发区中油西环路加油站有限公司	汽油柴油零售		其他有限责任公司	1999	08
52	秦皇岛市中冀新秦汽车贸易有限公司	汽车批发		其他有限责任公司	2001	06
53	秦皇岛中电能燃料配送有限公司	煤炭销售		其他有限责任公司	2002	02
54	秦皇岛新秦高级轿车销售有限责任公司	汽车零售	一类机动车维修	其他有限责任公司	2002	09

55	秦皇岛方达汽车销售有限公司	整车销售	整车维修	其他有限责任公司	2003	03
56	秦皇岛瑞通佰盛汽车销售服务有限公司	汽车零售		其他有限责任公司	2003	09
57	秦皇岛市冀瑞汽车销售有限公司	汽车零售		其他有限责任公司	2000	10
58	秦皇岛新秦东风悦达起亚汽车销售服务有限公司	汽车零售		其他有限责任公司	2007	01
59	华润秦皇岛医药有限公司	中草药批发	中草药	其他有限责任公司	2014	04
60	国药乐仁堂秦皇岛医药有限公司	化学药制剂批发	药品零售	其他有限责任公司	2011	08
61	秦皇岛万德经贸有限公司	煤炭批发		其他有限责任公司	2013	03
62	秦皇岛杰出商贸有限公司	乳制品批发		其他有限责任公司	2002	10
63	秦皇岛德信医疗器械有限责任公司	医疗器械批发		其他有限责任公司	2005	05
64	秦皇岛凯浩商贸有限公司	日用品销售	润滑油销售	其他有限责任公司	2008	06
65	秦皇岛润同船舶服务有限公司	船舶物料、配件批发		其他有限责任公司	2008	12
66	秦皇岛纳鑫贸易有限公司	有色金属	五金建材产品	其他有限责任公司	2013	3
67	秦皇岛凯通汽车销售有限公司	汽车销售	机械维修	其他有限责任公司	2013	07

2015年秦皇岛开发区房地产业企业基本情况表

序号	单位详细名称	企业类型	开业(成立)时间(年)	开业(成立)时间(月)	主要业务活动(或主要产品)1
1	秦皇岛开发区泰盛房地产开发有限公司	国有独资公司	2012	11	房地产开发
2	秦皇岛佳裕房地产开发有限公司	其他有限责任公司	2011	07	房地产开发与经营
3	秦皇岛嘉赋房地产开发有限公司	其他有限责任公司	2008	04	房地产开发
4	秦皇岛鸣岐房地产开发有限公司	其他有限责任公司	2008	04	房地产开发
5	秦皇岛市光岳房地产开发有限公司	其他有限责任公司	1998	10	房地产开发销售
6	秦皇岛兴龙房地产集团有限公司	其他有限责任公司	1998	4	房屋开发销售租赁
7	秦皇岛市城源房地产开发有限公司	其他有限责任公司	2001	10	房地产开发销售
8	秦皇岛市众达房地产开发有限公司	其他有限责任公司	2005	03	房地产开发销售
9	秦皇岛盛景房地产集团有限公司	其他有限责任公司	2006	06	房地产开发
10	秦皇岛鹏峰房地产开发区有限公司	其他有限责任公司	2015	1	房地产开发经营
11	秦皇岛市衡鼎房地产开发有限公司	私营有限责任公司	1997	04	房地产开发
12	秦皇岛市隆辉房地产开发有限公司	私营有限责任公司	1997	09	房地产开发
13	秦皇岛博万房地产开发有限公司	私营有限责任公司	2010	12	房地产开发与经营
14	秦皇岛中筑华好房地产开发有限公司	私营有限责任公司	2011	01	房地产开发
15	秦皇岛金明房地产开发有限公司	私营有限责任公司	2011	1	房地产开发
16	秦皇岛市银都房地产开发有限公司	私营有限责任公司	2000	07	房地产开发及销售
17	秦皇岛市泰诚房地产开发有限公司	私营有限责任公司	2006	1	房地产开发
18	秦皇岛开发区万众房地产有限公司	私营有限责任公司	1998	03	房地产开发经营
19	秦皇岛市长风房地产开发有限公司	私营有限责任公司	1998	9	房地产开发
20	秦皇岛市龙城房地产置业管理有限公司	私营有限责任公司	1999	6	房地产开发
21	秦皇岛四通置业房地产开发有限公司	私营有限责任公司	1999	7	房地产开发

22	秦皇岛鹏大房地产开发有限公司	私营有限责任公司	1999	5	房地产开发
23	秦皇岛市安泰房地产开发有限公司	私营有限责任公司	1999	11	房地产开发经营
24	秦皇岛市渤洲房地产开发有限公司	私营有限责任公司	2001	05	房地产开发
25	秦皇岛佳成房地产开发有限公司	私营有限责任公司	2002	8	房地产开发
26	秦皇岛晋隆房地产开发有限公司	私营有限责任公司	2004	1	房地产开发销售
27	秦皇岛呈祥房地产开发有限公司	私营有限责任公司	2004	2	房地产开发销售
28	秦皇岛金博房地产开发有限公司	私营有限责任公司	2005	6	房地产开发经营
29	秦皇岛市德豪房地产开发有限公司	私营有限责任公司	2006	01	房地产开发
30	河北港城电力房地产开发有限公司	私营有限责任公司	2006	09	房地产开发与销售
31	秦皇岛隆威房地产发展有限公司	中外合资经营	1994	8	房地产开发
32	秦皇岛鑫海房地产开发有限公司	中外合资经营	2006	03	房地产开发经营

2015年秦皇岛开发区建筑业企业名单

序号	单位详细名称
1	秦皇岛渤海铝幕墙装饰工程有限公司
2	秦皇岛市宏业建筑工程有限公司
3	秦皇岛开发区秦渤装饰工程有限公司
4	秦皇岛市麒臻建筑安装工程有限公司
5	秦皇岛市逢源金属安装工程有限公司
6	秦皇岛开发区天润计算机技术开发有限公司
7	秦皇岛市富立装饰有限公司
8	秦皇岛中兵建设集团股份有限公司
9	秦皇岛开发区永恒装饰工程有限公司
10	秦皇岛山船重工建筑安装有限公司
11	秦皇岛开发区中发装饰工程有限公司
12	秦皇岛市弘正装饰有限公司
13	秦皇岛开发区飞彪建筑工程有限公司

14	秦皇岛开发区热力工程安装有限公司
15	秦皇岛市城市供电配套有限公司
16	秦皇岛市中贤幕墙装饰工程有限公司
17	秦皇岛市发茂电力安装有限公司
18	秦皇岛市三信建筑安装工程有限公司
19	秦皇岛华文环境艺术工程有限公司
20	秦皇岛赛福电子工程有限公司
21	秦皇岛华源电力实业有限公司
22	秦皇岛开发区东方铭洋科技发展有限公司
23	秦皇岛市嘉丰伟业建筑装饰工程有限公司
24	秦皇岛新曙光门窗幕墙有限公司
25	秦皇岛开发区第一建筑工程有限公司
26	秦皇岛兴龙建设工程有限公司
27	秦皇岛市博辉建筑工程有限公司
28	秦皇岛市金路通建筑工程有限公司
29	秦皇岛鑫石建筑工程有限公司
30	秦皇岛天河安装工程有限公司
31	河北众成工程建设集团有限公司
32	秦皇岛市美城建筑工程有限公司
33	秦皇岛市开元幕墙装饰工程有限公司

秦皇岛经济技术开发区年鉴2016

QIN HUANG DAO JING JI JI SHU KAI FA QU NIAN JIAN

经济发展管理

综　述

规上工业企业完成增加值169.94亿元，同比增长8.3%，主营业务收入672.96亿元，同比下降3.0%，实现利润17.35亿元，同比下降22.4%。批准外资项目3个，外资项目总投资750万美元，同比下降98.3%，合同外资1043万美元，同比下降90.2%。实际利用外资1.89亿美元，同比下降9.6%。到位内资133.48亿元，同比增长9.0%。完成全社会固定资产投资137.79亿元，同比增长20.0%。完成进出口总额31.79亿美元，同比增长5.9%。

财政收入完成42.51亿元，同比增长3.34%；市区两级公共预算收入全年目标任务16.24亿元，其中，区级公共预算收入任务目标13.58亿元。完成市区两级公共预算收入17.03亿元，占任务的104.9%，超收7950万元，同比增收0.66亿元，增长4%。其中，区级公共预算收入完成14.45亿元，占任务的106.4%，超收8721万元，同比增收5254万元，增长3.77%。2015年，全区一般公共预算支出累计完成19.18亿元，增长5%。政府性基金支出累计完成9.38亿元，增长131%。

审计查出违规资金2009.82万元，查出管理不规范资金9770.23万元；评审中心共完成工程审计项目663项,出具审计报告663篇，审定造价315941.86万元，审减造价45182.55万元。

工商管理工作，工商局实施注册资本登记制度、先照后证、“一证三号”以及“三证合一、一照一码”的改革工作，发放全市第一张电子营业执照。西区工商局注册登记各类内资企业738户，外资企业2户，个体工商户954户。累计各类企业4069户，个体工商户4157户，企业和个体工商户主体总量同比增长21.6%和22.44%。东区工商局实施“三证合一，一照一码”。核发“三证合一”企业6户，“一照一码”企业27户，换发新营业执照82户，注册资本上亿元企业13户，合计注册资本80.46亿元。

税务工作，西区国税局累计税收收入239099万元，同比增长4.58%。公共财政预算收入完成42179万元，同比增长8.75%。东区国税局织收入28664万元，同比增长9.33%。其中，国内增值税23935万元，同比增长5.90%；“营改增”税收887万元，同比增长8.44%；免抵调库5110万元，同比下降14.83%。企业所得税4729万元，同比增长30.78%。西区地税组织各项收入223294万元，同比增长10.38%，其中：税收收入119035万元，同比增长7.43%；社会保险费收入88914万元，同比增长14.17%；教育费附加等其他收入10550万元，同比增长14.30%。东区地税局累计实现税收收入23139万元，完成政府年任务的107.62%。其中，一般预算收入18819万元，同比增收1959万元、养老保险费入库17029万元，同比增收226万元，失业保险费入库1232万元，同比下降458万元。

房产管理共受理各类保障性住房申请696份，初审合格85户。全年，共受理各类房屋登记10263件，面积2822976平方米，发放房屋权属证书8847本。增加廉租房1户、限价商品房72户、经济适用房2户。

安全生产监督工作深入开展安全生产大检查、“六打六治”打非治违、重点行业领域专项整治等工作。共出动执法411次，检查企业152家，发现并整改隐患679项，完成全年执法计划的113%。全年共发生各类事故42起，死亡2人，直接经济损失201.65万元，同比事故起数下降51.7%，直接经济损失上升105.8%，死亡人数同比持平。

质量监督管理工作以食品及食品相关产品监管、特种设备安全监察、计量监管服务、产品质量监督、标准化管理、质量管理、打非治劣、行政许可等各项工作为重点检查食品生产企业52家次，小作坊20家次，监督抽查40个批次产品，实物合格率100%。检查特种设备使用单位208家，检查辖区农资经销站7家，排查辖区汽车配件生产加工企业5家、建筑材料生产企业7家。受理汽车4S店投诉案件28起。办理各类审批服务事项200件。

（方志办）

经济管理

【概述】 2015年，规上工业企业完成增加值169.94亿元，同比增长8.3%，完成主营业务收入672.96亿元，同比下降3.0%，实现利润17.35亿元，同比下降22.4%。批准外资项目3个，外资项目总投资750万美元，同比下降98.3%，合同外资1043万美元，同比下降90.2%。实际利用外资1.89亿美元，同比下降9.6%。到位内资133.48亿元，同比增长9.0%。引进秦皇岛市外资金41.16亿元，河北省外资金38.45亿元。完成全社会固定资产投资137.79亿元，同比增长20.0%。实现全社会消费品零售总额54.05亿元，同比增长9.2%。全年累计完成进出口总额31.79亿美元，同比增长5.9%，其中：出口总额18.19亿美元，同比增长0.5%；进口总额13.60亿美元，同比增长14.0%。

（李红梅）

【展品征集及产品手册的编制】 为完善秦皇岛开发区发展建设成果展展品和资料的征集工作，年初开始确定企业和产品，逐家企业走访，进行宣传动员；同时，负责重点工业企业产品手册的资料征集、编辑等工作。涉及到规上企业和科技型企业200家，时间紧、任务重，到企业拍摄取景或者修改校对文本，经过不懈努力，终于完成《秦皇岛经济技术开发区重点工业企业产品手册》的编印工作。截至6月30日，涉及企业的产品和资料征集完毕，确保发展建设成果展如期开展。

（吕忠学）

【企业上市情况】 2015年，为鼓励企业上市，经发局牵头组织召开企业上市宣讲会2次，参加企业80多家。企业家们认真听取关于多层次资本市场上市挂牌解读、资本市场概况及新三板操作实务、石家庄股权交易所业务介绍等内容的介绍，增强了对挂牌上市知识的了解，有助于更多的企业通过上市渠道解决企业发展资金、提升企业管理水平，从而获得更多的发展机遇。全年有4家企业上市挂牌，5月5日，乾源科技在上海股权托管交易中心挂牌；6月30日，八达物流在上海股权托管交易中心挂牌；10月，燕大源达机电在“新三板”挂牌；12月，天秦装备在“新三板”挂牌。秦皇岛开发区累计挂牌上市企业7家，其他3家企业分别是：天业通联于2013年在深圳证券交易所中小板上市；鹏远光电于2014年在“新三板”挂牌上市；海纳电测于2012年在天津股权交易所挂牌。此外，开发区康泰医学、中兵建设、火柴盒软件、领先生物、同力达、长丰太和、长胜科技等公司都启动了上市程序。

（吕忠学）

【工业企业技术改造工作】 2015年，为加快调整优化产业结构步伐，推进工业增长方式转变，做大、做强、做优工业技改投资规模，经发局协调调度区内企业技术改造项目，帮助企业申报省市技改项目资金。按照省市技改入库项目要求，全年进入河北省技改项目申报系统项目12个，列入市级“三个一百”重点技改项目清单项目79个。加强对企业申报技改资金的指导，帮助企业充分利用国家和省市加大技改扶持资金投入的政策，准确把握政策尺度，及时组织和指导企业申报。全年申报省级技改专项资金项目22个，最终有8个产业类项目和8个公共服务平台类项目获得扶持，共获得省级技改项目扶持资金620万元。

（吕忠学）

【规上企业培育工作】 2015年，经发局根据《关于实行加快培育规模以上工业企业八项措施通知》要求，对全区现有规下工业企业进行全面排查和摸底，建立主营业务收入超千万成长型企业数据库。并从数据库中选取20家2014年主营业务收入超过1300万元的企业作为规上企业培养对象。到2015年底，共有河北联技安全系统有限公司、河北鹏远光电股份有限公司、秦皇岛信越智能装备有限公司等13家企业全年主营业务收入超2000万。这13家企业经过统计系统申报于2016年成为规模以上企业，实现“小转规”。

（吕忠学）

【燃煤工业锅炉改造工作】 2015年，对照秦皇岛市下发的《开发区燃煤工业锅炉信息表》所列的55台锅炉进行了逐一摸底了解，最终确定7台工业燃煤锅炉列入2015年度改造计划。到2015年底，这7台锅炉全部按照规定的时限完成改造任务，并及时将改造补贴资金发放到位。

（吕忠学）

【经济运行】 2015年，秦皇岛开发区完成地区生产总值265.76亿元，按可比价计算增长8.0%，其中第二产业完成增加值182.39亿元，同比增长7.7%；第三产业完成增加值82.13亿元，同比增长8.1%。工业生产平稳增长，企业利润降幅扩大。规模以上工业累计完成增加值169.94亿元，同比增长8.3%，其中轻工业完成23.67亿元，下降7.7%；重工业完成146.27亿元，增长11.5%。规模以上工业企业主营业务收入672.96亿元，同比下降3.0%；实现利税32.46亿元，下降18.6%；实现利润17.35亿元，下降22.4%。亏损企业49个。到位内资较快增长，到位内资133.48亿元，增长9.0%。实际利用外资18912万美元，下降9.6%。固定资产投资大幅增长，完成全社会固定资产投资137.79亿元，同比增长20.0%，其中：建设项目投资110.67亿元，增长26.9%；房地产开发投资27.12亿元，下降7.5%。消费品市场小幅增长，实现全社会消费品零售总额54.05亿元，同比增长9.2%。限上企业实现零售额44.52亿元，同比下降8.9%，其中限上批发和零售企业实现零售额43.69亿元，同比下降8.8%；限上住宿和餐饮企业实现零售额0.83亿元，同比下降15.7%。外贸进出口继续增长，全年完成进出口总额31.79亿美元，同比增长5.9%，其中：出口总额18.19亿美元，同比增长0.5%；进口总额13.60亿美元，同比增长14.0%。财政收支增长，实现全部财政收入42.51亿元，同比增长3.3%，其中：公共财政预算收入14.45亿元，同比增长3.8%。财政支出19.17亿元，同比增长5.0%。

（李红梅）

【经济管理与服务】 一是开展入企帮扶工作。起草《秦皇岛经济技术开发区入企帮扶活动实施方案》。确定被帮扶企业274家，其中，规模以上企业85家，科技型中小企业176家，规模以下企业13家。8月20日，召开入企帮扶工作动员会议，将各企业提出的问题集中汇总，通过各部门给予解决并及时反馈相关企业。二是开展重点企业调研活动。针对40家重点企业深入摸排乱收费现象，为专项清理活动收集详细资料，了解企业遇到的困难和问题，逐一制定帮扶措施，了解企业资金运营压力和挂牌上市意向，筛选企业重点扶持，为企业创造良好的生产环境。促进全区经济平稳、较快发展。三是召开重点企业协调会。全年组织召开重点企业协调会2次。6月3日，召开重点企业协调会，各企业代表分别就生产经营情况及全年指标预测情况进行了发言，企业共提出需要协调解决事项共计20项，其中12项现场给予解答，剩余8个事项答复企业需要进一步协调研究。会后，经发局对涉企事项积极走访，并协调财政局、承包公司等部门及时将剩余事项处理情况反馈企业。11月28日，召开重点企业帮扶协调会，共有15家企业负责人参加。会上针对省市帮扶部门反馈的企业反映的问题进行认真研究，明确责任部门并限定解决时限。会后责成督查部门跟踪督查，确保问题及时得到解决。四是企业调研、参观工作。同重点参观企业建立日常联系制度，明确专人负责，确保重要活动万无一失。全年共安排较大型的调研、参观和企业采访活动50余次，接待人员达数百人次。

（吕忠学）

【节能降耗】 2015年，秦皇岛开发区统计口径煤炭消费量62.18万吨，占预计消费量的99.8%，完成全年目标。一是加大煤炭削减力度。出台《秦皇岛经济技术开发区削减煤炭消费量实施方案》，实施煤炭消费量配额制度，对规上煤炭消费企业实行统计口径煤炭消费量定期调度制度，不定期进行通报，督促企业加大投入，落实削煤措施，减少煤炭用量。二是加大锅炉清查力度。为全面掌握全区原煤消耗情况，确保完成削减煤炭消费量任务，对涉煤企业、单位下发《秦皇岛开发区锅炉情况调查表》,全面深入了解全区锅炉使用情况，以30吨每小时为划分标准，上下单独造册登记，坚决做到底数清、情况明，为完成煤炭消费量削减任务打下坚实基础。三是加大节能项目申报力度。调动企业实施节能技改项目的积极性，加大企业锅炉升级改造、淘汰取缔、清洁能源替代、能源系统优化等项目跑办力度，争取获得上级资金支持，全年共获得国家节能奖励资金1000万元、锅炉技改奖励资金200万元。四是加大节能审查力度。严把新建项目准入关，控制“两高一资”项目，严守“工业增加值能耗指标高于开发区GDP能耗的新上拟建项目一律不予核准、备案”的红线不放松；严控涉煤项目审批，把好煤炭等煤量替代或减量替代方案审批关，2015年共通过节能登记审查的固定资产投资项目54个，组织节能评估报告书（或报告表）专家论证会26次。五是加大节能预警工作。坚持全区节能目标、规模以上工业用能、统计口径煤炭消费量月分析、季通报制度，建立节能目标预警长效机制，按季度发布全区节能目标完成情况“晴雨表”，并将预警机制延伸至各企业，做到责任全落实、范围全覆盖。2015年，共上报月度分析8份、发布专项通报4份，及时准确地为领导科学决策提供第一手素材，增强工作的预见性和主动性。六是积极营造全民节能氛围。坚持以节能宣传周为契机，通过分发手册、张贴宣传画、刊登典型企业等多种形式，多层次、多角度地重点、集中宣传，累计发放宣传手册900本、张贴宣传画500多张、悬挂各类标幅100条，在全社会营造浓厚的节能宣传氛围。

（王　淞）

【外资项目及固定资产投资】　2015年，共批准利用外资项目3个，总投资750万美元，注册资金1502万美元，合同利用外资1043万美元，实际利用外资18912万美元。审批内资项目772个，同比增长6.2%，全区累计7886个；实到内资1334837万元，同比增长9%；市外资金411638万元、省外资金384488万元。固定资产投资总额1377881万元（其中，建设项目类1106678万元；房地产开发类271203万元），同比增长20%，累计10687941万元。

（方志办）

【项目引进实现突破】 深入开展招商选资、招大引强，一批在谈项目取得显著成效。承担秦皇岛市重点前期项目15个，均取得实质性进展。其中，京能热电联产、北大科技产业园、凯斯曼汽车零部件、永顺泰麦芽二期等5个前期项目实现了提前开工，完成投资2.25亿元。亚粮大宗商品交易储运项目正式签约，中航高新与燕山大学合作项目即将落户；北京巴威锅炉、北重集团、泰德制药、通用哈动力燃气轮机、北斗大数据交易中心、凯盛科技太阳电池组件、德国沃克汽车零部件等项目取得重要进展，项目建设形成了储备一批、建设一批、投产一批的良好态势。

（王　淞）

【重点项目成效显著】 经发局充分利用项目建设的黄金季节，定期召开项目调度会，逐一破解项目难题，全力推进重点项目建设进度，确保早投产、早达效。一是新开工项目高效推进。以全市春秋两季项目集中开工活动为契机，组织中科遥感、联彩储油、天威秦变等16个项目集中开工，总投资187.76亿元，计划投资26.75亿元，实际完成投资31.02亿元。重点对联彩储油交易中心、中信戴卡汽车轻量化、金光伏薄膜太阳能等重点项目，倒排工期,挂图作战，全力推进。其中，联彩储油交易中心项目总投资20亿元，累计投资11.22亿元，储运库及码头项目已完成填海造地，交易中心已实现交易额15亿元；金光伏薄膜太阳能项目已完成注册，总投资30亿元的订单已在台湾地区同步生产。二是重点建设项目建设顺利。2015年，全区共有市级以上重点建设项目16个，总投资123.38亿元，计划投资36.25亿元，实际完成投资37.05亿元。市重点投产项目6个，其中3个属于续建投产项目，2个属于当年开工项目、当年投产项目，1个属于市级重点前期提前开工、提前投产项目。其中，臻鼎科技增资项目，总投资6.18亿元，提前完成投资，已经试生产；中兴网信智慧城市项目，总投资2.3亿元，进入试运行阶段；阿尔法住宅装配式项目，总投资3亿元，一期工程已完工；路能达汽车产业园项目，总投资15亿元，一期主体封顶，二期即将开工；其余项目均处于施工阶段。

（王　淞）

财政管理

【概述】 2015年，财政工作紧紧围绕工委、管委决策部署，认真贯彻执行新《预算法》，狠抓财政增收，加强财政管理，推进依法理财，优化支出结构，多渠道筹措资金，确保财政平稳运行，财政统筹保障实力再上新水平，完成了全年目标任务，为全区经济较快发展和推进各项事业提供坚实支撑。全年，财政收入任务为42.16亿元。实际完成42.51亿元，占任务的100.84%，同比增收1.37亿元，增长3.34%；市区两级公共预算收入全年目标任务16.24亿元，其中，区级公共预算收入全年目标任务13.58亿元。完成市区两级公共预算收入17.03亿元，占任务的104.9%，超收7950万元，同比增收0.66亿元，增长4%。其中，区级公共预算收入完成14.45亿元，占任务的106.4%，超收8721万元，同比增收5254万元，增长3.77%。2015年，全区一般公共预算支出累计完成19.18亿元，占调整预算的95.5%，同比增支0.91亿元，增长5%。政府性基金支出累计完成9.38亿元，占调整预算的99%，同比增支5.32亿元，增长131%。教育、医疗卫生、社会保障等民生支出和征地拆迁补偿、失地农民安置保障、重点项目工程建设及贷款还本付息等资金需求得到较好保障。

（张丽杰）

财政局举办支农政策培训班

【融资工作】 2015年，全区基本建设资金极为紧张，为有效破解建设资金短缺难题，财政部门认真研究国家关于政府债务管理的政策和金融市场的政策和动态，全面整合各类主体及资产资源、项目资源、融资渠道资源，系统谋划，采取项目贷款、保理贷款、信托融资、债券发行、股权投资、融资租赁、资产证券化等方式，

财政局相关科室人员与乡处同志共商“一事一议”项目

多层次、多渠道推进融资工作。全年融资到位资金48.25亿元，创历史新高。其中以保障房、安置房建设、基础设施建设、港口填海造地等项目为载体获批银行贷款19.07亿元；以中交烟台、航五、上航局等施工企业为主体办理保理融资4.55亿元；发行政府置换债券融资10.8亿元；利用国家开发银行棚户区改造贷款到位13.6亿元，实际支出棚改资金12亿元。争取到位国家级经济技术开发区基础设施项目贷款中央财政贴息资金0.23亿元。申报发行养老项目债券8亿元，获国家发改委审批发行2.5亿元。

（张丽杰）

【积极落实财政政策】 加大财政扶持企业力度，支持全区经济发展。全年争取上级扶持资金3285万元，拨付区级扶持资金11294万元，支持科技成果转化和产业转型升级，助力企业发展。

发挥财政公共服务职能，推动全区社会事业和谐发展。财政支出继续向民生倾斜，全年教育支出21763万元，通过省级义务教育发展基本均衡县督导评估验收测评，综合测评95分。医疗卫生支出9181万元，社会保障、就业及失地农民养老保险财政负担支出10055万元，“双创”经费支出110万元，拨付失地农民生活补助及返迁房取暖补贴资金7052万元。完善新型农村合作医疗制度，农民个人缴费 578万元、中央一般性转移支付资金1137万元、市区两级拨付到新农合财政专户补助配套资金862万元，支出2708万元，全区参合总人数为52574人，参合率达98.5%。拨付基本公共卫生服务补助资金632万元。支持社会保障体系建设，累计拨付低保及医疗救助资金235万元。支持农村面貌改造提升工作，区级财政预算安排农村面貌改造提升专项资金1618万元，整合各类上级专项资金3210万元以及中心村建设资金1472万元，用于改善村容村貌、道路硬化、路灯、旧民居改造等项目建设。

支持和加强社会管理，促进全区平安建设。一是修订《秦皇岛经济技术开发区突发事件财政应急预案》，为全区处置各类突发事件及不稳定因素提供保障。二是深化基层政法维稳经费保障体制改革，完善支出标准体系。全年预算安排政法、维稳、信访专项经费10950万元，拨付中央及河北省政法专款业务经费454万元、装备购置资金291.6万元。三是注重信访工作，保障社会和谐稳定。健全信访管理机制，严格落实接访制度，建立信访台帐。全年成市民投诉、民生热线信访事件54件，回复率100%，群众满意率100%，真正做到了“事事有结果、件件有回音”。

（张丽杰）

【财政改革】 2015年的财政工作处在全面深化财税改革，推进建立现代财政制度新的历史节点上。按照“改革统揽、绩效导向、科学规范、善治有为”的总体思路，深入落实改革举措，大力探索推进财政体制机制和制度建设。

一是认真贯彻新预算法，落实2015年全口径政府预算草案编报工作。按照新预算法规定，在原有只编报一般公共预算、政府性基金预算的基础上，2015年全口径政府预算按政策、收入来源同步编制一般公共预算、政府性基金预算、国有资本经营预算和社保基金预算4本预算，标志着全区完整政府预算体系的初步建立，将政府的收入和支出全部纳入了预算管理。

二是全面启动绩效预算管理改革工作。出台《秦皇岛经济技术开发区绩效预算管理改革实施方案》，在全区实施深化绩效预算管理改革工作。按照总体目标要求，坚持和完善预算编制、执行、监督相互分离、相互制约的预算管理机制，以规范的绩效预算管理结构为基础、预算项目为载体、绩效管理为主线，形成“预算编制有目标、预算执行有监控、预算完成有评价、评价结果有应用、绩效缺失有问责”的全过程绩效预算管理机制，切实优化财政资金配置，提高财政资金使用绩效，促进政府管理效能提升。

三是强化对“三公经费”的管理。针对“三公经费”管理中出现的新情况，新问题，健全完善管理制度，印发《秦皇岛经济技术开发区区级三公经费预算管理办法》；在批复2015年部门预算时，同时批复三公经费预算，并要求部门、单位严格按批复预算执行并进行公示；为切实强化对“三公经费”的预算约束，各部门在预算执行时，在政府财政预算信息系统中单独列示“三公经费”预算指标，按预算分项核拨，从源头上强化对“三公经费”的可控性和约束力。

四是加强政府性债务管理。在上年度政府性债务清理甄别的基础上，与上级财政部门沟通，对全区政府性债务中的一类、三类债务数据进行调整，为地方政府债券转换存量债务工作奠定基础。

五是盘活结转结余资金，充分发挥存量资金使用效益。对2014年度以前的结合结余结转资金进行全面清理，依据政策规定财政进行合理分配，有效缓解财政资金紧张状况。

六是改革财政监督机制，加大财政监督检查力度。初步建立以绩效为导向，覆盖所有财政资金和财政运行全过程的监督机制。重点开展省级产业发展专项资金绩效评价监督检查；省级战略性新兴产业发展专项资金检查；盘活财政存量资金专项检查；各级财政专项资金大检查；会计信息质量与《中华人民共和国会计法》执行情况联合检查；加强《中华人民共和国预算法》《中华人民共和国政府采购法》《中华人民共和国会计法》《中华人民共和国价格法》的宣传，努力打造学法用法守法的环境。

七是严格落实《政府采购法》。规范政府采购信息公告行为，提高政府采购活动透明度；及时调整政府集中采购目录和限额标准；贯彻落实《党政机关厉行节约反对浪费条例》；强化资金管理，严把采购资金拨付关。要求涉及政府采购业务的部门单位都要编制政府采购预算，政府采购计划表严格按照政府采购预算编报，财政部门内部各业务科室严格按照政府采购预算审核采购项目及采购资金，凡使用财政性资金采购项目，采购单位一律由财政集中支付中心进行结账，实行采购资金源头控制，严把采购资金拨付关；推进政府购买服务工作。把测绘服务、工程设计、工程造价咨询服务、市政公共设施管理服务、园林绿化管理服务、城市市容管理服务、水污染治理服务、物业管理服务纳入政府采购范围。

八是规范落实行政审批制度。按照机构改革职能转变要求，进一步清理规范衔接行政审批工作事项。落实价格改革政策，规范区内价格权限范围内的收费项目标准。部分社会服务性收费实行市场调节。民办学校教育收费、民办幼儿园收费实行备案制控制；停止取消部分行政审批项目。停止取消《经营服务收费证》、公立医疗机构《收费许可证》等收费许可证发放和年检审验；加大检查力度，有效维护价格秩序。加强对中小学收费和代收费的公示工作和监督检查、全区居民小区物业费的收费公示工作和监督检查、全区商业银行服务价格收费公示定期巡查、医疗机构执行明码标价和医药费用明细清单制度的执行情况检查。

（张丽杰）

【财政收入】 2015年，秦皇岛开发区经济延续低速运行态势，财政增收压力持续加大，面对严峻的收入形势，财税部门进一步强化收入组织调度，千方百计挖潜增收。一是依法加强征管，确保应收尽收；二是加大争取增值税免抵调库指标力度，全年落实免抵调库指标6.11亿元，同比增收0.84亿元，有效弥补了国税部门短收缺口；三是清理政府投资项目欠税，清缴入库耕地占用税9443万元、已建成安置房欠税及回购安置房税款7535万元；四是协调国土部门加快完成东区围海造地项目确权手续，入库国有资源有偿使用收入3300万元；五是会同国地税部门深入开展股权变更登记等涉税信息比对、出口企业免抵调信息共享、“以地控税”、纳税评估等专项治税活动，全年共查补税款2450万元。

2015年，全区全部财政收入任务为42.16亿元。实际完成42.51亿元，占任务的100.84%，同比增收1.37亿元，增长3.34%；市区两级公共预算收入全年目标任务16.24亿元，其中区级公共预算收入13.58亿元。完成市区两级公共预算收入17.03亿元，占任务的104.9%，超收7950万元，同比增收0.66亿元，增长4%。其中区级公共预算收入完成14.45亿元，占任务的106.4%，超收8721万元，同比增收5254万元，增长3.77%。

（张丽杰）

【财政支出】 为应对严峻的财政经济形势，切实缓解财政支出压力，确保重点支出资金需求，财政部门按照“保运转、保民生、保重点、保稳定、促发展”的资金分配原则，明确财政支出保障顺序，优化支出结构，狠抓节支管理。一是认真落实厉行节约各项规定，大幅压减并严格控制“三公”经费、会议、培训、差旅费及一般性支出，2015年“三公”经费支出1934万元，为年初预算的68.2%，节支884万元。二是对预算单位加强审控，严格控制临时追加预算项目。对当年预算已安排但尚未执行的专项公用、专项项目资金财政收回进行集中安排全区重点支出资金需求。三是贯彻落实国务院和财政部关于清理财政存量资金的工作部署，对以前年度结余结转资金及当年已安排尚未支出的资金统筹安排用于民生保障、重点项目建设支出、还本付息支出和补充预算稳定调节基金。四是加强预算执行的监督管理，加强对预算执行的动态监控和分析调度，提高预算执行的及时性、均衡性和有效性，全面推进部门预决算和“三公”经费公开工作，提高社会监督的范围和深度。

2015年，全区一般公共预算支出累计完成19.18亿元，占调整预算的95.5%，同比增支0.91亿元，增长5%。政府性基金支出累计完成9.38亿元，占调整预算的99%，同比增支5.32亿元，增长131%。教育、医疗卫生、社会保障等民生支出和征地拆迁补偿、失地农民安置保障、重点项目工程建设及贷款还本付息等资金需求得到较好保障。

（张丽杰）

审计管理

【概述】 2015年，审计局坚持解放思想和创新工作相结合，把推进法治、维护民生、推动改革、促进发展作为审计工作的出发点和落脚点，扎实开展审计项目，切实履行审计监督职责，全面落全年工作任务。全年，计划审计项目10项，实际完成审计项目11项，审计查出违规资金2009.82万元，查出管理不规范资金9770.23万元；评审中心共完成工程审计项目663项,出具审计报告663篇，审定造价315941.86万元，审减造价45182.55万元。

（赵卫红）

【配合上级审计机关完成审计工作】 配合秦皇岛市审计局开展北戴河及相邻地区近岸海域环境综合整治工程审计，审计资金1.01亿元，查出审计问题2项，提出整改建议2条。组织完成国家审计署统一安排的秦皇岛开发区2014年度城镇保障性安居工程建设资金管理使用情况审计，查出违规资金2009.82万元，提出审计意见和建议3条，并督促整改，充分发挥专项资金的经济效益和社会效益。切实维护广大人民群众的切身利益，确保专项资金安全有效的运行，使民生资金发挥更大效益。

【财税审计】 2015年，审计局按照“揭露问题、规范管理、促进改革、提高绩效”的审计思路，认真履行审计监督职责，规范预算分配管理，开展财政预算执行审计。审计重点关注财政财务收支的真实性、合法性和效益性，包括：加强对三公经费、培训费、会议费和财政存量资金等内容的审计，进一步突出审计重点，适应经济发展新常态；加强对以前年度查出的审计问题所提出的审计意见建议落实情况的审计，促进各部门单位真正重视审计结果，进一步督促帮助被审计单位改进提高，促进审计成果转化。全年，共完成预算执行审计5项，分别是：2014年度财政本级预算执行审计、东西区地税局2014年度税收征管情况审计、农村工作局2014年度预算执行审计、法院2014年度预算执行审计，查出管理不规范资金646.38万元，提出有针对性的审计意见建议6条。

（赵卫红）

【固定资产投资审计】 2015年，审计局为保证政府投资项目建设资金的安全有效运行，提高建设资金的使用效益，实行对政府投资项目审计全覆盖，做到“财政资金运用到哪里，审计就要跟进到哪里”。完善工程审计管理体系，整合多方审计资源，审计局固定资产投资科、建设项目评审中心、中介公司三方联合，聚合力共同完成审计工作。全年，完成长江道商业门牌字匾改造工程决算审计、长江道（汤河桥—六盘山路）道路加宽改造工程决算审计、长江道（峨眉山路—华山路）道路加宽改造工程决算审计、都三路工程决算审计、邢庄便民市场工程决算审计5项。评审中心完成工程审计项目663项,出具审计报告663篇，审定造价315941.86万元，审减造价45182.55万元。

【企业审计】 2015年，审计局关注企业改善经营管理、企业自我控制和自我约束机制、法人结构治理以及国有资产的保值增值情况。整合社会资源，利用社会中介机构，对同和热电公司、动力公司资产、泰盛水务3家资产负债损益情况进行审计，查出管理不规范资金9123.85万元，主要是往来款长期挂账、财务核算不实、资产质量不实等问题，提出有针对性的审计意见建议6条。

（赵卫红）

工商管理

【概述】 2015年，西区工商局实施注册资本登记制度、先照后证、“一证三号”以及“三证合一、一照一码”的改革工作，发放全市第一张电子营业执照。全年，注册登记各类内资企业738户，外资企业2户，个体工商户954户。累计各类企业4069户，个体工商户4157户，企业和个体工商户主体总量同比增长21.6%和22.44%。抽检粮油、婴幼儿奶粉等7大类30多个品种68批次的食品，立案查不合格食品5个批次。查扣不合格食品6.5公斤，过期食品38公斤。清查传销违法行为5次,遣散传销人员500多人，取缔传销窝点2个，驱散传销聚会3起，查处传销案件2起。建立农资经营主体台账14户。治理102国道边私设柴油罐10余处，强制拆除加油点1家。全年立案查处违法案件26起，罚没金额18.78万元。

2015年，实施“三证合一，一照一码”。核发“三证合一”企业6户，“一照一码”企业27户，换发新营业执照82户。为个体工商户36户、企业31户解决企业涉及环评困扰和注册资本等问题。实现个体“一照多址”和农民专业合作社零突破。和金融机构组队，为47家小微企业融资3900万元。全区注册资本上亿元企业13户，合计注册资本80.458亿元。加大旅游市场监管力度，实现暑期零投诉。检查学校周边经营户165户，学习用品商店19户，临时摊点25户；查处4户。取缔无照经营户4户。监管食品经营户124户。检查食品经营主体192户次，查处扣押过期食品6公斤，下达责令整改通知书5份。

（王玉海　李　军）

开发区一家贸易公司领完“三证合一”执照

【西区工商消费维权工作】 2015年，受理消费者申诉118件，办结率98.9%，举报5件，办结率100%,为消费者挽回经济损失2.1万元。加强汽修行业和汽车销售市场的规范治理，结合创建星级服务示范店，完善售后服务流程，统一发放汽车三包规定，同企业签订《承诺书》，强化企业诚信自律，针对涉及汽车消费投诉比较集中的特点，集中开展行政约谈，对企业格式合同中的“霸王条款”进行规范。

（王玉海）

【西区工商管理】 2015年，西区工商局落实商事制度改革,实施注册资本登记制度、先照后证、“一证三号”以及“三证合一、一照一码”的改革工作。积极推进电子营业执照试点工作，12月1日，发放了全市第一张电子营业执照。坚持应办尽办的原则，通过进社区、进写字楼、进市场、进农村、进企业，全面清理无照经营等方式方法，促进市场总量大幅提升。全年注册登记各类内资企业738户，外资企业2户，个体工商户954户。累计各类企业4069户，个体工商户4157户，企业和个体工商户主体总量同比分别增长21.6%和22.44%。

（王玉海）

【西区工商服务】 积极推进商标战略，开展集中入企走访调研活动，指导兴龙轮毂有限公司申报驰名商标，完成秦皇岛惠斯安普医学系统等2家企业著名商标、长丰太和两家企业知名商标的材料申报，为禹王等8件著名商标办理商标续展。帮扶中小企业融资，组织区内银企对接会议，搭建银企对接平台，成功为区内12家企业办理动产抵押登记，帮助企业融资2.25亿元；办理股权出质登记15件，出质额12.48亿元。

（王玉海）

【西区工商市场监管】 2015年，西区工商局强化市场流通环节食品安全监管，颁发食品流通许可104户，完成粮油、婴幼儿奶粉等7大类30多个品种68批次的食品抽检，对5个批次不合格食品进行立案查处。查扣不合格食品6.5公斤，过期食品38公斤。加强户外广告规范管理，审批各类户外广告72件，出租车顶灯广告147件，针对出租车顶灯广告数量多，内容更新快，发布范围大的特点，采取先经过网络上报、审核，核准即可发布，书式材料后期上报的程序。严厉打击传销违法行为,联合公安、社会发展局等部门入社区开展清查行动5次，教育遣散传销人员500多人，取缔传销窝点2个，驱散传销聚会3起，查处传销案件2起，扣押涉传笔记本电脑1台，手机43部，现金1.8万余元。约谈房屋出租户7家，召开部分酒店、房屋中介、物业公司参加的座谈会1次，组织打击传销大型宣传1次，发放宣传背心、帽子等宣传品4000份，利用广播宣传车在全区主干道开展流动宣传活动。突出重点商品的监管，对14户农资经营主体建立台账,完成对化肥、成品油、移动电话等商品共计63批次的抽检工作。会同安监、公安等部门治理102国道边私设柴油罐10余处，强制拆除加油点1家。全年立案查处违法案件26起，罚没金额18.78万元。

认真落实《企业信息公示暂行条例》，加强事中事后监管，推进企业年度报告工作，辖区2013、2014年度企业年报信息公示率分别为93.5%和91.8%，个体工商户年报信息公示率分别为66.8%和67.2%。完成年报即时抽查5次，列入异常名录企业437户。

（王玉海）

【东区工商消费维权工作】 继续完善以东区工商局为中心的消费维权网络和以大中型商场、超市为骨干的4家消费维权服务站，扩大消费维权网络覆盖率。全年累计处理申诉28件，举报24件，调解成功28件，解答群众咨询120人次，挽回经济损失3400多元。315期间，开展消费维权进校园和进社区活动。现场讲解各种消费维权和辨别真假商品相关的知识，发放各种画册、书刊等宣传材料600余册（张），现场受理消费投诉13件，消费咨询36件。

（李　军）

【东区工商企业注册登记管理】 2015年，增加内资企业83户，同比增长29%，累计662户；增加个体工商户226户，同比增长31.4%，累计1242户。

（李　军）

【东区工商服务】 2015年，全面实施“三证合一，一照一码”。此项工作的开展，提高工作效率并且给经营者带来方便。全年，累计核发“三证合一”企业6户，“一照一码”企业27户，换发营业执照82户，累计接待咨询人员340人次，接听咨询电话740余次。企业年度公示97%、个体工商户公示87%，均列全市第一位。实行重点项目联系员制度，对3户大项目办照实行24小时保姆式服务。在方便八达秦皇岛物流有限公司第二天到上海新三板上市，东区工商局启动“绿色服务通道”，派工作人员上门指导填写企业注册表格，备齐材料，第二天上午将“营业执照”送到企业手中。对中小企业实行特色服务。为针对取消部分前置许可登记条件、放宽企业住所登进条件的企业进行登记，其中，个体工商户36户、企业31户，解决企业环评困扰和注册资本等问题。实现个体“一照多址”和农民专业合作社零突破。为银企搭桥，重点为小微企业扩大投融资渠道。走访假日蓝湾等小微企业47家，面对面指导企业如何运用抵押贷款盘活资金，承诺只要符合法定条件、资料完备，当天办结。先后给通联新材料、安丰植物油开展股权

12315消费者权益日宣传

东区工商局联合服务队服务小微企业

开展危险化学品专项检查

投入使用执法记录仪

深入企业调研排忧解难

出质登记2件，华龙日清纸品办理动产抵押登记1件，共融资金额3900万元。全力支持创业带动就业，市场主体增量工作名列前茅。按照“非禁即可”的原则，简化企业办事程序、优化审批流程，放宽企业名称、住所、经营范围、注册资本、出资方式等条件，大部分前置审批改为后置等限制后，市场主体增量较快，企业呈现上规模、上档次的势头。累计注册资本上亿元企业13户，注册资本80.46亿元。开展“商标强企”工作。为企业提供上门商标指导服务26次，帮助企业制定商标台账3个。帮助企业完成河北省著名商标续展2家。累计有注册商标86个，其中：企业58个，自然人28个。河北省著名商标4个，秦皇岛知名商标1个。“红盾护农”行动，支持社会主义新农村建设。走访西姜庄、黄庄的蔬菜种植和东姜庄的水产养殖业户，向农户提供农药化肥商品包装标识和打假知识。

（李　军）

【东区工商市场监管】　东区工商局尊重市场规律，维护市场经济秩序。一是，打击电信行业“大老虎”违法行为取得重大突破。依法查办中国移动、中国联通《服务协议》中的“霸王条款”9条。责令运营商向秦皇岛市公司请示，重新规范印制《服务协议》。使全市的消费者享有和电信运营平等的契约地位。二是，加大旅游市场监管力度，实现暑期零投诉。辖区有“铁门关”旅游市场1个，涉暑商户23家。召开“文明经商，诚信经营”两德教育会，进行法律培训，签订《文明经营和安全服务责任状》，明确 “只要出现投诉，涉及投诉的经营户立即停业”的原则。派专人每天在铁门关进行现场巡查，随时处理经营违法违规行为和急、重、大突发事件，24小时保护游客合法权益不受侵害。三是，开展校园周边环境和无照经营整治。加强校园周边市场、商店、摊位（点）、网吧及娱乐场所经营活动的日常监管。检查秦皇岛开发区二中周边经营户165户、学习用品商店19户、临时摊点25户，查处4户。整治“钉子户”和与群众生活密切相关的流通领域食品无证照经营行为，取缔无照经营4户。第四、履行食品职能移交前的执法义务。在移交前监管食品经营户124户。出动执法人员243人次，车辆167台次，检查食品经营主体192户次，查处扣押过期食品6公斤，下达责令整改通知书5份。查扣的过期食品统一按照有关规定程序进行销毁处理。做好移交的各项准备工作。

（李　军）

税务管理

【概述】 2015年，西区国税局累计税收收入239099万元，同比增收10470万元，增长4.58%，完成年度任务233200万元的102.53%，超收5899万元。公共财政预算收入完成42179万元，同比增收3395万元，增长8.75%，完成年度任务41463万元的101.73%，超收716万元。

2015年，东区国税局织收入28664万元，超收1163万元，同比增收2447万元，增长9.33%。其中，国内增值税23935万元，同比增收1334万元，增长5.90%；“营改增”税收887万元，同比增收69万元，增长8.44%；免抵调库5110万元，同比减收890万元，下降14.83%。企业所得税4729万元，同比增收1113万元，增长30.78%。

2015年，西区地税组织各项收入223294万元，同比增收20998万元，增长10.38%，其中：税收收入119035万元，同比增收8235万元，增长7.43%；社会保险费收入88914万元，同比增收11035万元，增长14.17%；教育费附加等其他收入10550万元，同比增收1320万元，增长14.30%。

2015年，东区地税局累计实现税收收入23139万元，超额完成全年收入任务，完成政府年任务的107.62%，超收1639万元。其中，一般预算收入18819万元，同比增收1959万元、养老保险费入库17029万元，同比增收226万元，增长1.34%，失业保险费入库1232万元，同比下降458万元，减少2.71%。

（方志办）

【国地税合作】 2015年，秦皇岛开发区国税局与地税局在推行全国纳税服务规范和征管规范示点过程基础上，大胆尝试，积极创新，全力打造“合作共同体”。两局联合开展的纳税信用等级评定及复评工作，共评定A级企业18户，B级企业680户，C级企业534户，D级企业57户；联合开展的以“春风行动举措”为主题的税收政策宣讲会，组织参加纳税人600户，基本涵盖全区主要行业、主要类型企业，取得良好的社会效应；共同利用“互联网+”创新服务平台，促进税企之间的交流，帮助纳税人更加全面的了解税收政策，提高纳税人税法遵从度。

（文　超）

【西区国税税务稽查】 2015年，西区国税局稽查局查办的辽宁“1•06”虚开增值税专用发票案，是秦皇岛市国税系统多年以来查办的第一起国家税务总局督办的案件。共查补税款117.60

万元，处罚款117.60万元，滞纳金40.11万元，合计查补收入275.31万元，已全部入库，并依法移送公安机关。按照总局督办函的要求，周密安排，深挖细查，执法规范，按时保质完成检查工作。河北省国税局稽查局对此项工作进行通报表扬。

（文　超）

【西区国税金税三期试点工作】 2015年，西区国税局严格按照上级"双轨试运行"和"单轨上线"的要求做好设备配置、环境搭建、网络安全、数据准备等工作，保障CTAIS系统与"金税三期"的全面对接，确保系统流程与岗责体系和工作规范相匹配，各项工作顺利有序开展。西区国税建立督导和考核机制，对试点上线任务进行细化并确定完成时间，明确负责人和督办人，确保试点工作扎实有序推进。

（文　超）

【西区国税绩效管理工作】 2015年，西区国税局绩效系统得分103.99分，综合成绩排名第二，获得特别加分6.41分，其中：荣誉表彰类加分1.5分、其他类加分0.7分、9项临时重点工作加分4.21分。西区国税局绩效工作由主要领导亲自督导落实，每周召开绩效管理专题会议，抽调人员充实绩效管理力量，明确专人负责，逐项学习研究绩效管理工作的要求和标准。将"日查看"细化到对各层级人员登录情况、计划办理完成情况的查询，将"周提醒"延伸到对每一条重点工单制作及完成情况的提示，并在网上及时发布，杜绝逾期工单的发生。加强对361指标和等级评分类指标的解读和监控，制定任务完成时间推进表，责任到人，绩效办定期督导落实。各部门负责人定为绩效考核的第一责任人，随时登陆绩效考核系统，查看本部门人员登陆情况、工单办理情况。修改完善《区局绩效管理奖惩办法》，把年度绩效考评结果与部门、个人评先评优、提拔任用挂钩。对年度绩效考评名次最后的部门负责人进行诫勉谈话。将个人绩效档案作为评先评优、提拔任用的依据。

（文　超）

【西区国税税收风险管理】 2015年，西区国税局风险疑点核查发现问题148户，问题率36.1%，补税合计4145.61万元，加收滞纳金25.15万元，罚款0.02万元，留抵抵缴4.2万元，冲减留抵29.34万元。纳税评估贡献率3.36%。河北省国税局税收风险任务下发3户，有问题3户，问题率100%，查补税款3933.19万元。通过风险任务的有效应对，在一定程度上化解税务机关的执法风险和纳税人的税法遵从风险，实现税源管理水平的全面提升。

（文　超）

【西区国税税收服务】 2015年，西区国税为巩固“便民春风行动成果，优化纳税服务，构建和谐征纳关系，落实了一系列推进简政放权的举措，主动转变观念、寻求创新突破，百尺竿头，更进一步，在提升纳税人满意度方面上台阶。全面落实纳税服务规范。3月1日《纳税服务规范（2.2版）》正式运行，组织全局认真学习，使每名税务干部解规范具体内容，确保每一位前台工作人员能够按规范要求熟练操作各项具体业务；切实维护纳税人合法权益。开展“维权365”活动，公开“一把手”投诉电话，向纳税人承诺所有投诉由“一把手”亲自督办处理。建立服务回访机制，委托第三方机构，定期对纳税人进行业务回访。征集一批“神秘”监督员，对税务干部的工作进行监督。开展纳税人满意度调查，掌握纳税人对税收工作的评价，及时发现薄弱环节和工作短板，采取有效措施全面整改；深入开展便民办税春风行动。西区国税继续深入开展“便民办税春风行动”，分批推出4类11项便民办税措施，对8大类业务，共计85个表单实行免填单，其中，登记类12个、认定类16个、证明管理类8个、税收优惠类7个、申报征收类10个、税收法制类14个、文书类1个。

（文　超）

【西区国税税费征管】 2015年，在货物和劳务税管理方面：以专项检查促进政策落实，重点开展“营改增”政策执行情况、货运企业、税负偏低商贸企业、农产品核定扣除企业等专项检查。拓展增值税风险管理手段，实现进销监控系统的自动预警。在企业所得税管理方面：全年所得税专项评估应评估118户，无问题35户，有问题83户，合计调增应纳税所得额1640.10万元，查补税款94.96万元、滞纳金12.77万元，调减亏损1267.32万元，罚款7358.85元。在国际税收管理方面：建立国地税国际税收协同管理机制，开展对小额对外付汇和居民企业进口设备附带非居民劳务的专项核查，加强对中外合作办学、承办境外演出、承办国际体育赛事等机构的政策辅导，实施跟踪管理。全年办理代扣代缴增值税835万元、非居民企业所得税10543万元。在出口退税管理方面：加强出口货物税收函调管理，确保函调工作的质量和效率。实行出口退税分类管理、限时办结，提高出口退税办理效率、减轻出口企业负担。加强征退衔接，确保安全退税。全年共受理出口退税企业申报954户次，为293户次企业办理退税34672.68万元。

（文　超）

【西区国税组织收入】 2015年，西区国税累计税收收入239099万元，同比增收10,470万元，增长4.58%，完成年度任务233200万元的102.53%，超收5899万元。公共财政预算收入完成

42179万元，同比增收3395万元，增长8.75%，完成年度任务41,463万元的101.73%，超收716万元。

（文 超）

【东区国税税收政策】 广泛宣传小微企业政策。国家财政部、国家税务总局2015年3月13日联合发文（财税（2015）34号），对年应纳税所得额低于20万元的小型微利企业，其所得减按50%计入应纳税所得额，按20%的税率缴纳企业所得税。东区国税局第一时间向纳税人宣传这一政策。利用短信系统、微信群、QQ群向纳税人发出政策告知；通过系统查询2014年的小型微利企业，并打电话逐一宣传，让纳税人知晓尽用这一优惠政策。认真落实出口退税政策。4月1日，秦皇岛市国税局将生产企业的出口退（免）税审批权限将全部下放至县（区）国家税务局。东区国税召开退税工作推进会，提高工作认识。及时制定工作方案，结合实际科学设置岗位。组织退税岗位全体人员进行集中学习，选派业务骨干参加秦皇岛市国税局组织的业务培训。通过税企QQ群、短信平台、举行业务培训、召开座谈会等形式，向纳税人宣传政策。严格上级文件对出口企业管理类别进行评定，实行企业分类管理，确保纳税遵从度高的退税更加便捷。全年共办理出口退税业务46笔，金额12681万元。

（田 鹏）

【东区国税税收服务】 拓展网上办税。不断加大对网上办税服务厅的推广使用力度，在办税服务厅日常服务、管理中，做好对网上办税的宣传、辅导工作，所辖纳税人网上办税服务厅使用率达到20%以上。落实服务规范2.1版。以“规范2.1”落地为契机,明确股室和大厅的岗位职责,严格执行规范标准,东区国税在全国纳税人满意度调查排名位列全省第36名、全市第4名。加强纳税咨询辅导。在落实“纳税人学堂”、“局长接待日”活动的同时，利用QQ群、微信群等通信平台，建立“山开税企之家”，及时告知纳税人相关涉税事项,将纳税辅导工作常态化。全年，分层次分类别举办所得税汇算清缴、出口退税资料备案、“营改增”办税流程等培训15次，辅导纳税人1800余人次。国地税联合举办“便民办税举措宣讲”活动。11月20日，东区国税局、地税局联合举办“便民办税举措宣讲”活动，参加活动企业130余户，详细讲解普及“代开E站”服务等便民办税举措。

（田 鹏）

【东区国税税费征管】 2015年，东区国税局强化企业所得税预缴管理,提高汇算清缴质量。开展所得税税负分析,加强工资薪金列支的管理。落实小型微利企业所得税优惠政策，享受面达100%，享受减免所得税金额16.5万元，企业所得税专项评估补缴税款

东区国税局办税服务厅人员加班加点进行金税三期试点工作

出口退税企业向东区国税局赠送锦旗

东区国税局举办纳税人学堂活动

东区国税、地税局联合举办
“便民办税举措宣讲”活动

148万元。增值税专项核查工作成效显著。主管领导组织、参与核查，税源管理股、综合业务股、主管局长形成三层次审核体系，落实周调度会议，不定期召开税收风险案例讲评会，共入库税款75.45万元，滞纳金15.03万元，合计90.48万元。提升纳税评估质量。对重点业户或有较大疑点业户进行纳税直评，引入中介机构加强评估力量，切实评出成效。全年共评估入库税款572万元。抓好金税三期试点工作。各业务科室人员开展专项培训，做好软硬件保障工作，实现金税三期单轨上线，运行平稳。上线首个征期，准期申报率、当期入库率均100%，位于全省县区各项指标排名第一。

（田　鹏）

【东区国税税收收入】 2015年，东区国税局加大税收征管力度，坚持依法征税，抓好税收分析，盯紧重点税源，实现税收持续协调发展。全年，组织收入28664万元，超收1163万元，同比增收2447万元，增长9.33%。其中，国内增值税23935万元，同比增收1334万元，增长5.90%；“营改增”税收887万元，同比增收69万元，增长8.44%；免抵调库5110万元，同比减收890万元，下降14.83%。企业所得税4729万元，同比增收1113万元，增长30.78%。

（田　鹏）

【西区地税推广“金税三期”情况】 2015年，西区地税坚持以“五个注重”为抓手，上下一心、齐抓共管、扎实推进，确保金税三期系统上线平稳运行。一是组建核心推广团队，建立工作督导机制，班子成员深入一线督促检查，实时通报讲评各部门工作开展情况，与绩效考核直接挂钩。对全局79台电脑进行了正版化软件升级，使计算机软件及硬件均达到标准，为金三系统顺利运行创造了有利的硬件环境。二是挑选业务骨干4名参加河北省地税局“金税三期”扩围测试培训班。抽选20人先学先试，为系统全面上线运行储备骨干力量。开展全员集中学习、分岗位专业培训，并针对学习中发现现问题进行2次集中讲解，分3批组织人员进行业务考试，确保学习培训质量和效果。集中4天时间，分批次组织辖区4500多户纳税人进行金税三期纳税申报表、个人所得税全员全额申报暨特色软件培训，让广大纳税人熟悉业务办理流程，熟悉特色软件操作，有效保证纳税人办理纳税申报等涉税业务符合金税三期系统要求。三是集中开展全量全业务双轨运行工作，检测系统运行稳定性。双轨运行期间，征管一线人员加班加点，保证数据当日录入完毕；业务骨干组成网报数据补录小组，补录数据，完成网上申报户的数据录入4598户；成立审核组对前期录用的税务登记类、申报征收类、发票发售类等业务数据进行审核，确保数据质量符合系统要求。预约纳税人100多户集中办理税务登记、发票发售、POS机划卡、网上申报等涉税业务，检验系统运行稳定性，发现问题5个。四是办税窗口集中宣传金税三期系统上线工作，向纳税人发放“金三”宣传资料，现场解答问题。领导带队走访重点税源企业，做好与企业负责人面对面宣传解释工作；利用管理员下户辅导检查时机，宣传“金三”情况。利用秦皇岛开发区新闻向社会宣传“金三”情况；利用LED显示屏、楼宇广告机公开“金三”上线公告；利用税企业邮箱、QQ群、微信平台作用，发布“金三”信息。五是召开“金三”单轨上线运行应急工作研讨会议，对系统故障、大厅拥堵、负面舆情等情况进行分析研判，制定完善舆情引导、人员疏导等方面应急工作措施，汇编《开发区地税局金税三期单轨上线运行应急处置预案》，确保各类突出情况能够得到有效应对。针对预案列举的各类突发情况，开展实操演练，提高快速反应能力，确保应急工作的针对性、实效性。全年，共办理涉税业务2528笔，其中：网上申报业务1826笔，上门申报业务179笔，入库税款944万元。

（刘　革）

【西区地税税收服务】　2015年，西区地税局落实《全国纳税服务规范（2.0）》，开展便民办税春风行动，提升纳税人满意度。落实小微企业税收优惠政策，利用税企邮箱、QQ群、微信公众服务平台，发布小微企业税收优惠政策，减免退办理流程；对照标准逐个电话通知，开辟小微企业退税绿色通道，全年，为578户次小微企业退税146万元。推出“二次优先卡”服务，当纳税人办理业务遇到不能一次办理完毕需再次排队时，工作人员在“二次服务优先卡”上注明纳税人名称及受理业务，纳税人凭此卡当天在办税服务厅不用排队优先办理，受到纳税人欢迎。开展大企业联系走访活动，由班子成员带队，分组对全区纳税前40名的重点税源企业开展联系走访，送政策、问行风、解难题，推出发票专用车，对纳税千万以上企业开展送发票上门服务。推进“三证合一”工作，抓住秦皇岛开发区作为全市“三证合一”试点单位契机，积极主动与国税、工商、质监部门密切配合，搭建环境、简化流程，顺利开出全市第一张“三证合一”营业执照，为纳税人带来实实在在的便利。

（刘　革）

【西区地税税费征管】　2015年，西区地税局顺势而为，借势清欠，紧盯序时进度，开展收入攻坚活动，保证收入任务圆满完成。坚持组织收入原则，贯彻“依法征税，应收尽收，坚决制止和防止越权减免税”的组织收

秦皇岛经济技术开发区地方税务局

税收宣传进社区

税收宣传进校园

西区地税推出纳税服务二次优先卡

开发区地税局为纳税人培训

西区地税发放首张“三证合一”营业执照

市局领导视察“金三系统”操作情况

工作人员加班测试“金三系统”

西区地税局务会现场

入原则，不虚收不惜收，杜绝新欠的发生。强化税收分析，建立税收分析模板，按照一次性税收、政策因素影响、加强征管成效、生产经营因素4个方面，对全局收入形势深入分析，及时了解增减收因素，掌握工作主动权。加强综合治税工作，与财政、国税、工商、国土、规划等有关部门协作，清理股权转让信息191条，入库税款640万元，清理增值税免抵退41户，入库税款750万元。开展建筑业专项清理，入库税款3950万元。外勤组进入企业评估，入库税款1500万元。协调管委入库返迁房销售不动产环节、公用设施占地等环节，税收9600万元，确保收入序时进度。开展“解难题、促增长”活动，在全市经济税收形势分析会后，落实《“解难题、促增长”组织收入攻坚活动实施方案》，深入分析税收形势，采取7项措施，明确职责分工和完成时限，开展攻坚活动。加强社保规费管理，在社会保险费收入中，养老保险费收入83192万元，同比增收12400万元，增长17.52%；失业保险费收入5722万元，同比减收1365万元，下降19.26%。

（刘　革）

【西区地税税收收入】　2015年，西区地税组织各项收入223294万元，同比增收20998万元，增长10.38%，其中：税收收入119035万元，同比增收8235万元，增长7.43%，完成秦皇岛市地税局下达年计划的116.70%，超收17035万元，完成全区下达年计划的100.45%，超收535万元；社会保险费收入88914万元，同比增收11035万元，增长14.17%；教育费附加等其他收入10550万元，同比增收1320万元，增长14.30%。在税收收入中，中央级收入16129万元，同比增收196万元，增长1.23%；省级收入12023万元，同比减收765万元，下降5.98%。公共预算90883万元，同比增收8804万元，增长10.73%，完成政府计划的（88690万元）102.47%，超2.47个百分点，按进度超收2193万元。其中：市级收入8317万元，同比增收321万元，增长4.01%，完成政府计划的（8820万元）94.30%，短5.70个百分点，按进度短收503万元；区级收入82566万元，同比增收8483万元，增长11.45%，完成政府计划的（79870万元）103.38%，超3.38个百分点，按进度超收2696万元。

（刘　革）

【东区地税查处弘企房地产公司偷税案】　2015年，东区地税局集中主要办案力量，重点查处一起涉及群体性上访事件的实名举报案——弘企房地产公司偷税案。该案为东区地税稽查局2014年4月受理，5月13日正式立案，6月4日下达《税务检查通知书》。在实施初步检查后，由于弘企公司注册地在北戴河区，企业所得税由北戴河区局管辖，东区地税局不具备完整的税务稽查管辖权；涉税金额高，案情重大；被查对象拒绝配合检查等原因，2014年11月将该案报请秦皇岛市地税局稽查局查处。2015年初，市稽查局上线后，因无法与企业人员取得联系，一直没有下达《税务检查通知书》。由于涉案小区业主无法办理产权手续而密集上访，办案压力加大，为加快办案进度，从维稳大局出发，经秦皇岛市地税局决定，继续以东区地税局的名义出具办案文书、履行稽查程序，由秦皇岛市稽查局全程指导共同办理此案。

为完善案件证据资料，检查人员先后7次到银行、土地等部门调查取证，并远赴哈尔滨外调。在对该案政策、法规适用等疑难问题的处理上，得到秦皇岛市地税局相关科室及稽查局审理部门的大力支持，确保在案件细节处理上的准确无误，精益求精。由于始终无法与企业人员取得联系，2015年12月25日，东区地税将案件的《税务处罚事项告知书》在《秦皇岛日报》上进行公告送达。累计查补各类税费373.4万元，共处罚款142万元。

（王永强）

【东区地税税收服务】 2015年，东区地税局以打造纳税服务品牌升级版为主线，在已经建立的“四个平台”（培训平台、网络平台、流动平台、窗口平台）的基础上，结合纳税服务新常态要求，把纳税服务工作的着力点放在纳税人的个性化需求方面，着眼点放在小微企业服务内容方面。开展联合服务，实现纳税服务新常态。税法宣传月活动期间，结合国家税务总局便民春风行动，与国税、工商、银行等部门联合开展“合唱春之歌，送入小微家”主题活动，以“服务快车”的形式，将小微企业应享受的税收优惠政策规定、工商部门放宽登记条件及银行部门融资贷款等优惠内容以《助力小微企业发展一点通》折页形式发放到小微企业手中，并接受企业面对面咨询答疑。在4月份的“小微企业政策专题解读月”，各部门开展服务“大比拼”，实现由联合执法向联合服务的转变，受到小微企业的欢迎；推出亲情服务套餐，实现纳税服务再升级。办税服务厅结合欠税清理入库、小微企业退税等情况，采取“反向预约”的方式推出亲情服务套餐，为小微企业开通绿色通道，编写纳税服务“三字经”。利用微博、QQ群为小微企业提供便捷服务，把各类政策汇编的电子版放置在网络上供企业随时下载浏览，指定业务人员轮流在线为小微企业答疑解惑，举办征收管理岗位人员优惠政策集中考试，确保每个地税干部、每个小微企业对税收政策“应知尽知”、确保应享受的优惠“应享尽享”、确保符合退税条件的“应退尽退”。

（王永强）

东区地税局党组书记、局长赵丽红以《践行“三严三实”要求 争做优秀地税干部》为题，为全局党员干部讲党课

东区地税局党支部组织全体党员，参观了青龙县“花厂峪抗日纪念馆”

赵丽红局长带领东区地税局税收政策巡回指导小组深入哈电集团（秦皇岛）重型装备有限公司进行帮扶

东区地税局与该辖区国税、工商、银行等部门举行“合唱春之歌 送入小微家”联合服务，正式启动了第24个税法宣传月

举办2014年度企业所得税汇算清缴培训

东区地税局在开发区二小开展了“小手牵大手 童心系税收”税法宣传进校园活动

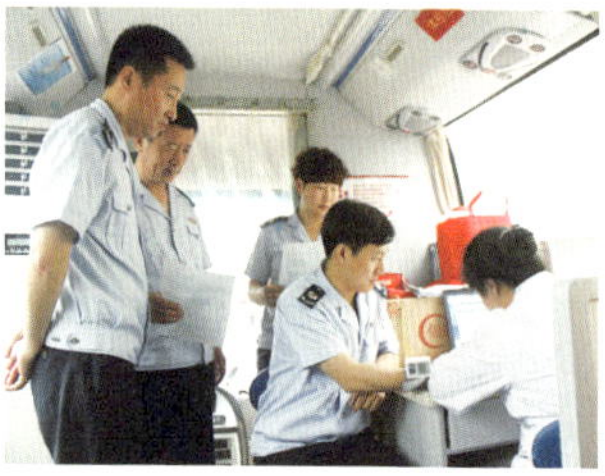

东区地税局组织全体人员参加义务献血活动

东区地税局召开中层以上干部会议，传达落实总局、省局、市局关于贯彻落实“八项规定”、切实反对“四风”会议精神

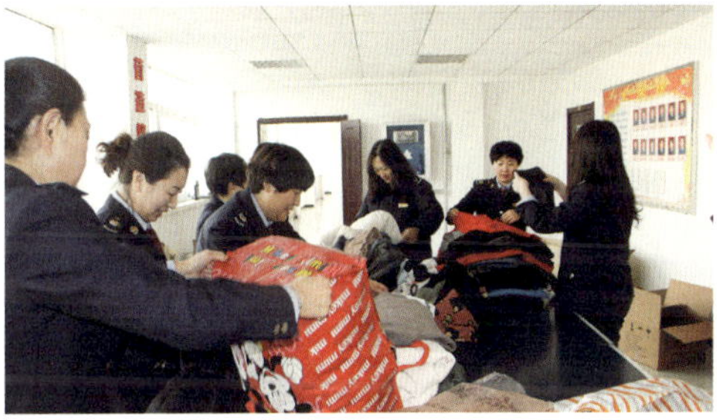

东区地税局开展了“12.4”法治宣传活动

东区地税局组织开展了“三八节暖春行动”为贫困儿童及空巢老人进行募捐

东区地税局开展了为期一周的餐饮、住宿业和服务业发票专项检查

【东区地税税费征管】 2015年，东区地税局坚持应收尽收，绝不虚收、不惜收的组织收入原则，千方百计加强征管、堵塞漏洞，提高征管质量，缩小收入差距。一是成立清查小组，采取逐户约谈、讲解税收政策、制定还欠计划、确定清理限时的方法，对所欠税款进行清缴，累计入库税款2500多万元，其中，对渤海家园1—6期安置房项目进行清理，入库税款1071.8万元，东区度假村耕地占用税1128万元。二是开展“服务企业破难解忧”专项行动，实地查看企业生产经营情况、听取纳税人的建议和意见、改善征纳关系、盘查疑点、开展堵漏增收，重点针对漏征漏管户、假注销户以及存在少缴漏缴税款的纳税人。清理五矿天威转让土地的土地增值税427万元。三是以“以地控税”软件为参考，依托电子地图，拉网式查找遗漏的宗地信息，入库土地使用税18.86万元，加收滞纳金11.51万元。四是做好金税三期系统上线运行工作。对内：组建核心团队，集中培训和学习，制定3大类8个方面的集中操作演练方案，确保相关人员均能熟练操作金三软件。对外：通过QQ群在线指导、电话辅导以及举办金三纳税人端专题培训等形式，对纳税人使用的网上报税、网上办税服务厅、网络发票、机打发票客户端、建安房地产自开票客户端、纳税人信息采集等内容，进行全员辅导培训，确保纳税人能够熟练使用软件办理涉税业务。开启“白+黑、5+2”工作模式，做好数据的迁移审核、功能测试等各项基础工作，按时间节点完成数据清理工作，顺利通过基础环境和安全系统的检查。实行局长带班制度，每日例会通报金三运行情况，在办税服务厅设立引导员，开展应急演练，采取节点控制、预估发展、回测效果、讲评提高的模式，对实际工作中可能发生的3类大概率事件进行反复演练，密切各部门间的协同配合，为金三系统顺利运行打下坚实基础。五是开展非正常户清理。对无欠税、无未缴销发票且认定为非正常户超过2年的纳税人，对其予以注销处理。全年，清理注销153户，未出现收缴发票和本年度新欠情况。六是加强部门间合作，提高综合治税水平。通过财政部门委托第三方对3户疑点户开展专项检查，累计查补税款1.7万元，加收滞纳金0.7万元。与公安部门的配合，对旅店住宿业进行按月监控，对营业收入、纳税情况、发票及税额核定等方面的变化浮动情况进行地毯式核查，根据季节和客流量对定额情况进行合理的调整，对虚假申报行为进行重点打击，进一步提高了综合治税管理水平。

（王永强）

【东区地税税收收入】 2015年，东区地税局累计实现税收收入23139万元，超额完成全年收入任务，完成政府年任务的107.62%，超收1639万元。其中，一般预算收入18819万元，同比增收1959万元、养老保险费入库17029万元，同比增收226万元，增长1.34%、失业保险费入库1232万元，同比下降458万元，减少2.71%。

（王永强）

房产管理

【概述】 2015年，秦皇岛开发区房产分局以住房保障和房产管理为主线，以服务百姓、服务发展为宗旨，改进工作作风，树立良好形象，为房产事业的发展和优化全区发展环境做出积极贡献。共受理各类保障性住房申请696份，初审合格85户。对已经领取廉租住房补贴的112户家庭，完成入户调查和审核。全年，共受理各类房屋登记10263件，面积2822976平方米，发放房屋权属证书8847本。增加廉租房1户、限价商品房72户、经济适用房2户。

（张　洋）

【房产服务】 2015年，为进一步提升工作效率和服务水平、展示形象、树立品牌，房产分局大力加强窗口形象建设，扩展服务举措，创新服务理念，打造“严、细、实、快”的优良工作作风。全局人员迎难而上、不讲理由，确保各项业务按时、保质办结。在窗口服务建设上，坚持主要领导带班制，第一时间解决工作难题，把问题处理在冰点。在服务上，千方百计为群众提供方便，不留死角，把群众的事当家事，开辟办证服务“绿色通道”，坚持预约服务、上门服务、延时服务、双休假日义务服务等优化服务措施。在两个环境服务建设上，分局为企业特事特办、急事急办、实现“零障碍”服务，全程配合，为招商引资工作保驾护航。全年，为老弱病残等特殊服务对象提供上门服务50余次，预约服务、延时服务100余次，企业、社区、返迁村等现场办公12次。

（张　洋）

【产权管理】 2015年，房产分局受理各类房屋登记10263件，2822976平方米。其中，初始登记12件，101800平方米；商品房登记2829件，296760平方米；抵押登记2980件，937198平方米；二手房交易 2501件，255189平方米；赠与登记17件，2212平方米；继承登记45件，4672平方米；析产登记47件，4813平方米；变更登记119件，665606平方米；注销登记1514件，526518平方米；补契35件，14894平方米；房改登记162件，面积13154平方米；交换登记2件，面积160平方米；发放房屋权属证书8847本。

（张　洋）

【保障性住房管理】 住房保障工作是党和政府的“民心工程”，是解决城

1 1月7日，房产分局工作人员到邢庄村委会为村民办理房屋权属证书

2 4月16日，房产分局召开发区房地产行业发展交流会

3 9月22日，开发区房产分局开展“三言三实”专题教育党课

4 4月20日，房产分局召开业务学习会议(图中为房产分局长姜兴宇）

5 11月9日，房产分局在开发区东区进行廉租房入户调查

镇低收入家庭住房困难的重要手段。房产分局强化住房保障管理职能，严格调查和审核程序，加大政策宣传，完善查审制度，实行高频动态管理，及时有效地实行准入退出机制，把“惠民政策”和“民心工程”真正落实到实处。2015年，共受理各类保障性住房申请696份，初审合格85户，其中：符合三类人群83户，二类人群1户，一类人群1户（租赁型）。对已经领取廉租住房补贴的112户家庭，完成入户调查和审核。

（张　洋）

【房产市场管理】　2015年，房产分局为维护房地产市场秩序，保护购房人的合法权益，对全区房地产开发项目检查督导坚持常态化，坚持对开工项目逐一“过筛子”检查，主要监督检查违规开发、合同欺诈、中介混乱等方面的违法违规行为，并房地产开发过程中的违规预售行为和群众投诉的违规违法行为作为检查重点。对在检查中发现的违规预售行为和未网签合同备案等问题责令纠正、限期整改，及时制止违规行为。

（张　洋）

安全生产监督管理

【概述】 2015年，安监局以强化企业基础建设和提高监管能力为核心，完善责任体系，加强综合协调，严格落实各项监管执法措施，深入开展安全生产大检查、“六打六治”打非治违、重点行业领域专项整治等工作。共出动执法411次，检查企业152家，发现并整改隐患679项，完成全年执法计划的113%。其中，烟花爆竹类企业执法30家次；危险化学品和重大危险源类企业执法87家次，排查并整改隐患115项，（重大危险源单位、危化企业全覆盖）；职业健康类执法48家次，排查并整改隐患133项；行业企业执法246家次，排查并整改隐患431项。通过全面深入的执法检查，有效地督导和促进企业自身安全生产管理水平的提高，增强企业遵守国家法律、法规、规章、标准和规范经营的意识，排除事故隐患，确保全区企业生产安全和稳定。

2015年，全区共发生各类事故42起，死亡2人，直接经济损失201.65万元，同比事故起数下降51.7%，直接经济损失上升105.8%，死亡人数同比持平。其中：工商贸企业发生死亡事故1起，死亡1人，重伤1人，直接经济损失151万元；道路交通发生事故14起，死亡1人，直接经济损失13.5万元（不计死亡抚恤金），同比事故起数、死亡人数分别下降6.7%、50%，直接经济损失上升3.8%；火灾发生事故27起，直接经济损失37.15万元，同比事故起数、直接经济损失分别下降62.2%、56.3%。

（毛艳民）

【创新工作方式】 打造服务型监管模式。一是探索建立服务型执法工作机制。通过实行执法告知、约谈、纳入黑名单等程序，强化和固定执法效果。采取整改期间电话督导、整改过程根据企业隐患情况带领其参观先进企业、请专家现场指导帮助企业整改隐患等各项措施，提高隐患整改率。二是对企业日常安全管理进行“听音问诊”。倾听企业的心声，解答企业的疑问，对企业提出的管理难点进行系统的分析，找到症结所在。三是通过检查生产现场，找出企业安全管理存在的不足之处，就企业日常安全管理存在的难点和企业安管负责人进行深入探讨，共同研究适合企业自身的安全管理模式。

提高全局执行力。安监局在原有科室分工的基础上，进一步明确每个科室的年度工作任务和各岗位的具体职责。各科室将年度计划细化分解成44项具体工作，每项工作任务量化分解到各个月份，明确具体责任人、责任科长和分管局长，逐周调度，逐月汇总。特别强调复命机制的建立，各科室每周一张表，汇报一周工作进展，每月在任务分解图板上标注重点工作进展情况，强化对工作进度的督导落实。对重点工作进行督查，明确责任人员、办理时限，要求责任人在周例会上汇报进展情况。继续坚持工、管委领导批示逐月复命机制，按领导指示强化责任、认真落实每一项工作，在每月月底将落实情况向领导进行书面反馈。全年共收到工、管委领导批件63份，全部办结并及时复命。

简化行政审批事项。按照进一步简政放权、转变政府职能的精神，将各项政策落到实处，让企业真正受到实惠。依法行政。根据《安全生产法》和有关法规的修订情况，及时调整监管工作要求，凡是应该备案的，不再进行审核批准；凡是应该企业留档备查的，不再要求企业备案；凡是允许企业自行开展的，不强制要求企业聘请中介机构。划转审批事项。梳理涉及审批或许可证的职能、依据和流程，集中移交给行政审批局，方便企业办理相关手续。规范中介机构服务。针对日常工作中发现的突出问题，加强企业回访，收集企业意见，召集中介机构工作会议，进行警示提醒，要求中介机构提高服务质量，规范服务行为。

稳步推进乡（处）安监体系建设，加强联系企业的“最后一公里”。按照秦皇岛市政府《关于进一步加强乡镇安全监管规范化建设的通知》要求，着力加强各乡（处）安监站建设。在每个乡、处均设立安监站，招聘安全协管员7名；按照安监站的“六个一”配套标准，为各乡、处安排专门办公场所，配备办公设备；建立规范的工作制度和档案台账，安监站在调查摸底的基础上，建立企业档案、执法档案、发文档案、会议档案、应急预案备案档案等基础资料。乡（处）安监站的设立，就近受理、解决企业的安全生产咨询和问题，方便企业办事，密切政企联系。

（毛艳民）

【行政许可证发放】 严格加强对高危行业安全生产许可证的审核发放和动态监管。累计持有危险化学品生产许可证的单位或车间3家，持有危险化学品经营许可证的单位22家。第二、三类非药品类易制毒化学品经营备案单位4家。按照危险化学品经营许可法律法规的要求，为4家单位换发危险化学品经营许可证，增加办理危险化学品经营许可证2家；对烟花爆竹经营许可，严格设置经营点许可条件，发放烟花爆竹零售经营许可点经营许可证9家。督促重大危险源单位建立重大危险源档案，落实整改措施，按期整改，完成重大危险源单位备案8家。加大对新建、改建、扩建工程项目安全生产“三同时”审查力度，加强对已取证企业的安全生产监管力度。全年，完成新建项目安全设施设计审查和竣工验收审查企业1家，完成改造项目安全设施验收企业2家，补做安全设施“三同时”企业4家。

（毛艳民）

【开展宣教培训活动】 开展多种形式的宣传教育活动。通过编发安全生产工作信息，及时向全区通报安全生产动态，提高全区干部群众的安全意识。全年，共上报各类安全生产信息60篇；利用媒体宣传，在“开发区周刊”刊发有关安全生产稿件20余条；购买、下载“粉尘防爆讲座”、“反习惯性违章”等安全教育视频8部，在安监局网站公开发布，通知企业组织内部学习，通过真人和动画演示等直观形式，加深学习印象，巩固培训效果；通过印发挂图、宣传册，开展专题讲座，召开专题会议等形式，对企业负责人和职业卫生管理人员进行职业病危害防治宣传培训；通过“职业病防治法宣传周”、“安全生产月”活动，重新编印《职业卫生法律法规文件汇编》500本、印刷《职业病危害防治八条规定》挂图和宣传册200份、《职业病防治法》等法律法规宣传单2000份。组织以“加强安全法治、保障安全生产”为主题的安全生产宣传月活动。以全国安全生产月为契机，开展“新《安全生产法》宣贯暨安全生产警示教育活动”，组织安全知识宣讲2场次，全区118家企业主要负责人及安全管理人员接受新安法的培训；组织机关部门和企业开展“安全生产咨询日”宣传活动；充分利用新闻媒体和各种宣传媒介，在重要路段和重点场所悬挂宣传横幅150余条，布置展板40余块，设置咨询台4个，参与宣传的干部职工600余人，发放安全生产宣传资料1万多份，接受群众咨询100多人（次）。开展生产经营单位主要负责人、安全管理人员和特种作业人员培训。共举办企业主要负责人、安全管理人员取证、复审培训班6期，共计培训760人，其中：培训企业主要负责人198人、培训安全管理人员562人；督促培训单位组织特种作业人员（电工、焊工）取证、复审培训班15期，共计培训1153人，其中：培训电工532人、培训焊工621人。推进企业全员“三级”教育培训工作。

（毛艳民）

【应急管理工作】 2015年，安监局组织专家对生产安全事故应急预案、危险化学品、烟花爆竹经营和埋地液氨管线秦皇岛开发区段生产事故现场处置方案4个应急预案进行重新评审和修定。对区内应急救援各职能部门进行生产安全事故应急预案的讲解和培训，组织实施区级危险化学品事故应急预案桌面推演；以建立和健全应急预案备案台账为抓手，督促企业开展应急演练、进行预案评审、论证和备案，加强企业应急救援体系和应急救援能力建设，强化全区安全生产应急救援基础。完成应急预案备案企业33家，其中新备案21家，修订预案12家，累计完成应急预案备案285家，实现按台账监管，规上企业应急预案报备率达到100%。组织开展全区性大型演练2次，参加、观摩应急预案演练和推演企业80家。

（毛艳民）

【职业卫生工作】 推进企业职业病防治“三同时”。全区新、改、扩建项目开展职业卫生三同时数量逐年增加，全年，共有17个项目履行“三同时”，同比增长3倍多，完成项目审查（审核、备案）25项。加大用人单位职业卫生管理基础建设。全年完成增加申报企业18家，变更申报78家，累计申报企业284家，职业病危害现状评价单位24家，职业病危害定期检测单位21家。强化重点行业职业病危害专项整治。开展职业病危害告知和警示标识以及木质家具、电子、冶金、机械等重点行业专项整治，全区累计上报自我检查和整改完成情况企业50家，设置职业危害公告栏100多个，设置职业危害告知牌1200多个，设置警示标识2300多个，共32家企业开展该项专项整治，其中：木质家具企业1家、冶金企业3家、电子企业6家、机械企业22家，通过技术服务机构的评价检测服务，规范工作场所职业病危害管理，完善职业卫生管理体系，提高职业病防治水平。

（毛艳民）

【安全生产标准化】 2015年，安监局以开展诚信管理为契机，大力推进企业安全生产标准化和诚信机制融合建设，把标准化作为信用评级的重要内容，以标准化推进企业安全生产基础建设，以诚信机制强化安全生产激励约束，积极开展企业安全生产诚信管理评定工作。全年，共有78家规模以上企业、15家规模以下企业通过安全生产标准化达标认证，其中：一级2家、二级26家、三级55家、达标10家。

（毛艳民）

【小微企业安全管理】 2015年，安监局针对小微企业安全管理水平参差不齐的现状，采取相应措施，狠抓制度落实。一是结合诚信等级评估工作，对企业实施分类监管。通过组织专家对标准化达标的企业承诺践诺、制度建设、现场管理、隐患排查治理、教育培训等情况进行评估打分，按照评分标准划分ＡＢＣ3个等级。将通过诚信等级评定的企业列为一般监管对象，进行日常监管。对未通过标准化及诚信等级评定的企业作为重点监管对象，强化日常督导检查，增加检查频次。二是加强培训，提高认识。为解决区内小微企业管理基础薄弱、安全生产投入不足、技术落后和从业人员安全素质不高的现状，分三期对219家重点小微企业主要负责人进行集中培训。通过培训加强企业管理人员对新《中华人民共和国安全生产法》的认识高度和重视程度，提高企业学法守法的意识，进一步规范小微企业的安全管理工作，明确中小企业安全管理工作的目标和内容。三是规范制度台账建设，实现从无到有，从有到精。为企业提供制度、预案模板并设定制式台账，如隐患排查治理台账、劳保用品的发放台账、员工培训台账等，通过定期填写台账，促进制度落实。按照行业分类制定检查表，提供给企业，使企业的自查更加规范、便捷。

（毛艳民）

【专项活动】 开展安全大检查活动。一是开展危化品生产安全许可企业检查。聘请危化品专家对区内企业进行全覆盖检查，包括危化品生产安全许可企业4家、危化经营企业5家，查出隐患16处。检查四海气体时发现液氮储罐未履行建设项目安全设施“三同时”手续，对其下达了《强制措施决定书》，责令其停止建设，立即履行“三同时”手续。二是开展危化品生产经营单位及涉氨、涉氯单位检查。成立联合检查组，检查危险化学品生产经营单位及涉氨、涉氯单位18家，查出事故隐患75处，完成整改56处，剩余19处正在整改当中。查封经营许可证过期企业1家。三是成立工作组4个分别到4家危化生产企业和有储存设施的经营企业进行驻企督导，加大对企业督导检查力度，死看死守，全天候监控，确保安全。四是对区内企业开展拉网式排查整治，共排查出涉危涉爆企业23家，发现隐患78条，已全部整改到位；涉爆粉尘企业10家，完成涉爆粉尘评估工作5家，签订评估合同4家，停产企业未做评估1家。

开展“六打六治”打非治违专项行动。组织各部门出动执法检查4250余人次，检查企业2082家次，检查建筑工地项目部40多个，查出隐患68处；强制报废液化气钢瓶100余只，强制检验气瓶1000多只；查获各类道路交通违法行为8739起，其中：客运车辆道路交通违法行为5起、危化品运输车辆道路交通违法行为102起。

开展取缔非法储存柴油点联合执法行动。8月19日，由安全生产委员会办公室组织协调，公安现场指挥，经发、安监等8部门共同参与、联合行动，对102国道沿线一处群众举报的非法储存销售柴油点进行联合执法取缔行动。出动执法车12辆、清罐车1辆、油罐车2辆、水泥泵车1辆、混凝土搅拌车3辆，消防车2辆，到场执法和工作人员85人。为避免取缔柴油罐过程引发油气燃爆，事先聘请专家进行论证，制定详细的行动方案，现场聘请专业清洗公司置换柴油气体，混凝土填充封堵非法油罐，并拆除非法储存销售柴油点。对102国道沿线非法储存柴油点采取动态监管，发现一处整治一处，绝不姑息。

（毛艳民）

质监管理

【概述】 2015年，秦皇岛开发区质量监督管理工作以食品及食品相关产品监管、特种设备安全监察、计量监管服务、产品质量监督、标准化管理、质量管理、打非治劣、行政许可等各项工作为重点，推进“质量兴区”战略，大力开展工业企业产品质量风险排查活动，严厉打击假冒伪劣违法行为，维护广大人民群众的切身利益和生命财产安全。检查食品生产企业52家次，小作坊20家次，下达整改意见20份。共监督抽查40个批次产品，实物合格率100%。检查特种设备使用单位208家，下达《特种设备安全监察指令书》73份。实现公众聚集场所特种设备使用单位检查率100%，重点设备定期检验率100%，检查辖区农资经销站7家，排查辖区汽车配件生产加工企业5家、建筑材料生产企业7家。受理汽车4S店投诉案件28起。办理各类审批服务事项200件，其中：特种设备使用登记85家次340台（套）、特种设备作业人员证核准41人、特种设备安装改造维修施工前告知72家次206台、报停报废64台；计量器具制造许可2家，计量检定员证10人，组织机构代码业务117件。

（李小辰）

【标准化管理】 监督检查实施强制性标准的企业35家、重点标准化企业40家，对无执行国家标准文本、执行标准更新不及时、执行国家标准不规范等问题进行现场纠正，对生产管理和生产技术的标准化运用进行现场指导和探讨交流；对企业产品执行标准情况实行动态管理，办理企业标准备案33个；指导企业采用国际标准工作，共办理企业采标5项；引导企事业单位主导标准的制修订工作，完成全国行业标

计量日活动现场

准1项，指导企业申报河北省地方标准3项。

（李小辰）

【打非治劣】 2015年，质监局开展“质检利剑行动”，以食品、农资、建材、汽配、化妆品等生产、销售企业为重点开展监督检查。联合农工局检查辖区农资经销站7家，摸底排查辖区5汽车配件生产加工企业家、建筑材料生产企业7家。进一步加强辖区汽车4S店监督管理，全年受理汽车4S店投诉案件28起，其中，市长热线转办15起，直接投诉13起。处理结果达到消费者和4S店双满意。

（李小辰）

【行政许可】 2015年，质监局适应形势变化，调整工作思路，认真完成全区行政审批改革工作任务。承担上级下放的各项审批职能，并将全部审批业务进驻政务大厅办理。试行缺少“非核心材料”先受理后补交，当事人提交的材料缺少“管理制度目录”“委托书”等资料时，可以先走审批流程，工作人员将缺少的资料登记备案，待当事人取证时再提交。做到干部多费心，群众少跑路。为切实提高审批效率，将全部许可事项审批时限均缩短至5个工作日内，获得群众好评。全年，共办理各类审批服务事项200件，其中：特种设备使用登记85家次340台套、特种设备作业人员证核准41人、特种设备安装改造维修施工前告知72家次206台、报停报废64台；计量器具制造许可2家，计量检定员证10人，组织机构代码业务117件。

质量月活动现场

（李小辰）

【产品质量监督】 2015年，质监局完成了对辖区企业的监督检查，其中：生产许可获证企业17家、强制性产品认证企业22家。根据全区年度监督抽查计划，配合秦皇岛市监督检验所对32家工业产品生产企业的金属软管、玻璃纤维、防水卷材、家具、配装眼镜、低压配电柜、铝合金窗、聚酯瓶、建筑用钢化、中空玻璃等产品进行监督抽样。对监督抽检不合格的3家眼镜店进行处罚。对世奥机动车安检线和安恒机动车检测线进行巡查。按照河北省质量技术监督局要求对辖区内11家获证实验室进行分类监管的现场考核，评价出A类实验室2家，B类实验室9家。

（李小辰）

【食品安全监管】 2015年，质监局共监督检查食品生产企业52家次，小作坊20家次，下达整改意见20份，已全部整改完毕。共监督抽查40个批次产品，实物合格率100%。全年所有在产企业全部进行上、下半年实验室比对检验，合格率100%。食品生产企业添加剂备案率100%。在食品相关产品生产企业方面，对辖区食品相关产品企业进行巡查，全年没有发生食品及相关产品安全事故。

（李小辰）

【特种设备安全监管】 2015年，重点特种设备使用单位50家，其它特种设备使用单位158家，下达《特种设备安全监察指令书》73 份。实现公众聚集场所特种设备使用单位检查率100%，重点设备定期检验率100%，气体充装站现场监督检查率100%。组织企业贯彻《特种设备使用安全管理规范》地方标准，帮促企业进行特种设备安全管理标准化建设。完成特种设备安全员的选任和初审工作并建立安全员管理业绩档案。对辖区内安全员的业务进行指导，对安全员报送的“特种设备安全检查联络单”及时采取措施进行处理。开展“彻查隐患、严格执法、全力打造平安暑期”、“压力管道元件制造单位”“电梯安全大会战”“特种设备安全隐患大排查”“安全生产大检查暨六打六治专项行动”等系列整治活动。针对检查中发现和检验机构函告的重大问题，建立特种设备重大安全隐患台账，落实责任人员，挂牌督办，督促企业及时整改到位。全年未发生一起特种设备安全事故。

（李小辰）

【计量监管服务】 2015年，质监局开展计量器具专项检查。对未检定的责令限期检定。对辖区内汽车4S店在用计量器具的检定情况、计量器具制造企业进行监督检查。配合秦皇岛市质监局审查重点企业能源计量情况，协调中科百捷为辖区内5家的能源在线采集工作提供技术支持。在“5•20”计量日期间开展以“计量与光”为主题的宣传活动，联合秦皇岛市计量所、秦皇岛开发区卫生局开展医疗机构计量器具免费检测活动，此次活动共对辖区90家医疗机构的83台血压计、11台体重秤进行检定调修。对辖区5家集贸市场在用的计量器具进行集中免费检定，共检定278台衡器，减轻群众负担，受到市场管理者、商贩和群众的好评。对辖区7家企业的30个计量标准进行监督检查，计量标准的运行情况、管理情况以及是否存在超范围检定或校准等情况进行了解，确保量值传递的准确性。

免费检定贸易结算计量器具

（李小辰）

【质量管理】 组织开展“质量月”活动，加强产品质量、特种设备安全、计量等方面法律法规的宣传。开展名优品牌培育工作，制定《秦皇岛经济技术开发区贯彻实施质量发展纲要深入推进质量兴区战略2015年行动计划》，完成2015年前三个季度的区级质量状况分析报告的编写、质量指标统计季报工作。对14家重点企业、重点产品质量状况的跟踪，及时掌握全区工业产品质量状况。组织37家企业开展2014制造业质量竞争力指数测评工作，制定《开发区名优产品和服务名牌“十三五”培育计划》，完成20家河北省名优产品生产企业发展状况年度调查统计工作。完成110家重点产品生产企业质量信用档案数据库试点建设，并对信用管理系统进行数据更新。完成并上报2014年质量兴市和名牌战略工作绩效考核评价工作的自评及总结，获得全市考核评价A级。组织申报秦皇岛市政府质量奖组织奖1家，个人奖1个，河北省服务质量奖1家。组织企业参加河北品牌节、河北名优品牌展等活动，提高区内产品的品牌影响力。开展河北省名优产品申报工作，全年组织申报名牌产品企业5家、优质产品企业1家。

（李小辰）

科技创新

秦皇岛经济技术开发区年鉴2016

QIN HUANG DAO JING JI JI SHU KAI FA QU NIAN JIAN

综　述

2015年是“十二五”规划收官之年，也是开发区转型升级、跨越发展的关键之年。全区科技系统紧紧围绕“实施创新驱动发展战略”这一中心，坚持“改革创新、支撑发展、协同创新”的主线，以“崇尚实干、狠抓落实”为主题，以“十大产业项目、十大基础工程、十大民生实事”为重点，着力“狠抓科技项目、提升科技服务、促进成果转化”，着重在优化科技创新环境、推动科技经济紧密结合、促进产业创新转型升级等方面加大工作力度，推动各项工作取得明显进展。为全区壮大经济总量、提升发展质量增添科技之力，为加快转型升级、促进科学发展提供科技支撑，使科技创新工作在全区“十二五”时期经济社会发展决胜之年作出更大的贡献。

2015年，全区高新技术产业完成工业总产值392亿元，实现主营业务收入412亿元，实现利税22.9亿元，实现利润15.2亿元，分别占全区总量的60%、61%、71%和87%。有效期内高新技术企业68家，省级以上企业技术研发机构数量30家。全年共引进包括中科纳川电子科技有限公司、汽车电子集成电路产业基地项目（秦皇岛开发区、中科院半导体所、中科纳川三方合建）、北京大学BNCT实验室、秦皇岛海绵科技（正渗透膜水处理）、河北雷发电子有限公司（LED）、华中农大秦皇岛益农微生物技术研究院、中英智慧能源、北化工生物工程产业园、秦皇岛湖工大艺术设计研究院、九次方大数据等10个重点战略性新兴产业项目。科技系统承担的“三个十”重点工作完成情况良好。

把握“大众创业、万众创新”的契机，探索和打造低成本、便利化、全要素、开放式的创业服务平台。高新技术创业服务中心已拥有孵化面积5.67万平方米，在孵科技型企业87家。另有北岛博智科技企业孵化器有限公司、e谷（秦皇岛）创想空间、科泰创新工场、创智港先进制造基地等创业服务平台。

（王　凯）

科技项目

【概述】 开发区科技系统将2015年确定为“科技项目建设年”，进一步加大科技项目引进和建设力度，不断提高壮大开发区科技创新发展水平，取得显著成效。全力推进承担开发区“三个十”工程中的项目，加强中科院基地建设，加快促进高校研究院的项目转化和人才引进，扎实推进在谈在建科技项目进度。

（王　凯）

【“三个十”工程】 2015年科技系统全力推进承担开发区“三个十”工程中的项目。截至2015年底，北大科技产业园的城市消防物联网远程监控管理系统项目、中子照相及BNCT设备项目已完成土地平整，丰泰机械手智能制造项目已开始进行土地平整，土地审批手续也在同步办理。积极配合招商局做好中兴智慧城市项目建设相关工作，一期工程已完工并投入运营，二期项目方案已报市政府，待市领导研究确定后实施。秦皇岛科技展览中心项目已完成室内装修、展厅及室外铺装，空调、电梯安装调试完毕，广场喷泉已完成施工。

（王　凯）

【中科院基地】 中科院基地秉承“促进+宽容”的科技成果转化理念，采取“科学家+企业家”的项目引进方式，加快实现中科院科研成果转化和示范应用，带动全区逐步形成了聚集高端人才、密集先进技术、富集优秀成果的战略格局，促进了传统产业转型升级和战略性新兴产业的培育，同时使开发区在京津冀协同发展、协同创新的大机遇中抢占了先机。中科院基地领导小组第五次会议听取了中科院基地年度总结、工作计划和第三批项目评审情况。根据会议议定事项，科技局会同财政局，对中科院基地第三批项目中的“高性能稀土纳米催化材料与器件研发及产业化”、“纳米石墨烯片产业化”和“智能交通数据采集与信号控制应用系统及产业化”三个项目分别给予200万元专项资金扶持。中科院基地领导小组第六次会议听取基地工作汇报和第一批、第二批10家实体企业验收考核情况，研究确定给予扶持的项目，科技局会同财政局对中科遥感等9家企业给予1450万元专项资金扶持。中科院基地项目引进和建设进展顺利。6月10日，中科院半导体所—纳川电子集成技术联合实验室揭牌成立，该联合实验室的建立，将填补国内汽车稳压集成电路技术空白，完善秦皇岛市汽车配件产业链条。同日，由秦皇岛开发区、中科院半导体所和秦皇岛中科纳川电子有限公司三方合作共建的“汽车电子集成电路产业基地项目”签约。基地建成后将实现年产1亿片（5种以上）汽车核心类芯片，年产值达100亿元。中科遥感高分产业园预计总投资2.5亿元，占地6.5公顷，已进入建设阶段。中科院基地已累计引进中科院遥感所、地理所、自动化所、过程所等12家科研院所的19个项目，成立了16个实体企业和3个所企共建平台，其中15个项目获得资金扶持，促成多家企业与中科院开展技术与项目合作，形成了一批自主知识产权，同时聚集指导基地发展和企业技术创新升级的中科院专家百余人。树立了中科院与地方政府合作的新典范。基地的成果转化合作项目涉及空间数据采集与处理、建筑数字化节能监管、电子商务和智慧教育等诸多领域，逐渐形成了中科院在北京周边区域特色鲜明、引领和服务当地新兴产业发展的创新与转化集群。

（王　凯）

【数谷翔园大学研究院】 科技局加快促进高校研究院的项目转化和人才引进，推动北京化工大学秦皇岛环渤海生物研究院的“脂肪酶规模化生产”等4个生物化工项目落地，推进天津大学秦皇岛环保研究院的环保实验室和环境检测技术中心建设，促进清华大学秦皇岛智能装备研究院进一步加大与开发区科技企业的产、学、研协同合作。

北京化工大学环渤海生物产业研究院项目建设取得进展。北化工校方已与开发区就建设“北化工秦皇岛生物技术产业园”签署框架协议，由研究院提供技术及合作企业，一期建设内容包括虫草、脂肪酶、增塑剂、餐厨垃圾治理和聚天冬氨酸5个项目，计划于2016年7月前实现1-2个产品下线；研究院与北京市食品安全检测及风险评估中心及中国检验检疫科学研究院开展合作，在秦皇岛建立食品检测机构，设备总投资已达1000余万元；北京化工大学派出2个课题组，共15名师生进驻研究院，长期进行研发及中试；研究院与开发区科技金融中心、金茂集团洽谈北化工生物工程孵化器建设，并制定合作方案；研究院在前期昌黎县貉子综合提升方案建议稿的基础上，联合本地企业及中科院技术团队，共同成立企业，进行貉子粪便及肉的综合利用示范，该技术已在实验室规模试验成功，企业开始登记注册，中试设备已订购。

清华大学智能装备研究院进一步加强与本地企业技术合作。该研究院与开发区中信戴卡、戴卡美铝等企业建立技术合作联系。在2015年初河北省省校合作对接会上，中信戴卡与清华大学柳百成院士团队就“高压铸造先进成形工艺技术研发”和“铝铸件压力成形工艺技术研发”两项技术签署战略合作协议，中信戴卡将依托清华大学在技术、人才等方面的领先优势，提升公司高压铸造成形工艺的产品质量、生产效率，延长模具使用寿命，并使相关铸件获得更高强度和韧性的工艺解决方案，为铝铸件轻量化提供工艺保障。10月，智能装备研究院完成主体装修、展厅改造、展品重新布置等工作，研究院内已成立一家高科技公司，年底完成震动传感器产品设计试制工作，产品可应用于石化等领域的旋转机械检测。

天津大学环保研究院项目取得进展。投资500万元成立的“天大环境检测中心”实现独立公司化运作，可为秦皇岛及周边有需求的企业提供社会化第三方环境监测服务，该中心取得CMA（美国管理会计师协会）认可，并通过了第二次扩项专家现场评审，扩项后可实现200多项检测能力，市场竞争力进一步加强。研究院拥有天津大学常驻研究人员5人，校方仍在继续扩充技术力量，招聘技术副院长和专职研究员。研究院已完成的科研项目包括固化微生物净化和保持护城河水质、北戴河湿地8号塘水质净化与保持等，2015年进行的研究项目分别是净水耐盐植物研究、固化微生物反应器工业化设计及应用。在推进技术成果产业化方面，研究院与嘉诚环保在昌黎、青龙进行合作，工程合同达到1500万元，一体化设备已在秦皇岛驰陆化工环保有限公司进行批量生产，合同金额达到300万元，研究院还与本地生产餐厨垃圾处理设备的企业达成合作意向。

清华大学水木人力资源研究院建设迈上新台阶。已完成一、二期建设，累计投入建设资金677万元，公司展厅布置完毕，集展示、示范、运营为一体的虚拟仿真培训测评中心、孵化器和办公室均已竣工。研究院与燕山大学、秦皇岛技师学院等院校建立联系，将合作建立校内基地，实现对高校生的测评入库和培训，同时还可向社会及政府提供多方向实务培训。

（王　凯）

【在建项目】 2015年，科技系统扎实推进在谈在建项目进度。对在谈项目促其抓紧落地，落地项目促其抓紧开工和运行。北方数据中心项目因项目地块在数谷大厦绿化地块，拟于下一年度开工；长彤通信与华沃计算机项目已开工；物联网及智能(电视)终端研究院项目因设计方案调整，建设规划手续未办理，开工时间待定。积极引进战略新兴产业项目。相继引入秦皇岛海绵科技（正渗透膜水处理）、河北雷发电子有限公司（LED）等新兴产业项目。8月12日，北京大学数字中国研究院、秦皇岛森源投资集团与开发区管委签署三方合作协议，共同建设“中国斯特林光热研究院”和“北京大学数字中国研究院新能源研究室”，并合作成立阳光数银基金。

（王　凯）

科技创新服务

【概述】 2015年，开发区科技系统适应经济发展新常态，抢抓创新驱动发展、京津冀协同发展2大战略惠及开发区的有利机遇，深入开展科技服务，努力增强企业自主创新能力，进一步推进科技进步和创新。2015年，有效期内高新技术企业68家，全区高新技术产业完成工业总产值392亿元，实现主营业务收入412亿元，实现利税22.9亿元，实现利润15.2亿元，分别占全区总量的60%、61%、71%和87%。全区共有37个项目获省级科技立项，30个项目获市级科技立项，省级以上科技扶持资金1880万元。

（王 凯）

【高新技术企业认定】 继续坚持做好高新技术企业认定申报服务。先后举办了2次高新技术企业培训讲座，筛选燕大蓝海、丰泰自动化等区内符合高企申报条件和即将参加高企复审的企业，进行重点走访，为这些企业做好高新技术企业申报工作的组织与辅导，帮助企业顺利完成申报和复审工作。2015年，有效期内高新技术企业68家，全区高新技术产业完成工业总产值392亿元，实现主营业务收入412亿元，实现利税22.9亿元，实现利润15.2亿元，分别占全区总量的60%、61%、71%和87%。

（王 凯）

【科技立项】 科技计划项目申报。科技局共组织区内3家企业申报国家火炬计划项目，42家企业申报2015年度河北省省级科技计划项目，15家企业申报科技型中小企业创新基金，28家企业申报2015年市级科技计划项目。共有37个项目获省级科技立项，30个项目获市级科技立项，省级以上科技扶持资金1880万元。同时，组织北方管业、领先科技、数据产业研究院参加省级工程技术中心论证会；组织165家企业完成河北省科技型中小企业认定工作。组织认定科技型中小企业。为促进全区科技型中小企业数量增加、实力增强，助推全区经济又好又快发展，先后2批次组织区内企业积极认定河北省科技型中小企业。全区科技型中小企业数量达到395家，科技小巨人企业达到24家，分别占全市总数的38%和41%。申报省市科技进步奖。组织区内4家企业6项科技成果推荐申报秦皇岛市科技进步奖，共有4项成果荣获市级科技进步奖。其中秦冶重工有限公司的“WZ系列高炉无料钟炉顶装料设备的研制”获市级科技进步一等奖；“三环传动鱼雷型混铁车的研制”和美铝合金有限公司的“锻造铝合金碎屑复化再生利用工艺研究”获市级科技进步二等奖；开发区医院的“脑出血保守治疗及微创治疗和临床康复的研究”获市级科技进步三等奖。

（王　凯）

【科技金融】 推动与深创投合作，建立红土创业基金。8月7日，北戴河新三板与节能环保行业发展论坛暨秦皇岛红土创业投资有限公司签约。深圳创新投资集团、开发区国资公司和市科投共同签署了秦皇岛红土创业投资有限公司设立协议，三方共同出资6000万元设立秦皇岛红土创业基金。与区金融办、泰盛担保合作推进“助保贷”业务。联合区金融办、泰盛担保公司合作，对区内科技型中小企业进行重点走访。对企业的资金需求项目申报工作给予帮助和指导，对企业申报“科技型中小企业技术创新基金”的项目进行严格把关审查，以保障项目申报工作有质有序、高效进行。推动企业上市，走上市融资发展之路。天业通联公司在深交所上市，中兵建设和海纳电测两家企业在天交所挂牌交易，鹏远光电“新三板”上市后，成为河北省电子行业首家在“新三板”挂牌的公司。领先生物农业等多家公司进入上市流程，思泰意达、前景光电、同力达环保等多家企业也已具备上市潜力。9月11日，秦皇岛燕大源达机电科技股份有限公司在全国中小企业股份转让系统有限责任公司（“新三板”）举行挂牌仪式。

（王　凯）

大众创业、万众创新

【概述】 开发区科技系统把握“大众创业、万众创新”的契机，探索和打造低成本、便利化、全要素、开放式的创业服务平台，使众创空间成为创新创业的大本营、要素集聚的主阵地、成果转化的加速器和产业升级的新引擎,有效激发了区域创新、创业、创造活力，推动了战略性新兴产业和高技术产业发展。高新技术创业服务中心已拥有孵化面积5.67万平方米，在孵科技型企业87家，其中年内新入驻企业18家。另有北岛博智科技企业孵化器有限公司、e谷（秦皇岛）创想空间、科泰创新工场、创智港先进制造基地等创业服务平台。

（王　凯）

【高新技术创业服务中心】 创业中心在为企业提供有力的技术支持、良好的创业氛围和中介机构增值服务的同时，着力于创新创业能力建设，通过资源整合提供各种增值服务，搭建有特色的创新创业平台。3月，创业中心申报的火炬计划产业环境建设项目

北岛工坊室内全景图

“秦皇岛3D打印技术服务平台”获科技部50万元专项资金。4月，创业中心申报工信厅“中小企业示范平台建设项目”获得27.5万元专项资金。6月，创业中心加入河北省科技企业孵化协会，加强了与成员单位之间的联系和交流，在为企业服务方面将进一步增强。9月，创业中心在科技部火炬中心开展的2014年度608家国家级科技企业孵化器的考核评价工作中，通过网上申报、专家评审、科学计算等程序，被评为优秀（A）类，全国只有97家国家级孵化器被评为优秀。10月，创业中心作为京津冀园区协同发展联盟发起成员单位之一与中国技术创业协会孵化联盟和京津冀三地园区共同倡议，以促进京津冀区域“园区合作、协同发展”为目标，发起组建京津冀园区协同发展联盟。联盟将致力于搭建京津冀区域协同创新工作体系，推进京津冀产业转移和一体化发展，开展跨区域的创新创业践行活动。创业中心已拥有孵化面积5.67万平方米，在孵科技型企业87家，其中年内新入驻企业18家。分别与秦皇岛小薇科技有限公司、秦皇岛海绵科技有限公司、秦皇岛普施科技有限公司、秦皇岛仙农科技有限公司、秦皇岛金诚智略咨询有限公司、秦皇岛中科纳川有限公司等多家企业签订入孵协议，其产品和技术研发，市场营销，企业管理等方面均处于良好状态，表现出很高的成长性。

（王　凯）

北岛博智科技孵化器外观

【北岛博智科技企业孵化器】 2015年，北岛博智科技企业孵化器有限公司成为开发区创新创业的新亮点。该公司成立于2010年，注册资本5000万元，是河北省第一家由社会资本进驻成立的科技企业孵化器。已服务科技型企业和团队百余家，并于6月和10月分别通过省科技厅专家组答辩验收，被认定为“省级科技企业孵化器”和“省级众创空间”。其特色高效的服务还包括北岛工坊创业咖啡、大学生创业平台与北岛基金。北岛工坊创业咖啡已成功举办了14期，在孵企业和创业团队累计300余人参加活动，受众企业团队达到50多个。大学生创业平台建立仅3个月，就已吸引了本地大学生的7个创业团队的40余人加入，形成1项授权新专利，发掘2个潜在的可申请专利的技术成果。北岛基金向9家在孵企业实现注资、融资近2000万元，缓解了企业的融资和发展难题，帮助企业实现飞跃式发展。

（王　凯）

【e谷（秦皇岛）创想空间】 e谷（秦皇岛）创想空间，总面积3万平米，是京津冀协同发展国家战略背景下，为加速秦皇岛迈入“大众创业、万众创新”的活力时代，由漫游世纪（北京）科技孵化器有限公司团队自主运营的新型创新创业平台。已入孵企业28家，实现3500万元销售收入。硬件方面，在e谷（秦皇岛）创想空间内，根据企业特定发展阶段对办公空间的不同需求，分别设置开放式的集中办公区、小面积的独立孵化区以及大面积的成长加速区，设置新品发布中心、产品展示中心、多功能培训中心、餐饮休闲中心，以完善多样的配套服务全面满足企业办公所需。软件方面，在孵化服务上，将高质量地移植诸如e谷新势力•创业召集令、e谷FM、e谷氧吧等e谷标准化服务，并组建创业导师团队开展不定期的创业辅导；在筹资融资上，将通过e谷新势力•投融资对接会等多种展示沟通平台发现优秀创业项目进行投资孵化；在辅助服务上，将建立由第三方机构组成的外包服务小组，帮助企业和团队完成工商登记、人才招聘、会计记账、营销宣传等方面的非核心业务。

（王　凯）

【科泰创新工场】 科泰创新工场是由秦皇岛科泰科技服务有限公司管理运营的，场地面积5212.18平方米，主导产业是：医疗器械、互联网+、环保产业。已吸引10家入孵企业和团队。坚持为企业、创客解决最棘手的难题，选派秦皇岛最优秀的10名导师"一对一"签约辅导，不断强化自身导师机制。科泰创新工场坚持服务企业、创客为根本任务，不段深化自己的具体服务，降低企业、创客的创业成本；始终坚持自己追求的目标，力争早日通过国家级孵化器的认定，不断完善自身孵化体系。争取3年培育高新企业、科技中小企业20家，规模创客20人。

（王　凯）

【创智港先进制造基地】 创智港先进制造基地是秦皇岛创智港投资有限公司管理运营的，基地建设进展顺利，项目总投资为12484万元。建筑面积35000平米，其中技术研发区26000平方米，生产区5000平放牧，教育培训

e谷创想空间孵化器大楼外景

2015年引进战略性新兴产业项目—中科纳川科技有限公司

区5000平方米，商务区1500平方米，附属用房500平方米。吸引签订协议企业22家。主导产业：以先进制造相关CAD、CAM及生产控制类软件产品。面向秦皇岛市先进制造类企业开发咨询服务，展会服务，信息测评，信息系统集成，技术咨询服务，财务咨询服务，质量检验测试，设施设备测试服务，专业性实验设备检测服务，软件测试，软件技术培训，工业控制自动化、机电一体化产品的研制、开发和生产，企业技术支持与孵化服务。

（王　凯）

社会事业

秦皇岛经济技术开发区年鉴2016

QIN HUANG DAO JING JI JI SHU KAI FA QU NIAN JIAN

综　述

2015年，秦皇岛开发区有国办中小学20所，其中高中1所，初中5所，九年一贯制2所，小学12所，国办幼儿园3所，青少年活动中心1所；共有注册民办教育机构26所，民办幼儿园19所。开发区直属事业单位医疗机构有：开发区医院、开发区二院、开发区珠江道社区卫生服务中心、开发区新型农村合作医疗管理中心、开发区疾病预防控制中心、开发区卫生执法监督所。区内有山海关船厂医院、友谊医院（民营）；其他医疗卫生机构198家，全区医疗卫生从业人员1069人，秦皇岛开发区食品药品监督管理局于2015年8月成立，承担着全区的食品药品安全监管职能。2015年底，开发区所辖87个村，19个社区居委会。总人口15万余人。民政部门在册的城乡低保、五保、农村特困户、孤儿等社会救助对象836人，各类优抚对象700人，其中重点优抚对象146人。全区60岁以上老人近1.5万，约占总人口数的10%，有敬老、托老服务机构2所。2015年，全区有乡镇综合文化站2个，村、社区文化室72个，农村综合文体广场56处。有

2015年开发区全民健身活动

各类文化、新闻出版经营单位86家，从业人数500余人，文化产业类别基本齐全，有序经营，稳步发展。

2015年，统筹实施各项民生工程，下大力解决民生领域热点问题，群众物质生活条件得到有效改善。就业增收成效明显。全年新增就业4917人，下岗失业人员再就业1750人，发放失地农民生活补助费4928万元，发放“五好家庭、五好村”奖励资金1306万元。社会保障水平持续提升。保障托底取得突破，新增参保人数1.3万人，失地农民养老保险实现全覆盖，发放低保补助147万元。教育卫生体系不断完善。大力改善中小学办学条件，优化教育资源配置，高标准通过省级义务教育发展基本均衡县评估验收。新农合覆盖面进一步扩大，参合率达98.8%，连续七年位列全市第一。文体事业欣欣向荣。成功举办第七届文化月、职工运动会、全民阅读等丰富多彩的文化活动，培植开发区特色文化，以文化人。提出“二次创业”以来，开发区始终坚持理想信念教育，成效显著，走在了全国前列。2015年10月15日，中宣部召开北方19省市宣传系统现场会，推广开发区理想信念教育经验，极大提升了全区凝聚力和战斗力。民生实事成效显著。统筹实施六小、二小、老旧小区环境改造、农村人饮工程、周转房及返迁房等十大民生实事，用真心实意提升了群众获得感，群众纷纷点赞。社会环境稳定和谐。深入开展打黑除恶、专案稳控、火灾隐患排查等专项行动，辖区发案率始终保持在较低水平，群众满意度和安全感进一步提升。高效完成暑期安全保卫和全国“两会”、“9•3”阅兵、国庆等重要活动期间的安保工作，获得各级领导的高度赞许。全区未发生重特大食品安全事故，区内工商贸企业未发生安全死亡事故，完成市目标任务。

（方志办）

教育

【概述】2015年，共获得国家级奖励4项、省级奖励8项。全区师生共荣获国家级奖励22项，省级奖励90项。年内，秦皇岛开发区有国办中小学20所，其中高中1所，初中5所，九年一贯制2所，小学12所，国办幼儿园3所，青少年活动中心1所；共有注册民办教育机构26所，民办幼儿园19所。共有在校学生13773余人，在职教师1080人，其中高中教职工117人，初中教职工364人，小学教职工549人，幼儿园教职工32人，青少年活动中心教师18人。

（李　颖）

6月4日，“丑小鸭”剧团走进开发区一中演出

【学校规划建设】认真落实《开发区中小学布局调整规划方案》和《开发区“十二五”民生工程计划》，加强协调，积极推进新建学校和标准化学校建设。第六小学于2015年9月投入使用，第一小学教学楼接建工程9月投入使用，青少年活动中心完成迁址改造，第一中学分部完成搬迁工作。第四小学开工建设，现已主体完工，计划明年9月投入使用。第二小学已完成土地平整，第四中学的规划设计工作已经完成，即将启动。

（李　颖）

【高标准通过省义务教育发展基本均衡县督导评估】近年来，开发区不断改善学校办学条件，加强师资队伍建设，规范办学行为，提升学校办学水平，开发区教育有了显著发展。9月23日—24日，省义务教育发展基本均衡县（市、区）评估组到开发区对区义务教育均衡发展情况进行评估。督导组通过座谈、发放问卷、查阅资料、实地走访等形式，对秦皇岛开发区19所义务教育学校进行考察和评估，各项指标综合评分获得95分，督导组对开发区义务教育均衡发展工作给予肯定，以优异成绩通过验收。

（李　颖）

【改善学校办学条件】继续加大了对薄弱校投入，投入100余万元进行部分农村中小学教室、微机室、实验室、图书阅览室等教学设施建设，投入30余万元为太和寨中学新建了水冲厕所，投入80余万元为部分学校新建篮球场、地面硬化、防水工程和围墙加固等。按省市标准，投入373.88万元配齐了各学校教学仪器、音体美器材、计算机和图书，其中图书及图书软件、图书架等131.54万元，电脑及相关配套设备82.8万元，普通教室及功能教室多媒体设备84.6万元，仪器及仪器橱柜17.04万，实验台57.9万。推进学校“班班通”建设，提高学校教育装备标准化、现代化水平，为学校购置班班通设备投入193.2万元，为中小学购置电脑设备投入90.82万元。投入280万元为农村学校更换环保智能采暖系统，完成开发区燃煤锅炉治理任务。

（李　颖）

【缩小城乡教育教学差距】通过实施城乡学校共建、帮扶工程，提高了农村学校管理水平。组织城乡教师参加联片教研活动，确定研究主题和内容，缩小了城乡教师的教学差距。开展“送课送研下乡”活动，实现了城乡教师的交流互动，有效促进了农村学校教研水平的提升。组织全区特级教师、学科名师和第四届中小学骨干教师132人，采取集中送教形式，赴全区农村学校开展送教下乡活动，充分发挥了骨干教师的辐射带动作用，提高了乡村教师的教育教学水平，服务农村教学工作。

促进教师交流工作，起草并下发了《关于做好2015年教师交流工作的通知》，积极动员、选派交流人员，并为交流教师提供一系列的优惠政策，扎实推进了中小学校长和教师交流工作，扩大城乡教师对口交流范围，城乡良性互动的格局初步形成。2015年，开发区共交流校长2人，交流教师44人，其中有3人参加支援三边活动到青龙支教。

（李　颖）

【建立“名师工作室”】组建了初中语文、小学语文、小学数学、学前教育四个“名师工作室”，确立了名师工作室主持人和各成员，开展理论学习、重点研讨、课堂观摩、博客研修、主题沙龙、示范辐射、课题研究等形式活动。“名师工作室”发挥了名师示范引领作用，促进了教师专业成长。

（李　颖）

【加强师德师风建设】深入开展师德教育，注重发现、培养、总结典型，内强素质，外塑形象，强化措施，认真抓好师德师风建设。邀请市教育局蔡守怡督学对全区35周岁以下教师进行了师德培训，组织全区近3年新入职教师133人开展了“爱岗、敬业、奉献”师德主题演讲活动。为探寻和弘扬广大教育工作者爱岗敬业、教书育人、扎根基层、默默奉献的教育追梦历程，争做党和人民满意的“四有”好教师，在全区中小学教师中开展“寻找身边最美教师”活动。组织召开师德师风建设专题会议，加强师德考核工作，本年度参加师德考核教师1158人，全部考核合格，优秀人数为1134人，占总人数的97.93%。

（李　颖）

【加强师资队伍建设】 一是强化骨干教师培养。以骨干教师队伍建设为重点，培养学科领军人。为构建科学合理的骨干教师队伍，充分发挥骨干教师在教师队伍建设中的示范引领作用，认定52位教师为秦皇岛市第四届中小学骨干教师。制定《秦皇岛经济技术开发区骨干教师暂行管理办法》，对区内中小学骨干教师132人包括师德修养、教育教学、班主任工作、教育科研、公开课、示范课、送教下乡、指导和培养青年教师等方面内容进行年度考核。二是拓宽教师培训途径。积极依托“国培”“省培”“市培”，扎实开展“区培”，通过四级培训，提升全区教师综合素质。全区812人利用网络平台参加河北省中小学幼儿园教师远程教育各项培训，439人参加“国培计划”的学科培训，41人参加“省培计划”的学科培训，203人参加“市培”，400人次参加“区培”，5名中小学教师参加硕士学历提升工程。三是开展新入职教师培训。陆续开展了旨在提高新入职教师综合素质的岗位大练兵、大比武活动，活动分为师德演讲、“粉笔字、钢笔字”大比武、教师课堂教学展评、教学设计、课改知识考试和写作六个项目，全区新入职教师133人全部参加了比赛。通过培训，帮助新入职教师提升了师德修养水平，理解并初步掌握了教学标准，尽快形成了教育教学能力，提高了新入职教师对学校教育理念和教育文化的认同度，尽快融入了学校的教育文化，缩短了新入职教师的角色转换期。四是加强干部队伍建设。为加强教育系统干部队伍建设，制定了开发区教育系统《干部任用管理办法》，进一步规范了干部管理，组成考察小组深入基层，采取民主测评、个别座谈等方式，认真完成了对相关学校干部的考察任免等工作。加大干部培训培养力度，努力打造素质优良、结构合理的干部队伍，全面完成教育系统第一期中青年干部培训工作，印制《责任与担当》培训班成果集，认真谋划并启动教育系统中青年干部提高班、校级领导及新任职干部的培训工作。

（李　颖）

【公开招聘教师】 为进一步解决开发区教师队伍人员紧张、结构性缺员等问题，配合区人社局完成了15名教师招聘工作，为开发区中小学教师队伍增添了新活力，提高了开发区教师队伍的整体素质。完成了2015年的职称上报评审工作，对各学校上报的职称材料进行审核汇总，共上报副高职称25人，中级职称35人，初级职称44人，其中编外31人。组织区内所有学校重新进行了设岗和补缺聘用工作。贯彻落实全省干部人事档案专项审核工作会议精神，进一步从严管理干部人事档案，维护干部人事档案工作的严肃性和公信力。

（李　颖）

【积极促进学前教育发展】市教育局根据《河北省城市区幼儿园评定分类标准》和《河北省农村幼儿园评定分类标准》，对区内幼儿园进行等级认定，第二中学附属幼儿园被评为市级示范园，山船幼儿园被评为市级一类园，童成幼儿园被评为市级一类园，龙凤幼儿园被评为市级一类园，金娃娃苑双语艺术幼儿园被评为农村一类园。严格幼儿园准入关，新审批1所晨曦幼儿园，并加大对无证幼儿园的行政处罚力度。落实各级奖补资金130万元，改善公办园和普惠幼儿园办园条件。充分发挥区幼儿园、第二中学附属幼儿园的带动引领作用，通过共建、帮扶等方式，实现城乡幼儿园的资源共享和优势互补。

（李　颖）

【深化高中教育改革】立足学生自主性学习，积极探索课堂教学的高效模式；继续深入研究学生、研究课堂、研究高考，调动师生的主观能动性；初步构建选择性课程，不断满足学生个性化成长需求。不断满足学生个性化成长需求。燕大附中2015年二本上线人数为79人，二本上线率突破22%，同比增加11%，二本上线人数继2014年之后再创历史新高。

（李　颖）

【教育教学质量稳步提升】以“立德树人”为本，不断加强和改进未成年人思想道德教育工作，围绕社会主义核心价值观,多途径开展德育活动。全面推进体艺2+1项目落实和学生社团建设，培养学生兴趣特长，促进学生全面发展。以强化教学常规管理和深化课堂教学改革为抓手，全面提高教学质量，强调树立课程意识和教学质量意识，把高效课堂建设和提质增效作为工作重点，教育教学成绩上升趋势明显。第一中学、第二中学、第六小学被秦皇岛市教育局认定为秦皇岛市中小学素质教育示范校。2015年，开发区共有省级素质教育示范校2所，市级素质教育示范校3所。

（李　颖）

【深化平安校园建设】落实“一岗双责”，创新安全管理机制，积极推进“平安校园”建设。强化安全三项制

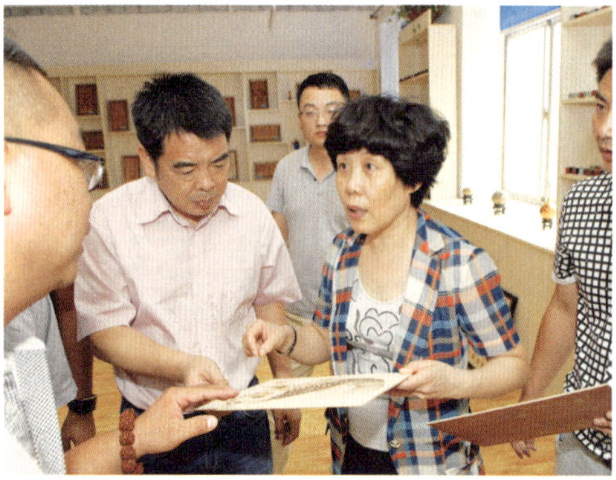

9月9日,管委副主任李颖熹到深河中学美术室参观指导

9月9日,管委副主任李颖熹到深河中学指导实验室工作

开发区庆祝第31个教师节表彰大会暨文艺演出活动

开发区庆祝第31个教师节表彰大会暨文艺演出活动

义务教育均衡发展督导组到韩兴庄小学调解

开发区第17届中小学生田径运动会

度建设，进一步明确安全责任主体与管理规范。强化安全责任主体，构建校园安全责任体系，形成横向到边，纵向到底的安全稳定责任体系。建立健全管理制度，规范安全管理行为。多途径落实好公共安全教育。全力推动实施公共安全教育课程，强化校园宣传阵地作用，开展校园安全文化创建活动，利用河北省安全教育网络公益平台，开展安全知识网上授课学习活动。开展安全教育光盘课评比活动，提升安全教育水平与效果。协调有关部门，加强学校周边环境治理。协助校车运营公司，抓好校车服务工作。积极协调上级主管部门和北斗校车服务有限公司，分别为第六小学、第三小学、北杨各庄小学、上徐各庄小学共计开通20辆北斗校车，带给远途上下学学生安全、快捷的校车服务。

（李　颖）

【规范民办教育机构】全面摸排了区有民办教育机构，对所有非法民办教育机构下达停办通知书，对符合办学条件的民办教育机构下发办学许可证，加强管理。严格执行年检制度，对办学不规范的民办教育机构，取消办学资格。推进恒达学校建设。中国音乐学院附中秦皇岛开发区恒达学校施工图已完成，土地待征、待补偿，现已完成工程造价初评，待进行招标。

（李　颖）

【努力做好校外教育工作】10月8日，开发区青少年活动中心正式搬入新址。7月13日至24日，开发区青少年活动中心组织全区中小学生参加科技夏令营，活动分为校园吉祥物创意培训营、创新教育体验营和爱心传递综合实践营，全区共有98名中小学生参加。完成了青少年活动中心改造工程，完善了各功能室，进一步发挥了其育人功能，提供优质的公益校外教育服务。

（李　颖）

【深入开展党的群众路线教育实践活动】开发区教育工委、教育局扎实深入开展教育系统党的群众路线教育实践活动，教育系统463名党员，共33个党支部全部参加教育实践活动，参与覆盖面达100%。按照“照镜子、正衣冠、洗洗澡、治治病”的总要求，紧密围绕“为民、务实、清廉”主题，紧密聚焦“四风”突出问题，紧密联系教育系统实际，按照学习教育、听取意见，查摆问题、开展批评，整改落实、建章立制三个环节的工作要求，完成规定的任务，达到了预期的目标。

（李　颖）

【成立校长专家管理团队】11月27日，为充分发挥骨干校长在深化课程改革、推进素质教育等方面的辐射、引领和示范作用，促进全区中小学、幼儿园管理水平的全面提升，教育局成立开发区校长专家管理团队。管理团队由省、市两级骨干校长组成，对教育发展、热点、存在的突出问题等进行研究，提出合理化可行建议，规范教育行为，推进教育发展。

（李　颖）

【新建第六小学投入使用】 9月1日，新第六小学正式投入使用。同时，原第六小学、第七小学和第十小学合并为第六小学。该校占地45亩，建筑面积15000平方米，设计规模36个班，2014年4月开工建设，总投资4000多万。

（李　颖）

卫 生

【概述】 秦皇岛开发区卫生局承担着开发区的医疗卫生、卫生行政执法、疾病预防控制、新型农村合作医疗、红十字协会等管理职能。卫生局直属事业单位包括：开发区医院、开发区二院、开发区珠江道社区卫生服务中心、开发区新型农村合作医疗管理中心、开发区疾病预防控制中心、开发区卫生执法监督所。区内有山海关船厂医院、友谊医院（民营）；其他医疗卫生机构198家，其中乡镇卫生院1所、社区卫生服务中心1个，村卫生室83个，诊所和其他医疗卫生机构113个。2015年全区医疗卫生从业人员1069人，高级职称49人，中级职称80人，初级职称154人；有执业医师285名，执业护士104名，乡村医师109名。全年共有8篇科研论文发表于国内专业核心期刊。

2015年，开发区卫生局积极谋划并参与京津冀协同发展工作，共有三项在建、在谈医疗卫生项目：一是与北京大学合作建立三级医院，预计投资25亿元人民币，其中基础设施约14亿。二是与北京大学合作共建“北京大学（秦皇岛）口腔医院”，总投资近千万元。三是与美国GRS公司和北京智健诚健康科技服务有限公司合作建立智健诚康养中心。总投资预计为1000万元，建筑面积15000平方米,项目于2015年6月25日签约，力争在2016年6月15日之前开业。

2015年，为进一步改善就医环境，提升医疗水平，开发区卫生局在多次调研基础上形成了《秦皇岛经济技术开发区西区医疗资源配置亟待解决问题》的专题调研报告。将原有开发区医院进行改造，2016年春季投入使用，并在其主楼南侧新建开发区体检中心，主体工程预计2016年完工。

2015年区卫生局通过了国家ISO9001质量管理体系考核及模范城市创建的内审验收、通过了ISO14001环境管理体系外审考核。开发区新农合参合率连续七年参合率居全市首位。区卫生局荣获全市暑期工作先进集体。全市卫生计生监督技能竞赛团体优秀奖。暑期工作先进个人2人、市级优秀护士2人、全市卫生计生监督技能竞赛个人三等奖4人、全市“新长征突击手”1人。

（张　杨）

【党建基础工作逐步规范】秦皇岛开发区卫生局党总支下属疾控（监督）、医院、二院三个支部，党员共计75人。2015年各支部对入党积极分子的数量和质量进行了严格把关，并建立了入党积极分子名册，坚持“按照党员标准，成熟一个，发展一个”程序的要求，及时有效地对其进行培养，不断壮大党员队伍。全年共收到入党志愿书12份，确定发展对象1人，批准预备党员1人，预备党员转正2人。

（张　杨）

【深入贴近群众，拉近与基层群众距离】2015年开发区卫生系统把服务民生、服务群众作为重要工作内容，年初积极开展基层建设年等活动，结合各自实际设计载体，努力提升工作质量和服务水平。一是继续加强服务群众。开发区第二医院、珠江道社区卫生服务中心为区内群众进行免费体检及慢性病随访，受益群众达6500余人次。二是局党总支与郭高马坊村党支部制定了支部互联、党员互动的帮扶计划，开展了送健康和优惠就诊措施等活动，包村同志定期到该村进行走访，了解村民生活中的实际困难并协助予以解决，力求最大限度的帮助村民排忧解难。

（张　杨）

【领导班子和干部队伍建设】2015年开发区卫生局以人民至上、求真务实、清正廉洁为基本准则，准确把握“为民”“务实”“清廉”的精髓要义，切实加强领导班子干部队伍建设。一是采取集中学习和个人自学相结合的方式，开展“学习贯彻十八届四中、五中全会精神”“解放思想大讨论”等学习活动。做到党员领导“带头学”，干部职工“主动学”，年轻同志“虚心学”，以上带下，分专题学习，分层次讨论；二是进一步完善党务工作运行机制，强化领导责任，班子成员工作积极性和能动性得到充分发挥；通过落实民主集中制，落实“三重一大”、“三会一课”活动精神，开展党组织生活会，领导班子解决自身问题的能力不断提高。同时关心干部的工作生活情况，重视干部的成长和进步；三是深入贯彻落实《中国共产党廉洁自律准则》等规章制度，杜绝不作为、慢作为，工作拖拉、遇事推诿扯皮、工作效率不高的问题，发扬“钉子”精神，凭着一股钻劲解决问题。始终坚持廉洁从政，严格履行党风廉政建设的各项规定，全员自觉遵守廉政准则，杜绝“吃、拿、卡、要”等违规行为，守住红线不越，把握底线不碰，力争营造高效、廉洁、勤政为民的工作氛围，从而带动机关作风明显改进、服务水平明显提高。

（张　杨）

【反腐倡廉建设】2015年，开发区卫生系统突出抓治理“慵、懒、散”现象，全面贯彻落实医疗卫生行风建设“九不准”精神，进一步提高工作效率，转变工作作风，增强服务意识，坚决杜绝“门难进、脸难看、话难听、事难办”现象。以暗访督导的形式强化监管力度，把贯彻落实“九不准”作为加强卫生行业作风建设的重要抓手，与反腐倡廉建设、“三好一满意”活动有机结合起来，同部署、齐落实、共检查，自觉接受社会各界监督，持续提升医疗服务质量与水平。全年卫生系统深入居委会、农村为群众提供健康咨询、义诊等惠民活动30余次，受益人达3000余人次。

（张　杨）

【精神文明建设】2015年，开发区卫生局在区“文明办”的正确领导和大力支持下，广泛开展形式多样的思想道德和文化活动，以“5•12国际护士节”“党风廉政教育月”“青年干部教育三项工程”等一系列活动为载体，积极贯彻落实社会主义核心价值观。同时投身到创建文明单位活动中去，全面开展“讲文明树新风”活动，并通过参与“三下乡义诊”“法制宣传日”志愿服务、扶弱济贫等公益活动，在卫生系统内践行“秦皇岛人文明公约”。并对照区2015年度“双创”工作责任目标中卫生局承担的“双创”工作任务，通过系统广大干部职工的共同努力，完成了“双创”工作任务。

（张　杨）

【平安建设】2015年，开发区卫生局严格按照上级有关文件要求，扎实推进全系统平安建设工作，调整充实了卫生系统平安建设工作领导小组，并与各成员单位签订了平安建设目标责任书。同时，加大了宣传、教育力度，增强全员平安建设工作意识、完善平安建设工作各项制度，良好地维护了单位的发展环境。全年未发生因措施不到位、工作不落实而引发的群体性事件，未发生治安和刑事案件，没有参加邪教组织人员。

（张　杨）

【依法行政】 2015年，秦皇岛开发区卫生局依法行政水平整体上有明显提高。依法行政法制机构及人员设置到位，形成主要负责人重点抓，分管负责人具体抓，法制人员具体负责的工作格局。同时组织开展了《加强依法行政》、《扎实推进依法行政主体资格落实到位》等学习，结合对执法人员开展培训和考试，使全员执法理论水平显著提高，执法环境不断改善，为依法行政工作健康有序推进提供了保障。

（张　杨）

【信访工作】2015年，开发区卫生局紧紧围绕工、管委提出的信访工作目标和全区信访工作会议精神，认真履行信访成员单位职责，竭尽全力做好维护社会稳定工作。通过提高认识、强化值守、防微杜渐、未雨绸缪，圆满完成了重大节日期间的信访维稳工作。全年区卫生系统直属各医疗卫生单位未发生重大医疗纠纷及非正常集体上访事件。2015年10月13日，全区启动了信访系统工作软件，全年开发区卫生局共接转14项投诉举报，受理6项，退回8项。

（张　杨）

【国家医改工作进度】2015年秦皇岛开发区按照全市医疗卫生体制改革总体要求，积极推进改革进程，基本药物制度全面实施，并将基层医疗机构工作职能由原来的以基本医疗为主调整到以公共卫生服务为主，各项资金均及时足额拨付到位。新农合医疗费用直接结算并实施多项优惠政策，深入开展对口支援工作，极大提升了全区的医疗卫生服务水平，在一定程度上缓解了“看病难、看病贵”的顽疾。2015年10月20日，秦皇岛开发区顺利通过市卫计委医改工作年度考核，并受到考核组的高度评价。

（张　杨）

【直属医院情况】为进一步改善医疗环境，提升市场竞争力，开发区医院体检中心及医院主体楼改造装修工程于7月正式启动，2015年 3、4层已交付使用。2015年开发区医院业务收入1132万元，其中药品收入530万元；完成门诊量52837人次，其中急诊6015人次；出院患者281人次；入院248人次；手术155例。开发区第二医院认真组织和督促定期开展医疗质量大检查活动，规范诊疗行为，坚持首诊负责制、三级查房制、疑难病人会诊、危重病人及术前术后讨论制度。增强责任意识，注重医疗活动中的动态分析，做好各种防范措施，防患于未然。2015年门诊收入221.93万元、住院收入135.16万元，其中包括（药品收入208.28万）。共计业务总收入357.09万元。门诊就诊人数17223人次，住院人数为331人次，手术80例。2015年，秦皇岛开发区直属医疗单位未发生重大医疗事故。

（张　杨）

【基层医疗卫生保健工作】2015年，秦皇岛开发区珠江道社区卫生服务中心新建居民健康档案1710人，总建档人数达66941人，建档率95.63%，电子档案率100%。制作健康教育宣传画板30余块，为居民进行免费健康咨询和康复指导累计达80余次，受众达9000余人次。为全区13个居委会、7个转城行政村五十岁以上人群免费体检6393人，慢性病人群体检2490人次，妇女病及两癌普查6762人次，孕查四次、计21288人次，计划免疫16115人次，0~6岁儿童系统管理5273人、管理率92.1%。全年共管理慢性病人数6340人。

（张　杨）

【妇幼保健工作】2015年，秦皇岛开

发区妇幼保健中心圆满完成了年度妇女儿童保健工作，全年共下村509次，接种19189人次；对辖区8820妇女进行普查；产后访视886人次；免费为儿童接种疫苗15343人次；儿童健康体检24134人次；婚前检查734对；成人健康体检服务9315人次。2015年区妇幼保健中心在巩固技术和保健知识的基础上，到上级医院、省妇幼保健院、北京海淀区妇幼保健院自费参观学习，不断地探索和实践，找到了具有开发区特色妇幼保健服务模式。一是管理和服务同步。注重培训每一名工作人员，到基层工作即是服务者同时又是管理者。使服务与管理一步到位。二是计划生育、妇幼保健、妇产科工作联动。开发区计划生育服务工作，多年来均由开发区医院妇幼保健和妇产科承担。村妇女主任承担妇联工作的、计划生育同时承担妇幼保健工作，如下村进行孕情普查的同时进行妇女病普查普治及孕期妇女的管理等，这是一个节省资源，服务精准，化繁为简的管理服务模式。符合国家大形势卫、计整合服务，几年前秦皇岛开发区妇幼保健中心已率先实施。三是多家支持与协作。妇幼保健工作是一项艰巨而又复杂的工作，是一项社会工作，需要各有关部门的积极配合才能完成。工作中，开发区宣传部、妇联、民政、计生、各社区办事处、各企事业单位、各托幼园所等机构等相关部门通力协作，为妇幼保健工作的开展作出了巨大贡献。四是营养保健、智力开发、心理健康、家庭教育、绿色防治服务模式。多年服务经验，新思想，新理念的学习，新技术的引进，不断探索拓展，建立了新的基层妇幼保健模式：从妈妈孕期开始到孩子6岁给与连续性、全方位一条龙服务。2015年4月开展了小儿推拿的绿色防治方法，全年共服务1197人次，深受家长欢迎。利用体检平台给家长宣传儿童教育、心理保健、育儿保健知识，丰富了妇幼保健服务内容和内涵，全年共做心理、家庭教育指导服务6040人次。

（张　杨）

【“新农合”工作】2015年秦皇岛开发区新农合参合人数为52574人，参合率98.8%，圆满完成管委目标责任状指标98.4%，连续七年参合率全市第一。筹资总额为2862.37万元，其中个人缴费110元/年每人（较2014年提高40元），各级财政配套380元/年每人（较2014年提高40元）。截至2015年12月底，全区共有8562人次参合农民享受新农合政策补偿，补偿总额为2707.97万元，基金使用率为94.6%。

（张　杨）

【卫生防疫】2015年是秦皇岛开发区实现网络直报工作的第七年，全年无未及时报告、未及时审核等现象的发生，共出现乙类传染病197例，丙类传染病190例，丙类传染病发病率比2014年下降49%，无甲类传染病及重大疫情发生。2015年共免费为适龄儿童接种疫苗31827人次。监测公共场所20家，采集公共卫生用品234份，监测1872项次，设空气监测采样点41个，空气样品123份，监测738项次，总体合格率为96%；监测餐饮单位47家，采集样品343份，检测1372项次，合格1198项，合格率为87%。检测生活饮用水水样137份，2607项次。

（张　杨）

【卫生行政执法工作】2015年秦皇岛开发区卫生监督工作主要开展了公共场所、传染病防治、生活饮用水、职业卫生、学校卫生等监督管理工作，做到严格审查、严格发证、程序合法、依法行政，全区卫生执法监督覆盖率达到100%。完成饮用水卫生安全保障工作。对供水单位及供水设施建立了基本信息档案，强化了供水单位第一责任人的责任意识和饮用水卫生安全意识，加大二次供水设施定期清洗消毒等专项检查力度。会同区疾控中心共同做好农村学校自备水源的水质监测和监督，重点对寄宿制学校生活饮用水状况进行20项常规指标抽检，加大自备水井卫生防护设施的整治规范力度。6月组织开展暑期饮用水卫生安全专项整治月活动，对全区供水单位进行一次全面拉网式监督检查，有效保障了区内饮用水安全。全年对区内97家公共场所进行了量化等级管理公示，其中旅店34家、美容美发店44家、游泳场所2家、洗浴场所12家、其他公共场所5家。

（张　杨）

【红十字会工作】2015年秦皇岛开发区秉承红十字会人道、博爱精神，开展了一系列社会救助活动，取得了良好的社会效果。组织开展无偿献血工作的宣传动员工作，发放宣传资料5000余份。

（张　杨）

【“健康走近你我活动”开展情况】2015年，开发区卫生局在秦皇岛日报开发区周刊上设立了“健康走近你我”专栏，已连续刊载保健科普文章163篇，旨在推广健康理念，倡导健康生活方式。在开发区卫生局网站设立了“健康走近你我”主题版块，面向社会宣传健康知识，解答健康咨询。

（张　杨）

【开发区医院】2015年医院全年业务收入1195.7万元，全年门诊人次52893人次，出院人次829人次，手术人次288例，危重病人抢救80人次，抢救成功率100%。

社会服务。建立了由市、区二级卫生行政部门领导和市医疗急救中心进行行业性指导的管理格局，从而形成了“统一指挥、分散布点、就近救护、分层分类、快捷有效”的院前急救医疗服务体系，全年医疗保健服务54次，急救出诊1760人次，受到市120急救中心的好评。逐步完善体检设备，建立健全体检门诊，努力探寻灵活、便捷的体检程序，推出适宜于不同人群的健康管理套餐，加强体检工作人员的技术力量，更好的满足参检人员的各项需求，配备经验丰富的专职体检医生，专业解答体检报告，保证体检质量,全年完成体检人数12340人次。

妇幼保健 在做好公共卫生工作的同时还加强了儿童保健服务、加大了下乡普查力度、拓展了妇女保健服务工作。住院分娩补助出院即报，两癌筛查工作已覆盖全区各企事业单位、居委会和农村；全年共下乡338次，接种19189人次；对辖区65个村，150家企业的17544妇女进行普查；产后访视1199人次；免费为儿童接种疫苗19189次；儿童健康体检7999人次；婚前检查1468对；圆满完成了妇幼保健各项工作任务。2015年妇幼保健工作业绩突出，被市卫生系统评为妇幼保健工作先进单位，被区工会评为巾帼建功先进集体。

人才培养与科研教学 2015年开展院内培训26次，参加190人次，外请专家会诊讲座学术报告8次，送出进修学习5人次。截至2015年12月发表国家级论文24篇，省级论文22篇；省、市级科研课题10余项，获省市科研成果2余项。

医院装修改建工作及体检中心新建 2015年，在开发区工管委领导的大力支持下，在卫生局领导的关心指导下，开发区医院工作围绕体检中心的新建和旧楼的装修改造稳步进行，经过八个多月的施工，旧楼装修于2016年5月1日完成，各项业务工作已正式开展。

秦皇岛开发区医院体检中心总面积7752平方米，占地4997平方米，共有八层楼结构，内设内科、外科、五官科、耳鼻喉科、口腔科等临床科室，兼有体检中心、供应室、核磁、超声、经颅多普勒、紧密度、动脉硬化、健康评估等医技科室，全面开展各种体检工作。开发区体检中心现正处于筹建当中，预计今年10月完工，相信会给全区体检工作提供便利和优良体检环境。

党务行风 2015年深入开展党的群众路线教育实践活动，组织知识问答8次、专题讲座6次，组织党员、干部认真研读党章，进一步明确党员应尽的义务，充分发挥党员先锋模范作用。积极开展“服务百姓，健康行动”及“为民服务在一线”到基层义诊活动，全年组织大型义诊活动6次，组织“志愿者医疗服务队”下基层走村入户服务群众，受益人群达5300人；开展“关爱空巢老人、留守儿童”活动，救助孤寡老人，资助困难家庭学生资金35000元，为贫困患者捐款26800元。医院先后荣获“秦皇岛市平安建设示范医院”“开发区巾帼文明岗”“开发区卫生先进单位”“开发区文明单位”等荣誉。全年共收到表扬信24封，锦旗8面，患者满意度98%。医院全体职工，以治病救人，服务社会为己任，深入开展了“三好一满意”活动，努力做到“服务好、质量好、医德好”，让“群众满意”，取得了可喜的成绩。

（郑旭婕）

【开发区第二医院】特色科室面对医疗市场的激烈竞争，如何扩大二院骨科医疗市场成为当前重要工作，院长带领骨科主任下基层，联系各个企业拓宽医疗市场。把医疗服务延伸到每一家企业，逐一走访，征求意见，与山海关船厂太平洋公司、新东方公司、海业公司、京泰公司、瑞舟公司、佳和公司、仁利公司、中石油宝世顺宝利盛公司、开发区同程木业公司等多家企业签订了医疗协议，以优质的服务和低廉的收费赢得了周边各大企业及群众的信任与支持。骨科现已开展了腰椎间盘突出症、膝关节半月板损伤修补、前后交叉韧带重建、关节内骨折复位内固定术，完成各类手术150例，专业技术不断升华。今年还成功完成一例92岁高龄的股骨颈骨折手术。

公共卫生。规范化管理各类慢性病、精神病患者院共计345人。二院组织医疗服务队开展下乡义诊宣传活动，为了搞好这次活动，院长亲自带队，抽调医院业务骨干多次参加义诊活动，大量群众纷纷前来咨询就诊，参与义诊的医护人员认真为他们检查、解答疑问、常见病的预防措施等。向过往的群众发放各种健康教育宣传单300份，义诊近230多人。这次活动让辖区居民充分了解和认识了常见病、多发病的防治知识，得到老百姓的欢迎和好评。

医院领导亲自组织医护人员带着检测器械及药品到边远山区青龙益海中学、拉马沟小学等学校免费送医、送药，免费给孩子们做健康体检达500多人，得到当地老百姓的好评。

医疗工作。该院科室设置齐全，经过几年来的发展，医院各项目标都有显著提高，2015年业务总收入398.09元。门诊就诊19223人次、急诊就诊人数 2136人次、计划生育生殖健康和孕情普查7102人次；完成手术185例，同比增长68%；抢救危重病 45人次，抢救成功率为90 %。平均病床周转次数每人7天，治愈率95 %以上。2015年，二院正在积极探索，不断创新，紧跟医改步伐，使医院逐步迈上又好又快持续发展的快车道，为患者提供优质、价廉、便捷、高效服务。

（朱丽宏）

食品安全

【概述】 秦皇岛开发区食品药品监督管理局于2015年8月成立，承担着开发区的食品药品安全监管职能。直属事业单位：开发区食品药品稽查大队。

2015年秦皇岛开发区食品安全工作紧紧围绕全年工作目标，坚持标本兼治的方针，创新工作方法，注重工作实效，积极推进机构改革工作，开展了“婴幼儿配方乳粉”“农村食品安全”“食品相关产品”“清死角、打窝点”专项整治及餐饮服务食品安全量化管理与明厨亮灶等行动，对食品经营户进行了有效监管，完成了年度工作目标。全年共协助打击处理犯罪嫌疑人员2人，协助破获刑事案件2起，协查异地案件6起，配合市食药监局查处开发区行政案件6起，其中，药品案件1起、食品案件4起、医疗器械案件1起、罚款46290元，为开发区的稳定发展作出了应有的贡献。2015年秦皇岛开发区未发生Ⅳ级以上（含Ⅳ级）食品安全事故，未出现市级（含市级）以上主要媒体曝光，并造成不良社会影响的食品安全事件，实现食品安全零事故。

开发区检查中秋国庆节前食品安全

2015年，全年共抽检食品108批次，合格102批次，抽检合格率达94.4%。稳步推进了监管体制改革。蔬菜、水果、畜禽、水产品种养殖基地标准化生产普及率达93%以上。蔬菜、果品农药残留抽检合格率分别达98%以上；畜禽、水产品综合抽检合格率达97%以上,畜禽产品违禁药物检出率不超过1%。

全区共食品生产企业13家，100%获得食品生产许可证，产品质量抽检合格率达96%以上。2015年重点抓婴幼儿配方乳粉、畜禽屠宰和肉制品及食品相关产品的综合治理，建立综合执法工作机制。突出小作坊、小摊贩、小餐饮、现场制作的监管和整治。提高了应急处置能力。区食安办分别于2015年6月11日及7月18日开展了2次食品安全事故应急演练，提高了对突发事件的快速处置能力，及时舆情监测和信息发布，年内未发生Ⅳ级以上食品安全事故。制定了食品安全宣传教育和培训计划，在区内大力宣传《中华人民共和国食品安全法》及配套法律法规，普及食品安全知识。食品安全监管和从业人员培训覆盖面达100%；食品安全知识普及覆盖面达91%。全年编发食品安全工作周报38期，在市级报刊开办周定期专栏，发表文章共9篇。

（张　杨）

【开发区食品药品监督管理局成立】按照秦皇岛经济技术开发区机构编制委员会[2015]9号《关于印发秦皇岛经济技术开发区食品药品监督管理局主要职责、内设机构和人员编制规定的通知》文件精神，秦皇岛经济技术开发区食品药品监督管理局于2015年8月正式批准成立。

秦皇岛开发区食品药品监督管理局主要负责辖区内食品安全监督管理综合协调；食品药品化妆品市场监管；生产、流通、餐饮环节的食品监督管理；监督实施药品和医疗器械研制、生产、经营、使用质量管理规范等工作。

2015年，开发区食品药品监督管理局与开发区工商行政管理局、市质量技术监督局经济技术开发区分局等原监管单位的相关工作进行交接。

（宋　迎）

【食用农产品质量安全专项整治】秦皇岛开发区2015年下辖5个乡处，87个行政村，农业合作社4家，国有农业开发公司1家，农资产品经销店11户。2015年种植总面积4.7762万亩。长期以来，开发区始终把农产品质量安全、农资产品监管作为农产品安全工作的重点。

为保农业生产顺利进行，2015年共出动检查人员86人次、28车次，对区内11家农资经营门店进行全面专项整治和不定期抽查，悬挂横幅标语30余条，向农户发放安全种植手册300余本，生态种植宣传纸1000余张。同时加强蔬菜生产监管，强化源头治理。并按照市农业局的安排，对辖区的40余种农作物和蔬菜种植进行了抽检，并委托市农业局农产品检测中心进行检验，确保开发区初级农产品的质量安全。在推进制度建设，规范经营行为方面，为每户发放秦皇岛市农资经营规范化建设公示牌，明确《中华人民共和国种子法》和《肥料登记管理办法》中的严禁行为，公示农业部六条禁令及国家禁限用农药，同时规范“农药经营人员守则”、“农药仓储管理制度”。并签订“农资产品质量承诺书”，树立“讲究道德、遵纪守法、公平竞争、信守承诺”的行业准则。

（张　杨）

【婴幼儿配方乳粉监管】2015年，秦皇岛开发区食药监局按照市政府食安办文件的工作要求，结合开发区实际，以区内销售配方奶粉的母婴商店为重点单位，制定工作方案，迅速开展部署。力求将问题解决在萌芽状态，全力以赴把整治工作抓实抓好、抓出成效。一方面，结合风险隐患大排查大整治活动，进一步摸清全区配方乳粉经营单位数量、持证情况、经营情况等，并登记造册，建立监管台账。另一方面，加强对有经营配方奶粉的母婴经营单位监督检查，重点检查配方奶粉的进货渠道及检验报告的索取情况。活动期间共检查有生产经营配方奶粉的母婴商店12户次，出动监督员38人次，出动执法车辆6台次，责令整改2户。在开展监督检查的同时，充分利用食品安全网站，广泛宣传整顿治理的成效。并建立健全有奖举报制度，公布举报电话，鼓励公民、法人和其他组织举报乳品安全违法行为，切实落实对举报人的保护和奖励措施。

【畜禽屠宰和肉制品专项整治】2015年，秦皇岛开发区食药监局根据省、市文件的要求，制定了实施方案，并召开了专项会议，要求突出整治重点，细化整治目标、明确工作要求。在区内开展全面排摸工作，特别是要对农村、城乡接合部等区域进行拉网式检查。在专项整治过程中，与宣传造势结合起来，进一步提高餐饮业及消费者的食品安全意识；与“地沟油”、鲜肉和肉制品等专项整治工作结合起来，确保工作落到实处；与“平安年夜饭”专项检查工作结合起来，严格执行重大活动备案制度；与“诚信经营、文明服务”活动相结合，加强行业诚信建设，发动餐饮单位积极参与诚信经营创建活动，自觉抵制肉食品违法违规行为。针对排查中发现的薄弱环节和重点问题，积极开展联合执法。对排查中发现的不符合要求或来路不明的鲜肉和肉制品，要依法坚决予以没收，并从重处罚，涉嫌犯罪的，依法移送司法机关查处，确保专项治理工作取得实效。

（张　杨）

【农村食品安全专项治理】2015年，秦皇岛开发区各级有关部门精心组织，多措并举，先后6次召开了职能部门碰头会，开发区食药监局专门组织出动近百名人员，集中开展了专项稽查行动，并由分管副领导带队的督导组，对区内的农村食品区场专项整治工作开展情况进行督导检查，确保各项措施落实到位。以小作坊、农家乐、集贸区场、食品摊贩、农村聚餐等关键部位和行业为重点，严厉打击无证照行为；严厉打击销售、使用无合法来源食品和原料违法行为；严厉打击生产经营侵权仿冒和“五无”食品违法行为；严厉打击生产经营“两超一非”劣质食品行为等行动。执法人员集中力量解决对农村地区食品产业“多、小、散、低”等问题，真正实现了全覆盖、全环节监管。专项整治活动中，建立了月报告制度；提出了流通环节监管“常态化、程序化、精细化、完美化”的“四化”工作目标；充分发挥镇村基层的作用，做到责任到人；坚持教育督导为主、行政处罚为辅的原则，逐步淘汰不合格的小食品批发经营户。

（张　杨）

【食品相关产品监管】2015年，秦皇岛开发区食药监局按照《关于食品相关产品专项整治工作方案》要求，以加强体制机制建设、完善监管体系为主线，以提升检验检测能力、创新监管方式为目标，进一步细化措施，严格监管，防范系统性、区域性食品相关产品安全风险，推动食品相关产品生产加工行业提升整体质量安全水平，保障食品相关产品安全。全年共组织各类食品相关产品安全监管培训3次，累计培训食品相关产品监管人员60余人次；制定了《食品相关产品生产监管办法》等规范性文件；同时开发了食品相关产品电子地图、食品相关产品生产移动监管系统，逐步完善食品相关产品生产许可网上审批系统。在日常监管方面，组织开展食品相关产品质量监督抽查工作，共抽查一次性塑料餐饮具等产品；开展食品用塑料制品和纸制品全国联动监督抽查；并开展对食品相关产品生产监管中存在的潜在风险及防范措施进行探索性研究。

（张　杨）

【“清死角、打窝点”食品安全专项整治】2015年，秦皇岛开发区食药监局按照“全覆盖、无缝隙、不留死角”原则，开展了对辖区内许可的食品生产经营单位进行全面摸底调查，同时召开了会议，传达文件精神，明确目标任务，成立领导小组，并要求各成员单位对存有食品安全隐患的“五小行业”必须在短时间内整改到位并落实长效管理措施。在检查中，重点对“五小行业”亮证经营、从业人员持健康证明上岗、食品加工操作过程进行检查，并对各科室治理工作进行督导，帮助“五小行业”建立健全台帐资料，对未按规定健全的出具监督意见书限期改正。同时以整治无证经营为重点，采取堵疏结合的手段，对无证经营的“五小行业”且基本具备许可的单位督促其整改到位后申请领证，对不具备整改条件的单位一律予以取缔，使持证率明显提高。检查累计出动执法人员210余人次，检查单位103户次，责令改正28户次。

（张　杨）

【餐饮服务食品安全量化管理与明厨亮灶】按照秦皇岛市食品药品监督管理局工作要求，秦皇岛开发区统一部署，集中精力，创新思路，落实责任，经过半年多的努力工作，使全区餐饮消费安全状况得到根本好转，提高了餐饮服务食品安全水平。从全面履行法定职责，确保公众饮食安全的高度出发，成立了餐饮单位明厨亮灶工作提升领导小组，制定了工作实施方案。同时根据工作方案成立创建工作领导小组，细化目标任务，明确工作职责。以“持证经营、明厨亮灶、健康上岗、制度建设、教育培训”五个工程为抓手，坚持示范创建与专项打造相结合，逐步建立监管长效机制。2015年，秦皇岛开发区共打造明厨亮灶餐饮单位96家，完成比例为70.6%。

【暑期保障工作】为确保暑期食品安全保障工作万无一失，切实维护人民群众身体健康和生命安全，2015年，秦皇岛开发区食安办调整了全区暑期食品安全工作预案和应急预案，完善了周例会制度，增加了专家组成员，加强了投诉举报监管力度。认真开展暑期食品安全检查活动，针对重点部位、重点品种、重点环节存在的隐患、问题进行了摸排并逐一整改到位，并严格落实食安办工作周报制度，达到“零盲区、零疏漏、零事故”的总体要求。全区未发生暑期重大食品安全事故、集体性食物中毒事故及食品污染投诉。

（张　杨）

6月16日，食品安全宣传周启动

计划生育

【概述】开发区工管委站在科学发展的高度，牢固树立人口意识，坚持把人口计生工作纳入经济社会发展的总体规划，统筹处理好人口与经济、社会、资源、环境的关系，促进了经济发展和人口事业的良性互动。一是坚持落实“一票否决”制度。共否决2014年度“五好家庭”215户、“五好村”26个，对全区稳定低生育水平起到了积极的促进作用。二是进一步抓好后进转化工作。各乡（处）以落实季普查服务、加大社会抚养费征收为重点，针对开发区农村拆迁村较多的实际情况，确定各自的工作目标，把任务逐级分解，直至落实到育龄妇女小组长，确保拆迁至返迁阶段孕查不断档、不打折，抓好后进转化，有效地促进了全区稳定低生育水平各项目标任务的完成。三是坚持计划生育“三不变”，不断研究人口发展规律，按照“提高出生人口素质，促进人口长期均衡发展”的战略目标，积极应对各种人口问题的新挑战。通过强化利益导向稳定低生育水平。截止2015年9月底，全区共有1个乡、4个街道办事处、2个管理处及其87个行政村和17个社区居委会纳入考核。常住人口为125736人，其中已婚育龄妇女26919人，考核年度出生人口1256人，人口出生率为10.1‰，出生人口性别比为99.8，出生政策符合率95.3%，综合节育率为84.88%,群众对计划生育满意率达到98%以上。

（李亚杰）

【人口控制和出生统计工作】按照省、市要求不断加强出生统计求实、基础信息核实及规范再生育相关信息统计等工作。一是积极协调公安、民政、卫生等相关部门，按月提取户籍、流动人口、结婚、生育等基础数据，并与村级信息报告单及全员系统内相应数据逐项进行比对，有效提高了出生上报及时率和数据库的数据质量。二是加强对各乡街工作指导。区计生委不定期到每个乡街进行实地指导，帮助其解决实际工作中出现的各类问题，并实行周报制度，每周通报各乡街工作进度，确保各项工作的顺利推进。三是把出生人口统计信息的及时率和准确率列入对各乡街年度考核评估的重要内容。

（李亚杰）

【积极落实财政投入及各项奖励、优先优惠政策】以全面落实计划生育奖励优惠政策为重点，确保区财政投入逐年增长。截至9月30日，财政投入人均达38.31元。1. 落实各项计生奖励政策。一是发放独生子女父母每月10元奖励8018人，98.643万元。二是退休一次性3000元奖励22人，6.6万元。三是符合二胎条件不再生育夫妻每人1000元奖励181人，18.1万元。四是2015年全区累计有奖扶对象1842名，发放奖扶资金177.888万元；特扶对象93名，按照新标准发放资金40.08万元。五是优先优惠政策落实方面，共发放增加基础养老金3025人，37.077万元。2、做好独生子女伤残死亡家庭扶助保障。一是独生子女死亡、伤残家庭救助方面，坚持随时出现随时建档当年救助，2015年共救助独生子女死亡家庭和伤残家庭7户，发放救助金14万元。二是救助独生子女父母大病家庭4户，发放救助金0.8万元。三是为1户男方心脏手术的失独家庭救助了0.5万元护工费，并送去了慰问品。四是出台了《秦皇岛开发区对计划生育特殊家庭扶助工作实施细则》，按照市级要求提高标准，各相关部门各负其责做好计划生育特殊困难家庭扶助工作。

（李亚杰）

【降低出生人口性别比】一是开展专项检查，严厉打击“两非”行为。一方面积极开展集中整治“两非”专项行动。联合卫生部门对区内所辖医院、社区医疗服务中心和个体诊所（含村级卫生服务室）开展了集中整治“两非”行动。并不定期对区内药店进行了暗访。同时加强部门、区域间的相互协作和信息沟通，严把各个关口，严厉打击“两非”行为。另一方面坚持把依法查处非医学需要鉴定胎儿性别和选择性别终止妊娠案件作为突破口，建立有奖举报制度，有效地防止选择性别终止妊娠现象的发生。全年未发现“两非”案件。二是坚持落实三级两全包保责任制，加强终止妊娠申报审批管理。充分发挥计生网络优势，把依法批准生育第二个子女且已怀孕妇女的孕期服务工作分包到人头，坚持定期走访，确保所包服务对象没有发生非医学需要的胎儿性别鉴定和选择性别的人工终止妊娠行为。实行孕情全程跟踪的同时，加强终止妊娠申报审批管理，对妊娠14周以上引产的实行乡级、区级审核并报市人口计生委审批备案。考核年度截止9月底，共审核人工终止妊娠22例，其中胎儿畸形9例，不符合法定生育条件的13例。三是完善和落实计划生育女儿户的奖励政策。通过“关爱女孩行动”等各项措施的落实，让生育女孩家庭得到更多的实惠，形成了良好的舆论氛围，逐步消除性别比失调诱因，建立起新型的生育观念。8月底开展了贫困计生女孩救助活动，救助贫困女孩家庭102户，发放助学物品和助学金2.04万元。

（李亚杰）

【提高出生人口素质情况】积极开展出生缺陷三级预防。一是继续与婚姻登记处联合，为办理结婚登记的新婚夫妇发放优生优育知识宣传册、各类计生证件办理明白纸、避孕药具在内的“计生宣传大礼包”，并开展新婚课堂4期，提高了新婚夫妇对优生优育知识知晓率，引导群众树立了科学、健康、现代的婚育观念。二是利用春节、5•29、7•11等重大节日、纪念日组成宣传队，到人口聚集的地方发放各类宣传资料，开展包括出生缺陷种类和图片的预防宣传，用反面案例宣传出生缺陷对家庭的危害。期间发放避孕药具1200余盒、宣传折页2万余份。三是开展知识讲座，普及产前筛查和新生儿筛查的必要性及相关知识。

扎实开展季服务工作。一方面抓育龄妇女。严格落实“双创”政策，对连续两个季度不参加孕查的育龄妇女家庭，取消“五好家庭”的评选资格；另一方面抓计生专干。将普查率与村专干“星级管理”工资挂钩，大大提高了上站普查率。考核年度四个季度共完成孕情普查88695人，普查率为95.3%。避孕节育咨询指导1.2万余人次，落实避孕节育手术86例。查出政策外怀孕5人，采取了补救措施，查出节育器异常47人，也及时采取了有效措施。

大力开展生殖健康检查免费服务工作。继续在服务工作中增加心电图、血常规等检测项目。为农村育龄妇女服务9042，服务率88.8%；其中接受妇科检查7299人，服务率80.7%；乳腺检查7697人，服务率85.1%。服务中共查出不同程度疾病676例，治疗及时率和有效率均达到90%以上。

努力提高当年出生长效节育措施落实率。考核年度当年出生长效节育措施落实率为83.2%。一是加大宣传倡导力度。积极宣传落实长效节育措施的好处和奖励政策，做好短效节育措施向长效节育措施的转化工作，引导广大育龄妇女自愿采取长效节育措施，有效控制政策外出生。二是坚持落实长效避孕措施奖励制度。区级设立奖励基金5万元，对主动采取结扎手术的一次性奖励300元，对当年出生按要求及时采取上环措施的育龄妇女一次性奖励50元，其它情况上环的一次性奖励20元。三是实行定期通报制度。每月对长效避孕措施落实率进行通报，对在近期内落实制度不佳，该项工作无明显起色的乡街进行重点通报，并列为重点督查单位。

（李亚杰）

【生育制度改革和政策调整】今年9月开始，河北省对生育服务证制度进行了改革，对再婚家庭生育政策进行了调整，9月16日省培训结束后，区计生委利用一周时间分别到各乡街，将省生育服务证制度改革和再婚家庭生育政策调整的内容培训至乡、村两级计生工作人员。一是本着便民利民、服务群众的原则，严格落实省《关于改革生育服务证制度的实施意见》，全面推行办证“五项制度”，即：首接责任制、一次性告知制、AB角制、代办制、限期办理制，实现区内办证无缝隙，提高为民服务水平，让群众少走弯路。二是再婚家庭生育政策落实中，在印制“明白纸”进村入户发放到群众手中的基础上，通过报纸、电视台、政务公开等媒介，加大宣传力度，做好再婚生育政策的解读和审批工作，避免因不了解单独二孩政策而导致政策外生育情况的发生。

（李亚杰）

【计划生育宣传教育】一是开展文艺宣传。围绕优生优育、计生政策法规、治理出生人口性别比等主题，在5.29、7.11等重要节日举办人口计生专场文艺演出，以快板、歌曲、有奖问答等形式进一步宣传计生政策，让群众潜移默化地接受婚育新风的感染和熏陶。二是加强源头宣传。继续与婚姻登记处联合，今年以来为办理结婚登记的新婚夫妇发放包含“两非”“关爱女孩”等内容的宣传册、避孕药具在内的“计生宣传大礼包”725个，引导他们树立科学、健康、现代的婚育观念。三是开展特色宣传。精心制作了包含政策法规、优生优育、关爱女孩等内容的46组灯杆道旗，对泰山路双侧双耳道旗风景线进行全面更换。四是进行广场宣传。为黄河道街道办事处及孙庄、吴庄两个返迁村制作了高标准户外政务公开栏，同时为孙庄、吴庄新建小区的文化活动广场制作了长达20米的户外计生知识宣传长廊展板，以人口家庭文化为切入点，打造新型生育文化氛围。五是开展流动宣传。精心制作了集生育政策、奖励政策、避孕常识等内容的流动宣传展板“易拉宝”10块，用于下农村、入社区、进企业等各种宣传活动，收到了较好效果。六是强化有声宣传。统一录制音频资料，购买了54套小型播放器、U盘，发放到村，将计生政策法规及相关常识反复用广播播放给育龄群众，让计生政策家喻户晓。七是进行面对面宣传。通过孕查

计生办工作人员在街头宣传计生政策

服务、生殖健康检查、避孕节育“知情选择”、产后术后随访等服务活动，进行面对面宣传和咨询服务，让群众了解出生人口性别比失调的危害性和紧迫性。八是开展网上宣传。利用开发区管委和社会发展局政务网进行公开宣传，让群众方便快捷的了解计生政策的新动态。九是利用新媒体宣传。今年以来开发区通过圆梦秦皇岛手机客户端等新媒体进行了大力宣传，圆梦秦皇岛手机客户端是开发区为服务群众开辟的微媒体平台，将新的计生政策等以文本、信息和图片的形式报送给新闻中心，在圆梦秦皇岛的民生服务、新闻速递等栏目发表,进一步拓宽了宣传途径,延伸了计生宣传服务的覆盖面。

随着宣传活动的开展，区内群众对计划生育的知晓率明显提高，支持和满意度得到提升，尤其是对孕查和生殖健康检查认识程度不断加强。考核年度内性别比明显下降，未出现负面舆情。

（李亚杰）

【优化基层计生干部队伍结构，提升整体素质】一是针对2015年农村换届选举的实际情况，结合全区村计生专干队伍现状，提前谋划，及时指导。出台相关实施意见，对换届选举中村计生专干的聘用给出具体指导意见，确保换届选举过程中基层人口计生队伍的相对稳定。二是优化区乡两级计生队伍结构。经过不断调整充实，2015年全区共有区乡计生干部43人，大专以上学历达到95%，平均年龄31岁。三是加强队伍网底建设。2015年全区各村居全部配齐村专干和小组长，村专干年工资总额达到村两委正职工资标准的80%，小组长月工资提高到100元，居民小组长月补助100元。四是加强队伍能力建设。3月、9月区计生委各利用一周的时间分别对全区7个乡级单位的工作人员及其所辖村居专干、小组长进行了计生业务专题培训，规范了业务管理，收到了很好的效果。五是加强奖惩机制建设。健全各项工作考核制度，认真落实“一票否决”制度，继续推行村专干“星级管理”及农村“双创”考评制度。

（李亚杰）

【流动人口管理】一是加大对流动人口专项资金的投入，为实现流动人口与常住人口的“同管理、同服务”提供了有力保证。二是在企业流动人口管理服务工作方面，对富士康进行了调研。对其员工组成、流动人口数量、年龄结构及计生服务需求等方面进行了详细了解，下一步计划针对企业需求制定开展相关服务活动。三是做好培训工作。按照市级动态监测督导要求，加强对流管员的指导力度，通过以点带面，提高业务水平。并对新入职流管员进行包括流动人口知识、流管系统使用、各类证件办理在内的专题培训，确保流动人口管理服务工作的顺利开展。四是严格按照上级要求为流动人口群众办理各类计划生育手续证件。在简化办证程序、提高服务质量的基础上，创新工作方式，对因各种原因导致管理地不明确的流动人口群众，统一由区计生委为其办理各类计生证件，手续齐全的当场受理、随到随办。

（李亚杰）

【计生协会工作】 区计生协紧紧围绕构建“诚信计生”、创造良好人口环境的工作目标，在全区范围内开展计生基层群众自治暨诚信计生工作，积极构建政府诚信、群众守信、村民互信的诚信计生工作模式。“5•29”在榆关管理处北杨各庄村开展了主题宣传活动，将经验交流、文艺演出、有奖问答、发放各类宣传资料等内容贯穿于活动始终，通过与群众近距离互动，提升宣传效果。2015年以来，开发区计生协对失独家庭和独生子女伤残家庭，开展了“亲情关爱”活动，建立健全了亲情关爱服务卡，共确定联系人51名，组织免费健康体检82人次，组织集中慰问51人次，并由区财政出资为25户失独家庭各办理了一份“计生家庭意外伤害保险”。

（李亚杰）

体育

【概述】 全年举办各类比赛10余次，参赛人数近万人次，全区经常性参加体育锻炼人数3万余人，全区有田径场、操场、小运动场40块，游泳馆3个，室内羽毛球场3个，室外网球场2个，台球室5个，足球场3个，乒乓球室12个，门球场3个，室外排球场4个，健身路径160余条，射击场1个，综合性体育场馆2个，健身娱乐部4个，总面积达到218376平方米。

（徐顺利）

【设施建设】 新建后营村、孙庄村等2处农村综合文体广场，并配齐体育设施、设备，为药马坊村、约和庄村、前进村等15个具备基础条件的行政村配送包括健身路径、篮球架和室外乒乓球台在内的15套150件体育器材。

（徐顺利）

【队伍建设】 举办一期三级社会体育指导员培训班，共63人参加培训并取得证书。全区有体育指导员辅导站39处，大多以村、社区文化室为依托，形成以社会体育指导员为主体、各类体育骨干参加的全民健身志愿服务队伍。

（徐顺利）

【群众体育】 举办第七届“全民健身日”集中展示活动。8月8日，在开发区森林体育公园举办“全民健身日”集中展示活动，来自开发区社区、农村的15支健身队伍共计300余名健身爱好者进行了精彩的太极拳、健身操、健身舞等项目的展示，现场观众达2000余人。

举办开发区第二届门球邀请赛。9月1日，在森林体育公园举办开发区第二届门球邀请赛，全市共24支门球爱好者队伍进行了近两天的激烈角逐，最终北戴河代表队拔得头筹。

举办开发区首届农村乒乓球比赛。11月6日，在建星乒乓球馆举办开发区首届农村乒乓球比赛，来自区内农村的近百名选手参加了比赛，最终牛头崖管理区办事处代表队获得团体冠军，该代表队的高长波、张翠兰分获男子组、女子组单打冠军。

举办开发区第九届“迎新年”长跑比赛。12月30日组织区内机关、学校、企业、社区等50多个单位1000余人参加比赛，参赛人数创历届最多，运动员被编入机关组、企业组、社会组、中学组、小学组，比赛赛程分成人组8公里、小学组3公里。

组队参加2015秦皇岛国际马拉松大赛迷你跑活动。区赛事组委会从4月启动，从参赛报名、组织体检、投保保险、赛道考察、线路研究到安全保卫，进行了全方位的准备，为运动员提供周密保障，5月15日，组织区内企事业单位、农村、社区等30余个单位500余人参加迷你马拉松比赛，圆满完成秦皇岛第二届国际马拉松大赛开发区承接的任务。

开发区第九届迎新年长跑比赛

组队参加第十一届世界徒步大赛。5月25日组织区内干部职工、企业员工、社区居民和农村村民数十名徒步爱好者参加第十一届世界徒步大赛。徒步线路全长10公里，开发区代表队队员历经近2小时抵达终点，成为大赛中行进最快的队伍之一。

组队参加昌黎乒乓球比赛。6月6日，选派区内4名运动员组成代表队。此次比赛汇聚了全市各界的乒乓球精英球队，经过顽强拼搏，开发区代表队晋级四强。

组队参加秦皇岛市第六届大众体育项目创纪录大赛。5月至12月，开发区代表队参加了第六届创纪录大赛所有组别的比赛，在“跳绳踢毽子”比赛中，开发区代表队获得小学组跳绳和踢毽子比赛团体第一名、中学组踢毽子比赛团体第一名及个人“踢毽王”称号，第五次蝉联该组别的团体冠军。

组织区内健身气功爱好者参加全市健身气功培训及比赛。6月初，组织区内健身气功爱好者参加市体育总会开办的健身气功培训班，7月11日，开发区组织2支代表队参加了全市健身气功比赛，取得优异成绩。

（徐顺利）

民政·民族·宗教

【概述】2015年底，开发区所辖87个村，19个社区居委会。总人口15万余人。民政部门在册的城乡低保、五保、农村特困户、孤儿等社会救助对象836人，各类优抚对象700人，其中重点优抚对象146人。全区60岁以上老人近1.5万，约占总人口数的10%，现有敬老、托老服务机构2所。社会发展局民政部门以保障困难群众基本生活为根本，充分发挥民政部门的职能作用，规范社会救助，完善社会服务，深化优抚安置，加强社会管理，提高防灾减灾救灾水平，着力打造普惠民政、务实民政、创新民政、开放民政，坚持把民政工作融入开发区经济社会发展大局，全面推动惠民实事落实，民政事业健康发展。

经统计截至2015年底，开发区现有人口146873人；其中少数民族人口7344人，占总人口的5.0%；共有少数民族22个。主要是以满、朝鲜、回和蒙古族为主，其他少数民族为辅的民族结构。为参加2015年中、高考的29名少数民族学生办理了加分证明。为符合条件的7名市民更改了民族成分。

（陈盛林）

【优抚工作】全年为全区700名优抚对象发放抚恤和生活补助金144.19万元；发放重点优抚对象医疗救助资金31.92万元；组织146名重点优抚对象进行了体检；为63户义务兵家庭发放优待金175.01万元；庆祝抗日战争胜利70周年活动期间，为6名抗战老兵送去了慰问品和5000元慰问金，发放了“中国人民抗日战争胜利70周年纪念章”；分别在春节和八一建军节期间，走访慰问了驻区部队合计支出20万元。

（陈盛林）

【社会救助】全年为111户150人城市低保户发放低保金76.5.5万元；为366户552人农村低保户发放低保金117.4万元；为102名城乡特困家庭发放医疗救助资金30.8万元；按照80元每人/每月标准为88户128人农村特困户发放定期定量补助11.32万元，为311人次突发困难家庭发放临时救助金22.3万元。资助困难户参加新农合支出9.6万元。为6名孤儿发放生活保障金3.71万元。春节期间，对全区城乡低保户、低保边缘户、农村五保户等困难群众进行走访慰问，送去慰问金和慰问品，惠及困难群众1179余户，支出22.89万元。

【基层政权】第十届村委会换届选

举工作圆满完成，全区管辖87个行政村，已有76个村完成了党组织换届，71个村完成了村委会换届。

（陈盛林）

【社区建设】 2015年调整成立三所社区居委会,分别是船厂路办事处宝顺社区、滨海社区、牛头崖管理处绿茵港湾社区居委会。自然家园、祥安里两所社区居委会办公活动用房改扩建项目列入开发区2015年基建计划。

（陈盛林）

【农村老年幸福院和社区日间照料站建设】 完成韩义庄村、紫草坞村、周营村三所农村老年幸福院建设工作，投入资金13.5万元；通过整合孙庄、吴庄两村幸福院资源，投入资金30万元，在泰盛家园筹建了黄河道居家养老服务中心。黄河道街道（泰盛家园）居家养老服务中心于2015年12月正式投入运营。中心在为老人提供日间照料以及助餐、助医等生活服务和应急服务的基础上，根据需求为部分老人提供午餐，设置休息室、图书室、活动室，针对“半失能”老人还设置了康复室，兼顾了老年人文化娱乐、学习教育、健身康复、精神慰藉等多种服务。

（陈盛林）

【五保供养】 为188名农村五保户支出集中供养五保金17.9万元，分散供养五保金89.3万元；创新服务模式，将原渤海乡敬老院集中供养15名五保老人以政府购买服务的方式安置在鸿福养老院，支出27万元。

（陈盛林）

【婚姻登记及社会事务工作】 婚姻登记处全年办理结婚登记1048对，离婚登记456对，补办111对，出具单身证明471份，查档案238人次；社会组织管理不断加强，社会组织总数达到72家，年内撤销3家；根据开发区实际，完成民间组织审批和监管工作的分离。

（陈盛林）

【老龄工作】 助老健康御险工作继续推进，2015年上缴保费10万余元，完成2500余名适龄老人意外险的投保工作；为全区1701名80岁以上高龄老人发放高龄补贴63.2万元；走访慰问区内2位百岁老人，发放慰问金1000元。

（陈盛林）

【救灾救济】 完成了87个村、16个社区居委会救灾报灾信息员核实和应急预案修订工作；下拨救灾资金5万元；起草并出台《开发区自然灾害生活救助暂行条例》；2015年 开发区明日星城社区被授予“国家综合防灾减灾示范社区”。

（陈盛林）

【少数民族团结月】 9月，举办以“民族团结手牵手、和谐发展心连心”为主题的少数民族文艺演出及民族知识互动问答。演出节目涉及满族、朝鲜族、彝族、藏族等多个少数民族，市民宗局副局长蒋世超等领导现场观看表演，节目内容均为居民自编自演，深受居民的欢迎和喜爱。活动中共发放资料360余份，接受咨询120余人次。

（刘佳宇）

【强化民族宗教工作】乡、街办、村（居）三级管理网络和乡、村两级责任制的落实；及时取缔了区内非法传教的活动，切实维护宗教领域稳定。宗教政策法规学习月。3月份开展以“发挥正能量，共筑中国梦”为主题的宗教政策法规学习月活动。制定了活动方案、学习计划，在两基督教场所利用宣传单、宣传标语、板报、图片展览等形式，广泛宣传中国的宗教理论政策法规知识。

（刘佳宇）

【民族团结进步团体】华苑社区是开发区少数民族人口聚集居住的社区，曾被评为“秦皇岛市民族团结进步模范集体”。2015年，华苑社区利用市局下拨的少数民族发展资金对小区唯一的活动广场进行了提升改造，满足了居民生活需求，提高了居民生活质量。

（刘佳宇）

旅游

【概述】2015年，秦皇岛开发区有星级酒店1家、旅行社3家、旅行社网点6家、海岸线1处,广场公园6处。社会发展局2015年开展旅游检查共计12次，引导旅游企业内部组织应急演练共计2次，内部日常隐患排查中发现并排除隐患2次。

（徐顺利）

【旅游安全管理】2015年社会发展局与区内涉旅单位签订了《安全生产目标管理责任书》《消防安全责任书》《社会管理综合治理责任书》《安全生产责任状》，明确了安全责任和义务。区内旅游单位都结合自身实际建立了《隐患排查制度》《隐患排查责任制度》《隐患排查登记和清除报告制度》，坚决贯彻隐患及事故上报制度。加大检查密度和力度，严防死守，按照“全覆盖、零容忍、严执法、重实效”的总体要求，做到安全生产工作以预防为主，隐患整改到底，集中整治与日常检查不间断的工作目标，确保辖区内旅游市场安全。

社会发展局对开发区东区海岸线的阳光浴场进行了全面检查，排查了损坏、过期的安全设施，对游船驾驶员的资格证以及救生人员资格证进行了检查，严格规范了游船行驶区域，禁止其超范围、超区域行驶。检查后，并无超范围行驶情况。

规范旅行社安全生产行为。2015年全年旅行社能够严格遵守安全生产的各项制度，合理、安全安排旅游行程，按规定租用取得旅游包车证的旅游车辆以及审核旅游包车运营资质、驾驶员资格和车辆安全状况，确保了旅客在旅途中的人身和财产安全。

科学引导星级酒店。严格把握国家星级酒店评定标准，紧密结合星级酒店的实际经营情况，科学指导和积极引导星级酒店做到安全生产硬件的改造与安全生产制度软件的提升并重，进一步提升了星级酒店的整体质量。

社会发展局要求各涉旅单位不断提升对旅游安全生产工作的认识和重视程度，督促企业开展安全生产学习和培训。

深入开展安全生产“双想”活动、认真抓好“三项活动”的有效落实，贯彻落实“安全第一、预防为主、综合治理”方针的新思路、新举措，督促企业开展隐患自查自纠活动，确保了旅游企业安全生产稳定良好。按照上级指示，要求各个旅游企业每周进行全面检查并将检查结果上报，发现并排除隐患2次。

2015年组织了4家旅游企业主要负责人和安全管理人员，共计8人，参加了省级安全生产培训和考试，均考试合格，获得了省级安全培训合格证书，进一步提升了旅游企业的安全责任意识及安全管理水平。

（徐顺利）

【旅游日常监管】社会发展局结合以往旅游检查工作的作法，重新修订各类检查表，加强日常监管，特别是暑期、十一等重点时段市场的监督管理，开展了旅游安全检查、旅游高峰期安全生产大检查等工作，共计全覆盖检查12次。

完善旅游管理工作方法。年初召开年度工作会，部署全年的旅游工作，明确涉旅单位的责任和义务。制定宣传培训计划，切实加强旅游从业人员的各项培训工作，逐步提升区旅游行业管理水平和服务质量。

严厉打击价格欺诈行为。对各个旅游企业的收费项目进行检查，严查收费标准不公开、不明码标价、二次收费、乱涨价等欺骗消费者的违法违规行为，对所有景区、星级酒店、旅行社、旅游餐饮点、旅游商品购物店等的物价是否符合国家有关政策进行检查，未发现违法违规的价格欺诈行为，旅游经营者和从业人员能够自觉遵守法律规定与市场规则，规范自身的经营行为、履约行为、服务行为。

加强文明旅游宣传工作。按《秦皇岛市旅游行业整改提升及旅游市场秩序整治专项行动方案》文件精神，对旅行社文明旅游宣传工作提出了相关要求。旅行社能够切实做好旅游团队出游的文明旅游宣传引导工作，认真落实文明旅游工作，加强第一环节的宣传引导力度，提高旅客文明旅游意识，倡导文明旅游行为，取得了良好的工作效果。

加强卫生环境整治力度。严查景区的卫生环境，要求景区负责人提高对卫生环境的重视程度，建立日常卫生管理制度。景区工作人员将各项卫生打扫任务目标明确、责任到人，为游客提供了一个整洁、清爽的旅游环境。

组织观摩全市旅游市场推介会。向其他成功的企业学习，借鉴宝贵的经营理念，找差距、补不足、拓视野，为更好的开拓开发区的旅游市场打下坚实的基础。

（徐顺利）

【旅游资源摸底】位于开发区东区铁门关至河南路路口的阳光浴场，是开发区重要的旅游资源，面积达到6500平方米，游客人数逐年增多，在环境、安全等方面得到了广大游客的好评。社会发展局对2016年拟建的风景道绿道情况进行了专项摸底，掌握了开发区旅游基础设施建设情况：2016年拟建开放广场到杨庄户立交桥绿道，全长为6.3千米，连接开放广场与展园两个文化广场，促进了开发区旅游基础设施的全面建设。

（徐顺利）

就业·再就业

【概述】2015年，劳动就业管理局围绕就业创业工作目标，以统筹城乡就业保民生、服务企业用工保发展为工作重点，积极打造就业创业服务平台，狠抓就业政策落实，不断拓展就业渠道，全力做好就业创业服务工作。年内城镇新增就业4907人，完成市下达目标任务4000人的123%；下岗失业人员再就业1816人，完成市下达目标任务1500人的121%；就业困难人员就业人数592人，完成市下达目标任务400人的118%；城镇登记失业率3.06%（市下达≤4%）；转移农村劳动力388人，完成市下达目标任务300人的129%。

（王淑娴）

【就业创业引导】发放社保补贴859.95万元，涉及1025人。其中，灵活就业人员社会保险补贴170.53万元，398人；公益性岗位社保补贴132.09万元，124人；企业吸纳就业困难人员、高校毕业生社保补贴556.07万元，502人；初次创业社会保险补贴1.26万元，1人。发放岗位补贴415.52万元，涉及626人。其中，公益性岗位补贴274.02万元，124人；企业吸纳就业困难人员、高校毕业生社保补贴141.50万元，502人。发入一次性吸纳就业补贴14.80万元，涉及148人。发放就业见习补助52.69万元，涉及50人。发放大学生创业补助2万元，涉及4人。扶持公共就业服务支出35.21万元。

（王淑娴）

【促进各类群体就业】年内先后开展“就业援助月”“春风行动”“高校毕业生就业服务月”“民营企业招聘周”“高校毕业生就业见习岗位对接会”等专项招聘活动，提供就业岗位2006个，达成就业意向550余人。

（王淑娴）

【完善人力资源市场平台建设】坚持以人为本的服务理念，劳动就业局继续发挥区人力资源市场的窗口服务作用，为求职者提供求职登记、职业介绍、职业指导、政策咨询等“一站式”服务。年内发布各类岗位需求信息1720余条，提供703类就业岗位，需求人数2826人。办理就业失业登记证3320本。办理用工备案428家，备案职工12180人。

（王淑娴）

【规范公益性岗位管理工作】2015

年，劳动就业局与财政局联合下发了《关于公益性岗位管理有关问题的通知》，进一步规范了开发区公益性岗位管理工作。对提出增加公益性岗位的单位进行实地考察，根据实际情况给予合理配备岗位，对于不符合规定的单位不予核定公益性岗位，保证公益性岗位实现规范化、制度化、常态化。年内已安置就业困难人员530余人。

（王淑娴）

【强化人事档案管理】 坚持安全、保密、及时的工作管理规则，认真做好人事代理及各类档案的托管工作。对入库档案进行全面的分类、整理、编目、入库。严格执行档案借阅和调出手续，杜绝各类档案的丢失、损毁或泄密事件的发生。劳动就业管理局保管各类档案8952宗，大中专毕业生档案3259宗。从2015年起免费为用人单位及个人提供档案托管服务，简化办理流程，减轻企业及个人的经济压力。

（王淑娴）

【加强基层平台建设】 依照公共服务平台建设的标准，劳动就业管理局积极推进基层平台标准化建设，申报华苑馨居社区、状元府社区、长城东里社区、祥安里社区四处劳动就业社会保障服务站为市级标准示范平台，于年底均顺利通过市局验收。

按照省级充分就业社区认定标准完善服务项目，规范台账登记事项，做好就业困难人员、高校毕业生未就业人员定期回访工作，华苑馨居社区被评为省级充分就业社区。

（王淑娴）

【健全培训机制】 坚持“培训为就业服务、就业依托培训、培训与就业紧密结合”的培训方针，健全职业技能培训机制，推动培训促进就业的倍增效应，采取电话、走访等形式了解企业和城乡劳动者培训需求并宣传培训政策，积极为其搭建培训平台，确保目标任务顺利完成。劳动就业管理局认定16家区级定点培训机构，开发区组织开展各类职业技能培训890人，组织开展创业培训45人，引领青年创业88人。为区内43名农村劳动力及被征地人员发放职业技能和职业教育补贴5.07万元。

（王淑娴）

精神文明建设

【概述】秦皇岛开发区精神文明建设工作具体由开发区精神文明建设委员会办公室(以下简称开发区文明办)负责。开发区文明办是开发区工委、开发区管委精神文明建设综合协调部门，行政规格是正科级，与开发区工委宣传部合署办公。其职能是：贯彻落实精神文明建设的方针，政策和决定；研究制定全区精神文明建设规划、措施，并负责做好调查研究、宣传教育、指导协调、督促检查工作；协同有关部门开展文明单位、文明窗口、文明家庭、文明社区、文明学校、文明个体工商户等群众性精神文明创建活动；负责未成年人思想道德建设工作；以提高人的文明素质为根本，大力加强社会主义思想道德建设，深入贯彻《公民道德建设实施纲要》，组织开展形式多样的公民道德教育活动和评先创优活动，总结推广典型、表彰先进；承担秦皇岛市委、市政府和市文明委、市委宣传部及上级文明委交办的其他工作。

2015年，秦皇岛开发区工委、管委把精神文明建设摆到重要的位置。全年工作坚持以“三个代表”重要思想为指导，深入贯彻落实科学发展观，以建设社会主义核心价值体系为根本，以“创建全国文明城市”和“创建全国未成年人思想道德工作先进市”为主线，以文明单位评选、乡村学校少年宫建设、文明村评选为抓手，全区精神文明建设取得较大进展，文明程度和市民素质不断提升。区文明办把加强和改进未成年人思想道德建设各项工作落到实处，抓出实效，不断推动未成年人思想道德建设工作持续发展。成功迎接河北省文明办、秦皇岛市文明办对开发区“创建全国文明城市“和“全国未成年人思想道德建设工作先进市”工作的检查验收。继续深入开展公民道德教育工作。以提高市民素质、优化招商引资环境为目标，组织开展了一系列活动，全民精神文明建设工作取得显著的成绩。

(张小伟)

【未成年人道德教育】　区未成年人道德教育工作按照具体工作部署和安排，突出工作重点，探索和建立长效工作机制，把加强和改进未成年人思想道德建设各项工作落到实处，抓出实效，不断推动未成年人思想道德建设工作持续发展。将未成年人思想道德建设各项活动与群众性精神文明创建活动结合起来，同部署、同落实，每项活动都分为学校、社区、企业、机关几个层面同时开展。拓展德育内涵，提高道德素质。建立健全了开发区德育工作制度和工作网络，形成了全社会齐抓共管，改进青少年思想道德建设的合力。启动了“小公民”道德建设计划，引导广大青少年自觉养成良好的文明言行习惯。将“做一个有道德的人”活动贯穿德育活动始终。开展了优秀童谣创作评选活动、公民道德宣传月、3月5日“学雷锋日”宣传等活动。开展“传唱优秀童谣、做有道德的人”网上签名寄语活动。强化法制教育，增强法律意识。大力开展法制教育进校园、进家庭活动，法制教育宣传月活动及“普及法律，携手同行”等系列活动，大力宣传和普及相关法律知识，增强法制观念，引导广大青少年自觉遵守法律。进一步建立健全未成年人法制教育监督机制，对存在不良倾向的青少年进行教育和引导，确保青少年健康成长。 加强阵地建设，凝聚教育合力。积极创建爱国主义教育基地，开展形式多样的教育活动，通过举行入团（队）仪式、宣誓仪式、主题队会等活动，增强广大青少年生爱党、爱国、爱社会主义的信念。充分调动社会各相关部门参与未成年人教育的积极性和主动性，依托部门资源优势，适时开展好各项活动，为广大青少年健康成长提供坚实的社会保障。不断加强学校、家庭和社会关爱未成年人力度，探索新模式，形成以学校教育为主渠道，社会教育为依托，家庭教育为基础的立体教育网络，不断深化未成年人思想道德教育。组织中小学开展了优秀童谣网上评选、传唱活动；优秀童谣传唱、网上祭英烈、向国旗敬礼、美德少年评选等活动推进了“做一个有道德的人”主题活动的深化。通过“网上签名寄语”“洒扫应对”“日行一善”“认星争优”等活动，发掘和培养优秀学生美德少年。并在全区各学校贯彻落实社会主义核心价值观，熟知应会“秦皇岛人文明公约”，积极传唱《向上的力量》。为弘扬传统文化，加强国学教育，组织全区中小学生及幼儿园参加了全市少儿国学大赛和全省中小学生书画比赛，报送了优秀节目和优秀作品，均取得了较好成绩。邀请省儿童剧团为开发区中小学校演出精彩儿童剧目，在开发区一中和太和寨中学、太和寨小学进行了演出，受到孩子们的热烈欢迎。指导全区学校完成了国家对秦皇岛市、开发区未成年人思想道德建设体系的考核检查。进一步加强了对农村学校少年宫建设的指导和协调。完成了对全区农村学校少年宫建设的走访调研，组织6所重点学校迎接了全市乡村学校少年宫检查。上一年开发区第六小学作为全国乡村学校少年宫项目，争取到公益彩票扶持资金20万元，指导帮助其善用资金，完善学校的少年宫建设。今年推荐了深河中学等4家学校申报了省级乡村学校少年宫项目，推荐了太和寨中学申报了国家乡村学校少年宫项目并争取到扶持资金20万元。

（张小伟）

【公民道德教育】以“迎国庆、讲文明、树新风”活动为主线，以提高市民素质，优化招商引资环境为目标，以“我们的节日”系列活动为载体，弘扬和践行社会主义核心价值观2015年春节前夕，主办了以“美德存天地，佳联传春秋”为主题的核心价值观春联展，邀请秦皇岛市及开发区的书法爱好者书撰写春联近300幅，于开发区森林公园展室进行了为期一周的展出。展出结束后，全部赠送给了现场观众和开发区的困难家庭和道德模范，让社会主义核心价值观伴随春联这一传统文化载体，走入寻常百姓家，于“润物无声”中得到弘扬。清明节，开展了“文明祭扫”活动，印发“文明祭扫”倡议书、宣传文明行为，同时，通过讲解清明节的由来，引发人们寻根问祖、慎终追远的传统文化情怀；端午节开展“粽叶飘香、浓情端午”联谊活动，将社区孤寡老人、贫困户请到活动现场，和志愿者们一起观赏歌舞、包粽子、带荷包，志愿者们还把煮好的粽子分送到没有到场的老人家中；“七夕节”，组织全区20多对情侣报名参加全市第六届“中华爱情节” 幸福大使活动；组织举办“我们的节日——七夕”彩色周末文艺晚会，晚会上，讲述开发区市级道德模范和平民偶像的先进事迹，并组织对贫困学生的现场捐助，“爱”的主题得到了升华。中秋节，组织了“情满中秋”志愿者活动；重阳节，组织老干部参观开发区30年成就展厅，并在全区弘扬尊老敬老的传统美德。“我们的节日”系列活动的开展，使中华民族传统文化与新时期文化发展相结合，教育广大干部群众懂礼、知义、开拓、奋进。

深化主题宣传，推进社会主义核心价值观和“中国梦”宣传教育活动。科学统筹理论宣传、成就宣传、典型宣传、重大主题宣传等各项工作内容，形成整体效应，强化核心价值观和意识形态的宣传教育。一是在全区广泛开展中国梦的宣传教育，用中国梦凝聚共识，坚定同心共筑中国梦的信心。分专题、分行业、分层次，组织广大群众代表讲述“中国梦•赶考行”百姓故事，阐释追梦理想，弘扬社会正能量。深化区内“感恩之星”、家庭美德模范等道德模范事迹的宣传教育活动，利用“善行功德榜”、公交站亭、农村和社区的文化墙、市区LED电子屏等多种载体广泛宣传道德模范事迹。推荐优秀道德模范参加市级道德模范和平民偶像的评选（开发区有1人被评为市级道德模范，3人被评为市级平民偶像）。组织开展了道德模范“一句话”家风、家训活动，广泛征集了开发区历界市级道德模范的感人家训，在家风建设活动中起到了引领作用。组织社区开展“身边好人”推荐活动，深入发掘和培树基层典型。举办“勿忘英烈、圆梦中华”演讲比赛，并推荐优秀选手参加省级比赛。结合庆祝中国人民抗日战争暨世界人民反法西斯战争胜利70周年，在社区、企业广泛宣传，组织各类文艺活动，激发全区人民的实现“中国梦”的自豪感。并组织“抗战故事会”，推荐3名优秀选手参加全市比赛并获奖。组织开展第三期“百姓故事汇”活动，将优秀选手的视频报送至省、市委宣传部。二是建设好核心价值观主流宣传阵地。在区内主要街道、公园、广场、公交站亭、社区农村建设精神文明建设宣传栏，普遍开展“图说我们的价值观”宣传教育。利用户外电子屏、楼宇电视等各种媒介，适时开展各类主题宣传活动，定期刊播“梦娃”系列公益广告。致力打造长江道、秦皇西大街为“公民道德建设街”，确保市民群众时刻感受到核心价值观潜移默化的影响。三是迅速、全面的完成“美丽河北”公益广告宣传活动。按照省、市委的统一安排部署，在3天之内，迅速完成了全区的宣传环境布置工作。在区内公园广场、主干道、高速路出入口等重点区域利用大屏幕、三翻广告、建筑围挡等有效载体不折不扣地刊播“美丽河北”公益广告内容，建设大型公益广告20块，圆满通过省检查组的检查验收。起到迅速统一思想、促进工作的积极作用。

（张小伟）

【全民精神文明建设】 以创建全国文明城市为契机，以志愿者队伍为依托，深化文明单位建设，不断把精神文明建设活动推向深入。结合全区“十三五”规划的制定，经过深入调研走访，形成了《开发区精神文明建设“十三五”规划（草案）》，这是自建区以来，首次形成专门的精神文明建设规划，在此基础上，正在筹备起草全区加强精神文明建设的实施方案。

加大对精神文明建设的宣传力度，在开发区主要街道、路口等显著位置，都设置了公益宣传牌、志愿者宣传栏及文明礼仪知识文化墙。组织开展了“纠违规、除陋习、树新风”集中联合整治“百日会战”活动，做到了领导责任、活动方案、目标责任和工作保障的“四落实”。

在全区党员志愿者、公务员志愿者、文明单位志愿者队伍全面建立的基础上，2015年重点组建了农村志愿者队伍。通过广泛发动和感召，开发区87个农村全部建立了“身边好人”志愿服务队，人数达400多人。2015年，开发区已有志愿者队伍约200支近8000人，志愿服务方向延伸到扶贫济困、环境保护、法律援助、文化活动等15个方面。系列学雷锋志愿服务、环保行动、春雨行动、共享阳光行动、爱心妈妈行动、心理关怀等志愿活动都深入扎实的开展起来。志愿者们对开发区贫困学生、空巢老人、失独家庭、孤残儿童、急危重症患者等困难人群进行了一对一、多对一的爱心结对帮扶，让弱势群体普遍感受到了开发区大家庭的温暖，在精神文明建设领域发挥着重要的感召作用。9月20日，在第十三个全国“公民道德宣传日”，宣传部组织开展了以“高扬理想信念旗帜，践行核心价值观”为主题的公民道德宣传活动，组织100多名机关、社区、企业“文明志愿者”上街开展公民道德日义务宣传，擦拭公交站亭、果皮箱，清理小广告，收集讲文明承诺签名1000余个，发放印刷有“社会主义核心价值观”、“秦皇岛人文明公约”的环保袋1000余只。12月底，组织开展了“浓情年味，暖冬行动”，为弱势群体送去温暖。不仅如此，开发区的志愿服务行动还向更广的领域延伸，为社会作出了更大的贡献。2015年春季，泰盛铁路公司志愿服务队深入青龙老沟小学，为孩子们捐助了微波炉、电饭锅、饭盒及学习用具，解决了孩子们午餐吃冷饭的问题。10月份，开发区第一建筑公司出资338万元，为青龙县安子岭乡干树沟小学新建希望小学，这是该公司继投资30余万元为该学校购置多媒体教学系统后，进行的持续捐助，彻底改变了干树沟小学的落后教学环境，受到了各方一致赞誉。

文明单位、文明村创建扎实深入。全面开展文明单位评选工作，将工作做实、做细、不走过场。2014～2015年度的各级文明单位评选工作正在进行。宣传部结合实际，分窗口单位、机关、企业、学校等类别制定了详细的考核标准，将工、管委机关各部门也列入区级文明单位评选范围，并加强考核。同时，加强了文明单位创建工作向“两新组织”延伸，促进了工作深化。一是积极参与“美丽乡村”建设，加强6个重点村环境整治、建筑立面粉刷、文化墙建设，为村民中心统一设置标识、精神文明建设宣传栏，安排“文化惠民”演出，协调多方帮扶共建，促进农村精神文明建设水平的提高。二是开展宣传文化示范社区（村）创建。加强社区和农村宣传氛围和文化氛围的营造，通过大力宣传社会主义核心价值观、“三严三实”、秦皇岛人文明公约等主题教育内容，统一群众思想，提高群众文明素养。开发区状元府社区、药马坊村、周营村被评为“全市宣传文化示范社区（村）”，获得了市级奖励图书。三是久久为功，持续开展文明城市创建。2015年是新一轮文明城市创建的第一年（每三年一轮），开发区高度重视，全面部署，提出了“振奋精神、以利再战、久久为功”

的目标。召开了全区“创城”工作动员部署大会，制定了创城工作方案，下发了创建任务目标分解表，明确了责任人和责任目标。在全区营造浓厚创建氛围，努力扩大市民知晓率。迅速完整地报送了“创城”工作档案，并夯实基础、全面准备，顺利通过了检查组的实地考核。

（张小伟）

【全国理想信念交流会】 开发区多年来高举理想信念的旗帜，坚持持之以恒、久久为功。从中总结了先进的工作做法，积累了创新的优秀经验，并开出加强理想信念教育“补钙、铸魂、聚力、固本”四剂良方，得到了中宣部的认可，在全国进行了经验推广。10月15日，中宣部在秦皇岛市召开秦皇岛理想信念教育工作经验交流会，这是建区30多年来，秦皇岛开发区承办的最高规格的会议，注重从点线面上下功夫，加大先进典型的培树力度和宣传氛围的营造工作，通过多种途径，全面系统、客观准确地反映开发区加强理想信念教育工作的点滴经验和做法。中宣部领导和所有与会人员都对会议的筹备组织和服务工作给予高度评价，开发区“四剂良方”构建理想信念教育体系的经验做法，成为了全市乃至全省加强理想信念教育工作的一张亮丽名片。以此为契机，开发区将继续高扬理想信念这面旗帜，加强规范化、制度化、长效化建设，进一步巩固和扩大这次经验交流会的成果，推动理想信念教育工作持续深入开展。将研究出台《关于深化理想信念教育工作的实施意见》《关于加强精神文明建设工作的实施意见》等文件，通过加强组织领导、明确目标任务、健全学习制度等方面的工作，推动理想信念教育工作的制度化、系统化建设。

（张小伟）

文化·出版

【概述】 2015年，全区有乡镇综合文化站2个，村、社区文化室72个，农村综合文体广场56处。有各类文化、新闻出版经营单位86家，从业人数500余人，文化产业类别基本齐全，有序经营，稳步发展。文化市场行政执法以市场管理为主线，以市场安全和规范经营为目标，扎实开展文化市场日常监督检查及各项专项整治行动，共出动执法检查700余家次，执法车辆700余台次，执法人员2000余人次，发现安全隐患16家次，排除16家次，实现文化市场安全“零事故”，重大违法经营“零案件”，构建了全区良好的社会文化环境。全年组织开展主题活动10余场，举办大型演出29场，累计投入资金107万元，参演人员7400人次，参与群众17万人次。年内，《秦皇岛日报•开发区周刊》、秦皇岛电视台•开发区新闻、“圆梦秦皇岛”手机客户端、秦皇岛广播电台•今日开发区、《旅游纵览》《中国•秦皇岛经济技术开发区年鉴2015》《开发区文学》等媒体正常出版，对繁荣开发区文化出版事业起到了积极的作用。

（田文文）

【文化产业】 2015年，开发区有各类文化、新闻出版经营单位共86家,其中互联网上网服务营业场所17家,歌舞娱乐场所6家,游艺娱乐场所2家，出版物印刷企业4家,包装装潢印刷企业8家,其他印刷品印刷企业7家,打字复印店26家,书店8家，音像店2家,邮政报刊亭6家，从业人数500余人。

（田文文）

【节庆专项整治】 以深化“扫黄打非”、净化社会文化环境为重点，以节庆专项整治为抓手，推进平安文化市场建设。坚持“突出重点、解决难点、综合治理、全面推进”的原则，在日常检查管理的基础上，重点开展“两节、两会期间”集中检查行动、暑期文化市场整治行动、国庆期间专项整治，确保关键时期文化市场的稳定。共检查200余家次，出动执法人员600余人次，执法车辆200余台次，排查安全隐患8处，并全部通过复查。大力清除无照兜售盗版光碟顽疾，对辖区内各街区进行动态巡查和定点监控，查缴盗版音像制品100余张。制订暑期检查计划，对全区文化市场经营单位进行有针对性的检查监管，采取明查与暗访相结合、重点抽查与日常巡查相结合、重点时段和重点区域相

2015年开发区文化市场从业人员第二期法律法规培训会议

▲ 2015年夏季文化市场“扫黄打非”联合检查

▲ 2015年夏季文化市场管理工作会

▲ 2015年夏季文化市场“扫黄打非”联合检查

▲ 东区文化市场安全生产联合检查

▲ 省督导组检查开发区印刷发行行业

结合、重点监管和跟踪监管相结合的方式，对辖区各文化经营单位加大监管检查力度，提高执法检查频率。开展“零点”“假日”“周末”等突击行动，每周一小查，每月一大查，严密封堵查缴侵权盗版非法出版物，着力整顿规范歌舞娱乐、网吧、营业性演出等文化娱乐市场秩序，加强文化市场的安全防范工作。积极开展文化市场管理交叉检查和联合执法工作，加强部门沟通交流，查找自身管理纰漏，确保本辖区文化市场秩序规范。

（田文文）

【专项行动】 结合暑期“扫黄打非”工作，进一步深化清源2015、净网2015、护苗2015、秋风2015、打击侵权盗版5个专项行动。对全区新闻出版市场进行全面检查。主要检查印刷业经营者是否建立健全印刷5项制度，查堵政治性有害出版物，清缴侵权盗版出版物，扫除淫秽色情有害信息，整治非法少儿出版物，规范书报刊市场秩序。开展校园周边专项整治及“绿书签”进校园活动，坚决取缔校园周边非法经营出版物的店档摊点，倡导青少年绿色阅读，为未成年人健康成长营造良好的文化环境，全力推进义务教育均衡发展。活动期间共开展检查300余家次，出动执法人员900余人次，执法车辆300余台次，共收缴非法出版物30本、盗版光碟100余张。网吧、娱乐场所专项治理。严厉打击网吧、歌舞厅、游戏厅违规接纳未成年人进入的行为，严禁网吧超时营业、未按规定实名登记、擅自停止实施经营管理技术措施，严厉打击歌舞厅营利性陪侍现象，肃清歌曲点播系统违禁曲目，严禁游艺娱乐场所设置具有赌博功能的电子游戏机机型机种、电路板等游戏设施设备，禁止以现金或者有价证券作为奖品、回购奖品。专项行动期间，出动执法检查50余家次，执法人员150余人次，执法车辆50余台次。

（田文文）

【文化产业安全生产管理】 以创城工作为契机，积极开展社会治安突出问题专项治理，多方位、多渠道、多层次、多角度地宣传安全生产政策法规。召开安全生产培训会，与各经营单位负责人签订《守法经营责任状》《安全生产目标管理责任书》及《安全生产承诺书》，并要求各经营单位内部逐层签订责任状，层层抓落实。开展“两节”“两会”期间安全生产检查、冬春防火工作及秋冬消防安全生产大检查工作。对区内50余家文化经营单位的安全生产工作进行轮回式检查，集中处理了一批文化市场安全生产难点问题。出动执法人员530余人次，检查177家次，共排除安全隐患8处，无安全事故发生。开展“彻查隐患严格执法、全力打造平安暑期”活动。强化企业守法、安全经营意识，保证场所内消防设施、器材、疏散通道、安全出口、疏散指示标志、应急照明设备配置齐全，完好有效，禁止在具有火灾、爆炸危险的场所吸烟、使用明火。要求各文化市场经营单位开展自查、整改和复查验收工作，并制定企业内部消防演练计划，按照计划组织实施消防演练。活动期间，共检查文化市场经营单位96家次，出动执法人员288人次，确保活动期间无安全生产事故发生。全年共出动安全生产检查527家次，执法人员1500余人次，确保开发区文化市场稳定。

（田文文）

【许可证年度核验及文化市场审批】 开展2015年印刷企业年度核验工作。通过印发通知、组织召开年度核验工作会议、审核材料和勘验现场、统计和分析行业数据，掌握经营单位设立及经营状况，依规出具核验结果并予以通报。参加核验的43家印刷企业，均按类别通过省市区级年度核验。2015年，开发区严格依法行政，简化流程、公开透明，注重优化服务细节，提升服务品质，提供人性化服务。2015年初～10月，社会发展局完成审批变更事项4个，其中，审批变更游戏厅1家、新设立网吧2家、新设立书店1家。10月8日，开发区行政审批局挂牌运行，社会发展局将11项审批职能移交至区审批局。

（任 杰）

【规范化建设】 统一执法着装，提升业务能力，外树形象，内塑素质，采用走出去与请进来相结合、大练兵与大比武相结合、考核与考试相结合等多种形式，努力打造一支政治素质强、业务技术精、结构合理、充满活力的执法队伍。绘制完成开发区文化市场分布电子地图，将开发区文化市场信息公之于众，接受社会监督，起到群抓共管的效果。修订完善文化市场行政处罚裁量权目录，进一步规范行政执法行为，确保执法活动公正透明，人性合法。

（田文文）

【创新监管模式】 筹建文化市场义务监督员队伍，加强社会监督力量，延伸文化市场监管手臂，推动形成网格化管理模式，提高源头发现和前端处置能力。成立开发区文化产业协会，协助区级文化主管部门的管理工作,加强政府与文化企业、文化企业之间的交流与合作，推广先进技术和管理经验，促进企业转型升级，使开发区文化市场管理的规范化、科学化水平迈上新台阶。

（田文文）

【公共文化服务】 举办“理想•信念•力量”主题音乐会。10月14日，在泰盛商务大厦一楼报告厅举办“理想•信念•力量”主题音乐会，以电视专题片和群众文艺汇演的形式，向到开发区的中宣部及全国20个省、市、区党委宣传部门的领导汇报秦皇岛开发区加强理想信念教育工作的成果，展示开发区人坚守信仰、拼搏奋进的精神风貌。举办“凝心聚力、共筑辉煌”大合唱专场演出活动。9月25日，全区20余个单位组成的12支队伍参加演出，现场观众达900余人，演出气势恢宏、振奋人心，展示了开发区人干事创业、奋发有为的精神面貌，增强了干部职工的凝聚力和创造力，激发了干部职工的爱国热情。开展“纪念世界反法西斯战争暨中国抗日战争胜利七十周年”优秀电影放映月活动。7月初～9月3日（反法西斯战争胜利70周年纪念日）期间，集中放映12场反法西斯及抗战、建设新中国、改革开放等题材的电影，增强了群众的民族自豪感和使命感。继续开展农村公益电影放映活动。在全区87个行政村完成每村每月放映一场公益电影任务，共放映电影1044场。组织开展开发区第七届“文化月”活动。6～10月，开展第七届“文化月”活动，主要包括第二届“我们的风采”广场舞大赛、全市文艺调演开发区专场演出、17场主题鲜明的彩色周末文艺汇演、“政府买单、百姓看戏”工程（送戏下乡6场）、“唱响中国梦”开发区首届原创歌曲大赛、全民阅读等多项文化活动，先后获得全市广场舞比赛二等奖1名、三等奖1名、全市文艺调演开发区专场语言类一等奖的优异成绩。组织开展节庆文化活动。举办春节灯展活动，区内企业制作大型灯组40余个，群众自制盏灯500余件，高品质的彩灯作品，吸引了各界群众10万人次前来观赏，元宵节当天，观众流量3万人次。举办春节摄影大赛。春节期间，广泛征集反映全区各项活动的摄影作品，经过初选、终审等环节，选出70余幅作品进行展出，展示了开发区人民的幸福生活及开发区30年经济社会建设取得的丰硕成果。多措并举提升农家书屋管理。坚持执行《开发区农家书屋管理补贴发放办法》，结合农家书屋季度考核结果向农家书屋管理员发放补贴，全年向优秀农家书屋管理员发放补贴14.4万元，书屋管理员通过广播宣传、举办知识竞赛、交流管理心得等形式调动广大村民的读书兴趣，使图书利用率显著提高。选派2名农家书屋管理员参加全市农家书屋管理员演讲比赛，分获二等奖和三等奖。

（任　杰）

【公共文化设施建设】 升级改造街道综合文化站。2015年，开发区投资40万元用于珠江道综合文化站改扩建工程，将文化站新址选定在人口密集、文化活动开展便利的珠江道7号，升级后的文化站设置了书画室、声乐教室、舞蹈室等16个功能室，建筑面积达2000平方米，配备工作人员5名，基本具备免费开放的条件。文化站探索开发区特色的馆站综合体管理模式，将充足的服务设施向上延伸使用，兼顾了文化馆部分功能，其辐射范围达30余个村、居，4万余名居民。推进农村综合文体广场建设。规范使用20万元国家专项资金建成后营村、孙庄村综合文体广场，并将上级拨付的文体设施、设备配发到位，确保广场如期投入使用。同时，将国家专项资金及时下拨乡、处，启动王校庄村、大刘庄村综合文体广场建设。开展基层文化场所数字设施配发行动。配合市文广新局为状元府社区、明日星城社区文化活动室、渤海乡文化站配备公共电子阅览室设备，推进边疆万里数字文化长廊建设。为泰盛家园、华苑社区文化活动室配备公共文化服务一体机、视频播出终端及平板电脑等设备。

（任 杰）

【公共文化队伍建设】 2015年，开发区基层群众文化团队发展迅速，达到145支，较2014年增加10%，文化志愿者1923人，较2014年增加12%。社会团体得到发展，设立区书法家协会、音乐家协会、足球球迷协会等3家协会，区内有非营利性企业1家，为燕山书院。

（任 杰）

【《秦皇岛日报•开发区周刊》】 2015年，《秦皇岛日报•开发区周刊》围绕省、市、区中心工作，特别是开发区的十大产业项目、十大基础工程、十大民生实事主题，连续刊发了《协同发展打造国际新城》等头版头条文章作为重点报道，引起社会广泛关注。围绕大众创新、万众创业，采写了《贯彻创新驱动发展战略，开创万众创新生动局面》等系列报道；结合理想信念教育，采写和制作了特刊《高扬理想信念旗帜风帆共襄经济技术开发大业》；以弘扬社会正能量为主要内容，刊发了170余篇引导读者树立积极向上的精神情操的文稿。2015年，《秦皇岛日报•开发区周刊》共出版47期，刊发稿件1400余篇。

（王俊轩）

【秦皇岛电视台•开发区新闻】 秦皇岛电视台•开发区新闻以突出报道开发区“三个十工程”为重点，开办了“凝心聚力 共铸辉煌”系列专题报道十几篇；开设《让理想信念之花盛开》系列报道；开设“追踪在建项目”“关注十大民生项目”“聚焦十大基础设施建设”等栏目，大量报道开发区的重点工作；以群众路线教育实践活动为主题，开展有中心和有重点的专栏式新闻报道，宣传开发区的新做法、新经验和新气象；以各种综合类、领域性的新闻事件为特色，以系列报道、主题报道和专题策划为手段，围绕战略性新兴产业、科技、智力支撑、发生改善、企业发展为中心，在新闻宣传总量倍增、质量提升上实现了新突破。2015年，秦皇岛电视台•开发区新闻播出217期，播发新闻稿件900

余条，80余条新闻被省、市台选用。

（王俊轩）

【“圆梦秦皇岛”手机客户端】 年初，“圆梦秦皇岛”手机客户端进行了全面改版，开设了《走进开发区》《新闻资讯》《阅读欣赏》《权威发布》《特别策划》《民生服务》《实用查询》等9个版块，共22个子栏目。为扩大“圆梦秦皇岛”手机客户端知名度，新闻中心制作了30块广告牌在农村、社区进行安放，方便村（居）民扫码、下载和浏览；在公交站与兴凯湖路投放广告以方便市民及客商游客进行下载；及时转发中央、省、市的重要方针政策，重大战略部署，重要权威信息，及时发布开发区工委、管委的重要党政信息，树立开发区阳光政务形象；及时发布企业相关信息，加大企业宣传力度，为开发区经济发展出力；集中传播开发区发生的大事、好事、新鲜事；专门为用户提供各项服务及时传递开发区各部门、各单位发布的与百姓生活息息相关的政务信息。“圆梦秦皇岛”下载量已达到1万以上，浏览量超过20万次。“圆梦秦皇岛”手机客户端荣获“河北省重点移动新媒体”称号。

（王俊轩）

【秦皇岛广播电台·今日开发区】 为加强开发区对外宣传力度，展示开发区在沿海强市、美丽港城建设中发挥的重要作用，开发区新闻中心与秦皇岛广播电台合作，在秦皇岛电台“秦皇岛新闻”中开办了“今日开发区”专栏，并于10月30日正式开播。周一至周五每天早7点，在交通广播（FM100.4）、新闻综合广播（FM89.1）、私家车广播（FM103.8）3台并机播出。

（王俊轩）

【对外宣传工作】 加大对外宣传力度，提升对外宣传水平，在拓展发稿渠道、提升发稿媒体层次、刊发稿件质量、增加发稿数量等方面获得重大突破。新华网、光明网《50余个高新项目落户秦皇岛分园》、中国日报网《中关村海淀园秦皇岛分园示范效应凸显》、凤凰网《秦皇岛复制中关村模式成果初现》、新浪网《海淀科技落户秦皇岛推进京津冀协同发展》等，报道了开发区抢抓京津冀发展机遇，转变发展思路，加大对接力度，坚定走绿色崛起之路，加快融入京津冀协同发展城市群。利用开发区举办3次重大项目签约活动有利时机，于8月11日～13日与秦皇岛市委宣传部、市委外宣局共同策划实施了“聚焦秦皇岛”境内外媒体联合采访活动。

（王俊轩）

【理想信念教育宣传】 《人民日报》《秦皇岛开发区创新理想信念教育体系补信念之“钙” 挺精神“脊

梁”》、新华社《秦皇岛开发区：坚守“精神高地”推动经济发展》、中央人民广播电台《秦皇岛开发区理想信念教育助力当地经济发展》、光明日报《秦皇岛经济技术开发区：筑牢改革开放的精神高地》、经济日报《河北秦皇岛开发区：“四剂良方”构建理想信念教育体系》等中央、省、市各级媒体刊发专稿，响应中宣部关于大力宣传秦皇岛开发区“构建理想信念教育体系”工作经验做法的指示精神，派出记者深入开发区一线，搜集新闻素材，寻找鲜活事例，挖掘事物典型，用手中的笔、镜头记录和反映秦皇岛开发区创新理想信念教育体系，以补钙、铸魂、聚力、固本为“四剂良方”，打造作风优良、素质过硬的干部队伍，在广大干部群众心中构筑坚实精神高地，助力经济社会又好又快发展的典型经验做法，在社会上引起强烈反响。

(王俊轩)

【《旅游纵览》杂志】《旅游纵览》杂志是由中华人民共和国新闻出版总署批准，并在国家工商总局注册，面向国内外公开发行的旅游文化期刊。刊期为半月刊，每月1日、15日出版，杂志的办刊宗旨是“以野生动植物保护为己任，以‘美丽中国’建设为指

《旅游纵览》杂志

归，普及生态科学知识，传播生态文明理念，报道生态保护事迹，推介生态旅游资源，引导生态产品消费，助力生态产业发展”。现为中国期刊协会理事单位，是河北省唯一的旅游杂志。2015年共出刊24期。有固定栏目17个：“卷首语”“深度涉足”“行者无疆”“生态大观”“女摄影家”“影像视界”“艺览天下”“中国开发区风采”“编读往来”“行业资讯”“旅游管理研究”“酒店管理研究”“城市旅游规划”“经济开发研究”“生态环境保护”“现代教育管理”“艺术文化交流”，全年发表文章3000余篇。《旅游纵览》杂志严格遵守新闻出版总署对期刊的相关规定，定期出版，在业务工作中进一步强化编辑力量和经营力量，积极引进人才，广辟稿源渠道，在采稿、版式设计等方面不断探索，提高杂志可读性，质量再上台阶，为杂志的市场化奠定了基础。

（方志强）

【《中国·秦皇岛经济技术开发区年鉴2015》】《中国·秦皇岛经济技术开发区年鉴2015》是秦皇岛开发区年鉴总第十一卷，沿用上卷的条目式撰写方式，采取图文并重的编排形式，以为领导层决策提供依据、为投资者投资提供翔实信息、为社会各界提供地情资料、为编修志书提供基本史料为出版宗旨，记载了2014年度区内自然、政治、经济和文化状况。在体例上采用条目体，设置类目、分目、条目3级层次，以加强资政功能为目的，尝试构建述体体系，全书设总述，类目设综述，分目设概述。本卷设城市

开发区方志办出版的20015年年鉴

建设、招商引资、工业•建筑业、服务业、经济发展管理、科技创新、社会事业、农业•农村城市化、行政管理、中共组织•人民团体、法治11个类目。书前设特载、专记、大事记、区情概况；书后设附录。采用随文幅图的形式编排照片。16开本，硬壳精装，全书27.5印张，共546千字。2015年10月由方志出版社出版发行。

（方志办）

【《开发区文学》】 2015年，《开发区文学》杂志共出刊4期，刊发近百位作者创作的小说、散文、诗歌、报告文学、评论等文学作品40余万字，刊发摄影、美术、书法等艺术作品70余件，作者地域涉及全国30多个开发区。编辑部积极做好发行和交流工作，与全国40多个开发区保持了长期联系，与10余个开发区建立报刊相互交流机制。2015年，在全省文学期刊评比中，《开发区文学》获得“河北省文学期刊贡献奖”。突出杂志风格特色，创办“开发区题材作品专栏”，尝试和探索创办“专栏”的新途径，以“开发区人写”为抓手，进一步拓展了杂志的内涵，一批反映开发区人工作、学习、生活的好作品被陆续推出。

（高维浩）

【第六届文学作品征稿暨荐稿会活动】 开发区作协积极倡导“为人民写作”，积极致力于繁荣开发区的文化建设，为广大作者搭建施展才华的平台。2015年成功举办了“开发区第六届文学作品征稿暨荐稿会”活动。共征集各类体裁的文学作品62篇（首），参与活动的作者40多人。开发区作协诚邀《长城》《鸭绿江》《散文百家》3家知名杂志的主编、副主编，为作者开设文学讲座，并对作者的作品进行了一对一的具体指导。

（高维浩）

【文化志愿者活动】 2015年，开发区作协开展“走进工厂、走进校园的文化志愿者活动”。先后到中油宝世顺、燕山大学、秦皇岛市一中等地进行了4场“读书与写作知识讲座”，以及一场与中油宝世顺、天威保变联合举办的“文学与企业文化建设”的专题研讨会。活动约有300多人参加。

（高维浩）

【文学沙龙活动】 2015年，开发区作协共举办“文学沙龙”活动4场，近百人（次）参加，围绕读书和作者的创作，展开有针对性的讨论，达到预期效果。同时，作协还初步尝试了“沙龙活动进企业、进高校”等新的活动形式的探索。

（高维浩）

【文学创作成果】 2015年，刘昕玉的报告文学《诗画晚年笑夕阳》入选由河北省作协、河北省妇联编著，花山文艺出版社出版的《善行河北—最美家庭故事》一书，田海宁的诗歌《比如爱情》《微笑》被河北花山文艺出版社出版的《河北青年诗典》收录，李文斌的小说《蛇欲飞》，杜中飞的小说《于大哥的诗酒年华》分别在《长城》杂志发表，刘艳国的诗歌《关外赶海人》（外一首）、李云功的诗歌《一瓶白酒》分别在《天津文学》和《山东文学》发表。

（高维浩）

农业·农村城市化

综　述

秦皇岛开发区“农业•农村城市化”工作，包括农村城市化、农村工作、农业•农村经济等几方面，由农村工作局具体负责。2015年，各项工作强力推进，农村经济持续发展，城市化进程不断加快。

征地拆迁工作有效推进，农村城市化步伐持续加快。2015年，完成孤家子村整村征地157.1公顷、小米河头村整村征地96.7公顷、上徐各庄84.2公顷、下徐各庄71.2公顷，确保了京能热电、科技展览馆、戴河综合整治、秦抚路、太湖路等重点建设项目的施工建设。配合完成天成佳境商品房的统购工作，研究制定返迁房置换天成佳境楼房的实施方案，入村调查、摸底、协议签订全部完成。完成邢庄高层返迁安置工作。

大力开展“农村干部、党员、村民代表大教育、大轮训、大整顿、大提升”活动，组织开展农村干部党风廉政建设、农村党员规范化发展等专题教育培训4期，对农村干部、党员、村民代表等共1200多人进行了轮训。加大对农村干部的纪检查处力度，共查办上级交办案件16件，群众举报案件20件，对11名违纪党员进行党纪处分，对农村党员干部起到了有力的震慑教育作用。各乡、处深入开展重点信访矛盾纠纷的排查化解工作，增强预见性、前瞻性，及时发现及时处置，严格落实信访措施，切实加强信访稳控，减少、化解、处理各类社会矛盾，解决处理农村各类矛盾纠纷及信访案件126件，办结上级交办案件16件，有效掌控农村局势。

开展农业科技培训工作，推进农业科技服务进村、入户，举办各类农技培训8场，培训人员1264人。加大对区内广缘、家惠、艾欣等各大超市以及孟营、邢庄、船厂、渤海乡、深河主要农贸市场初级农产品的监测密度，进行全面检查和不定期抽查56次，杜绝农药残留超标蔬菜和病死动物产品流入市场。开展海上渔业安全生产检查、伏季休渔管理、防火防汛安全专项检查等工作，各项安全生产制度得到严格落实。

配合就业局搞好与企业对接和失地农民再就业。深入开展农村面貌改造提升行动，共清运垃圾、杂物等6650余吨。6个省级重点村改造，全部高标准完成，通过了省级验收。组织开展秧歌汇演，25个村、上千名村民参与演出，举办农民集体舞大赛、农民乒乓球、羽毛球大赛等农民群众喜闻乐见的文艺、体育活动，倡导农村文明新风。

按照工委、管委关于乡处体制理顺的工作部署，坚持以实现乡处职能转变、提高工作效率、增强社会管理能力为核心，按照政治性、稳定性、连续性和顾全大局、遵守纪律、照章办事、促进发展的总体要求，强化协调沟通，体制理顺工作全面落实。

（焦坤涛）

农村工作

【概述】在开发区农村大力开展“农村干部、党员、村民代表大教育、大轮训、大整顿、大提升”活动，组织开展农村干部党风廉政建设、农村党员规范化发展等专题教育培训4期，对农村干部、党员、村民代表等共1200多人进行了轮训。加大对农村干部的纪检查处力度，共查办上级交办案件16件，群众举报案件20件，对11名违纪党员进行党纪处分。解决处理农村各类矛盾纠纷及信访案件126件，办结上级交办案件16件，有效掌控农村局势。大力加强农村文体设施建设，协调建设农村文化书屋41个，入屋图书达到2.5万册。新建农村文化广场17个，长期参加农村文体活动的人数达到2500人，吸引群众近3万人次参与其中。2015年，发放失地人员生活补助费4928万元，享受生活费折合人数约20528人。发放社会救助资金161.47万元，惠及608户，837人。

（张利军）

【农村基层政权建设】 2015年，以开发区农村两委换届选举为契机，全面深入开展“大教育、大检查、大整顿、大提升”活动，持之以恒、毫不松懈地抓好农村基层组织、基层政权建设。召开多场专题农村工作会议，组织开展农村干部党风廉政建设、农村党员发展等专题教育培训4期，对农村干部、党员、村民代表等共1200多人进行轮训，农村党员干部素质得到有效提升。

（张利军）

【农村基层党风廉政建设】 针对农村基层党风廉政建设方面存在薄弱环节，农村基层干部违纪违法案件多发频发的实际，加大对农村干部的纪检监察力度，共查办上级交办案件14件，群众举报案件20件，对11名违纪党员进行了党纪处分，有效解决了发生在群众身边的不正之风和腐败问题，对农村党员干部起到了有力震慑教育作用，提高农村干部廉洁自律意识。

（张凤贤）

【农村党员队伍管理】 进一步明确农村党支部工作职责，完善制定“三会一课”、民主评议会各项制度，专门编印农村工作制度汇编，组织党员认真对照检查。扎实开展党员学习，编印《全国党支部书记优秀事迹汇编》《全国优秀共产党员事迹汇编》共

3000册，党员干部人手1册，深入开展学习活动。严格落实党员发展“一票两制三留存四备案”制度，2015年，共确定入党积极分子214名，发展党员24名，党员发展进一步规范。深入开展“党员联系户”活动，充分调动党员积极性，让党员有事干、想事干、真干事，切实发挥党员在农村征地拆迁等中心工作中的先锋作用，提高党员的群众威信。

（张利军）

【农村信访工作】 开展重点信访矛盾纠纷的排查化解工作，增强预见性、前瞻性，及时发现，及时处置。组织局、乡处、村对辖区内矛盾隐患进行全面梳理分析，研究解决措施。严格落实信访接待日制度，局乡处每天安排领导干部值班接待来信来访，保证群众信访事项现场答复、当时处理。切实落实领导包案制度，实行领导包案37件。全力做好信访案件调处，解决处理农村各类重要信访126件，办结上级交办案件16件，农村局势得到有效掌控，确保全国、省、市“两会”和暑期农村信访稳定。

（方 明）

【移民工作】 2015年，全市移民信访维稳工作形势严峻，共有8批次近2000余人进京上访。9月，十八届五中全会期间，抚宁、昌黎县移民借机串联开发区移民进京上访，开发区农工局、移民办相关人员了解情况后进村入户，做移民骨干思想工作，劝诫不要受其他县、区上访的影响，成功化解了移民串联上访事件，妥善解决了移民存在的棘手难题，全区实现了2015年“零上访”目标，同时也实现了开发区连续13年“零上访”。

（鲍明辉）

【农村文化生活】 2015年，持续加强文体设施建设，丰富农村文化生活，开展春节灯展活动。发动农村群众自制手工灯，共提交灯笼百余件。组织村民开展庆元宵佳节秧歌汇演，共有25个村，上千名村民参与演出。组织干部职工和农村群众参加2015年秦皇岛全国马拉松比赛，开发区第七届“创业杯”职业运动会，农工局系统乒乓球比赛，已完成各项参赛任务。大力加强农村文体设施建设，协调建设农村文化书屋41个，入屋图书达到2.5万册。投入资金10多万元，购买图书近万册，建立农村简易图书室34个，农民借阅图书3.7万人次；新建农村文化广场17个，在沙河、紫草坞、兴福庄等村协助举办农村文艺演出3场，配备体育健身活动器材32套，26个秧歌、健身队伍经常活跃在农村，长期参加农村文体活动的人数达到2500人，吸引群众近3万人次参与其中，农村文化氛围空前高涨。

（张凤贤）

市长张瑞书到高家岭村参加党的群众路线活动

管委主任苏景文到榆关管理区
办事处实地调研

管委副主任郭晓城在小米河头
村动员征地

开展农工系统“学党章知党史
守党纪”知识竞赛

农工局开展入企帮扶活动

开发区召开农村“两委”换届动员大会

市委副书记刘辰彦到开发区检
查农村面貌改造重点村建设情况

管委主任胡英杰向张瑞书市长详细介绍农民返迁房建设情况

市长张瑞书到小米河头村实地查看戴河综合整治建设情况

副市长邢留逮到西部污水处理厂实地查看工程建设情况

工委书记郑宝亮到船厂路办事处实地调研

【美丽乡村建设】 贯彻省、市、区工作部署，及时成立组织机构，精心组织，全员动员，大力开展以“四清”为主的村容村貌整治行动，全部完成村庄垃圾清理，清理垃圾共6650吨，出动车辆1150台次，人员1950人次，农村环境得到改善。6个省级重点村改造，全部高标准完成，通过省级验收。实施“以奖代补”，由区财政专门列支“以奖代补”资金用于农村环境“四清”工作，对各村按照考核情况予以奖补，建立村庄清洁长效机制。

（张素平）

【社会民生】 2015年，发放失地人员生活补助费4928万元，享受生活费折合人数约20528人。建立失地农民养老保险收缴系统，全年办理退休手续756人。2015年农工局所辖村共有5023人享受失地人员退休金。严把村级财务双代管及审计工作，对所辖81村村干部离任审计，共审计本届任期村集体资金26.3亿元，及时纠正记账错误42笔，完成了村干部经济责任离任审计工作。

（张 青）

【社会救助】 按时发放社会救助金，按照农村低保、五保、特困户发放工作程序，发放社会救助资金161.47万元，惠及608户，837人。慰问扶贫工作。落实“阳光家园”计划，为34名智力、精神、肢体重度残疾人发放居家托养补助金共计20400元。做好临时救济工作，着眼临时救助“救急”特点，突出贫困型人群，解决群众遇到暂时性、突发性困难，按照逐级审批程序，共计救济临时困难户150户，发放补助金10.67万元。做好优抚工作，及时准确为优抚对象发放定期抚恤金或生活补助145.44万元，涉及农民群众1905人。

（张素平）

农业·农村经济

【概述】 开展农业科技服务，举办各类农技培训班，举办蔬菜生态化生产、蔬菜栽培及合理施肥应用等知识科技培训班5场，918人受训。对农业产品进行质量监管，对区内11家农资经营门店、8家兽药经销店、3家饲料加工厂进行全面检查和不定期抽查63次，狠抓种子、农药、兽药、肥料质量监管，严防假冒伪劣农资产品流入市场，加大力度强化产地检疫和屠宰检疫。有效推进农业产业化进程，全区累计流转土地802.7公顷，涉及8个村的1511户农村家庭。做好防火、防汛、大气污染防治、海上安全生产工作。

（焦坤涛）

【农业技术服务】 全区农村现有耕地4122.7公顷，生猪、牛、羊和禽类存栏48.8万只（头），年出栏88万只（头），农业生产仍然是西区农民的重要收入来源之一。举办各类农技培训班，举办蔬菜生态化生产、蔬菜栽培及合理施肥应用等知识科技培训班5场，918人受训；聘请市动监所、疫控中心、畜牧站等专家授课3场，培训人员346人。开展科技下乡，选好配强局、乡处、村三级农技人员网络，走村入户进行田间地头指导，解决群众生产难题。开展“放心农资下乡”宣传周活动，出动宣传车11车次，逐村宣传，接受群众咨询237人次，发放宣传资料1000多份，有效提高了农民辨别和自觉抵制假冒伪劣农资产品的意识和能力。

（黄　峰）

【农产品质量监管】 强化农产品产前、产中、产后监管，确保农产品质量安全。坚持源头治理，保证农资产品质量。对区内11家农资经营门店、8家兽药经销店、3家饲料加工厂进行全面检查和不定期抽查63次，狠抓种子、农药、兽药、肥料质量监管，严防假冒伪劣农资产品流入市场。加大力度强化产地检疫和屠宰检疫。2015年，禽流感免疫79.6万只，新城疫免疫78.5万只，猪口蹄疫、猪蓝耳病、猪瘟免疫4.5万头，牛口蹄疫免疫1.2万头，羊口蹄疫免疫2.9万头，布病免疫1.4万头，为防控疫情提供强有力的措施保证，使畜牧业生产健康发展。对出栏的猪、牛、羊进场入户进行尿液监测，抽检猪、牛、羊尿液2458头，全部呈阴性。同时指派2名官方兽医对义合屠宰厂实施驻场检疫，2015年屠宰检疫5280头，合格率100%。处理病死动物12起，其中猪5起217头，病死鸡7起5560只，全部进行无害化处理，源头防止病死动物产品流入市场。

（吕跃文）

【农业产业化】 2015年，全区累计流转土地802.7公顷，涉及8个村的1511户农村家庭。统一流转到开发区亿科农业开发有限公司，进行集约化经营。所有土地流转农户的村民享受开发区失地农民征地生活补助费、养老保险、双创等政策待遇。切实加强农业产业化项目建设，全年共实施农业产业化标志性项目3个，其中亿元以上项目3个，投资规模总计89380万元，累计完成投资38676万元；当年计划投资12640万元，完成投资24676万元。

（张素平）

【防火工作】 春节、清明、五一、秋冬季期间，对重点林区、地段、路口进行地毯式巡查，确保开发区无一例森林火险事故。组织乡处开展森林火灾应急反应演练，切实提高扑救火灾的主动性、有序性和实战性。充分利用广播、条幅、明白纸、警示牌等形式加强防火知识的普及与宣传,累计制作森林防火宣传展板18块，宣传条幅100条，明白纸10000份，努力营造浓郁的防火氛围，确保整个宣传活动不走过场，取得实效。

（荣 涛）

【防汛工作】 编制《防汛应急预案》和《防汛物资使用管理条例》，局、乡处、村三级组织密切配合、管理到位，确保防汛工作万无一失。6月，组织力量对辖区内水库、堤坝、漫水桥进行逐一排查，维修危险塘坝3处，桥梁2座，确保农村安全度汛。

（荣 涛）

【大气污染防治工作】 出台了《农村工作局2015年禁烧秸秆实施方案》，强化乡处、村级监管责任，并在秋收时段成立督导检查组到一线集中开展督导检查，累计出动督导车辆60余车次，人员180余人次，确保禁烧工作取得实效。

（荣 涛）

【海上安全生产】 加强执法，强化监督，维护海上安全秩序。深入开展海上渔业安全生产检查和伏季休渔管理，全年累计开展渔船安全检查156艘次，培训渔船船员176人次，出动执法检查船艇45艘次，出动车辆检查69辆次，出动检查人员566人次，确保渔业生产秩序，防止重特大海上事故发生。在6～9月伏季休渔期间，利用广播、宣传车深入渔村、渔港宣传实施伏季休渔管理的重要意义，严格落实各项安全生产制度。

（周晨钟）

农村城市化

【概述】2015年，秦皇岛开发区农村城市化步伐持续加快，征地拆迁工作有效推进，完成孤家子村整村征地157.1公顷、小米河头村整村征地96.7公顷、上徐各庄84.2公顷、下徐各庄71.2公顷，确保了京能热电、科技展览馆、戴河综合整治、秦抚路、太湖路等重点建设项目的施工建设。创新农民返迁房保障新模式，东区大龄子女住房问题得到妥善解决。返迁安置工作进展顺利。

（焦坤涛）

【征地拆迁工作取得新突破】2015年是开发区调整经济结构、加速发展的重要一年，征地拆迁任务量巨大。农工局积极谋划，主动出击，善于作为，全力以赴，把征拆一线当作检验工作水平高低、锤炼干部队伍素质的演练场，征拆难题逐个破解。先征拆后补偿，克服重重困难完成孤家子村整村征地157.1公顷，确保栖云山路等重点工程建设用地。完成科技馆重点建设项目9.7公顷征地，涉及药马坊村占地8.2公顷，孤家子村占地0.9公顷，仓上村占地0.6公顷，全力以赴确保科技馆进场施工建设。完成小米河头村整村征地96.7公顷，确保了戴河综合治理河段汛期前安全施工建设。精心组织，全力攻坚，完成上徐各庄84.2公顷、下徐各庄71.2公顷征地，确保了京能热电项目顺利进场施工。深研细究，制定义卜寨等村拆迁方案和措施，做足依法拆迁前的各项准备工作，确保省科投、北斗卫星等项目占地需求。

（焦坤涛）

【创新农民返迁房保障新模式】根据西区杨庄户、王校庄、计新庄等村多年未返迁和东区大龄子女平价房问题急需解决的实际，依照管委有关要求，利用天成佳境商品房、东区经适房产权置换，配合完成天成佳境商品房的统购工作，研究制定返迁房置换天成佳境楼房的实施方案。对杨庄户、计新庄、王校庄的拆迁户逐一宣传、答疑、动迁，入村调查、摸底、协议签订全部完成。渤海乡大龄子女分户房始终是农民强烈关注的问题，经过局乡多次反映汇报，管委决定用东区经适房解决。经过个人申报、逐户逐宅审核，2015年底，平价房协议全部签订，东区大龄子女住房问题得到妥善解决。

（焦坤涛）

【返迁安置工作进展顺利】 组织村民代表组成工程监督领导小组，对深河片区安置房、王校庄片区安置房建设进行全面监督，多次召开工程建设监督会议，对返迁房建设的设计、争议等重大问题进行合理监督，组织村级监督员现场监督工程质量，对图纸设计、基础工程、隐蔽工程、装修、建筑材料等进行全面监督，保证楼房建设质量，有效防止村民阻碍施工现象。到2015年底，具备返迁条件的小区已全部完成返迁，邢庄高层返迁工作顺利完成。

（焦坤涛）

行政管理

综　述

2015年，秦皇岛开发区坚持通过改革释放红利，破解发展难题，各项领域改革创新工作成效明显。

管委办公室各部门，团结一心，发扬拼搏进取，勇于争先的精神，保障管委机关工作高效有序运转。管委办公室秘书科全年起草《开发区工作要点》、《开发区2015年“三个十”工程实施方案》、市委市政府领导赴开发区现场办公会”汇报材料等各类重点讲话、汇报材料30余篇。受理外部来文1672份，以管委或管委办名义发文 322份。督查室编发重点会议相关的督查专报74期，分解督办事项209件，任务及时分解率、限时反馈率均达100%。对管委系统签订责任状单位完成责任状情况督导调研2次，确保完成落实171项任务指标。信息科编发开发区《专报信息》69期，管委领导批示14篇次；完成政策解读25篇，起草调研类文章3篇，编发《工作动态》等简报73期，公开信息3650条。信息化建设办公室完成中心机房的整体建设，推进机关无线网络的使用，全面做好内网网站升级改版工作。外事办公室严格执行外交规定，认真办理出入境手续。投诉中心制作“投诉中心告知卡”500张，建立区内重点企业名录，及时受理并反馈投诉人意见和建议，满意率达95%以上。应急中心提高应急保障能力，完成泰盛商务大厦应急疏散演练，印发应急宣传资料4000余份。管委办财务科坚持以“八项规定”等各项要求为准则，依法理财，严格报销管理，对重点资金流出做到跟踪问效，保障资金财产安全。档案局积极构建大档案格局，热情接待企事业单位、司法机关或个人查阅各门类档案。地方志办公室完成《中国•秦皇岛经济技术开发区年鉴（2015）》的正式出版。配合参与编写理想与信念大事记资料和秦皇岛开发区“十三五”专项规划的制定。

管委各职能单位以全区十大产业项目为统领，胸怀全区发展的战略大局，竭力做好服务，全力实施攻坚，取得良好成效。机关事务管理局增加服务意识，精心细致的做好每一件后勤保障工作，提高管理水平，着力弘扬“风正、气顺、心齐、劲足”的秦皇岛开发区精神。全年服务会议848场次，计44698人次，接待来访内宾44621人次，外宾77人次。政府采购中心严格遵守政府采购法的规定，对于采购的各个环节，严格把关，充分落实。全年完成采购任务208次。金融工作办公室充分发挥金融在促进地方经济社会发展和加快产业结构转型升级方面的支撑保障作用。加大金融招商力度，丰富金融产业市场结构；推进企业上市，帮助企业做大做强。金融机构由2014年的7家，2015年增加到9家。营业网点由2014年的29个，2015年增加到33个。建设规划管理局加强对区内建筑市场的管理。对在秦皇岛开发区从事建筑施工活动的外地进秦建筑业企业，推行登记备案制度，全年共办理外地建筑施工企业进秦施工登记备案31项。办理施工许可25项，合同备案175项，备案价款17.3467亿元。市国土资源局经济技术开发区分局，进一步明确设施农用地备案管理的主要部门及责任分工，规范备案工作的申请材料及审批流程。全年完成5个批次的土地转用征收组卷工作，面积合计228.411公顷。完成京能热电、戴河治理和北大医院等项目征用上徐、下徐、小米河头、高家岭村等村土地共4262.59亩。出让国有土地8宗，面积29.849 公顷。完成土地使用权登记4337宗。土地转让13宗，转让面积489721平方米，转让金额18674万元。环保局严格落实新《中华人民共和国环保法》，全年共完成减排工程15项，共削减总量COD 670.8吨、NH3-N 53.72吨、SO2 4265.3吨、NOx1773.58吨。2015年空气质量优于二级天数为 269天。2015年10月22日，秦皇岛开发区管委顺利通过ISO14001环境管理体系再认证现场审核。城市发展局坚持一手抓规范管理、一手抓整治提升，全面推行全覆盖徒步巡查、无缝隙网格化精细管理，通过整治、规范、提升、改造，管理效能逐渐提高。全年完成春节灯展、暑期、“9.3”中国人民抗日战争胜利纪念日阅兵式活动、中宣部召开的河北省秦皇岛理想信念教育工作经验交流会等重点时段、重大活动的市容环境服务保障任务50余次。完成临时占用城市道路、排水许可证、绿化规划审批等各类行政审批210项，行政审批办结率达到100%。12319便民服务热线共受理电话投诉和来人来访702人次，办结率100%。综合执法局完成重点项目用地违建清除、老旧小造、学校周边违建整治、富士康蓝领公寓违建清除、建筑领域农民工工资清欠等各项工作任务。积极创新工作，加强监管力度，出台并实施《建筑领域农民工工资监管制度》。

行政制度改革深入推进。2015年4月20日，河北省编办正式批准秦皇岛开发区设立行政审批局。10月9日，行政审批局举行揭牌暨成立大会。2015年，行政审批局划转全区涉及企业注册登记、项目审批、便民服务的137项审批和服务事项，划转审批机构由过去的9个减少为1个，划转审批印章由28枚消减为1枚，真正实现1枚印章管审批的高效、快捷办事格局。搭建起“一窗口、一条龙、一体化”的新型政务平台。

依据政策，狠抓落实，让利国利民的措施顺利贯彻执行。人力资源和社会保障局围绕招商引资、项目建设的中心工作，开展推荐人才、引进智力、提供信息等内容的人才服务活动，全年办理人才引进83人。接收办理大中专毕业生报到手续996人，办理人员调入手续496人，调出手续321人。签订大中专毕业生就业协议843份，转移人事档案578卷。政策接收安置2014年退役士兵24人。全区高职推荐评审47人，中职推荐评审123人，初职申报152人。联合上级人事部门对1251名专业技术人员进行了继续教育证书验证工作。全年以医疗数据信息采集的社保卡87986份，发放57595张。区编办批准成立互联网信息办公室、畜禽执法大队，调整政务服务中心隶属关系和企业合法权益保护投诉中心、招商投资服务中心等17个单位的人员编制。理顺农村管理体制，完成榆关管理处和牛头崖管理处更名，调整经济发展局和安全生产监督管理局的主要职责和内设机构职能。

2015年，秦皇岛开发区管委被评为河北省信息报送工作先进单位。

（方志办）

秦皇岛开发区管理委员会

【管委领导机构】

管委主任:

胡英杰（7月免，冀干字〔2015〕247号）

苏景文（7月任，冀干字〔2015〕247号）

管委副主任:

郑宝亮

苏景文（4月任，通知〔2015〕8号；8月免，通知〔2015〕16号）

李　生　邵宏根　李颖熹(女)

扈秋宁　郭晓城　刘洪柱　何华庆

吕爱国　华占豪（挂职2年，6月任，通知〔2015〕14号）

王建峰（挂职，11月任，通知〔2015〕19号）

【管委正县级干部】

张桂芬(女) 调研员

乔凤霞(女) 调研员

王月华　　调研员

【管委副县级干部】

高静宇　管委办公室主任（4月任，通知〔2015〕8号）

李丽兰　政策法制局局长

秦春生　建设规划管理局局长

李惠永　人事劳动和社会保障局局长

王满成　城市发展局局长

刘建林　经济发展局局长

杨恩伟　财政局局长

龙艳春　审计局局长

兰　红　社会发展局局长

张　金　市国土资源局开发区分局局长

王立新　监察局局长

徐文龙　市公安局开发区分局局长

史进京　管委副调研员

杨　林　管委副调研员（4月退休，秦组干字〔2015〕67号）

赵雅君（女）　管委副调研员

温国宇　管委副调研员

张景森　管委副调研员

张卫民　管委副调研员

王志荣　管委副调研员

高长江　保留副级待遇

【秦皇岛出口加工区管理委员会领导机构】

出口加工区管委主任:

胡英杰

出口加工区管委常务副主任：

邵宏根

出口加工区管委副主任:

白升平　季　节

【秦皇岛市人民政府驻北京联络处】

主　任: 张巨良

副主任: 王继跃　董少华

管委办公室

【概述】2015年，管委办公室强化以文辅政，起草理想信念教育典型汇报材料《把牢信念总开关、拧紧思想总阀门》获得中央领导批示，并直接推动中宣部理想信念教育经验交流会在秦皇岛市召开，向全国推广秦皇岛开发区做法。完成关于土地集约利用和科技创新成果产业化市场化调研文章2篇。全年起草《开发区工作要点》、《开发区2015年“三个十”工程实施方案》、市委市政府领导赴开发区现场办公会”汇报材料等各类重点讲话、汇报材料30余篇。共受理外部来文1672份，以管委或管委办名义发文322份。

加大政务督查力度，共印发周例会、项目调度会等重点会议相关的督查专报74期，分解督办事项209件，任务及时分解率、限时反馈率均达100%。对管委系统签订责任状单位完成责任状情况督导调研2次，确保完成落实171项任务指标。

深化信息服务职能，在河北省、秦皇岛市政府信息刊物刊登短篇动态信息88篇；长篇调研信息6篇；专报信息10篇，上报国务院长篇信息5篇。编发开发区《专报信息》69期，管委领导批示14篇次；完成政策解读25篇，起草调研类文章3篇，编发《工作动态》等简报73期，公开信息3650条。

拓宽网站服务功能，重新规划原有的网络体系，完成中心机房的整体建设，推进机关无线网络的使用，全面做好内网网站升级改版工作。

严格执行外交及对港澳台规定。全年办理因公出国境、赴台团组6批15人次；办理外国专家、外国人邀请46批75人次，未出现违反外事纪律和出国审批纪律现象。

积极协调，做好综合工作。完成ISO9001质量管理体系换证审核工作，全年组织党员干部集中学习12次。

优化投诉受理服务。制作“投诉中心告知卡”500张。设立保护企业合法权益服务热线和邮箱。建立区内重点企业名录，已通过电话与区内80多家重点企业建立联系和沟通，并向区内150余家重点企业进行了短信群发。全年共接到秦皇岛市政府交办的建议提案10件，均已按时限答复并进行了走访，主办件满意率达100%。受理开发区门户网站投诉信箱群众和企业投诉37件，均做到及时受理并反馈，投诉人满意率达到95%以上。

提高应急保障能力，完成泰盛商务大厦应急疏散演练，举办第二期模拟实战型应急管理培训，印发应急宣传资料4000余份。

规范流程，严格财务管理。坚持以“八项规定”等各项要求为准则，依法理财，严格报销管理，对重点资金流出做到跟踪问效，为全区经济发展提供资金保障。保障资金财产安全，严格控制三公经费，完成总公司清产核资工作。

加强保障，推进东区各项工作有序开展。2015年，东区共计完成后勤维修50余次，对办公楼暖气主管道、食堂污水井口等进行及时维修，对老化部件、设备进行更换。加强了后勤、安保、外联等各项工作。

构建大档案格局，接待企事业单位、司法机关、个人利用人次210次，查阅利用各门类档案640件，322卷，出具证明25份，与行政审批局联合组织一次专项档案业务培训，年度征收各门类档案5000卷，工委、管委系统文书档案数字化工作完成率达100%。

地方志办公室更加注重年鉴出版时效性。强化年鉴精品意识，切实做好编撰工作的“四个转向”。年内完成《中国•秦皇岛经济技术开发区年鉴（2015）》的正式出版。加强方志资料室的建设，强化社会服务功能。利用掌握地情优势，积极配合参与编写理想与信念大事记资料和秦皇岛开发区“十三五”专项规划的制定。

（方志办）

【管委文秘工作】 2015年，区管委办公室累计受理外部来文2100余份，以管委或管委办名义发文161份。全年起草题为《以人为本民生为先》的调研文章、《坚持创新驱动战略突出众创空间引领》汇报材料、《关于开发区与抚宁区开展深度合作的建议报告》《开发区“三次创业”实施方案》《秦皇岛开发区“四剂良方”构建理想信念教育体系》等各类文稿231篇；在河北省、秦皇岛市政府系统刊登信息126篇，上报国务院长篇信息8篇。

认真履行“以文辅政”职能，深度服务全区重点工作。参与中国传媒股份有限公司、金光伏太阳能、中粮集团、金海食品、润达电梯公司等多批次客商的接待工作，以及“北京冬季招商周”、开协中外企业投资合作座谈会暨开发区投资环境说明会、“廊坊国际经济洽谈会”等活动的方案、文稿准备。牵头完成“秦皇岛开发区发展成就展览馆”布展工作，全方位展示开发区建区30年来取得的辉煌成就，成为全区招商引资的载体、对外展示的平台、干部教育的基地。协调参与中关村海淀园、京津人才创新创业园、行政审批制度改革、重大项目建设、全国理想信念教育经验交流会等有关筹备工作。

（刘新星）

【管委信息工作】 2015年，管委信息工作，将“政策分析解读”作为

2015年工作的创新亮点，切实发挥以文辅政职能作用。每月将国家和省级层面发布的政策信息进行分类汇总，呈报领导参阅使用。从经济发展、民生改善、制度创新、体制突破等方面入手，力求探索破解制约地区发展的瓶颈问题，形成《充分发挥开发区窗口示范辐射带动作用促进全市经济转型升级创新发展》长篇调研文章。起草《以人为本民生为先》等调研初稿2篇。围绕秦皇岛开发区重点工作以及贯彻落实省市重要会议情况，整理上报调研、专报类信息28篇，其中，《秦皇岛开发区建立电子督查系统防治懒政怠政提升行政效能》被河北省政府《专题信息》采用，《秦皇岛开发区打造众创空间激发创新创业活力》被河北省政府《政务交流》采用。另有《开发区认真落实市长指示深入开展东区环境综合整治》等17篇调研、专报信息被秦皇岛市政府采用，获秦皇岛市领导批示6篇。编发《政策快报》40期。围绕金融政策、服务贸易、大众创业、创新驱动、出口退税等政策措施进行分析解读，形成长篇政策解读文章31篇，其中5篇获得区管委领导批示。全年共发布政策信息1070条。

充分发挥政府信息上报特殊渠道功能，以既要数量又重质量为目标，不断加强重点信息的收集、编写、报送工作。做好动态类信息收集上报。先后围绕对接北京、重点项目签约、招商活动进行信息编写上报。《秦皇岛开发区赴京开展对接招商成果丰硕》等11篇动态信息被省政府《要情快报》采用，96篇被秦皇岛市政府《要情快报》、《秦皇岛信息》采用。被各级开发区协会采用信息50余篇。

认真调查研究反馈企业心声。不断加强与企业的沟通联系，千方百计帮助企业解决实际问题。针对区内企业生产经营中存在的困难和问题，及时向河北省政府报送《秦皇岛开发区反映化肥生产销售情况、存在问题及意见建议》等基层情况反映类信息。同时，积极反映区内企业在创新发展、转型发展中的经验做法及意见建议，向河北省政府及国务院办公厅采编报送《秦皇岛开发区推进互联网+制造业转型升级典型案例及建议》等经验建议类信息。

不断拓宽信息公开的广度和深度，打造阳光政务环境。通过区门户网站“工作动态”“政策动态”、市政府门户网站“县区动态”、开发区管委信息公开平台、商务部商务之窗秦皇岛开发区网站、管委办公室网站“工作动态”等6个网站，及时公开群众关心、关注的政务信息。全年累计在上述网站公开各类信息3830条。认真做好区管委官方微博的维护、更新工作。全年通过官方微博发布信息524条，协调处理网民反映问题90件，回复网民咨询事项85件。

2015年，管委信息部门在河北

省、秦皇岛市政府信息刊物刊登短篇动态信息107篇；长篇调研信息8篇；专报信息11篇，其中市领导批示6篇；被河北省政府上报国务院长篇信息8篇。在秦皇岛市政府系统年度信息考评中位列全市第一。被河北省政府办公厅评为信息报送工作先进单位；被河北开发区协会评为《河北开发区》杂志优秀组稿单位，发稿量居全省开发区第一。全年起草调研类文章3篇，编发《工作动态》《信息专报》《政策快报》等各类简报161期。

（宋润秋）

【管委督查工作】 2015年，共印发与周例会、项目调度会等重点会议相关的督查专报74期，分解督办事项209件，任务及时分解率、限时反馈率均达100%。建立健全督查考核台账。通过目标联责任、责任严考核、考核看结果，推进年度目标任务落实。2015年，管委系统签订目标责任状的部门和单位共32个，涉及具体任务189项。已对责任状完成情况督导调研2次。189项任务指标中，已完成171项。对秦皇岛市委下达的50余项、市政府下达的10多项具体目标任务，责成专人按时分解任务指标，按月汇总、上报各项重点工作进展情况。

全力推动项目建设提速。2015年，先后开展“三个十”工程、春季和秋季集中开工重点项目建设等重大活动。管委督查室以电子督查督办系统为平台，一方面定期走访项目公司，了解项目进展和存在问题，及时向领导展示项目形象进度；另一方面，抓住项目建设中的征拆节点问题，资金问题及其他重点难点问题。全力加强督促检查，确保各项工作按期完成。对三个十工程从下半年开始每半月督导一次。每半年对基建、城建项目进展情况督导一次。

大力促进环境建设。全年共办理完成绿茵港湾小区遗留问题、横断山路交通问题等秦皇岛市政府督查及办卡和工委、管委领导批示14件。加大对农村环境面貌改造提升、老旧小区综合整治、农村人饮工程等重点项目的督促督导工作力度。跟踪抓好大小汤河排污治理、戴河景观环境整治、砖瓦窑拆除等重点工作。

稳步提升工作能力。管委督查室全年撰写管委住宅楼确权、重点项目协调会议、统购商品房等各类会议纪要11份；编写各类领导调研安排，重要会议与活动通知8份。参加重点项目集中开工仪式、十一升旗仪式、中宣部理想信念现场会等大型活动的组织、协调、服务活动。通过实地踏查、现场走访，帮助解决中建材公司工程建设、地质四队环境整治、臻鼎科技用水等问题。

（韩志杰）

【管委应急工作】 2015年，区应急办公室组织区内相关部门参加秦皇岛市

泰盛商务大厦疏散演练

应急科普巡展

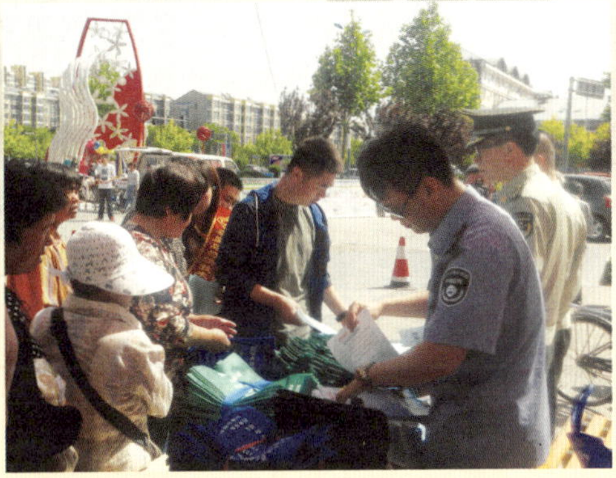

政府应急管理培训。4月8～10日，应急办带领区部分社区主任、大学生村官、残联及妇联工作人员共10人参加中欧管理合作项目第二期培训。培训内容为基层社区能力提升及突发事件中弱势群体保护。5月29日，积极配合秦皇岛市政府应急管理科普宣教巡展秦皇岛开发区站活动。巡展活动进学校，对区一中、三小的师生进行宣教，并发放宣传材料。5月30日，在区内广缘超市门前做宣展活动，向民众集中宣展，发放应急科普知识手册4000册，定制悬挂应急宣传条幅20条。11月19日，组织区内各相关职能部门、区内关系民生的水、电、气、暖企业及安监局重点监管的9家工业企业共43人进行应急管理能力提高培训。广泛开展应急科普宣传。做好应急管理网络建设。应急办印发《秦皇岛经济技术开发区应急管理信息联络员制度》，在区内39家有关部门及4家关系民生的水、电、气、暖企业均设置应急联络员。安监局监管的116家企业、农工局所辖1乡4处及下辖农村，社发局所辖2个街道办事处及社区建立应急信息员网络。修编完善应急预案。根据《中华人民共和国突发事件应对法》及《河北省突发事件应对条例》中对修编预案的要求，应急办开展秦皇岛开发区总体预案及各专项预案的修编工作。经过近3个月的努力，应急办完成包括总体预案在内的共24项预案的修编、整理、校对、印发等工作。新的预案已经装订成册，并以区管委通知（秦开管委〔2015〕77号）文件形式于11月底前下发。开展应急疏散演练。11月3日，应急办组织开展泰盛商务大厦应急疏散演练。此次演练目的是为进一步提高区干部职工在新形势、新环境下的应急意识和应急能力，确保科学合理、及时高效、妥善有序的应对和处置好各类突发应急事件，保护干部职工和人民群众的生命财产安全,最大限度地减少各类突发应急事件造成的危害。对泰盛商务大厦值班工作进行调整。2015年10月，制定《秦皇岛经济技术开发区值班工作规定（试行）》（秦开管委办〔2015〕53号），对区值班工作模式进行规范化调整，严格落实双人24小时在岗值班和领导在岗带班制度。

（王　剑）

【管委信息化建设】 2015年，区信息化建设管理办公室（以下简称“信息化办”）完成对新办公楼机房的设计和建设工程，采用裸纤接入方式，将科技大厦、数谷大厦、城发局、农工局、交通局、公检法、卫生局等楼外单位并入管委网络，实现全区机关统一的外网出口，理顺电子政务管理体制。组建由信息化办主导的统一信息网络管理中心，形成电子政务统一平台、统一管道、统一标准、统一管理的新机制。

信息化办对办公大楼无线网络平

台进行全面建设，实现无线信号全覆盖。制定并下发《关于加强机关无线网络使用管理的通知》（秦开工办〔2015〕37号），对无线用户进行分类，内部办公人员与外来办事人员提供不同的无线接入点，前者采用固定账号密码的方式进行接入，后者需通过短信认证的方式进行接入。同时采用上网行为管理设备对所有无线上网用户实行上网日志管理，预防不良信息的侵入和传播。

加强网站管理和维护。根据《开发区电子政务网络绩效评估实施方案》，完成每季度的电子政务网络建设应用考评工作，对参评的38个部门和驻区单位，严格按照考评内容和《开发区政府网站更新责任分工表》的要求进行考评，形成季度考评报告并定期在内网通报。建立读网制度，信息化办安排专人每天对网站内容进行检查，及时发现问题，预防出现信息涉密等事件发生。结合全国第一次政府网站普查工作，对网站进行全面梳理。2015年根据国务院《关于开展第一次全国政府网站普查工作的通知》（国办发[2015]15号），信息化办出台《关于做好全国政府网站普查前期工作的通知》，积极联系并辅导区内各单位信息员做好本单位网站的自查工作，对普查中发现存在问题的网站，进行整改，问题严重的坚决予以关停，消除网站“僵尸”“睡眠”等现象。

强化部门网站及专题网站建设，完成珠江道办事处、综合执法局网站的建设。开发制作政策动态专栏，完成政策法制局“开发区司法”专题网站制作。完成门户网站各单位信息更新统计查询，民政互动平台改版，机关电话查询等网页制作。

积极推动电子政务在经济与社会生活中的应用。年初，下发内网改版征集意见的通知，优化栏目设置。增加岗位公开、发展研究、内部留言板等新栏目。8月，完成测试及数据内容的更新，正式投入使用。9月，下发《关于成立开发区电子政务内网建设和管理领导小组的通知》，并完成OA办公内网升级改版工作。全年办公内网发布开发区新闻624篇，各类信息简报57份，通过公文交换平台下发非涉密公文99份，短信平台发送短信近2000条。

为督查督办平台的开发提供技术支持。利用“互联网+”模式，在河北省创新性建立并运行集督查事项交办、短信群发提醒、视频会议沟通、信息采集发布、智能评比分析等多项功能为一体的管理平台。在全区建立纵横到位、上下一体、联动高效的大督查机制，实现政令畅通、有命必复的高效态势。

为行政审批平台提供技术支持。专门开发行政审批与绩效管理应用平台。集数据交换、网上预审、网上监管、多级联动服务等功能为一体，通过构建覆盖各项行政审批的电子要件库，将申请人提供的审批要件实行唯一编码锁定，统一电子存档，部门共享共用，实现申请材料“一件多用”，破解申请要件重复提交等问题。实现“让信息多跑路、群众少跑路”这一目标。

加强安全管理，保障网络信息安全。遵循《关于严格规范上网行为的通知》（秦开工办〔2015〕22号），系统管理员每天负责监控网络运行情况，及时做好系统备份、线路维护、安全漏洞修补、病毒库升级等工作。通过采用实名制和绑定IP地址、上网行为管理封闭端口及日志记录等技术手段来控制和约束与工作无关的行为，保障网络畅通运行。全年未出现任何网络安全重大事故。

（刘丽丽）

【管委财务管理】 2015年，区管委财务科根据“八项规定”的要求，结合党的群众路线教育工作的深入开展，加强对“三公”经费、会议费、培训费的管理，规范各项费用的报销程序，严格执行预算，做到无预算、超预算的费用一分一厘也不发生。并定期组织对挂账往来款的清理。清理过程中秉着严格控制、手续健全、责任到人、清理及时的原则，对繁杂的往来款项情况做了全面梳理。通过往来清理做到严防呆死帐产生，严守资金安全，有效规避涉税、法律、审计风险。

区财务科对所有管账单位布置固定资产盘点工作。各单位的资产管理水平存在较大差异。针对固定资产管理中存在的问题，组织各单位的固定资产管理人员进行制度培训。继续开展对总公司的清产核资工作。4月，陆续对各管账单位的结余结转资金进行清理，按季度填报相关报表，按要求分批次上缴了未使用的2013年以前年度的结余资金，并在年底前将各单位2013年度、2014年度未使用的结余结转资金上缴财政。2015年，由管委办公室代理记账的单位包括工委办、管委办、政策法制局、招商局、科技局、安监局、新闻中心等，已达25个行政事业及企业单位。财务内部严格执行不相容岗位相互分离制度，记帐、审核、支付、审批由不同人员完成。在报销管理方面，以规范结算方式为前提，尽量使用转账、电汇等结算方式降低现金使用风险。做到认真核对资金用途、数额和开支的真实性、合法性，严格资金支付方式。重点资金流出做到跟踪问效，确保资金安全。

（孙敬业）

【外事管理】 2015年，秦皇岛开发区外事工作办公室加强意识，提高质量，积极热情为企业服务。先后走访艾尔姆等区内重点外资企业，与企业外籍人员进行座谈，了解其在秦期间生活、工作上的困难，针对企业外籍人员提出的子女就学、办理长期签

▶ 5月29日，澳洲欧卡帕宁加市市长到开发区考察

▶ 5月29日，澳洲欧卡帕宁加市市长到开发区考察

▶ 3月23日，中韩高新产业孵化器（韩国城）项目说明会在秦皇岛开发区召开

证、家属居住证等相关问题，区外事办公室积极协调各相关单位，及时解决企业外籍人员遇到的困难。在区内为外籍客商过生日活动中，认真记录每一位区内外籍客商生日信息，积极主动与企业联系沟通，在生日之际，先后为百余名外籍客商送去生日蛋糕及生日礼品。始终把加强服务意识、提高服务质量摆在重要位置，在为企业服务过程中树立外事服务的优质窗口形象，在优质服务、工作创新、提升素质方面下工夫，为企业出访提供绿色通道，让企业办事人员高兴而来满意而归。全年共办理邀请外商46批75人次，为秦皇岛开发区发展发挥出重要的作用。

强化管理，履行职能，严格办理出访手续。区外事办公室认真贯彻因公出国（境）政策，在年初制定全年出访计划。本着务实、高效、节约的原则，执行出访任务。严格按照换汇规定办理团组换汇手续，规范公务团组在境外的食、宿、行，确保不超标、不浪费。2015年共办理出访团组6批15人次。推动捷克飞马特公司高端数控镗铣床生产基地、德国凯斯曼汽车底盘及传动部件、邦迪管路系统有限公司无氰镀铜钢带生产线、秦皇岛泰盛健瑞仕国际康复中心等项目的进展。为嘉隆高科等企业出国（境）洽谈项目提供高效服务。

展示形象，注重细节，提高外事接待水平。区外事办公室在外事接待工作中，加强工作人员的学习培训，熟悉接待程序，优化服务水平，提高接待质量，对每个来访团组注重接待细节，做到提前安排部署，让来访考察人员在区期间工作顺心，满意而归。2015年，区外事办公室成功接待中韩高新技术产业孵化器项目考察团、丹麦哥本哈根市学生团组、加拿大泰瑞斯工业园项目访问团、澳洲欧卡帕宁加市市长访问团、“5•18”台商考察团、加拿大阿贾克斯市考察团、拉美国家驻华使节考察团、美国南加州访问团等团组，促进对外交流与合作，推动相关项目的进展。

（田　雪）

【投诉处理】 2015年，区投诉中心坚持把建议提案办理工作作为一项重要而严肃的政治任务，切实抓紧抓好，促进办理工作不断进步。按照“三级负责”的总体要求，对收到的建议提案件实行主要领导逐件批阅，严格落实责任。主办局室政策把关，逐级分解办理。管委办公室牵头负责，严格督导落实，形成一级抓一级、层层抓落实的良好办理机制。办理工作体系不断理顺。对涉及全区国计民生和经济社会发展的重点问题，提交工委、管委领导召开专题会议研究确定，对涉及部门工作内容的关键问题，由主办局室召开班子会讨论决定，对涉及方面广、内容复杂的问题，邀请涉案代表、委员和相关部门面谈商定，力求建议提案所提问题得到圆满解决。紧紧围绕提高办事质量这个中心，在审查、答复、复查、走访、督查等工作上下功夫，在公文答复、征求意见、复查走访等关键环节上狠抓落实。

2015年，投诉中心把切实保护好企业的合法权益，作为工作的重中之重。牢固树立为投资者、为纳税人服务的意识，协调有关部门与企业间的关系，形成一个理解、关心、支持企业发展的良好氛围。全年共接到秦皇岛市政府交办的建议提案10件，包括河北省人大代表建议2件；秦皇岛市人大代表建议2件，秦皇岛市政协委员提案6件。其中市里的主办件5件，会办件3件，均已按时限答复并进行走访，主办件满意率达100%。通过电话与区内80多家重点企业建立联系和沟通，并向区内150余家重点企业进行了短信群发和发放告知卡，介绍投诉中心职能，建立企业反映问题的渠道。2015年共走访5家企业。协调受理海湾公司、邦迪公司、方华公司等8家企业生产中遇到的难题10件。得到企业的肯定和认可，邦迪公司还专门给管委领导送来感谢信。全年共受理区门户网站投诉信箱群众和企业投诉47件，均做到及时受理并反馈，投诉人满意率达到95%以上。

（刘　军）

【档案管理】2012年10月，区档案馆大楼开工建设，2015年9月正式交付使用。该馆建筑面积近6500平方米，为二层框架式结构，安装了1200立方米的手动型密集架、6立方米的防磁柜、40立方米底层柜，安装恒温恒湿控制系统，消防采用高压细水雾自动灭火系统。新馆总库房面积1200平方米，可满足未来20年秦皇岛开发区档案事业发展需要。

有序推进数字档案馆的建设，做好河北省数字档案馆试点工作。

2015年，区档案局以新综合档案馆建设为契机，着力推进数字档案馆建设。馆内硬件方面库区注重应用高科技手段，利用计算机网络控制，搭载档案库房安全保护智能化综合管理中央控制平台，安装消毒灭菌、动态视频监控、自动防火报警管理等7大系统。已完成以档案馆为核心的三级“电子档案在线管理平台”搭建工作，构建物理隔离的档案局域网络平台，新建档案信息查阅检索利用平台，建设了文字、图片、多媒体档案资源数据库。

加强馆藏档案资源体系建设，不断丰富馆藏。2015年，区档案馆陆续接收城建、规划、文书各门类档案5000余卷。截止2015年12月31日，区档案馆共接待利用者178人次，提供利用档案592卷（件），复印和摘录档案972页。

2015年初，针对各单位档案室对建立和完善全宗卷工作不够重视，区档案馆提出如何建立和完善全宗卷工作的具体措施，同时精心组织相关人员下基层，积极工作、查阅馆库相关全宗档案，认真核对案卷数量、案卷流水号、目录号、档号、全引目录、案卷目录编写情况，指导各单位编写本单位全宗卷编写工作，同时，比对国家综合档案馆二级测评细则要求，提高所建立的全宗卷资料的准确性。已完成4个全宗的编写工作。

加强机关单位档案业务指导。2015年6月前，区档案局多措并举，加强档案业务监督指导力度。档案业务指导人员对规划局、国土局、房产局、社发局、财政局、评审中心、工商局、国税局、地税局等部门多次上门指导。分期分批组织接待相关部门档案员到档案局接受业务指导，同时，采用电话、建立QQ群等方式及时答复档案业务问题，为基层档案管理解疑答惑。2015年，馆档案已全部实现目录数字化，建成66万多条目录数据库和20.1万多页的全文数所库。

6月9日，区档案局以“国际档案日”为契机，围绕“档案——与你相伴”这一主题，扎实有效开展多种形式的宣传活动。联合秦皇岛市档案局在人民广场举办《中华人民共和国档案法》街头咨询活动。在区广缘超市门前现场张挂《中国的世界记忆遗产》挂图，同时在活动现场发放宣传单张。组织全区档案工作者参加国家档案局举办的“档案——与你相伴”征文活动。借助报纸、电视台等媒体，播放“国际档案日”宣传活动标语，扩大宣传范围。12•4参加“法制宣传日”活动，深入宣传以《档案法》、《档案法实施办法》、《河北省档案管理条例》为核心的档案法律法规体系，进一步增强广大群众对档案工作重要性的认识，增强档案法制观念，为有效地保护和利用档案创造良好的社会环境。

（付小伦）

【东区管委办公室工作】 后勤保障工作。2015年，东区管委办公室加强安全保卫工作。要求安保人员认真做好办公楼的安全检查、值班记录、交接班日志并每月存档备查。同时不定期对安保人员值班情况进行抽查，以抽查到的安保人员脱岗事故为案例进行通报批评，并对相关职工进行了严厉的批评和思想教育，同时警示所有干部职工提高责任意识和安全意识。做好对职工食堂的管理。每周对食堂进行一次大扫除，杜绝卫生死角。确保食堂食品安全卫生，保证食堂饭菜质量。7月，按东区就餐人员的实际，制订菜谱，严格把关食材采购，在保证饭菜质量的情况下，食品加工变换花样、粗粮细做，让就餐人员吃上安全可口的饭菜，力求达每个月收支平衡。同时对食堂的相关设施进行维修和改造，更换食堂纱窗及订做纱门等，保证食堂设施、设备的安全和正常使用。精细做好后勤维修工作。及时做好办公楼公共设施、设备的维修和保养工作。2015年共计完成后勤维修50余次：其中对接入办公楼暖气主管道阀门更换2个。食堂建污水井一口并对室内外下水管道进行更换。对食堂的电路进行整体布线维修近50余米。为综合审批局、工商局、国税局、地税局联合办公安排办公用房3间。

加强信息中心设备的日常维护和网络安全防护。2015年东区信息中心更换交换机2台。为各局办维护、维修电脑50多次。并为综合审批局、工商局、国税局、地税局布线200余米。为工商局、地税局单独连接办公内网、外网并对其“三证合一、一证一码”工作的办公软件和硬件设备进行安装调试，确保“三证合一、一证一码”工作的正常开展。全年为东区各局复印文件档案等400余份。完成2016年东区办的报刊征订工作。

（陶　禹）

【地方志工作】 2015年秦皇岛开发区地方志办公室更加注重年鉴出版时效性。年初，制定严格的年鉴出版计划，每个阶段必须完成相应的编辑工作，确保年底之前完成出版任务。同时制定关于年鉴出版时效方面的规章制度，并将个人的编稿情况与单位绩效工资挂钩。2015年，区年鉴动员工作会议提前召开。6月，全体编辑及时、规范地完成所有分工任务，全区所有年鉴稿件上稿率达到90%以上，并完成部分稿件的编审工作。12月，《秦皇岛开发区年鉴（2015）》正式出版。全书设11个类目、180个分目（子分目），辅以示意图（表）100余幅（个）。全彩页，约48万字。

加强方志资料室的建设，强化社会服务功能。2015年4月，区地方志办公室加快方志资料室建设步伐。利用办公室搬迁新址的机会，争取到一间约30平米的房间作为资料室。同时采取购置交换、征集等方式，收集全国各地各类志书、年鉴，以丰富方志资料室的藏书。上半年，与全国方志界的同行，交流、交换各类志书、年鉴丛书20多套。

利用掌握地情优势，参与编写重大活动经验交流材料。10月15日，中宣部在秦皇岛市召开理想信念教育工作经验交流会。秦皇岛开发区在会上作重点发言。按照区工委、管委领导指示，地方志办公室积极配合参与编写理想与信念大事记。通过短短5天时间，顺利完成定稿任务。

积极参与秦皇岛开发区十三五专项规划的制定。5月，根据区有关领导指示，抽调地方志相关人员以秦皇岛开发区发展研究中心名义深度参与秦皇岛开发区“十三五”专项规划的制定。地方志办公室充分利用全面占有资料，熟悉地情的优势，积极开展涉及当前各专项规划的制定，使地方志工作得到进一步的拓展和延伸。

（方志办）

【秦皇岛市政府驻北京联络处】2015年,秦皇岛市政府驻北京联络处广泛宣传推介，强化招商引资力度。联络处全年参与、参加、协办“中国开发区协会中外企业投资合作座谈会暨秦皇岛经济技术开发区投资环境说明会”、“部分秦皇岛籍在京企业负责人座谈会议”、“第二届、第五届、第六届及第七届各省市重点项目与名优产品推介会”、河北优势产能国际合作“蓝厅论坛”、“中国廊坊国际经济贸易洽谈会暨京津冀协同发展商会联盟项目对接会”、“京津冀开发区创新发展联盟成立大会”、“秦皇岛产业链招商推介洽谈会”、“北戴河生命健康产业创新示范区推进工作协调会”等。加强同发改委、美铝集团、中粮集团、中免集团、国家环境保护部、教育部、体育部、中信投资基金管理有限公司、中国工业环保促进会、GE发电和水处理集团、清华大学、北京大学等单位的联系，并拜访中国管理科学院资源环境研究所、北京市国资委、国务院侨务办公室、中国煤炭工业协会、中国化工学会、北京河北企业商会、奇虎360科技有限公司、中关村创业大街、北京大学校友创业联合会、赛伯乐投资集团、等多家单位，千方百计为秦皇岛市和秦皇岛开发区招商引资牵线搭桥。

发挥纽带与桥梁作用，用活用好首都资源，搞活经济协作。全年组织、参与、协办以“聚力联动，融合发展”为主题的“京津冀商会协同发展北京峰会暨北京河北企业商会、“北京河北各城市企业商会会长工作座谈会”、北京秦皇岛企业商会创业林揭牌、部分城市驻京联络处与北京秦皇岛企业商会项目对接说明会等。2015年12月27日召开北京秦皇岛企业商会理事扩大会议。组织参与全国70余家商会走进秦皇岛招商实地考察、洽谈投资项目。

加强信息收集与处理，完善信息服务平台建设。驻京联络处编辑的《首都信息》全年共编辑出版16期，刊登信息307条。秦皇岛市主要领导先后在《首都信息》上作出重要批示达20余次。工作网站日趋完善，在展示、宣传、推广秦皇岛市和秦皇岛开发区发展建设上起到重要的平台推介作用。全年共编发更新各类信息1700余条、点击量39万余次。2016年 1月8日，在全国各省市区驻京办信息协会2015年工作总结表彰大会上，秦皇岛市政府驻北京联络处连续第三年荣获全国各省市区驻京办信息协会信息工作优秀单位。2015年，驻北京联络处接待省、市、县、区、开发区等各级领导多达200批次上千人次，客房共接待3000余人次，车辆累计行驶30多万公里。保障接待和服务工作的顺畅有序，安全无事故记录，完成全年接待任务。

（崔梦宇）

【驻深圳办工作】 2015年，秦皇岛开发区驻深圳办事处以招商引资为重点工作，积极务实地推进招商项目，同时，努力完成服务接待工作。

积极推进现代服务业项目的顺利开展。年初，推进深圳海大集团拟投资的“海大汽车文化产业园”项目，并做好相关服务工作。陪同海大集团董事长高峰，总经理许文霖等一行人员多次到秦皇岛开发区进行调研，与秦皇岛开发区招商局、规划局、国土局、区工商局等有关部门对接洽谈落实项目的要求。同时，联络秦皇岛市领导和秦皇岛开发区有关领导到海大集团参观考察。使得该项目于4月顺利落户秦皇岛开发区。

与多家单位沟通、洽谈，推进各类项目的展开。3月，秦皇岛开发区管委科技局到深圳市考察参观创客柴火空间、中科创客学院，决定将这样的创业模式引入秦皇岛开发区。4月，秦皇岛市市长张瑞书等一行在深圳学习期间，办事处安排参观、考察海大集团。10月，办事处接待秦皇岛市副市长冯志勇，秦皇岛开发区管委主任苏景文，秦皇岛市商务局局长赵文成，北戴河新区管委会主任郑泉等一行7人，陪同参观考察海大集团。办事处还安排秦皇岛市领导和秦皇岛开发区领导参观考察深圳新能源汽车比亚迪公司。秦皇岛开发区管委主任苏景文向对方介绍秦皇岛开发区情况，并表示愿意引进部分比亚迪的新能源汽车和充电设备。

办事处积极主动向深圳前海联合金融控股公司推介秦皇岛开发区的招商情况，陪同总裁彭江华到秦皇岛开发区参观考察。区管委会副主任吕爱国与之座谈、交流，商谈拟在秦皇岛开发区投资建立互联网融资平台为中小企业服务事宜。10月，秦皇岛开发区管委副主任吕爱国利用到深圳参加高交会之际，专程到上市公司广东万和集团参观考察。万和集团表示将根据市场需求优先考虑到秦皇岛开发区投资建厂。办事处还邀请并陪同中澳科技投资委员会主席黎晋峰到秦皇岛开发区参观考察，在经过了解之后有意向到秦皇岛开发区发展。

（王明军）

金融办工作

【概述】 2015年，秦皇岛开发区金融工作以服务实体经济为基本出发点，充分发挥金融在促进地方经济社会发展和加快产业结构转型升级方面的支撑保障作用。大力开展融资工作，全面支持经济发展；探索金融创新模式，发展多元化金融服务。扩大金融服务范围，积极促进科技金融中心和金融超市建设，为科技型创新型企业提供专业、高端的资本运作服务，帮助企业做大做强。加大金融招商力度，丰富金融产业市场结构；推进企业上市，帮助企业做大做强；强化金融监管，营造良好的金融生态环境。金融机构由2014年的7家，2015年增加到9家。营业网点由2014年的29个，2015年增加到33个。协调秦皇岛银行长江科技支行和建设银行，帮助中兵建设、海纳电测、秦冶重工等6家企业获得贷款共计5800万元。

（钟晨曦）

【金融机构】 2015年，秦皇岛开发区有中国银行、中国工商银行、中国建设银行、中国农业银行、交通银行、中国邮政储蓄银行、秦皇岛银行、中国民生银行、河北银行9家银行，共有营业网点33个。保险公司11家，其中中心支公司6家，分别为中华联合、中国人寿财险、光大永明、中银保险、永安保险、都邦保险。保险代理公司1家，鑫诺保险代理。证券公司2家，财达证券和长江证券。融资性担保公司2家，秦皇岛开发区泰盛担保公司，秦皇岛市恒嘉投资担保有限公司。拍卖公司1家，河北华辉拍卖。小额贷款公司2家，三信科技小额贷款公司和中秦兴龙科技小额贷款公司。金融机构数量、种类、覆盖面和业务范围均较2014年有所增加。

（钟晨曦）

【融资工作】 2015年，秦皇岛开发区金融工作办公室加大协调力度，广泛与银行、证券公司、融资租赁公司等金融机构对接，不断拓宽融资渠道，探索适合管委及区内企业的融资模式，搭建政银企合作平台，引导信贷投入重点项目、重点企业，积极帮助管委和区内企业融资。

积极与国开行协调、对接，全力统筹、推进开发区棚户区改造融资工作，2014年申请到的国开行棚户区改造贷款额度16.5亿元已在2015年全部发放到位。根据管委项目的进度及资金需求情况，在相关部门的配合和支持下，完成综合管廊及污水处理项目国开行专项建设基金共1.2亿元，秦皇新天地建设项目贷款1亿元，通过华江投资为戴河改造项目贷款1.8亿元，华融信托融资2亿元已具备放款条件。

继续推进建行“助保贷”业务，降低企业融资成本，2015年上下半年各推荐一批企业开展“助保贷”业务，先后为波盾电子、中科遥感等19家企业争取授信额度近1亿元。协调秦皇岛银行长江科技支行和建设银行，帮助中兵建设、海纳电测、秦冶重工等6家企业获得贷款共计5800万元。

（钟晨曦）

【金融招商】 区金融工作办公室加大力度引进各类金融机构入驻秦皇岛开发区，健全金融服务体系，丰富开发区金融机构和金融产品的种类，增加金融供给总量，活化开发区金融市场，有效地形成良性竞争，形成多元化、健康发展的金融格局。协调民生银行开发区支行、长江证券、太平洋保险等6家金融机构入驻开发区，并协助招商局及大项目办完成东北亚煤炭交易中心的注册和秦皇岛能源交易中心的挂牌运营。

（钟晨曦）

【企业上市】 区金融办公室结合实际情况培育战略性新兴产业总体规划，积极培育上市后备企业，邀请证券公司、律师事务所等保荐机构对企业进行走访，讲解上市政策和流程，并为中介机构和企业搭建上市信息沟通平台。引导企业规范管理制度、完善法人治理结构、健全商业模式，改造提升企业核心竞争力和持续盈利水平，支持企业通过资本市场做强做大。2015年，燕大源达等3家企业在新三板挂牌，乾源科技在石家庄股权交易所挂牌，并培养康泰医学、火柴盒软件等一批优质企业已进入上市挂牌程序。

2015年，秦皇岛开发区有深圳证券交易所中小板上市公司1家：天业通联。新三板挂牌企业4家：鹏远光电、燕大源达、天秦装备、秦皇旅游。石家庄股权交易所挂牌企业1家，乾源科技。天津股权交易所挂牌企业1家：海纳电测。上海股权托管交易中心挂牌企业1家，八达物流。

（钟晨曦）

机关后勤保障管理

【概述】 2015年，区机关事务管理局严格按照既定目标任务开展好会务接待、车辆管理、资产维护等各项后勤保障工作，加强自身建设，积极履行职能。增加服务意识，精心细致的做好每一件后勤保障工作，提高管理水平，着力形成真抓实干的工作氛围、着力弘扬“风正、气顺、心齐、劲足”的秦皇岛开发区精神，抓学习、树导向、管队伍、强基础，全面提升后勤事务发展。全年服务会议848场次，计44698人次，接待来访内宾44621人次，外宾77人次。机关食堂、人力食堂全年共服务职工用餐294180人次，其中早餐102142人，午餐192038人。同时，还服务投资洽谈等外来人员，共对外服务297批2863人次。

区政府采购中心根据《政府采购法》及《招投标法》等法律法规制定一套严密的内部操作程序，采购单位代表参与全过程监督，采购过程公正、透明。全年完成采购任务208次。其中举行公开招标活动55次，完成政府采购支出5036.78万元，节约资金125.9万元；其他方式采购153次，完成政府采购支出1760.63万元。

（关 键 王 超）

【完成机关搬迁工作】 2015年1月15日，机关各单位陆续开始搬迁工作，此次搬迁工作涉及部门多（有36家），搬迁物品多，涉及人员多，动用车辆多的“四多”状况。为做好搬迁工作，机关事务管理局提前筹备，制定各单位搬迁时间表、入驻服务手册、确保搬迁有序、按期进行。严密组织协调各搬迁单位与搬家公司、物业部门等接洽，提前准备搬迁物品，细分搬迁工作环节，从物品搬出房间装车、运输途中安全、卸车电梯使用、搬入房间每个环节都派员进行全程盯守，确保搬迁工作安全、平稳进行。搬家期间，泰盛商务大厦处于施工单位边施工边整改、相关各部门边入住边办公的情形，机关事务管理局始终坚持“管理、保障、服务”的宗旨，建立“听、查、看”工作制度。通过听反馈、定期与不定期巡检、实地查看等手段，及时解决办公区物业常规管理、设备设施运行管理、公共环境卫生管理，安全防范管理工作，保证泰盛商务大厦、数谷大厦、科技大厦环境卫生整洁、设备设施正常运转、停车场秩序井然，为机关正常运行提供保障。及时做好老管委、建筑交易市场的物业交接、资产清查、登记以及泰盛商务大厦所辖资产的登记造册，做到台账清晰，明确，管理有序。

（关 键）

【接待服务工作】 2015年，区机关事务管理局把会务保障工作的重心放在精心服务和秦皇岛开发区经济社会发展的大局上。按照高标准、高要求、高效率的工作要求、克服了人员少、时间紧、会务多、变化快等重重困难，合理安排人员，严密组织实施，精心筹划准备，从细节着手，抓住会前准备、会中服务和会后完善三个环节，确保各类重要会议顺利召开。完成北京金光旭能源科技有限公司客人、邢台经济技术开发区考察团、深圳海大集团客人、台湾胡锦标先生一行、美国GRS客人、加拿大泰瑞斯工业项目访问团、澳洲欧卡帕宁市市长等到秦皇岛开发区的考察访问接待。10月，河北秦皇岛理想信念教育工作经验交流会在秦皇岛开发区召开。中宣部副部长王世明及来自全国19个省（自治区、直辖市）的党委宣传部分管副部长和所辖70个市（区）的党委宣传部部长参加此次交流工作会，会议规格高，参加人员多，机关事务管理局抽调局各科室的“多面手”与管委办密切配合，积极准备各项接待事宜，提前做好接待服务工作，细化各项接待细则、从会议服务、住宿用餐、车辆保障、参观考察、会场布置等明确分工，责任到人，热情周到、精细务实的服务覆盖到每个会务服务工作环节，经过各方努力，此次会务工作顺利完成。2015年，共服务会议848场次，计44698人次，接待来访内宾44621人次，外宾77人次。

（关 键）

【后勤服务保障工作】 创新管理，完善机关食堂运营机制，提高食堂就餐满意度。2015年，区机关事务管理局坚持把机关食堂当作为干部职工服务最直接的“平台”和“窗口”。在管理模式上进行改革创新。由原来的持卡用餐改为刷卡用餐。不断在改进菜肴品种、质量、口味、营养、特色上下功夫，努力提高餐饮服务质量。做好基础台账.卫生许可证、从业人员健康证、各项卫生防疫检查资料等做到资料齐全、分类归档。抓好食品安全操作流程。要求工作人员穿戴整洁，衣帽、口罩、手套佩戴齐全。操作前洗手消毒，保持个人卫生。严格审核成品食品保质期。严格控制采购量，减少外购成品或半成品，做到不留隔夜菜。机关食堂、人力食堂全年共服务职工用餐294180人次，其中早餐102142人，午餐192038人。为创造良好招商引资环境，方便来访客商用餐，机关食堂在服务职工用餐的同时，还服务投资洽谈等外来人员，共对外服务297批2863人次。

保障安全，做好车辆保障服务。机关车队继续以保障安全、控制成本、提升服务为目标，加强安全、预防、节约、保障等方面的管理。全年共行驶200多万公里，外省、市区出车达到910辆次，维修保养200多台次。

认真做好机关办公用房清查工作。根据秦皇岛市发展和改革委员会（秦清房字[2014]1号）《关于做好办公用房清理整改工作的紧急通知》，区机关事务管理局按照时限要求，严格按照《党政机关办公用房建设标准》，开展办公用房清理整顿工作。为此对区内各相关部门的办公用房、公共服务用房进行二次集中清查工作。制定各单位编制信息统计表、人员信息统计表，配合CAD格式办公用房平面图等进行明示标注，建立各单位办公用房台账，做到底数清晰。

改进工作思路，为区内企业、机关工作人员、家属区业主提供优质服务。完善科技大厦公寓、珠江道集体宿舍、各住宅小区活动中心管理制度，简化秦皇岛开发区或企业邀请的专家、访问学者、合作单位及来宾在科技大厦公寓入住手续。职工宿舍严格按照住宿、退宿审批程序执行。合理安排、人性化管理，上半年为职工解决住宿问题25人次。机关事务管理局还管理着区内文精里小区、青馨家园三区、五区三个职工活动中心，为各小区业主提供健身、休闲活动场所清洁、管理等日常服务。理发中心严格按照行业卫生标准和要求热情服务，上半年累计提供理发服务近1850人次。

（关　键）

【政府采购】 2015年，秦皇岛开发区政府采购中心严格遵守政府采购法的规定，以及廉政勤政规章作为行为准则。在政府采购的业务流程中，采购中心依照法律执行采购程序，并接受开发区采购办公室、采购人，及各供应商的监督。对于采购的各个环节，严格把关，充分落实。做细做好采购前的准备工作。对经过财政局采购办核批的采购计划表及时登记，并根据批准的采购方式，及时制作采购文件并组织采购。做好政府采购信息发布公开工作。采购项目信息发布按《中华人民共和国政府采购法》规定的内容在河北省政府采购网公开公告，信息发布时间严格按照法律规定执行。采购结束后中标信息及时上网，三个工作日后无异议发中标通知书。严肃采购程序。采购中心根据《中华人民共和国政府采购法》及《中华人民共和国招投标法》等法律法规制定了一套严密的内部操作程序，采购单位代表参与全过程监督，采购过程公正、透明。做好采购结果公示及资料存档工作。采购后严格按照国家有关规定对中标单位进行公示，接受供应商质疑并调查回复；对记录采购活动的所有文字性资料都进行了及时地整理和存档。2015年，区政府采购中心完成采购任务208次。其中举行公开招标活动55次，完成政府采购支出5036.78万元，节约资金125.9万元；其他方式采购153次，完成政府采购支出1760.63万元。

（王　超）

建设规划管理

【概述】 2015年，区建设规划管理局对在秦皇岛开发区从事建筑施工活动的外地进秦建筑业企业，推行登记备案制度，全年共办理外地建筑施工企业进秦施工登记备案31项。办理施工许可25项，合同备案175项，备案价款17.3467亿元。实行非国有资金投资建筑工程项目直接发包。取消建筑工程施工总承包一级资质企业承担单项合同额3000万元以上、特级资质企业承担单项合同额6000万元以上建筑工程的限制。积极稳妥的开展工程质量投诉受理工作。全年区建设工程质量监督站受理质量投诉13起，处理完结11起。加强工程安全监管力度。全年办理大型起重设备备案60个，对全区86个在建项目（包括2014年结转项目）进行全面监管，共检查安全隐患247处，下达监督记录96份。全年无安全事故上报。大力推进节能减排工作。全区建筑节能执行率达到100%。全年进行墙改节能备案项目37项，出具民用建筑节能验收监督报告16项，进行墙材验收24项，收取墙改基金340万。严把检测工作质量关。全年检测中心累计完成检测项目9944项；其中不合格项目324项。

（方志办）

【建设项目管理】 2015年，区建设规划管理局进一步完善制度，强化建筑市场监管。对在秦皇岛开发区从事建筑施工活动的外地进秦建筑业企业，推行登记备案制度，全年共办理外地建筑施工企业进秦施工登记备案31项。切实维护农民工合法权益，依据秦皇岛市建设局下发的《秦皇岛市房屋建筑和市政基础设施工程建设领域农民工工资预储金管理办法实施细则》要求，推行农民工工资预储金制度，全年共办理13项。加强项目统计管理。2015年办理施工许可25项，合同备案175项，备案价款17.3467亿元。竣工验收工程60项，建筑面积41.49万平米，出具监督报告工程119项，建筑面积106.84万平方米，城建档案归档立案2676卷，竣工验收备案29项，面积60.6万平方米。全力配合区行政审批局的设立和业务移交工作。按照区工委、管委的要求，完善、优化建设办事流程，积极配合审批局对施工许可审批业务的移交，同时对其相关业务进行梳理，并派相关人员进驻审批大厅，保障审批局对外窗口的正常运行。

（王晓宇）

【工程造价管理】 2015年，区财政投

资工程结算备案共计177项：建设单位报审造价11.08亿元，备案造价8.90亿元，核减造价2.18亿元。非财政投资项目工程结算备案共计13项，备案造价1.80亿元。国有投资工程招标拦标价备案共计129项：备案拦标价9.66亿元,核定安全生产、文明施工措施费3893万元。非国有投资工程最低控制价备案22项，备案价款：2.47亿元，核定安全生产、文明施工措施费1004万元。核定安全生产、文明施工费费率共计289项。

（宋迎秋）

【工程招标管理】 2015年，区建设规划管理局实行非国有资金投资建筑工程项目直接发包。根据住房和城乡建设部《关于推进建筑业发展和改革的若干意见》（建市[2014]92号）、河北省住建厅《关于做好非国有资金投资建筑工程项目监管工作的通知》（冀建市[2014]33号）和秦皇岛市建设局《秦皇岛市非国有资金投资建筑工程项目直接发包监督管理办法》（试行）（秦建[2015]49号），对建设资金来源中不含国有资金、国家融资资金、国际组织贷款或援助资金、外国政府贷款或援助资金等的房屋建筑和市政基础设施工程项目由建设单位自行组织直接发包。建设单位在直接发包前到建设行政主管部门办理直接发包备案，建设行政主管部门对发包条件、拟承包施工、监理企业资质和人员、工期和工程造价的合理性等内容进行审核。

实行新的建筑业企业资质管理规定和资质标准。《建筑业企业资质管理规定》（住房和城乡建设部令第22号）和《建筑业企业资质标准》（建市[2014]159号）已于2015年3月1日施行，区建设规划管理局监管的建设工程项目不论采用招标发包还是直接发包均严格施行新的资质管理规定和资质标准，并取消建筑工程施工总承包一级资质企业承担单项合同额3000万元以上、特级资质企业承担单项合同额6000万元以上建筑工程的限制。进一步简化程序，压缩办事环节。取消建设项目报建事项；把施工、监理直接发包备案与施工合同备案合并，减少一个办事环节，加快项目建设进度。

（姜　君）

【工程质量监督】 2015年，区建设规划管理局积极推进监督工作标准化。质量监督手续全部实现网上办理，日常工程监督工作正逐步进入网上监督系统实施监管。同时认真推进施工现场质量保证体系量化考核工作，规范各质量责任主体的质量行为，确保工程质量。大力开展质量联查，认真落实工程质量专项治理两年行动。4月，完成对王校庄安置房、碧景华庭、铂悦山等20个项目工程质量检查工作。7月，对全区在建工程进行了钢筋、防水卷材等材料专项检查，着重检查施工现场调直钢筋和钢筋原材质量，共检查18项在建工程，现场抽检37组钢筋试样，未发现超规范冷拉钢筋现象，抽检10组防水卷材试样，全部合格。8月，秦皇岛市站检查组对区计新庄安置房、碧景华庭项目部进行检查，抽查工程资料和实体质量，提出许多宝贵意见。9月，秦皇岛市站对区内佳裕小区（铂悦山）项目进行质量检查，指出存在的质量问题。加大保障房建设监管，确保工程质量。2015年，天池路青年周转公寓、王校庄安置房、深河片区改造工程、计新庄改造二期等保障房项目陆续开工。区建设规划管理局坚决贯彻各项保障房监管制度的落实实施，确保施工现场质量保证体系、第三方结构检测、专家评价验收、工程质量永久性标牌等制度落到实处。积极开展质量巡查和暗访工作，始终保持高压态势，严肃处理违法违规案件，确保工程顺利开展。积极开展建筑工程质量评优活动，努力提高质量意识。2015年初，阿尔法工业园顺利通过河北省住建厅省级住宅产业化示范基地认证。加强人员培训，提高人员综合素质。7月，区建设工程质量监督站全体监督员参加河北省工程建设质量监督检测管理总站组织的监督人员培训班。经过学习，监督人员对监督工作的意义，监督工作的重点，监督执法标准都有新的认识。随后参加河北省工程建设质量监督检测管理总站组织的考试。积极稳妥的开展工程质量投诉受理工作。严格按照有关规定进行质量投诉的登记、勘察、协调和处理。2015年，区建设工程质量监督站受理质量投诉13起，处理完结11起。

（刘艳光）

【工程安全监管】 2015年，区建设规划管理局完善组织机构，落实岗位责任。与区属31家单位签订《安全生产承诺书》，把责任落实到企业各部门和各工程项目部，使各工作层面、各生产岗位、各级人员都有了安全责任，形成自上而下的安全生产目标责任体系。强化安全监管力度，保障安全无隐患。全年办理大型起重设备备案60个，对全区86个在建项目（包括2014年结转项目）进行全面监管，共检查安全隐患247处，下达监督记录96份。全年无安全事故上报。认真开展春季复工大检查。3月，对全区27个申请复工的在建项目展开复工前安全生产检查，对大型机械设备、高处作业吊篮、临边防护、“三宝、四口”及其他危险部位、深基坑、高大模板支撑体系、临时施工用电、施工现场脚手架、工人“三级教育”、“三类人员”和特种作业人员持证上岗情况等进行了重点检查，对存在一般问题的单位从责任制度、安全生产设施等方面提出了具体整改要求，整改合格后方可复工。对存在严重隐患、整改后仍未达到开工条件的坚决不予复工。开展建筑施工扬尘治理工作。认真贯彻执行《河北省建筑施工扬尘防治新15条标准》，针对扬尘污染的重点区域、重点领域和和突出环节，全面提高扬尘污染防治水平，对建筑施工工地进行全面监督检查。开展以“加强安全法治、保障安全生产”为主题的“安全生产月”活动。制定并下发“安全月”工作方案，配合安委会等相关单位在区内广缘超市广场开展宣传活动，设置展牌，发放建筑安全生产小册子240余本。深刻吸取“8•12”天津滨海新区危化品仓库爆炸事故教训，制定出台《秦皇岛经济技术开发区安全生产大检查专项行动方案》，在全区范围内开展全面大检查。重点检查起重机械设备、基坑边坡支护、高大模板支撑系统、脚手架、安全防护、施工用电、施工现场排水设施等。共检查工地40个，下达隐患整改22份，停工整改1份，监督记录44份，发现隐患53个。开展起重设备专项检查、安全防护用品专项检查、临时用电等各类专项整治工作。共检查施工项目41个，共排查项目部85家次，下达事故隐患整改通知25份，监督记录31份，停工指令书1份，排查出一般隐患83条。开展“冬季施工大检查”。制定下发大检查通知，明确治理内容。全力督促各施工企业、施工现场做好安全生产、文明施工和冬季防火等工作。

（张　洋）

【推进节能减排】 2015年，区建设规划管理局坚持把墙改、节能标准贯穿于工程建设全过程。严格按照《建筑节能工程施工质量验收规范》的要求，从工程设计、施工、监理、验收每一个环节把关。严格执行节能设计标准，其居住建筑按照建筑节能设计标准65%执行，公共建筑按照建筑节能设计标准50%执行。2015年全区建筑节能执行率达到100%。全年进行墙改节能备案项目37项，出具民用建筑节能验收监督报告16项，进行墙材验收24项，收取墙改基金340万。大力推进绿色建筑进程。根据《秦皇岛市绿色建筑管理办法》的通知精神，对履行基本建设程序的新建建筑均在出规划条件时给出绿色建筑星级标准，并按要求进行规划、设计、建设和管理。2015年，全区通过绿色建筑一星级设计评审的新建建筑9项，以绿色建筑二星级标准设计的“金明地产”、“开发区六小”两个项目已上报专家评审会。2015年，所有履行基本建设程序的新建民用建筑100%执行绿建标准。年初，数谷大厦已通过绿建二星级运营评价，获得绿色建筑二星级运营标识。推进住宅产业化进程。随着天池路周转公寓1号、4号、7号、9号住宅的开工建设，标志着秦皇岛开发区建筑业已跨入产业化行列。

（衣韶辉）

【提升交易平台作用】 2015年，区规划局认真做好区建设项目招投标见证工作。对于每一个进场工程项目，开标前，派专职人员查验开标证件。开标过程中对开标程序、投标人及其授权代表的身份、投标书的密封情况、开标唱标的过程进行监督，并且在评标厅进行全程监控录像。同时，对进入评标厅的评标专家和进场工作人员的通讯工具进行信号屏蔽，全方位保证开标、评标过程的公开、公平、公正。努力拓展进场交易项目，较2014年同期，进场项目基本持平，但同时又呈现出多样化的良好局面，增加设计、设备采购、设备供货，勘察以及竞争性谈判。2015年，进场开标项目共计268项，中标价款总计23.68亿元。其中：施工112项，监理38项，勘察设计54项，竞争性谈判6项，设备采购、供货安装18项，竞争比选40项。制定计划、明确分工，提升服务水平和工作效能。区建设规划局交易中心制定计划做到错时开标、分时评标，明确分工，一对一跟踪服务，保障重点项目的及早开工建设。另外在细节上优化服务水平，在投标保证金的收取以及缴纳上做到了一次告知，并附书面具体办事程序，让投标单位明确各项相关事宜，针对外地未中标企业投标保证金的退还，开通由银行直接退还到企业交纳保证金的账户上，做到让投标企业省心、放心。

（韩　丹）

【严把检测工作质量关】 2015年，区建设规划管理局对检测全过程实时数字监控,确保工程检测质量。参与秦皇岛市质监局对秦皇岛市103家资质认定获证实验室的分类评价，经多方位评价最终获得B级标准。提高从业人员技术能力。9月，分别派出检测中心技术负责人，质量负责人及各科室负责人参加了资质认定的培训。2015年检测中心累计完成检测项目9944项；其中不合格项目324项。检测任务总产值达到5481455元，其中主体结构的产值为2961820元。

（顾孟媛）

【保证保障房项目顺利开展】 2015年，秦皇岛市保障性安居工程领导小下达给秦皇岛开发区的年度任务为：棚户区拆迁改造638户，建设安置房1469套，棚户区分配入住734户，限价商品房竣工1210套。2015年，这些任务已全部落实到具体项目。棚户区拆迁改造项目为铁官营安置房拆迁改造123户，刘马坊安置房拆迁改造129户，北杨各庄拆迁改造188户，孤家子安置房拆迁改造198户。棚户区分配入住项目为孙庄安置房项目分配入住734户。限价商品房竣工项目为东区限价商品房项目。推进项目进展。铁官营安置房安置占地面积46亩，建筑面积3.69万平方米，采用整体装配式结构体系建设施工。2015年，户型方案设计已完成，正征求村民意见。刘马坊安置房安置占地面积3.14万平方米，建筑面积3.87万平方米，采用整体装配式结构体系建设施工，2015年，户型方案设计已完成，正征求村民意见。北杨各庄安置房安置占地面积4.42万平方米，建筑面积5.64万平方米，采用整体装配式结构体系建设施工，2015年，户型方案设计已完成，正征求村民意见。孤家子安置房安置占地面积4.96万平方米，建筑面积5.94万平方米，采用整体装配式结构体系建设施工，2015年，户型方案设计已完成，正征求村民意见。由于以上4个项目进展缓慢，要实现10月底开工难度较大，秦皇岛开发区新增棚改项目郭庄二期安置房，该项目拆迁户数为674户，安置套数为1685套，建筑面积19.5万平方米。郭庄二期采取政府自建，2015年，建筑方案设计、勘察、设计招标已完成。孙庄安置房项目734户已全部分配入住。东区限价商品房项目装修已基本完成。在建公租房项目为天池路青年周转公寓项目。1号楼地下一层底板混凝土已浇筑完成，4号楼地下一层底板正在绑钢筋，7号楼、9号楼正在做桩基静载实验，其他楼栋因涉及3处鱼塘及地上附着物的补偿没能开工。

（林朝寨）

土地管理

【概述】 秦皇岛市国土资源局经济技术开发区分局负责全区国土资源行政管理工作。2015年，以服务招商引资和项目建设为重点,紧紧围绕年度工作计划目标,开拓创新，锐意进取，稳步推进国土资源各项管理工作。规范设施农用地的管理。区国土分局按照《国土资源部、农业部关于进一步支持设施农用地健康发展的通知》文件精神，拟定《秦皇岛经济技术开发区管理委员会关于规范设施农用地管理工作的通知》，进一步明确设施农用地备案管理的主要部门及责任分工，规范备案工作的申请材料及审批流程。全年秦皇岛开发区国土分局完成5个批次的土地转用征收组卷工作，面积合计228.411公顷（3426.165亩）。完成京能热电、戴河治理和北大医院等项目征用上徐、下徐、小米河头、高家岭村等村土地共284.2公顷。出让国有土地8宗，面积29.849 公顷（448亩）。完成土地使用权登记4337宗。土地转让13宗，转让面积489721平方米，转让金额18674万元。

（唐　超）

【土地利用总体规划调整工作】 2015年，秦皇岛市国土资源局经济技术开发区分局在中心城区土地利用和县区级土地利用总体规划进行调整。中心城区土地利用总体规划调整。按照国家有关要求，在保证城镇建设用地总规模不变的前提下，经筛选最终确定增加3个项目建设用地规模，其中：中信戴卡项目增加建设用地规模7.4742公顷（112.113亩），中央音乐学院附中项目增加建设用地规模11.1386公顷（167.079亩），孤家子安置房项目增加建设用地规模3.9507公顷（59.2605亩），共计22.5635公顷（338.4525亩）。建设用地规模核减地块为秦抚路以南、梅山湖路以东的允许建设用地区，面积22.5652公顷（338.478亩）。

县区级土地利用总体规划调整。2015年市级追加秦皇岛开发区建设用地规模200公顷，其中2014年已使用22.9493公顷，剩余177.0507公顷；另市级剩余40.1公顷建设用地规模，同意由秦皇岛开发区使用，至此，新增建设用地规模累计达到217.1507公顷（3257.2605亩）。区国土分局已将上述规模纳入海港区和抚宁区2个规划调整方案。2015年，海港区土地利用总体规划调整方案已编制完成，确定增加建设用地3个地块，其中：大惠生物项目2个地块追加建设用地0.5709公顷（8.5635亩），秦皇西大街老年公寓1个地块追加建设用地规模1.8485公顷（27.7275亩）。抚宁区土地利用总体规划调整，经秦皇岛开发区与抚宁区研究决定由抚宁区组织开展规划调整工作。

（唐　超）

【建设项目用地报批】 2015年，秦皇岛开发区国土分局完成5个批次的土地转用征收组卷工作，面积合计228.411公顷（3426.165亩）。其中，秦皇岛市2015年第3批次建设用地33.24公顷（498.612亩）、秦皇岛市2015年第15批次建设用地13.38公顷（200.7075亩），两个批次转用方案已获河北省人民政府批准。秦皇岛市2014年中心城区第四批次建设用地（111.68公顷）转用方案已上报河北省国土资源厅审查；其余两个批次正在积极组卷中。

2015年，国家超额下达河北省新增建设用地指标3333.4公顷，用于支持京津冀协同发展用地需求。区国土分局积极组织相关材料，向上级申请京津产业转移项目用地指标，已向上申请新增用地项目13个，申请新增建设用地指标423.3公顷农用地（6349亩），耕地347.3公顷（5210亩）。

（唐　超）

【征地及土地出让工作】 2015年，区国土分局在征地资金紧张、征地难度加大的情况下，调动一切积极因素，攻坚克难，完成京能热电、戴河治理和北大医院等项目征用上徐、下徐、小米河头、高家岭村等村土地共284.17公顷（4262.59亩），完成年度征地计划，确保基础设施和项目建设用地需要。

在后备土地资源匮乏，可供出让土地不多，土地市场持续低迷的情况下，经全局上下共同努力，全年共出让国有土地8宗，面积29.849 公顷（448亩）。

（唐　超）

【地籍管理工作】 2015年，区国土分局完善管理制度，改进服务措施，提高工作效率和服务质量，极大地方便了群众和服务对象。全年累计完成土地使用权登记4337宗，其中企业用地54宗，商业用地282宗及城镇住房登记4283宗。抵押登记发证598宗。土地转让13宗，转让面积489721平方米，转让金额18674万元。国有土地使用权划拨4宗，划拨面积424615平方米，土地包干费899.6万元。土地预审10宗。认真组织，稳步推进农村集体土地使用权登记发证工作，按计划完成全部外业核查和权属调查工作。

（唐　超）

【矿产海洋管理】 2015年，区国土分局完成秦皇岛开发区QK13001等三宗海域使用权挂牌出让工作，组织3项目环评论证专家评审工作，环评报告现已上报省厅核准。组织编写《山海关港区粮油物流中心项目海域使用论证报告》并通过专家评审。积极到国家海洋局跑办协调人工岛项目前期手续。完成年度海籍变更调查工作和海洋经济运行相关调查工作。完成辖区涉海项目海域使用金催缴工作，所有应缴海域使用金项目海域使用金已足额收缴入库。开展下徐各庄2个无主矿山环境治理工作，治理方案已委托技术单位编制完成并通过专家评审。

（唐　超）

【执法监察及信访稳定工作】 2015年，区国土分局认真做好2014年土地、矿产卫片执法监督检查和国家土地北京督察局土地例行督察迎检工作。对上级下发秦皇岛开发区的201个土地疑似违法用地图斑进行现场核实、上报审核及立案查处。其中，对39个违法图斑进行证据保全。对29宗违法案件查处组卷下达行政处罚决定书进行没收处罚，同时对7个企业项目违法图斑进行了罚款，罚款金额490余万元；对23处违法占地建筑进行拆除。完成河北省国土厅督办案件亿科公司羊场的查处工作，拆除违法占地设施4000平方米，恢复土地原貌，通过河北省检查组对整改情况的验收。

加大对违法占地行为的查处工作。全年共查处4宗违法占地行为。其中，1宗已申请法院强制执行，2宗现场整改，1宗强制拆除。除此外，区国土分局积极参与管委组织的强制拆除工作，先后对40余处违章建筑进行强制拆除工作。认真做好石油、燃气、液氨管道违章压占排查清理工作，对太和寨村5处压占石油管道问题进行整改。

完成实心粘土砖瓦窑的关停取缔和拆除工作。对秦皇岛开发区范围内实心粘土砖瓦窑情况进行深入排查，在现场评估、证据保全的基础上，对区内9座实心粘土砖瓦窑进行拆除。

认真做好信访稳定工作，努力减少各类矛盾的发生。全年共接待和处理群众各类矛盾纠纷和来信来访案件65次，共140人次。受理网上举报信件12件；其它各类信访案件14宗。

（唐　超）

环境管理

【概述】 2015年，是新《环保法》正式实施的第一年。区环保局严格落实新《环保法》，在严格环保执法，深化改革创新，优化总量控制，加强能力建设等方面取得新的突破。以六•五环境日为契机，以新法“四进”措施为手段，落实新环保法，不断加大环保知识和法制宣传力度。2015 年，全区共完成减排工程15项，共削减总量COD 670.8吨、NH3-N 53.72吨、SO2 4265.3吨、NOx1773.58吨，较2014年度削减COD 28%、NH3-N 22%、SO2 29%、NOx 17%。小汤河水质状况良好，达到4类环境功能区划要求。采取强有力措施，深入开展大气污染防治工作，完成全年大气任务。2015年空气质量优于二级天数为 269 天。2015年10月22日，秦皇岛开发区管委顺利通过ISO14001环境管理体系再认证现场审核。

（王晴晴）

【通过ISO14001环境管理体系认证审核】 2015年10月20～22日国家环境保护部中环联合（北京）认证中心派4名专家到秦皇岛开发区开展2015年度ISO14001环境管理体系第六次再认证审核。自2000年7月14日，秦皇岛开发区建立ISO14001环境管理体系以来，2015年已经是第6次再认证审核。

秦皇岛开发区工委、管委将ISO14001环境管理体系作为一项重要的管理模式，将其提高到一个事关可持续发展的高度去开展工作。在组织机构安排上，由管委会主任担任最高管理者，任命管委主管副主任为环境管理者代表，并成立了由各职能部门主要领导参加的工作小组，选派具体工作人员组建环境管理者代表办公室，负责全区的ISO14001环境管理体系整体推进和各部门的协调联络及体系持续、有效运行。区管委会根据各职能部门的工作职责，明确相应的环境管理职责和各部门在环境管理体系运行中的工作职责，要求各部门做好体系建设和运行的相关工作，并通过建立体系标准，把环境管理工作融合到各职能部门的日常工作之中。

第6次再认证审核的结论：各部门按部门规章制度要求，严格执行ISO14001体系文件的各项作业文件，各项监管工作到位，积极为区内企业、居民、村民服务，体现出以人为本的服务精神。第六次再认证审核未开出不符合项和观察项，最后审核组确定秦皇岛开发区ISO14001环境管理体系持续有效运行，体系认证证书继续使用。

（张煜清）

【深入开展各类环保专项行动】 2015年，区环保局不断加大执法力度，组织开展扬尘整治、“四大行业”污染治理、燃煤污染整治、机动车污染治理、“利剑斩污”、油气回收治理等攻坚行动。全年共实施现场检查1204余次。其中，实施建设项目“三同时”监察50余次。检查锅炉及环保设施336余台（套）。对国控、省控重点工业企业及污染源防治设施进行每月不少于一次的现场监察，对一般工业企业污染设施进行了每季不少于一次的检查，现场发现问题解决问题，及时减少环境污染事件的发生，并经常组织节假日和夜间突击检查，遏制偷排偷停等违法排污行为。

（王晴晴）

【加强全区生态环境监管】 2015年，区环保局对区内涉重金属企业、化学品企业、涉油企业、危险废物产生和经营等环境风险高与安全隐患大的企业全面排查。共检查全区涉重金属3家、危险废物15家、危险化学品(含经营、生产、使用的仓储企业）4家、医疗废物3家，共出动监察人员60余人次。对区内涉及放射源和射线装置共20家单位现场开展了全面检查。区内共有涉源单位2家，均已完成《辐射安全许可证》申领工作。共有放射源11枚，其中Ⅳ类源5枚，Ⅱ类放射源6枚。

2015年，对区内177家企业进行污染源监测，所排污染物均全部达标，达标率100%；对益海嘉里、哈电集团等81家企业进行验收监测，均达标排放，通过验收；对科泰、兴龙轮毂等105家企业进行了排污许可证监测，均达标排放，发放许可证监测报告。2015年10月22日，秦皇岛开发区管委顺利通过ISO14001环境管理体系再认证现场审核。

（王晴晴）

【开展大气污染防治保障“阅兵蓝”行动】 2015年，区环保局全力以赴保障抗日战争胜利70周年纪念活动空气质量保障工作。坚持点源减排与面源防控相结合，以燃煤管控、工业污染减排、机动车污染治理、面源污染防治为重点，实行24小时驻场监督，实现区内4家企业停产，5家企业限产达到30%的目标任务。完成对区内未淘汰的10吨蒸汽及以下锅炉、茶浴炉等燃煤设施，要求其暂停使用。对区内7家实心粘土砖瓦窑按照要求全部停止生产，3家高架源企业按照要求限产50%，23家VOC企业限产30%的目标任务。完成了上级下达的的各项任务，实现了抗日战争胜利70周年纪念活动空气质量保障工作的“阅兵蓝”。

（王晴晴）

【开展“四进”活动，落实新环保法】 2015年，区环保局以六•五环境日为契机，以“四进”措施为手段，不断加大环保知识和法制宣传力度：环保进学校。通过开展绿色学校创建活动，加强学校的环境保护知识渗透教育，有效体现“环保从娃娃抓起”。环保进企业。在全区各重点污染企业中开展环境信息公开化、透明化工作，通过宣传环保法律法规和创建环境友好型企业等活动，进一步规范了企业的环境行为，增强企业的环境法制意识。环保进社区。积极开展创建绿色社区、绿色家庭，深入社区开展环保现场法律咨询活动，宣传环保法律法规和环保科普知识，提高全民的环境意识。环保进农村。广泛开展生态示范村建设活动，使环保意识渗透到乡村，为促进和改善农村环境起到了积极作用。

（王晴晴）

【大气污染防治工作】 2015年，区环保局编制《2015年开发区大气污染防治工作实施方案》，落实大气污染防治主体责任，签订目标责任书，按期完成各项目标任务。

燃煤锅炉改造。2015年，全区共有104台燃煤洗浴、茶水炉及10吨以下燃煤锅炉全部改造完成。10吨以上燃煤锅炉也已建立锅炉档案，并检查督导其达标排放。削减煤炭消费总量。秦皇岛开发区1～10月煤炭消费46.25万吨，占目标任务（62.25万吨）的74.30%;实现削减量1.59万吨，占全年目标任务（2.08万吨）的76.44%。推进散煤洁净化利用。年内推广洁净型煤任务已由5万吨调整为2000吨，截止11月30日，已完成566吨。

大力发展城市集中供热。2015年，城市建成区集中供热普及率达到99%以上（任务为74%），完成既有居住建筑供热计量及节能改造3万平方米以上，设区市居住建筑计量收费比例达到47.86%（任务为50%）。运行15年以上的老旧集中供热管网改造全部完成。拆除烟囱任务。2015年，秦皇岛开发区任务是3座烟囱拆除任务。北方明晶一根及奥格玻璃有限公司二根废弃烟囱已全部拆除。取缔粘土砖瓦窑。全年已完成对7家粘土砖瓦窑的取缔。

大力发展绿色建筑。2015年，秦皇岛开发区民用建设项目均执行绿色建筑标准，执行率100%；新建城镇建筑严格执行强制性建筑节能标准，设计、施工阶段建筑节能标准执行率达到100%。

全面推进重点行业治理。2015年，完成区动力公司3台35吨锅炉镁法脱硫工程和美铝合金熔炼炉烟尘治理项目。区内9家企业开展清洁生产审核工作，已全部签订服务合同。全年共监管工地77个（包括2014年结转）。截至10月31日，现有在建工程29个，已安装视频监控25个，达标率83%。

推进农村面源污染综合治理。积极开展测土配方施肥工作，完成推广面积0.45万亩，建立化粪池5个。进一步强化畜禽养殖粪污的综合利用技术指导，全面提高畜禽粪污资源化利用率。制定出台《2015年禁烧秸秆实施方案》，强化区、办事处、村三级在秸秆禁烧工作中的监管责任。在夏收、秋收等重点时段集中开展督导检查，强化措施，严格责任，建立秸秆禁烧长效机制。积极开展秸秆压块等技术的宣传工作，率先在辖区8个主要秸秆主产村推广使用高效清洁炉具，已完成3554套，逐步推广到4000套，使秸秆综合利用率达到98%以上。

（陆　玮）

【全面完成污染减排任务】 2015年，根据《秦皇岛市2015年主要污染物总量减排实施方案》，区环保局加大力度，进一步细化工作目标，量化工作任务，完善工作措施，明确工作重点和完成时限，确保完成污染减排任务。明确任务，落实责任。高度重视"十二五"期间必须完成的减排约束性指标，实行领导包抓责任制，主要领导负总责，明确任务，夯实责任，严守时限，确保年度减排任务的全面完成。加强监管，狠抓落实。进一步抓好项目组织、实施工作，督促项目单位全面落实减排措施，监督减排项目顺利落实。严格管理，控制增量。在抓好减排项目实施的同时，努力控制污染物新增量，积极发展资源能源消耗小、污染物排放量少的产业和项目。大力推广清洁能源，努力控制燃煤增长量，减少SO2新增量。2015年，全区共完成减排工程15项，共削减总量COD 670.8吨、NH3-N 53.72吨、SO2 4265.3吨、NOx1773.58吨，较2014年度削减COD 28%、NH3-N 22%、SO2 29%、NOx 17%。

（武振兴）

【环境管理工作】 2015年，局领导及工作人员经常深入各企业，了解检查环保设施建设及运行情况，帮助企业与河北省环保厅、秦皇岛市环保局沟通协调，完成建设项目环保验收手续。不断提高服务质量，简化审批程序，实行项目进展动态周报，重点项目专人跟踪办理，增强服务意识，提高服务水平，加快环评审批效率。全年共受理项目52个，共审批项目84个。其中报告书7个，报告表59个，登记表19个，变更报告6个，验收项目61个。实事求是地做好2014年环境统计年报工作，共统计重点企业39家，污水处理厂6家，危险废物处置单位1家，规模化养殖场10家。为企业发放排污许可证104家。

（武振兴）

【环境监察】 强化环境现场监察。2015年，建立"监管区域、监管对象、监管过程、监管责任"全覆盖的长效机制。现场检查频次和检查面大幅增加，行政处罚力度显著增强。共实施现场检查1204余次。其中，实施建设项目“三同时”监察50余次。检查锅炉及环保设施336余台套。对国控、省控重点工业企业及污染源防治设施进行每月不少于一次的现场监察，对一般工业企业污染设施进行了每季不少于一次的检查，现场发现问题解决问题，及时减少环境污染事件的发生，并经常组织节假日和夜间突击检查，遏制偷排偷停等违法排污行为。

对城镇污水处理厂等污染治理企业的监督检查。重点检查处理设施运行情况和污泥处理处置情况，严查不正常运行、超标排放、非法倾倒污泥等违法行为。加强全区6家污水处理厂的日常检查，确保污水量和进水水质达到相应标准并实现稳定达标排放。

开展暑、汛期环境安全隐患排查整治工作。共检查全区涉重金属3家、危险废物15家、危险化学品(含经营、生产、使用的仓储企业）4家、医疗废物3家，共出动监察人员60余人次。

开展秸秆禁烧工作。区监察大队强化督查，把秸秆禁烧措施落实到位。加强领导负责制，确定专人负责，层层落实责任，强化一线督查，及时劝阻制止焚烧行为，对劝阻无效的坚决依法查处。

开展企业自律体系工作。全区9家国控企业，及4家企业已完成环境管理自律体系建设工作。主要表现在：企业由“被动”向“自觉”转变，自觉遵守环保法律法规，主动承担社会责任。加大环保投入，对生产工艺进行升级改造。防患未然，杜绝环境污染事件的发生。创新环境监管模式，推动环境保护公众参与。

健全环境网格化工作。区环保局认真贯彻落实省、市两级关于加强网格化管理的部署和要求，坚持以改善和保障民生为核心，以解决矛盾问题为重点，注重条块融合，上下联动，精心组织，狠抓落实，全区建立二级网格4个，三级网格81个，全部按要求完善落实。

开展环保大检查工作。按要求完善“一厂一档”环境管理制度。区内179家企业填报《一般污染源基本信息表(试行)》《工业园区基本信息表(试行)》《污水处理厂基本信息表(试行)》《小型第三产业基本信息表(试行)》《建筑施工单位基本信息表(试行)》《固体废物专业处置单位基本信息表(试行)》《畜禽养殖行业基本信息表(试行)》等信息登记。

积极做好环境环境信访工作。共处理各级信访案件 78 件，办结率97%。加大对排污费征收力度。

（陆　玮）

【环境监测】 常规监测。区域环境噪声、交通噪声监测。2015年秦皇岛开发区监测站对西区设144网格，交通噪声设7个点位，分别在昼间和夜间进行测量。取得有效测数据1890个；区域环境噪声监测结果昼间56.1dB(A)，夜间46.2 dB(A)。交通噪声监测结果昼间65.3dB(A)。监测结果符合《声环境质量标准》GB3096-2008二级标准限值要求，达标。

空气质量监测。每月出一份空气质量月报，全年共出具12份。经统计2015年空气质量优于二级天数为269天。

地表水监测。2015年，秦皇岛开发区监测站对小汤河5个断面每季度第一个月进行一次水质监测。监测结果与2014年相同。小汤河水环境达标。

污染源监测。全年对全区污染源进行常规监测，区环保局直管非重点污染源及监测项目，由区环保监测站根据已验收项目自定。非重点污染源每年监测1次。2015年，对全区177家企业进行污染源监测，依据《污水综合排放标准》（GB 8978-1996）、《大气污染物综合排放标准》（GB16297—1996）《工业窑炉大气污染物排放标准》（GB9078-1996），177家企业所排污染物全部达标。

验收监测。2015年，对益海嘉里、哈电集团等81家企业进行验收监测，依据标准，88家企业各项污染物均达标排放，通过验收。

排污许可证监测。2015年，对科泰、兴龙轮毂等105家企业在正常生产情况下，对企业所排污染物进行监测，依据标准，105家企业各项污染物均达标排放，发放排污许可证监测报告。

（张丽华）

城市管理

【概述】 2015年，区城市发展局坚持一手抓规范管理、一手抓整治提升，全面推行全覆盖徒步巡查、无缝隙网格化精细管理，通过整治、规范、提升、改造，管理效能逐渐提高，城区管理成效明显，居民群众幸福指数持续攀升。全年完成春节灯展、暑期、“9.3”中国人民抗日战争胜利纪念日阅兵式活动、中宣部召开的河北省秦皇岛理想信念教育工作经验交流会等重点时段、重大活动的市容环境服务保障任务50余次。完成临时占用城市道路、排水许可证、绿化规划审批等各类行政审批210项，行政审批办结率达到100%。12319便民服务热线共受理电话投诉和来人来访702人次，办结率100%。

市容秩序管理有新成效。规范、取缔各类商贩8000余人次，治理店外经营、乱堆乱放、乱拉乱放等违规行为120余家。清理道路两侧墙体、地面、灯杆等处小广告3.7万张，涂盖墙体广告1280处，收缴、整改违规条幅740个。拆除、规范违规牌匾196块，收缴违规灯箱广告90个，处置违规庆典活动40余件。完成庐山路15处、华山南路8处、泰盛家园38处、富士康公司周边75处、海兰公司周边95处临违建筑的强拆工作，清理面积3290平方米、垃圾200立方米。加强露天烧烤整治，共排查登记烧烤业户64户，说服教育、集中谈话400人次，组织突击整治8次，出动人员210人次，收缴烧烤炉具38个、附属物品40余件。环境卫生管理有新提升。主干道机械化清扫率达75%；垃圾清运日产日清，全年清运垃圾3.6万吨；清理祁连山路、渤海西道等处垃圾死角垃圾1.4万吨。绿化养护管理有新变化。对全区419万平方米园林绿地实施精细管养，清理绿化带内枯枝、残叶及杂物垃圾1842立方米，补植乔木457株、花灌木32.8万株、宿根花卉39.7万芽；修剪草坪2739万平方米，修剪乔木5.2万株、灌木273万株；涂白树木6万株；分栽鸢尾、大花萱草、玉簪等宿根花卉4万平方米；栽摆草花18.8万盆；施肥303吨；防治美国白蛾喷洒乔木24万株，剪除网幕3100个。对全区市政道路及设施进行全覆盖徒步巡查，实施全方位养护管理，确保道路平整、边石顺直、排水通畅、路灯明亮、井盖齐全、机泵正常运转，市政设施完好率达到90%以上。全年累计维修道路6461平方米、路缘石 384延长米、海口道塑钢栏杆360延长米；疏通管网6650延长米，清理、更换检查井、井箅子1428个；春节期间悬挂灯笼2000余盏，点缀亮化灯头、灯带4000盏（套）；全年维修各类亮化设施4555盏（套），全年维修各类机电设备360余件。

开展102国道、西外环道路道路域环境集中整治行动。组织开展由区内20家维修企业140人参加区内举办的第二届职工技能大赛。春运期间投入客运运力53台，班次526班次，运送旅客2.4万人次。调整901、902路公交线路，加密运行905路公交线路，延伸36路公交线至臻鼎科技公司。

推行最严格水资源管理制度。对区内260余家规模以上工业企业及事业单位实行用水定额管理。完成宏启胜精密电子（秦皇岛）有限公司水平衡测试及取水许可相关手续。加强地下水资源保护和监管，征收金明地产、金博地产水资源费。对37家洗车、洗浴企业用水情况走访检查，发现问题，立即整改。完成中信戴卡公司等水资源论证及金明国际财富中心等6项水土保持审查会及批复。强化大汤河、小汤河、戴河等河道水面卫生保洁，营造洁美的水生态环境。汛期24小时值班值守，保持信息畅通，完成防汛任务，实现安全度汛。

（王冰冰）

【创新城市管理机制】 2015年，区城市发展局采取政府购买服务的形式，将园林绿地养护、道路清扫保洁、城管小广告清理逐步推向市场，同时加强监督考核，做到"管干分离，监管到位"。制定出台《开发区园林绿化养护、道路清扫保洁、小广告清理市场化运行实施方案》，确定划定外包区域、明确作业范围、制定目标指标、健全应急机制、严格质量标准、设置准入门槛、强化监督考评等7项重点工作，对作业模式确定、运行经费核定、招投标工作等全程把关定向，确保各项改革工作扎实开展、有序推进。全年规范、取缔各类商贩8000余人次，治理店外经营、乱堆乱放、乱拉乱放等违规行为120余家。清理道路两侧墙体、地面、灯杆等处小广告3.7万张，涂盖墙体广告1280处，收缴、整改违规条幅740个。

公开招标，引入优质企业。采取公开招投标方式，成功引进高素质、专业性的优质企业团队参与城市管理。双方签订外委承包合同。各承包企业依照法律法规和合同条款，认真组织开展各自承包的管理作业，确保各项工作有条不紊，扎实推进。

强化监管，建立考评机制。区城市发展局先后制定《开发区绿地养护管理考核实施办法（试行）》、《开发区公园管理考核实施办法（试行）》、《开发区环卫道路保洁管理考评实施办法》、《开发区小广告清理市场化运行管理规定》等文件，建立健全检查考核、质量监管例会、考核通报、考核奖惩、质量保证金、末位淘汰等一系列制度。组织开展抽查、督查和联合检查，实行一日两巡查，一周一检查，一月一考核，进行检查登记、拍照取证、量化打分，定期公布考核结果并排名通报。

（王冰冰）

【市容秩序管理】 2015年，区城市发展局强化对临时便民市场和流动商贩的管理。采取疏堵结合整治方式，规范城区主干道两侧各类商贩6000余人次。采取错时巡查方式，对区内和平桥、康泰医学周边等处流动商贩给予取缔。采取专人值守方式对森林公园、开放广场等人员密集场所进行重点监管，规范乱停乱放车辆240余台次。加强对马路小广告和宣传条幅的巡查治理。积极探索小广告外包清理工作模式，清理城区主干道两侧墙体、地面、灯杆、护栏及公交站牌、供电设施等处张贴的小广告18万余张。采取涂料覆盖方式整治包含法轮功反动宣传在内的喷涂广告500余处。整治随意设置、陈旧破损、超期悬挂等违规广告、横幅800余条。加强对门牌字匾和庆典活动规范整治。拆除随意设置、手续不全及审批过期牌匾47块，整改有灯不亮、字迹歪斜及风化陈旧门牌字匾22块，收缴各类违规摆放灯箱广告120余个，处置违规组织庆典活动40余起。加强大气污染整治。采取走门入户、宣讲政策的方式对露天烧烤业户进行教育引导，排查登记烧烤业户64户，集中约谈抵触情绪较为严重的烧烤业者400余人次。全年组织较大规模露天烧烤专项整治行动8次，出动人员210人次、车辆46台次，收缴烧烤炉具38个、附属物品40余件，使城区范围内露天烧烤业户全部入室作业。加强对道路违规运输车辆的查处和整治。查处不加苫布、带泥上路，造成道路遗撒及扬尘问题车辆240台次，并责令30余名业主对道路遗撒现场清理；及时发现并现场控制区内企业、居民随意焚烧垃圾、杂物问题20余件。加强城区私搭乱建拆除整治。整治庐山南路、华山北路两侧废品收购站、旧货市场违规棚亭46处，清理面积1450余平方米，清运垃圾200余立方米；配合综合执法局拆除庐山路、臻鼎科技北门违章设施90余处，涉及占地面积800余平米。参加城市环境容貌“百日攻坚”行动。加强企业、校园周边环境整治，取缔天山南路、青龙河道、庐山路、泰山路、腾飞路临时市场，拆除违规棚亭180余处，清理占地面积2400余平米，涉及各类商贩350余户次。加强城区垃圾清理。清理祁连山路两侧、东海道统战林西侧、鹏远公寓北侧及区内老旧小区周边积存垃圾930余立方。加强“门前五包”责任落实。整治店外经营、乱堆乱放、乱拉乱挂及门店橱窗“大花脸”等问题120余处，完成上级督办事项51件。提升为民服务能力。对金色家园物业公司违规建设停车位、快递公司占用道路影响其他单位出行、长江道“新视界”网吧违规设置消防通道等问题现场察看、敦促整改，全年及时受理并妥善处置群众举报问题820余件。完成2015年灯展、秦皇岛市一中高考、铁路沿线综合整治等工作任务，并积极参加区内组织的第7届“创业杯”职工运动会、《凝心聚力•共筑辉煌》大合唱及义务植树等活动。

（邢建润）

【环境卫生管理】 2015年，区城市发展局环境卫生管理处建立“城市管理全覆盖，城市管理精细化”的长效机制。推行网格化管理，实行片长、路长负责制，将全区分为5个片区，每个片区指定一名片长，并配有班长，专门负责本片区道路的环境卫生工作。秦皇西大街、长江道等主要干道指定一名路长，徒步巡查道路卫生，以此形成逐级负责、各尽其责、各司其职的责任落实机制和工作推进机制。同时，配合专业作业检查考核工作，考核小组定期对各岗位作业进行考核打分，每月通报考核结果，奖优罚劣。将道路清扫保洁走向市场化。6月，将长江道以南（含长江道），天山路以东，西环路以西的区域，共计264237.3平方米道路清扫保洁面积承包出去做为试点，在实践中不断创新、完善，通过严格的考核机制来规范、约束承包方的日常作业。成立专门的考核小组，考核实行一日两巡查，一周一检查，一月一考核，每次考核打分都要有记录，月末根据得分情况支付相应的承包费，以此来督促承包方尽职尽责地完成道路清扫保洁任务。试点道路环境卫生已明显改观。扎实推进城乡生活垃圾收集清运一体化。2015年，城乡一体化工程全面完工。建成垃圾转运站3座，市区垃圾收集站10座，村镇垃圾收集点48座。逐步实现村收集、镇转运、市垃圾处理厂焚烧处理的城乡一体化转运模式。区内收集的垃圾全部经过压缩再运往市焚烧发电厂处理，压缩后的垃圾由原有的每天清运18-20箱，变成8-9箱，逐步完成全区生活垃圾处理无害化、减量化、资源化的综合治理目标。全年清运生活垃圾3.8万吨，其中为农村清运垃圾1700吨。为加大主要干道及迎宾路线的清扫、洗扫、洒水频次。2015年购置洒水车2辆、洗扫车2辆。秦皇西大街、长江道每日清扫2次，洗扫4次，洒水4次作业，其余主要干道每天洗扫2次，绿化隔离带、马路牙隔天冲扫1次。成立快速保洁小分队，全天专门巡回检查主要干道的道路卫生。雨后开展道路大冲洗工作，高压清洗车、洗扫车轮番清洗冲洗，直到露出道路本色。针对易产生垃圾死角的部位，做到实时监控，定期清理，主要集中清理了城乡结合部、铁路两侧、河堤两侧等部位，共清理各类垃圾300余吨。逐步建立数字化环卫管理平台，提升信息化水平。2015年引进环卫数字化管理系统，给每个环卫工人配备人员定位终端及车辆GPS定位系统，实时监控工人的作业情况及负责路段的卫生情况，监控道路清扫车、垃圾运输车的清扫、运行轨迹及规范作业、油耗情况。同时监控中心可以通过对讲、视频功能直接指挥人员、车辆作业，更加精细地掌控和管理作业情况，也通过监控中心直接下达工作任务及指令，节省时间，提高管理效率。

（王　佳）

【园林绿化管理】　2015年，区园林处管理绿地面积达到419万平方米，其中自管绿地面积为184.8万平方米，义务植树、片林和苗圃面积为58.1万平方米，外委公园面积为29.8万平方米，外委道路绿地面积为146.3万平方米，占专业绿地面积的42%。区园林处通过采取强化徒步巡查，落实网格责任，完善管理制度、加强监督考核、明确管理方向、解决养护难题等措施，切实加强专业绿地和外委承包绿地的养护管理，不断提高养护水平，确保绿地良好生长，景观怡人。园林处严格按照《开发区绿化养护管理工作具体实施细则》要求，对全区的园林绿地实施科学、精细、规范的管理，全力做好绿地垃圾清理、修剪、补植、病虫害防治等养护工作，确保绿地长势良好。2015年，共计清理绿化带内枯

戴河生态公园

枝、残叶及杂物垃圾1600余立方米，补植乔木427株、花灌木30万株，宿根花卉15.5万芽，分栽鸢尾、大花萱草、玉簪等宿根花卉4万平方米。施生物肥康大地133吨，复合肥撒可富82吨，尿素24.5吨。区园林处结合实际情况，制定《开发区园林绿化管理处城市环境容貌综合整治百日攻坚行动工作方案》，按照“全覆盖、重实效”的目标要求，每30000平方米配备专门拾捡绿地垃圾1人，以各处主任为片长，实行片长制，责任到人，确保开发区园林绿化综合整治百日攻坚行动取得实效。园林处遵循“一个节点一个风格、一个节点一处景观、一个节点一种特色”的原则，对秦皇西大街主干道现有绿化景观进行提档升级，共计摆放花卉18万余盆。在病虫害管理方面，做到“提早预报、及时预防”，使用无公害、低残留的化学农药制剂及生物制剂，全区全年未有重大病虫害发生。

（梁士敏）

【市政设施管理】 2015年，区城市发展局市政处配合环保、水务部门实地查看污水管网向小汤河溢流污水情况，采取应急措施;使用新设备“管道探测机器人”探测松花江道雨水井管道情况。2015年，市政处共维修人行道1395平方米；更换井篦子83个，井盖48个；清理雨水篦子730个；新铺雨水管道35延长米，维修24延长米；维修检查井9座，新砌井14座；维修行车道466平方米；进行迎宾路线路面坑洞修补，修复坑洞 35处；维修游园、广场等石材458平方米，碧水园小区铺荷兰砖80平米；维修边石 230延长米；维修路缘石 154延长米；疏通全区内雨污水管网，其中开放广场、和平里社区吸污10余车，疏通和平里堵塞污水管道100余延长米，疏通祁连山路广顺大酒店路段污水管网10余延米，疏通祁连山路污水管道30余延米,疏通秦皇西大街碧水华庭北门污水管网15延米,疏通珠江道污水管道60余延米，疏通华山南路宝佳花园东门污水管网共计5次20余延米，疏通长江道海湾对面污水管网10余延米；清理区内垃圾50余车；清扫855平方游园广场园路；维修龙海西道公交站台约15平米。

加强城市亮化管理，扮靓城市美景。春节前在区内主干道（秦皇西大街、长江道、峨眉山路）共安装灯笼2000余盏，使用熔断器100套、2.5平方护套线3盘、1.5平方花线40盘、60W灯泡2500个、防水灯头1500个、绑丝3盘、钢丝绳1000米、卡扣300个。更换公交站亭玻璃10块、有机板19块、电线30米、灯管20根、公益广告布3块，玻璃广告窗10块，公交站亭雨棚玻璃大弯20块，小弯16块。对原有陈旧损坏的公交站亭盲人站牌进行维修，共计更换48个。对峨眉山路、秦皇西大街等主干道亮化设施进行了彻底排查检修，共维修更换70W单端金卤灯135

个、镇流器85个、触发器45个、36W节能灯500个、T5管550套15W节能灯1500个、2.5护套线5盘。改造修复自然家园配电箱：更换5×10平方电缆40米、5×6平方电缆30米、4×10平方电缆550米，2.5平方塑铜线4盘、6平方塑铜线2盘、交流接触器3个、63A3P空开4个。对秦皇西大街音符造型灯维修保养，重新安装16个，并对所有灯都进行重新喷漆油饰；对开放广场和翔园亮化设施按计划进行检修，现已对开放广场亮化设施维修完毕，更换5W，球泡600个、15W节能灯650个、110W高压钠灯140个、镇流器85个，并对翔园标志牌重新整修。

（茹　娜）

【交通管理】 2015年，区城市发展局交通管理处切实做好公路管养工作。完成太和寨村路面塌陷恢复工程180平米；完成富士康雨水管道工程，铺设管线300延米、疏通排水渠1900延米；开展富士康过街天桥安保工程，安装警示桩52根，设防撞桶12个，安装警示标志牌4块。全年共修整公路路肩边坡24公里，修复涵洞24延米/5处，疏通边沟13公里，极大改善公路通行条件。同时，开展小修工程项目，维修损毁设施71延米/12处、沥青路面挖补坑槽890平米，水泥路面修补1730平米，补设示警桩73根，百米桩、里程碑9块，完成路树及公路设施粉刷12.886公里，完成标线施划5012平米。为彻底改变国道沿线村民随意倾倒垃圾、污染环境的陋习，在102国道沿线大型开放式垃圾箱4处，在102国道和西外环沿线安放垃圾箱200多个，并且做到日产日清。拆除非交通标志18块，清理杂乱招牌176块，制止违法行为46次,清理非法占用公路用地2起,清除路边非法堆积物27处120立方米,清理路边非法摊点92个。推进道路沿线绿化工作，对原有零散的木槿重新归纳移植，点缀灌木花卉，形成美化节点。在具备种植条件的地段，全面种植野花组合,配上白色小栅栏，形成了具有田园风格的独特风景线。共更换种植土2600立方，种植野花组合11300平方米。在区财政的大力支持下，在2015年购置1台大型洗扫车、3台自卸式垃圾清运车、1台皮卡车和7台电动车，并且市交通运输局配发1台洒水车。

加强危险品运输监管力度。通过专项行动和经常性监管，进一步完善危货企业、车辆和从业人员的管理制度，提高从业人员的安全意识和防护自救能力。完善应急救援机制，建立危货运输安全长效机制。春运期间，投入客运运力53台，班次526班次，运送旅客2.407万人次。对区内905路进行加密运行。协助中油宝世顺（秦皇岛）钢管有限公司做好特种钢管的运输工作，将亲商、安商落在实处。开展便民服务，为区内非空调车配备安装座垫600个。保持安全生产稳定形势。指派专人定期对辖区6家危险品运输单位和1家客运公司进行监督检查，检查企业安全管理制度的落实情况、车辆技术状况、GPS定位系统使用情况等，引导企业重视安全生产工作，牢固树立安全生产理念。特别是在“8.12”天津瑞海爆炸事故发生后，区城市发展局紧急约谈了区内危险品运输企业负责人，并于“9•3”抗战胜利70周年纪念活动期间安排人员驻厂监管，督导企业克服侥幸心理和麻痹思想，汲取事故教训。完成暑期公交安保和“9•3”抗战胜利70周年纪念活动期间的护路安保工作，检查包裹1500余个，接受询问求助 40余人次，盘问可疑人员1人，查获易燃化学品3次。

打造“志愿小站”宣传亮点。7月13日开始，在京沈高速开发区出口处开展“志愿小站”执勤工作。“志愿小站”准备了维修的应急工具、防暑药品、旅游地图、投资环境宣传资料等物品，为游客义务服务，接待游客问路咨询等。暑期共提供咨询服务达400多人次，提供汽修服务3次，提供防暑药品1次。加强职工队伍理想信念教育。制作“每一天都是新的传奇”“开发区交通人追梦到天边”为主题的记录影像，激发员工的工作热情和团队荣誉感。结合践行“三严三实”和解放思想大讨论活动，加强党员干部队伍教育，夯实理论根基，强化使命担当和党员干部的宗旨意识。

（赵玉强）

【水务管理】 2015年，受秦皇岛市水务局委托，取水许可的审批权限为年取水量100万吨以内且水源地在开发区的取用水项目。3月，协助秦皇岛市水务局到宏启胜精密电子（秦皇岛）有限公司办理水平衡测试及取水许可相关手续。2015年完成金博地产碧景华庭小区水资源费的征收任务。年初，向区内规模以上工业企业及事业单位下发了秦开水务〔2015〕1号、秦开水务〔2015〕2号文件共计260余份，制定各单位2015年的用水定额。同时要求在上报用水报表的同时，核算重复用水量、产值、产品数量等数据，以便考核各个单位的用水效率。协调区经发局取得“2015年秦皇岛经济技术开发区工业企业名录”并进行对照摸排，对新增的工业企业做了梳理建档，尤其是对规模以上企业的用水情况加强管理，并逐步将其纳入计划用水管理范围。严格入河排污口设置审批，加大非法入河排污管理。区水务局联合区环保、市政、规划等部门多次对区内大小河流的入河排污口进行巡查，并做好拍照、登记建档。同时，对西环路以西华山路以东（金色家园一区东侧）段小汤河右岸的排污口（管径约1.5米）及兴凯湖路大桥下与东海道交汇处的排污口（管径约1.0米）协同相关部门做好封堵工作，严厉打击非法排污现象。在辖区内确定4个水质监测点，对区域内的水质进行监测。完成区内孤家子村、刘马坊村棚户区改造项目的审批。协助秦皇岛市水务局水保科完成了对京能热电变电站的水保验收工作。完成金博房地产、秦皇岛供电公司的水土保持补偿费的缴费工作。

防汛工作常抓不懈，有条不紊。5月，区防汛办对各成员单位分别下发《关于开展防汛安全隐患排查的通知》及《关于开展防汛隐患整治专项行动的通知》。7月，召开100余人参加的全区防汛工作会议。成立主要领导负总责的防汛工作领导小组；完善了防汛应急方案；保证防汛组织、防汛预案、抢险物资、抢险队伍、防汛值班制度5个落实。2015年汛期，全区共组织各级防汛抢险队伍2支，组织防汛抢险队员300人；落实各类防汛物资：编织袋20000条、锹500把、铁丝20捆、木杆300根、油毡35捆、土工布10捆和救生衣、救生圈、水泵的必备的防汛物资。区防汛办新购置了雨鞋100双、雨伞100把、雨衣100件等防汛抢险物资。汛期共传达重要天气情况预报20余次，收传河北省、秦皇岛市防办重要明传电报14期，收传秦皇岛市气象局发布的预警信息2次。防汛办公室在汛前和汛期2次对全区主要河道、水库等重点度汛设施和各单位防汛落实情况进行督导检查，督导各单位工作落实。截止到9月15日早8点（汛期结束），汛期无人身伤亡事故，工业、农业，交通、水利等基础设施无经济损失，实现安全度汛目标。

涉水工程建设稳步推进。海堤一期，总投资6900万元,新建海堤长730米。已进行决算阶段。海堤二期，总投资1.2个亿,新建海堤长910米。戴河（开发区段）综合治理工程投资1.8亿多，2013年10月底正式进场施工，累计完成金额7000万元。小潮河综合治理工程，投资1126万元，该工程已完成80%。烟台山水库除险加固工程投资206万，工程已到竣工验收阶段，该项目完成单位验收。2015年，完成马坊店、刘马坊、郭高马坊、张马坊、铁官营、杨户屯村、周营村、代山头等村人饮解困水源井工程，并通过验收。针对辖区大小汤河景点多、影响大，支流分散、难监管的现状，水务局坚持定期与不定期巡查相结合、例行检查与随机抽查相结合的方式，加大对大汤河干流重要区段及小汤河、小潮河、深河、戴河等河道水面卫生保洁、河岸堤防巡视监管力度。共受理行政许可业务2项，办理完结2项。委托河道保洁公司，对河道内的各种漂浮物及时清理。3月22日，在区内广缘超市广场、森林体育公园等地进行日常节水常识、先进节水工艺及节水法律法规、水务行政知识的宣传工作。对水资源的宣传，做到报纸有字、电视有影、广播有声。

（信　茜）

【海岸景区旅游管理】 2015年，区城市发展局围绕安全生产这条主线，与游船俱乐部、经营业主签订安全责任书13份，做好船检、船员执业资格等审查工作。安装须知牌、导向牌、警示牌6处，维护3处，清理航道170延长米，维修临时码头5个，划分安装一、二、三浴场泳区、隔离区设施700延长米；每周定期检查救生衣、消防设备，更换救生衣137件、消防器材9件。全年开展安全检查15次，更换船体3个、60马力主机2台，清理不规范油桶12个。协调海事局开展船员、船主集中培训3次。严格落实24小时值班和领导带班制度，完善景区安全突发事件应急处置预案。每半月和重大节日分别召开安全会，及时掌控安全生产动态等一系列措施，确保组织落实到位，安全有序运营。将浴场卫生划分为11个责任区，采取分段包干、量化考核办法，每天早上7：30全面保洁一遍。巡回式清扫保洁，白天发现垃圾随时清捡，调整作息时间，做好游客高峰期、节假日等重要节点卫生保洁。沙滩上合理设置垃圾箱，及时清扫，日产日清。完善各项旅游服务设施，维护沙滩跑车防护绳260延长米，规范浴场跑马场防护设施40延长米；维修浴场污水管道26延长米，增设浴场隔离墙47延长米。新建设道路510平方米，更换经营业户用电线路370延长米。制定《阳关浴场海蛰伤人救助应急预案》，成立22人救助管理组，培训浴场工作人员海蜇蜇伤救治基本医疗知识。设立应急救援电话，安排4人24小时轮流值守，1.3公里海岸线形成点、线、面全覆盖防控网络。泳区内设防护网420延长米，增设浅水浴场3处，设置“海蜇伤人、注意安全”警示牌3块。走访周边宾馆、酒店，发放《预防海蜇蜇伤须知》宣传单700份。与区第二医院通力合作，浴场设置6处救助点，医生现场指导并授课，配置明矾、碳酸氢钠等10余种应急药品。全年阳光浴场累计接待游客约15万人次，游船安全出船7360船次，拉乘游客约2.95万人，连续14年没有出现重大安全事故。

（杨立盈）

人事·劳动·社会保障管理

【概述】 2015年,区人力资源和社会保障局仲裁办共接收劳动争议138件，2014年同期为133件。不予受理劳动争议案件8起，立案受理劳动争议案件130起，共涉及劳动者315人次，其中集体劳动争议8件，涉及劳动者193人次。全年共裁决案件90件，调解及撤诉案件37件。2015年办理人才引进83人。接收办理大中专毕业生报到手续996人，办理人员调入手续496人，调出手续321人。签订大中专毕业生就业协议843份，转移人事档案578卷。政策接收安置2014年退役士兵24人。全年办理机关事业单位工作人员退休31人，其中病退3人。审批企业正常退休453人，其中正常退休163人，城中村退休288人，特殊工种退休2人。全区高职推荐评审47人，中职推荐评审123人，初职申报152人。联合上级人事部门对1251名专业技术人员进行了继续教育证书验证工作。全年以医疗数据信息采集的社保卡87986份，发放57595张；社保卡补卡1174张，收取35550元;社保卡挂失1246张、解挂30张，注销卡1张，归属地注册230张。

（穆玉什）

【劳动争议仲裁】 2015年，秦皇岛开发区仲裁办以踏实有效的行动切实保护职工的合法权益和企业的正常经营。根据区内劳动争议案件的实际情况，选出部分发生集体案件或存在信访隐患的企业，开展深入走访了解情况工作。先后走访阪口线材公司、大洋精密公司、艺利磁铁公司、康拓科技公司。通过走访调研，摸清出现问题企业的生产经营现状和劳资关系情况，了解职工思想动态和焦点诉求，有助于劳动仲裁案件的及时准确处理。10月，仲裁办派1人随河北省厅仲裁处考察组赴北京市海淀、昌平、顺义3个区，考察劳动人事仲裁院建设情况。11月，区仲裁办全体同志参加河北省厅组织的仲裁员培训班，集中学习最新的劳动人事法律法规。2015年，区仲裁办共接收劳动争议138件，2014年同期为133件。不予受理劳动争议案件8起，立案受理劳动争议案件130起，共涉及劳动者315人次，其中集体劳动争议8件，涉及劳动者193人次，2014年同期为184人次。全年共裁决案件90件，调解及撤诉案件37件。结案率为97%，2014年同期为95%。调解率29%，2014年同期为28%。

（李　岩）

【人事管理】 2015年，秦皇岛开发区围绕招商引资、项目建设的中心工作，开展推荐人才、引进智力、提供信息等内容的人才服务活动，全年办理人才引进83人。接收办理大中专毕业生报到手续996人，办理人员调入手续496人，调出手续321人。签订大中专毕业生就业协议843份，转移人事档案578卷。全年收集各单位报送档案材料2406份，办理借阅、复印档案材料378份，转出档案42卷，退休档案9卷，完成干部档案转向核查工作，共核查档案1008份，更换新档案盒689盒。政策接收安置2014年退役士兵24人。为其中符合政府安排工作条件的两名退役士兵提供了工作岗位，并已安置到位。

（赵　赛）

【工资管理】 2015年，区人力资源和社会保障局工资福利科完成全区机关工作人员及参照公务员管理人员按年度考核结果晋升级别增加工资、按年度考核结果晋升级别工资档次的审批工作，完成全区事业单位人员按年度考核结果整体晋升一级薪级工资的审核工作。全年办理机关事业单位工作人员退休31人，其中病退3人。审批企业正常退休453人，其中正常退休163人，城中村退休288人，特殊工种退休2人。全年完成区机关、事业单位提标增资兑现审批及发放工作，兑现人数在职人员3185人、退休人员843人。另外为规范区事业单位收入分配秩序，依据“分类指导，分步实施，因地制宜，稳慎推进”的要求进一步深入贯彻全区事业单位绩效工资工作，完成区内78家事业单位绩效工资总量指导、审核及备案工作。

（周文婷）

【职称评定工作】 2015年，秦皇岛开发区有专业技术人员总数6122名，其中高级专业技术职务人员496名，中级专业技术职务人员2165名，初级专业技术职务人员3461名。2015年度全区高职推荐评审47人，中职推荐评审123人，初职申报152人。联合上级人事部门对1251名专业技术人员进行了继续教育证书验证工作。2015年，根据省职改办[2015]114号文件《关于开展全省专业技术人员信息录入的通知》要求，完成全区专业技术人员信息录入河北省职称信息管理系统的工作。

（张　丹）

【社会保障卡工作】 2015年，秦皇岛开发区社会保障卡服务网点将业务办理所需材料，印制成便于携带的小卡片。小卡片式的“便民卡”包括社保卡补办、未成年人申办、成年人申办、秦皇岛市社保卡办理地址及电话等6项内容。涉及每项内容的卡各2000张，共计12000张。截止2015年12月31日，共办理医疗数据信息采集的社保卡87986份，2015年交秦皇岛市局7129份。从秦皇岛市局累计领取社保卡

61124张，发放57595张。社保卡补卡成功1174张，补卡申请40张，免费补卡29张。空白卡库存817张、作废卡9张，死亡回收卡8张、日常回收卡33张。收取补卡费35550元,与秦皇岛市局核销金额33810元。社保卡挂失1246张、解挂30张，注销卡1张，归属地注册230张。

（刘娟娟）

机构编制管理

【概述】 2015年，区编办制定下发建立责任清单制度实施方案，梳理确定管委部门主要职责229项（不含涉密事项），具体责任事项876项，与相关部门有职责边界的管理事项110项，制定加强事中事后监管的制度措施80项、公共服务事项75项。深化食品药品管理体制改革，完成事业单位法人年度报告制度公示，落实机构编制核准制度，强化中文域名注册管理。批准成立互联网信息办公室、畜禽执法大队，调整政务服务中心隶属关系和企业合法权益保护投诉中心、招商投资服务中心等17个单位的人员编制。理顺农村管理体制，完成榆关管理处和牛头崖管理处更名，调整了经济发展局和安全生产监督管理局的主要职责和内设机构职能。配合区工委办、管委办、组织部、财政局、人社局等多个部门开展相关工作，及时准确地提供文件和数据资料。

（武瑞春）

【稳步推进各项改革】 2015年，区编办全面完成行政审批制度改革。认真研究上级深化行政审批制度改革的文件要求，把握精神实质，深入调查摸底，广泛沟通联系，梳理确定行政审批事项106项。全力争取河北省、秦皇岛市编制部门的支持，按照“编随事走”的原则，综合考虑各种因素，合理确定行政审批局的行政编制调整方案，确保秦皇岛开发区行政审批局顺利获得河北省、秦皇岛市编委办批准，成为全省第一家集中行使行政审批权的机构。深入开展政府部门责任清单编制。切实加强责任清单编制工作的组织指导，制定下发建立责任清单制度实施方案，明确编制责任清单的原则、标准、时限、方法步骤等，解读编制责任清单的重点、依据、内容、格式等注意事项。根据责任清单中部门主要职责、部门职责边界、事中事后监管制度和公共服务事项4部分内容的特点和要求，对照上级行政权力清单内容，统一标准，集中攻坚，梳理确定管委部门主要职责229项（不含涉密事项），具体责任事项876项，与相关部门有职责边界的管理事项110项，制定加强事中事后监管的制度措施80项、公共服务事项75项。行政权力清单和责任清单编制工作全部完成，并向社会公布。稳步推进食品药品管理体制改革。认真研究各级关于食品药品管理体制改革的相关要求，印发《开发区食品药品监督管理局主要职责、内设机构和人员编制规定的通知》、《关于做好食品药品监督管理体制改革中机构设置、职责调整和编制划转的通知》和《开发区食品稽查大队更名的通知》3个文件，从体制机制层面为食药监改革做出具体的规定。

（武瑞春）

【发挥编制管控职能】 2015年，区编办认真执行"五不准"规定（不准超编进人、不准擅自设立内设机构和提高内设机构级别、不准违反领导职数配备的有关规定、不准越权审批机构编制、不准上级业务部门干预下级机构编制），落实干部任免或人事调动后需凭机构编制部门开具的《机关事业单位人员编制使用卡》方能办理工资手续的相关程序，做到第一时间底数清、情况明，为人事、财政、编制三账一致提供保障。结合实际制定下发《关于严格控制编制和人员的工作方案》的通知，增强各机关事业单位对控编减编工作重要性的认识。以开发区2012年行政编制和事业编制为基数，确定控编减编的工作目标，明确和细化控制总量、核减、精简编制的具体措施，确保编制数只减不增。编制《开发区机构编制重要文件汇编》，将近年来中央、省、市出台的法律法规和机构编制重要文件编印成册，为领导科学决策提供第一手资料。

（武瑞春）

【优化机构配置】 2015年，秦皇岛开发区召开2次机构编制委员会会议。政务服务中心隶属关系由管委直属事业单位调整为行政审批局所属事业单位。成立互联网信息办公室、畜禽执法大队，调整了企业合法权益保护投诉中心职责和政务服务中心、招商投资服务中心等17个单位的人员编制。驻上海办事处更名为价格认证中心。为检察院增设了未成年人刑事检察科。进一步理顺农村管理体制，将榆关管理处和牛头崖管理处更名为榆关管理区办事处和牛头崖管理区办事处，重新调整了农村工作局（农工委）、腾飞路街道办事处、牛头崖管理区办事处和榆关管理区办事处的"三定"规定，同时，对农村工作局农村经济管理服务站的人员编制根据工作实际进行了调整，变更了隶属关系。调整了经济发展局和安全生产监督管理局的主要职责和内设机构职能。机构编制配置的优化为各部门顺应形势变化、更好的服务经济社会事业发展提供了重要保障。

（武瑞春）

【中文域名挂标】 2015年，区编办积极推进党政机关、事业单位网站审核挂标工作。5月，完成全区145家党政机关、事业单位挂标复核。转发《党政机关、事业单位和国有企业互联网网站安全专项整治行动方案》的通知，在规定时限内高效完成全区各单位的网站摸底。

【事业单位登记】 2014年，区编办按照新修订的《事业单位登记管理暂行条例实施细则》和《事业单位法人年度报告公示办法（试行）的通知》精神，下发《2014年度事业单位法人年度报告公示和换发<事业单位法人证书>工作的通知》，全面落实将事业单位年检改为年度报告公示、开办资金验资登记改为确认登记等改革的相关要求。逐项核实所有登记单位的住所、经费来源、开办资金、举办单位等内容，全年变更登记36家事业单位，全区80家事业单位的2014年度法人报告书均在“秦皇岛开发区事业单位登记管理局”网络红页上进行了公示，2014年度事业单位法人年度报告公示工作全部完成。

（张小松）

综合执法局管理

【概述】 2015年，区综合执法局完成重点项目用地违建清除、老旧小造、学校周边违建整治、富士康蓝领公寓违建清除、建筑领域农民工工资清欠等各项工作任务。积极创新工作，加强监管力度，出台并实施《建筑领域农民工工资监管制度》并通过试点不断完善。认真修订完善综合执法局各项规章制度，如：《综合执法局规章制度汇编》《着装规范》《加强考勤工作的有关要求》《集中学习制度》等，逐步形成较为完善且操作性强的制度体系，有效解决各项管理中的的薄弱环节，杜绝管理真空和管理漏洞，做到违章必纠、违纪必惩，为各项工作的顺利开展奠定良好基础。2015年，共受理各类投诉举报案件172件。出动执法人员近300人次，机械、车辆300台次，处理违法建设和私搭乱建127处。

（高晨亮）

【劳动保障监察工作】 投诉案件受理查处情况。2015年，共受理各类投诉举报案件172件，其中已办结169件，共清欠工资款8901.37万元，正在办理中案件3件。其中拖欠工资、加班费123件，拖欠社会保险案件1件，违法解除劳动关系案件1件，下达询问通知书70余份，下达整改通知书42份。劳动保障发放年审合格证463份。

（高晨亮）

【劳动保障年审工作】 2015年，区劳动保障监察大队自5月30日至8月30日，

5月9日，综合执法局拆除庐山路违建

抽调人员组成年审工作组，重点对区内企业2014年用工情况进行书面资料审查，共审查用人单位875家，下达责令限期整改通知书100份，涉及劳动者50000人。共计发放年审合格证463份。本次年审工作，基本覆盖全区各类大中型和劳动密集型企业，在审查过程中向企业宣传劳动保障法律法规，纠正企业违法行为200余处，提出行政指导建议100余条。

（高晨亮）

5月9日，综合执法局拆除庐山路违建

【建设规划监察工作】 2015年，区综合执法局认真做好法制宣传工作，加强对城市区违法建设和私搭乱建行为的打击力度，保持对违建行为的高压态势，全年累计处理孟营二区庐山路两侧违建、孤家子村民在已征地上建房、上徐各庄村京能热电违建、区六小附近违建、富士康蓝领公寓违建等案件涉及违法建筑共计127处，累积出动执法人员近300人次，机械、车辆300台次，恢复土地原状7000余平方米。

（高晨亮）

【国土资源监察工作】 2015年，区综合执法局积极开展农村土地违法整治工作，重点打击偷盗沙土等破坏耕地为，6～7月份联合区公安分局查处沙河村、往子店村偷盗沙土行为。为秦皇岛开发区项目建设保驾护航，严厉打击在项目用地上的抢栽抢种、建设永久性建筑等行为。

（高晨亮）

行政审批管理

【概述】 2015年4月20日，河北省编办正式批准秦皇岛开发区设立行政审批局。10月9日，行政审批局举行揭牌暨成立大会。行政审批局划转集中全区涉及企业注册登记、项目审批、便民服务的137项审批和服务事项，其中：经济发展局等9个部门的行政审批事项74项、工商分局等8个垂直单位的行政审批事项46项、社会中介和相关服务事项17项。政务服务大厅设综合服务大厅和项目建设服务厅，其中，一楼为综合服务大厅（设立业务窗口29个、服务窗口8个）、三楼为项目建设服务厅（设立窗口16个）。全年，累计办理各类审批事项11695项，办结率100%；各类服务事项865项，办结率100%。其中，进驻窗口单位办理各类审批事项11567项、中介服务事项822项；划转行政审批局各窗口共办理审批事项128项、服务事项43项。

（杨景淇）

【开发区行政审批局正式成立】 7月19日，秦皇岛开发区机构编制委员会印发《关于秦皇岛经济技术开发区行

秦皇岛开发区政务服务大厅

政审批局职能配置、内设机构和人员编制规定的通知》（秦开机编〔2015〕3号）文件，明确行政审批局的职能及内设机构，整建制进驻政务服务审批大厅，实行集中审批和现场审批。办公地点为亲黄西大街369号泰盛商务大厦。行政审批局规格为副处级，编制12名，其中：局长1名、副局长2名、科长4名。政务服务中心为行政审批局所属事业单位，规格为科级，编制12名，其中：主任1名、副主任2名，工作人员9名。全区划转审批机构由过去的9个减少为1个，划转审批印章由28枚消减为1枚，真正实现一枚印章管审批。

（杨景淇）

【机构设置】 行政审批局为秦皇岛开发区工委、管委内设机构，规格为副处级，核定行政编制12名，其中：局长1名、副局长2名、科长4名；内设4个科室，分别为：综合科、项目建设科、城市事务科、社会事务科。实际到位工作人员11名，其中：局长1名、党组书记1名、副局长2名、科长4名、副主任科员1名、科员2名。到位人员学历情况为：研究生2名、本科生9名。招聘帮办人员17名（公开招聘15名、选调生2名），其中：研究生5名、本科生12名。

8月19日，秦皇岛开发区机构编制委员会印发《关于调整秦皇岛经济技术开发区政务服务中心隶属关系的通知》（秦开机编〔2015〕7号）文件，明确政务服务中心为行政审批局所属事业单位，规格为科级，核定事业编制12名，其中：主任1名、副主任2名，主要职责是负责政务服务中心及帮办、导办人员的日常管理、监督检查等工作，协调各进驻窗口单位做好审批事项相关服务工作；到位工作人员9名，其中：主任1人、副主任1人、科员7人，到位人员学历情况为：研究生2名、本科生14名、大专生2名。各有关单位选派69名审批业务骨干和中坚力量，划转、进驻到行政审批局从事窗口审批工作，均为大专以上学历。

（杨景淇）

【政务服务中心设置】 2015年7月1日，政务服务大厅正式启用，总建筑面积1493平方米，共设综合服务大厅和项目建设服务厅，其中，一楼综合服务大厅建设面积1100平方米、三楼项目建设服务厅建筑面积393平方米。综合服务大厅共设服务区7个，包括：导办咨询服务区、商务服务区、填表服务区、等候服务区、政务公开服务区、事项办理进展查询服务区、行政审批服务区。依据审批事项流程及办事人员流量，综合服务大厅设立业务窗口29个、服务窗口8个，包括：城建、交通、水务、工商、税务、房产、土地、人社、农林牧、文化、卫生、公安等审批窗口，集中行使审批权限，为企业和群众提供高效便捷服务；项目建设服务厅共设窗口16个，包括：环保、节能、外资、外贸、立项、消防、用地规划、工程规划、市政规划、地名人防、施工许可等项目建设审批业务。实现行政审批过程公开、事项公开、流程公开、时限公开，快捷透明、现场办理。

（杨景淇）

【开发行政审批和绩效管理应用系统】 2015年，行政审批局为加强信息化建设，提升审批效率，开发“行政审批与绩效管理应用系统”，构建集数据交换、网上预审、网上监管、多级联动服务平台。创新开发行政审批电子监察模块，全程监控，监督到人，包括：限期警示、超期问责、表扬、投诉等管理系统；提供单办件、联办件、企业投资项目、企业设立等网上办件全过程、多角度数据监控信息；提供系统数据统计报表和分析图表功能，记录办件人员每月考评结果及名次等内容，突显办件综合统计、超期预警、绩效考评等功能。监控数据可以追溯到2个月内任一时间点，为监察部门和审批管理部门提供效能监督、绩效管理、数据共享管理等有效服务。

构建覆盖各项行政审批的电子要件库，将申请人提供的审批要件实行唯一编码锁定，统一电子存档，部门共享共用，实现申请材料“一件多用”，破解申请要件重复提交等问题。信息化建设不仅为行政审批制度改革提供有力技术支撑，实现了“让信息多跑路、群众少跑路”的服务理念。

（杨景淇）

【整章建制，加强自身建设】 2015年，行政审批局起草、印发《行政审批局请销假及考勤制度》、《政务服务中心窗口工作人员行为规范》等规章制度。鉴于审监分离的特点，起草了秦皇岛开发区审批监管信息互动交流制度、行政审批专题会商制度、行政审批观察员制度等制度，充分发挥审监分离优势。在内部管理方面，起草了印章管理办法和行政审批专用章管理办法、进驻窗口及工作人员管理办法、绩效考核管理办法、窗口工作人员行为规范、中介和服务机构管理办法、帮办工作细则、固定资产管理办法、公文管理办法、档案管理办法、计算机使用管理办法、机房管理办法、考勤制度、学习制度、会议制度、环境卫生制度、月报制度。在行政审批事项办理方面，起草了首问首办负责制、限时办结制、一次性告知制、预约服务制、容缺受理制、AB岗制。在政务公开方面，起草了政务公开制、办事公开制、服务承诺制。在监督管理方面，起草了投诉举报处理工作管理办法。在党风廉政方面，制定了党风廉政建设责任制度。

【行政审批标准化管理】 强化行政审批事项管理，着力简化审批程序，优化审批流程，建立“四四四”工作运行机制，确保审批流程标准化。按照“四个一”有序管控运行，即一枚印章审批、一套流程办理、一个窗口办结、一照注册开户；按照“四公开”抓监管运行，即公开事项、公开办理、公开时限、公开监督；按照“四衔接”促高效运行，即信息衔接、验收衔接、代办衔接、现场衔接。编制《行政审批事项业务指导规范》，对承担的每项行政审批事项，列明设定依据、办理条件、申报材料、审批流程、办理时限、收费依据及标准等内容，并附有示范文本，力求具体详实、一目了然。将相关资料摆放在政务服务审批大厅，并在行政审批局外网予以公布，提供电子文档下载服务，方便区内企业与群众查询与使用。

制定《工业企业投资项目建设审批工作方案》，将工业企业投资项目审批分核准备案、工程规划许可、施工许可三个阶段，实行并联审批，审批时间缩短为10个工作日。推进“三证合一，一照一码”工作，在人员、资金、设备等方面予以保障，及时解决运行过程中存在的各类问题，设身处地为企业和群众着想，保证工作顺利开展。秦皇岛秋华商贸公司成为第一个在行政审批局领取“三证合一”营业执照的企业，秦皇岛龙升建设工程公司成为第一家领取首张“一照一码”营业执照的企业，均对行政审批

行政审批局业务大厅

局这个崭新、高效、便捷的政府服务平台给予了充分肯定和高度评价。

（杨景淇）

【业务办理】 2015年，累计办理各类审批事项11695项，办结率100%；各类服务事项865项，办结率100%。

进驻窗口单位办理各类审批事项11567项，办结率100%；中介服务事项822项。其中：工商局窗口完成审批事项2427项，地税局窗口完成审批事项3537项，国税局窗口完成审批事项278项，质监局窗口完成审批事项859项，公安分局窗口完成审批事项1095项，房产局窗口完成审批事项2243项，国土局窗口完成审批事项1128项，会计事务所等中介服务事项822项。

划转行政审批局各窗口共办理审批事项128项，办结率100%；服务事项43项，办结率100%。其中：社会事务科共受理各项审批业务59项，办结率100%；城市事务科共受理各项审批业务9项，办结率100%；项目建设厅受理审批事项60项，办结率100%。受理服务事项43件，办结率100%。

（杨景淇）

中共组织·人民团体

综　述

2015年，中共秦皇岛开发区工委认真学习贯彻党的十八大和十八届四中、五中全会和省委八届十二次全会精神，深入开展“三严三实”教育教育和“解放思想、抢抓机遇、奋发作为、协同发展”大讨论活动，全面加强和改进新形势下思想道德建设、基层组织建设和精神文明建设，不断提高党领导经济和社会发展的能力，为秦皇岛开发区各项事业的全面进步提供强有力的思想、组织和作风保障。

思想道德建设成果丰硕。2015年，秦皇岛开发区工委统筹抓好“三严三实”专题教育和解放思想大讨论活动，区工委、管委班子带头严格完成规定动作，持续开展整改落实，广大干部群众的政治意识、大局意识、核心意识、看齐意识进一步增强。在全区范围内集中开展政策理论学习和干部职工理想信念教育，进一步健全学习制度，研究制定《开发区机关干部集中学习日制度》，深入学习习近平总书记系列讲话精神，组织党员干部集中观看了《信仰》《筑梦中国》等一大批教育题材影片，同时，继续深入开展感恩教育、书香进机关等特色活动，坚定党员干部的理想信念和信仰追求。10月15日，中宣部在秦皇岛开发区组织召开全国理想信念教育经验交流会，全面推广秦皇岛开发区加强理想信念教育的经验和做法，中宣部副部长王世明对此给予充分肯定。《人民日报》、《光明日报》、《经济日报》、“中央人民广播电台”、“中央电视台”等多家媒体相继进行宣传报道，秦皇岛开发区及秦皇岛市的知名度和美誉度大大提升。

基层基础工作全面加强。注重固本强基，按照“严控数量、保障质量”的原则，狠抓基层组织和党员队伍建设，新成立党组15个、工委5个、党支部14个，发展新党员159名，为党员队伍注入了新鲜血液。扎实开展处置不合格党员工作，全年共排查出不合格党员238名，占党员总数的2.83%，净化全区党员队伍。健全完善农村基层组织设置，对各乡处的职责、机构进行了调整，成立榆关管理区、牛头崖管理区等5个党工委，实现权力下放、重心下沉、服务前移和责权统一，进一步强化了各党（工）委的工作职能。稳步推进村“两委”换届选举工作，细化“五选七不选”具体标准，严把候选人“入口关”，全区87个村除个别村因征地拆迁等原因暂缓换届外，其余村“两委”均顺利完成换届。选派11名机关干部到后进村担任第一书记、10名大学生村官担任村书记和主任助理，进一步巩固了农村基层组织和政权建设。抓好非公企业党组组建工作，特别是针对已投产的新建企业，党员不足3人的，采取联合组建方式，及时组建了联合支部，全年共新建非公企业党组织12个，发展党员70名，进一步扩大了党的组织和党的工作的覆盖面。

廉政勤政水平持续提升。严格落实党要管党、从严治党要求，以更加科学有效的措施防治腐败，巩固“风正、气顺、心齐、劲足”的良好局面。把落实“两个责任”作为深入推进党风廉政建设和反腐败斗争的“牛鼻子”，制定出台《开发区关于强化主体责任进一步改进机关作风的实施意见》，明确和细化工委、管委领导班子、部门主要负责同志所担负的责任。同时，自上而下逐级签订目标责任书，使全区党风廉政建设导向更明确，责任更具体，落实更有力。2015年，工委、管委领导班子未出现一起违反党风廉政建设要求的问题。强化干部监督管理体系建设，制定《开发区科级干部重大事项报告制度》，及时了解掌握个人事项，促进了干部廉洁自律、廉洁从政。强化权力运行制度监管，实现监管无缝隙、全覆盖。全年共查办违纪案件22起，处理违纪人员22人。健全完善秦皇岛开发区“三公经费”预算管理和公开制度，严格因公出国、因公出差、公务接待、公车使用的费用支出管控，杜绝各种奢侈浪费行为。2015年，秦皇岛开发区“三公”经费支出1225.53万元，比2014年同期降低21.99%。

社会环境更加和谐稳定。着力解决影响稳定的源头性、根本性、基础性问题，全力抓好政法综治和信访稳定工作，为经济和社会发展保驾护航。全面落实信访工作“五包一”责任制，不断完善信访信息研判机制、隐患排调机制和信访调节机制，通过法治思维和法治方式化解信访积案，解决一批老大难问题。充分发挥民生服务热线、民生与信访服务网、微信公众号的作用，及时妥善办理各类诉求，切实解决了一批民生和信访事项，在一定程度上减少了信访量。加快推进社会管理创新，启动智慧网络建设，创新巡防手段，建立应急处突“一分钟快速反应圈”，保持对各类犯罪的严打高压态势。全年共破获刑事案件286起，打掉犯罪团伙14个，抓获各类违法犯罪嫌疑人838名，全区刑事案件比2014年同期大幅下降50%，社会治安环境持续向好。狠抓安全生产和食品安全，集中开展安全生产、交通安全、食品药品安全集中整治行动，落实制度责任，强化基层监管，深入排查治理隐患，全区未发生重特大安全事故，保障了人民的生命财产安全。

群团组织工作特色彰显。以构建和谐劳动关系为抓手，不断推动和谐企业创建和工资集体协商工作，积极组织区内正常营业企业开展工资集体协商要约活动，覆盖职工47015人，建制率达到81%，驻区9家世界500强企业和1家全国500强企业实现全部建制，签约率达到100%。广泛开展以“发挥工人阶级主力军作用，为‘十二五’建功立业”为主题的劳动竞赛系列活动，活动中涌现出一批“金牌工人”、“工人先锋号集体”和“技术攻关优秀团队”，营造学习先进、争当先进的良好氛围，增强广大职工建功“十二五”的工作热情。加强职工艺术团和职工活动阵地建设，创设具有秦皇岛开发区品牌特色的“职工流动舞台”，培养“轻骑兵式”演出团队，充分发挥文化宣传的导向作用，2015年，区职工艺术团被河北省总工会、省职工文化体育协会授予“河北省职工文化优秀示范团队”荣誉称号。全面开展“最美家庭”宣讲活动，邀请区内“道德模范”“最美家庭”“优秀家风家训故事”代表，以核心价值观践行者的身份宣讲夫妻和睦、尊老爱幼、教子有方、邻里和谐的生动故事，弘扬了“最美”家风。举办了全区首期“春风送技能”培训班，共有56人拿到国家劳动部颁发的“职业资格证书”，10余人从事月嫂或护理员的工作。加强青少年思想道德教育工作，举办“学习贯彻习近平总书记系列重要讲话精神”青年读书班，并在全区广泛开展“社会主义核心价值观进童心”主题教育活动，引导和教育青少年立志向、树梦想，为秦皇岛开发区未来发展建功立业。

（刘晨虹）

中共秦皇岛开发区工委

【工委领导机构】

工委书记：

郑宝亮（到7月，冀干字〔2015〕247号）

胡英杰（7月任，冀干字〔2015〕247号）

工委副书记：

胡英杰

苏景文（3月任，秦干字〔2015〕45号）

李　生

陈永富

郝凤斌

王建峰（挂职，9月任，秦干字〔2015〕140号）

纪工委书记：王家林

工委委员：

郑宝亮（到7月，冀干字〔2015〕247号）

胡英杰

苏景文（3月任，秦干字〔2015〕45号）

李　生

陈永富

郝凤斌

邵宏根

李颖熹(女)

扈秋宁

郭晓城

刘洪柱

何华庆

吕爱国

王家林

张巨良

杨恩伟

徐文龙

王　斌（挂职2年，2月任，秦组干字〔2015〕8号）

高长斌（挂职1年，5月任，秦组干字〔2015〕33号）

王建峰（挂职，9月任，秦干字〔2015〕140号）

【工委正县级干部】

周　雁　调研员

【工委副县级干部】

张利荣　工委办主任

徐文龙　政法委书记

王立新　纪工委副书记

孟宪春　纪工委副书记

丛英明　政法委专职副书记

裴永新　法院党组书记、院长

赵全海　检察院党组书记、检察长

陈永红　工会主席

贺宝平　市公安局开发区分局政委

宋丽君（女）　工委副调研员

于效满　保留副县级待遇

【重要会议】1月4日，秦皇岛开发区召开农村“两委”换届动员大会。贯彻落实省委、市委关于村“两委”换届工作会议精神，安排部署全区村党组织和第十一届村民委员会换届选举工作。工委书记郑宝亮出席会议并作重要讲话。

3月6日，秦皇岛开发区召开2015年党风廉政建设工作会。深入贯彻学习十八届中央纪委十一届五次全会精神，全面部署2015年全区党风廉政建设和反腐败工作任务。工委书记郑宝亮就做好2015年党风廉政建设提出具体要求。

3月10日至3月11日，秦皇岛开发区召开中心组（扩大）集中学习暨谋划2015年各项重点工作推进会。会议明确2015年秦皇岛开发区工作总体思路。工委书记郑宝亮就如何推进各项重点工作提出要求。管委主任胡英杰要求广大干部职工坚定信心、团结协作、真抓实干，为建设沿海强市、美丽港城多做贡献。

3月27日，秦皇岛开发区召开2015年工作推进大会。大会总结回顾了2014年全区各项工作，对2015年工作任务作动员部署。大会还表彰2014年度工作创新奖、优质服务先进个人、驻区先进单位。工委书记郑宝亮发表重要讲话。胡英杰代表工委、管委与各分管领导签订年度工作目标责任状。

5月13日，秦皇岛开发区召开2015年农村工作会议，回顾2014年农村工作，对2015年农村重点工作进行安排部署。会上，区内优秀农村干部、双创工作先进村和“五好家庭”示范户受到表彰，并做典型发言。工委书记郑宝亮、管委主任胡英杰作重要讲话。

6月29日，秦皇岛开发区召开“三严三实”专题教育中心组学习研讨会，开发区工委、管委领导班子成员以“严于律己，争做百姓的好官”为主题，结合各自思想、工作、生活、作风等实际情况畅谈学习体会。并围绕如何把“三严三实”专题教育与加强队伍建设、促进中心工作相结合，推动开发区科学发展开展专题研讨。工委书记郑宝亮、管委主任胡英杰出席会议并作重要讲话。

8月28日，秦皇岛升发区召开选派第一书记驻村暨部门包村工作动员会，统一机关各部门包村干部和挂职第一书记思想，明确任务，使其以饱满的热情全身心投入到驻村工作中。区工委书记胡英杰出席会议并讲话。

9月23日，秦皇岛开发区召开“三个十”工程百日攻坚动员大会。会议就9月6日至12月底开展的“三个十”百日攻坚行动进行再动员、再部署，进一步清理思路、明确任务、突出重点、加快进度，确保圆满完成计划任务。区工委书记胡英杰、管委主任苏景文作重要讲话。

10月15日，中宣部召开河北秦皇岛理想信念教育工作经验交流会，推广秦皇岛开发区理想信念教育工作经验。秦皇岛开发区经验受到来自全国20个省市区委宣传部分管副部长、宣教处长，部分城市党委宣传部主要负责人，以及《人民日报》、《光明日报》、《经济日报》、“中央人民广播电台”、“中央电视台”有关负责人的重视。经验交流会上，区工委书记胡英杰作题为《牢记宗旨 坚定信心 凝聚推动改革发展的正能量》的主题发言。

（刘晨虹）

党务工作

【概述】 基层党组织建设。统筹推进全区“三严三实”专题教育和解放思想大讨论活动，组织开展领导干部讲党课、专题座谈会、蹲点调研等规定动作，确保把每个重点环节都抓细、抓实，在年底召开的领导班子民主生活会中，督促指导各单位领导班子和成员认真撰写对照检查材料，查摆出“不严不实”具体表现110余条，制定整改措施170余项，完成整改130余项，达到了统一思想、改进作风、增进团结的预期目的。探索和创新年度各项考核工作，研究制定《2015年度综合考核工作实施方案（试行）》，从建立“多位一体”的考核体系、变定性考核为定量考核、扩大民主测评范围和程序等3个方面，有针对性地对考核工作进行了改进和完善，确保考核工作更加公开公正。加强农村基层组织建设，集中清理整顿后进村，从机关选派了优秀科级后备干部到后进村挂职党支部第一书记，开展帮扶整顿，促进了农村基层党组织凝聚力和战斗力的进一步增强。打造非公企业党建特色品牌，在非公企业中深入开展“四强四有”、“双强六好”等党建活动，注重典型带动，推行“一企一品”，建设了6个党建工作室，打造了“秦皇西大街——兴凯湖路——龙海道”沿线主要非公企业党建示范点，初步形成具有秦皇岛开发区特色的非公企业党建工作示范带。

宣传思想工作和精神文明建设。将学习贯彻习近平总书记重要讲话和十八届三中、四中、五中全会精神作为重要政治任务，共编印学习专刊资料7期700余册，在全区全面掀起学习热潮。以“我们的节日”活动为载体，举办春联展、文明祭扫、端午节联谊、“中华爱情节”幸福大使等系列活动，教育引导干部群众懂礼、知义、开拓、奋进，弘扬和践行社会主义核心价值观。进一步完善全区志愿服务体系，在已有的党员志愿者、公务员志愿者、文明单位志愿者队伍的基础上，重点在全区87个村组建“身边好人”农村志愿服务队伍，至此，秦皇岛开发区志愿者队伍已达200支约8000人。加强未成年人思想道德建设，在未成年人中广泛开展“向国旗敬礼”、“日行一善”、“认星争优”等活动，促进未成年人身心全面发展。深化主题宣传，继续开展“感恩之星”、家庭美德模范等道德模范事迹的宣传教育活动。结合区“十三五”规划，研究制定《开发区精神文明建设“十三五”规划（草案）》，这是秦皇岛开发区建区以来，首次形成的专门的精神文明建设规划，将成为推动区域经济社会和文化全面协调可持续发展的重要依据。

党风廉政建设和反腐败工作。坚持正面引导和反面警示相结合，把学习教育纳入工、管委每周一周例会的首要内容，采取专题学习、专家讲座和观看专题片等形式开展警示教育，使廉政警示教育制度化、常态化。以落实“两个责任”、深化“三转”为抓手，推进党风廉政建设责任制的落实，制定出台《开发区落实党风廉政建设党委主体责任和纪委监督责任的实施方案》，扎实推进各部门党风廉政建设的主体责任落地生根。积极推进制度机制创新，建立了《党员干部婚丧喜庆事宜双报告制度》《主体责任、监督责任报告制度》，深入推进正风反腐，优化开发区发展环境。着力开展了正风肃纪、公务用车、公务接待、办公用房清理等方面的专项检查，坚持不懈纠正“四风”，及时通报检查情况和典型问题，严肃追究当事人和主管领导的责任。不断加强纪检监察队伍建设，在全区机关各部门、直属各企事业单位配备25名纪检监察兼职领导和纪检员，不断延伸工作触角，实现了纪检监督全覆盖。

（刘晨虹）

【工委文秘工作】 2015年，区工委办文秘工作站位发展大局，树牢精品意识，对事关全区工作大局的重大问题、重要决策潜心研究、深入思考、开展调研，全面准确把握工作实际和领导意图，高质量地起草和上报了领导讲话、工作总结、汇报材料等重要文稿100余份、60多万字；起草和审核以工委、工委办名义制发的文件90份，行文差错率为零。完成中央、省、市下发的594件公文的流转和办理工作，及时办结率100%。

（刘晨虹）

【组织工作】 2015年，区工委组织工作积极探索和创新年度各项考核工作，研究制定《2015年度综合考核工作实施方案（试行）》。从建立“多位一体”的考核体系、变定性考核为定量考核、扩大民主测评范围和程序3个方面，有针对性地对考核工作进行改进和完善。

创新求实，加强党员干部队伍建设。严格按照“五个重用”“五个不用”“五个调整”选用干部。改进和完善干部选任机制，严格程序，细化流程，把控关口，提高选人用人的公信力。尤其是根据工作需要，配齐配强区行政审批局、泰盛建设发展有限公司2个单位的领导班子。加大对超职数配备干部的清理整治力度，建立超职数或违规配备科级干部整改台账，制定《超配干部整改时限表》，通过轮岗交流、调整部门职数等方式，对结构性超职数配备干部逐步进行消化调整。全年提拔使用科级干部44人，调整干部56人，交流12人。

干部监督管理从严从实。制定实施《开发区科级干部重大事项报告实施细则》，对全区正科级领导干部和国企党政主要负责人进行严格监督管理，促进干部廉洁从政。

稳步推进村“两委”换届选举工作，全区87个村除个别村因征地拆迁等原因暂缓换届外，其余村“两委”均顺利完成换届。同时，选派11名机关干部担任农村第一书记，10名大学生村官担任村书记和主任助理，进一步巩固农村基层组织和政权建设。

按照“严控数量、保障质量”的原则抓好发展党员工作，全年发展新党员159名，为党员队伍注入了新鲜血液。扎实开展处置不合格党员工作，共排查出不合格党员238名，占党员总数的2.83%，净化了全区党员队伍。深入开展“港城先锋、红色义工”活动，在全区建立党员志愿服务队伍124个，开展各类志愿服务180余次。

以核查“三龄两历”为重点，做好全区科级干部和党群系统一般干部人事档案的专项核查工作。初审完成干部人事档案380余卷。

搭建平台，深入推进干部素质提升工程。2015年，先后组织40多名县级干部和100多名科级干部参加河北省委、秦皇岛市委党校干部素质提升培训和各项专题培训活动，并选派机关干部到11个后进村挂职“第一书记”，帮助机关干部在基层实践中提高素质，增强解决实际问题的能力。从严管理，不断增强党员队伍生机活力。抓好发展党员工作。严格执行党员发展工作程序，坚持入党自愿、个别吸收的原则，成熟一个发展一个，保证发展党员质量。针对农村发展党员存在的薄弱环节，研究制定《关于进一步规范农村党员发展工作意见》和《农村发展党员工作流程》，实行党员发展“一票两制三留存四备案”制度。稳步推进处置不合格党员工作。针对区党员队伍现状，认真组织开展“七清理”活动，排查出合格党员238名，其中失联党员数211名，占总数的88.7%。对于失联的党员，通过走访党员亲属、查询公安和社保信息等多种方式，联系到194名，复联率达到92%。严格党费的管理和使用。根据党员薪资的不断变化，及时核定党费收缴基数，确保党费足额收缴。健全党费管理制度，完成党费软件的统计，对党费支出项目从严控制，严格按照上级规定的五项使用范围，实现党费收缴、使用和管理工作制度化、规范化。四是落实待遇，全力做好老干部服务工作。认真落实老干部政治和生活待遇，及时研究解决老干部工作中出现的新情况，新问题。在政治上关心老干部，加强与老干部的沟通交流，定期向老干部介绍开发区发展建设情况，重要会议邀请老干部代表列席。“重阳节”期间，组织100多名机关离退休老干部，参观中关村海淀园秦皇岛分园e谷创想空间、数谷大厦和秦皇岛开发区建区30年成就展览。抓好细节，认真完成组织部日常工作。加大科级干部的护照管理力度，将科级干部护照收归组织部统一管理，实行对科级干部因公、因私出国征求纪工委意见制度。全年共为42名科级干部办理了出国审批手续，为1名县级干部办理了出国报批手续，出国审批程序进一步严格规范。加强干部档案管理。对组织部管理的600余卷干部人事档案进行专项核查，完成全区科级干部的工资晋升、津贴、补贴补发审批和县级干部工资调整的报批工作，为16名科级干部办理了退休审批手续，为1名县级干部办理了退休报批手续。

夯实基础，加强基层党建工作。区组织部门组织开展领导干部讲党课、专题座谈会、蹲点调研等规定活动，整理编印学习资料汇编，及时下发各项工作提示，定期对各单位活动开展情况进行检查指导，确保把每个重点环节都抓细、抓实。2015年12月，在领导班子民主生活会中，督促指导各单位领导班子和成员认真撰写对照检查材料，查摆出“不严不实”具体表现110余条，制定整改措施170余项，完成整改130余项。健全完善农村基层组织设置。根据工委研究部署，对各乡处的职责、机构设置进行调整。成立榆关管理区、牛头崖管理区等5个党工委，实现权力下放、重心下沉、服务前移和责权统一，进一步强化各党（工）委的工作职能。全力抓好村“两委”换届。严把换届政策关、组织领导关、候选人资格关和纪律程序关“四道关口”，取消候选人资格10人、当选资格3人。集中清理整顿后进村。按照河北省委确定的“六类问题”标准和倒排15%要求，排查出13个后进村，从机关选派了优秀科级后备干部，到后进村挂职党支部第一书记，开展帮扶整顿。打造非公企业党建特色品牌。2015年，新建非公企业党组织12个，发展党员70名。注重典型带动，推行“一企一品”，建设6个党建工作室，打造“秦皇西大街——兴凯湖路——龙海道”沿线主要非公企业党建示范点。强化服务，全面加强机关学校和社区党建工作。在机关，开展“党在我心中”知识竞赛活动等主题活动，建立推行“党员活动日”“机关党支部学习日”制度，严格党内组织生活，提升机关党员的服务意识、服务水平。在学校，以师德建设为重点，全面加强教育行风建设，强化技能培训。在社区，严格落实好“三有一化”制度，下派一批年纪轻、素质高、能力强的选调生担任社区支部书记，优化社区班子的年龄结构和知识结构。聘请社区党员作为“民情联络员”，实现党组织服务与群众自治的有效衔接。重点抓好全区农村基层党组织规范化建设。累计投入资金200余万元，新建、翻建9个村级活动场所，统一制作了党支部、村委会、便民服务工作标识，在具备场地条件的57个村，将党建及涉农制度上墙公开。实施秦皇岛开发区、北戴河片区6个重点村党建提升工程。

积极主动抓好党管人才的务实推进工作。发挥组织部门管人才的职能作用，调整区人才工作领导小组，整合人才工作资源，与区人社局配合，加快推进秦皇岛市高层次人才创新创业培养示范基地建设。在数谷大厦落实2间办公场地。积极配合秦皇岛市委组织部做好各类高层次人才、团队的推荐申报及服务工作。

（王祖伟）

【宣传工作】 2015年，区宣传工作坚持以党的十八大和十八届四中、五中全会及省委八届十二次全会精神为指导，深入开展“三严三实”教育和“解放思想、抢抓机遇、奋发作为、协同发展”大讨论活动，紧密结合全区实际，解放思想、开拓创新、突出特色、打造亮点。

进一步深化和加强理论学习。将学习宣传贯彻习近平总书记重要讲话和十八届三中、四中、五中全会精神作为重要政治任务，提前谋划，精心组织。抓好中心组学习。春节假期后上班的第一周固定为中心组学习周，并进行3天的集中封闭学习。将每周一工委、管委例会的第一议题固定为学习，使学习日常化、长期化、自觉化。全年共组织集中学习44次，累计26天。在学习内容上，中心组成员集中学习《习近平谈治国理政》《习近平关于全面深化改革论述摘编》《中国共产党统一战线工作条例》《中国共产党廉洁自律准则》《中共共产党纪律处分条例》以及理想信念和党史教育、“三严三实”、解放思想大讨论、十八届五中全会及省委全会等文件精神及法规条例。在学习形式上，全年共编印学习专刊资料7期，印发1000余册。集中收看《信仰》《筑梦中国》和《百年潮•中国梦》《解放思想，凝聚共识谋发展》等多部电视政论片及学习视频，向全区推荐视频资料20余集。中心组成员撰写专题研讨发言材料心得体会文章和调研报告累计200余篇。12月4日即第2个国家宪法日，开展向宪法集中宣誓活动。

抓好机关全体党员干部学习。制定《机关干部集中学习日制度》，将每周五固定为机关集中学习日，宣传部根据当前理论学习重点，提供学习内容，同时，各部门各单位根据自己的业务特点，安排一定的业务知识及相关政治经济文化科技社会等各方面知识的学习。将理论学习工作向企业、农村、社区等各基层党组织延伸，尤其是扩大了非公企业的参与面。由上而下开展“千名书记讲党课”活动。工委书记胡英杰围绕中央和河北省委全会的精神，结合区情进行宣讲。区内机关各部门和各农村、社区、学校、企业等基层党组织书记也分别在本系统、本单位面向全体党员干部进行宣讲。通过“请进来”的方式，邀请秦皇岛市委宣讲团到区宣讲。特邀秦皇岛市委宣讲团成员、燕山大学马克思主义学院教授魏黎波到区宣讲辅导。

继续深化全民阅读活动。在继续深入推进机关“读书、荐书”和“相约星期二•书香进机关”等特色活动的基础上，开展全民阅读进机关、进企业、进村组（社区）、进学校、进家庭的“五进”活动。开展“读书节”“读书月”等系列活动。4月，举办“让读书成为我们的习惯”为主题庆祝世界读书日活动。旨在迎接第20个世界读书日，营造“好读书、读好书”的良好氛围。

充实丰富文化宣传活动。5月，举办纪念毛泽东在延安文艺座谈会上的讲话发表73周年——方爱菊演唱会。同月底，组织筹办全区“唱响核心价值观”百姓健康舞大赛，选拔5支优秀队伍参加市级大赛。同时，持续开展各种文艺活动及丰富多彩的“彩色周末”演出。组织召开区重点企业党组织思想政治工作暨企业文化建设观摩培训会，邀请河北省思想政治工作研究会副秘书长王彦斌就“做好企业思想政治工作暨企业文化建设”对区内企业党组织负责人进行培训。组织协调河北省心连心艺术团2次走进秦皇岛开发区，为紫草坞、周营、张马坊3个村的群众奉献3场“中国梦•赶考行——走进美丽乡村”文化惠民演出。配合秦皇岛市文联组织纪念抗日战争和世界反法西斯战争胜利70周年征文活动。向全区收集故事、散文、诗歌等各类征文200余篇。

积极推进文化产业建设。2015年，秦皇岛开发区有文化及相关产业经营单位319家，其中规模以上单位5家，规模以下经营单位314家。按照文化产业类别划分，分门别类建立文化传播、广告创意等5个区文化产业QQ群、微信群。畅通政府政策发布与文化产业经营单位信息获取的网络渠道，搭建与孵化器的沟通渠道。依托北岛博智、漫游世纪等孵化器的平台功能与13家在孵文化企业建立跟踪服务。全年发布国家、省、市推动文化产业发展的涉及资金扶持、金融服务等重要政策文件16个，接受企业业务咨询、政策解读70余家次。全年累计帮助企业争取发展扶持资金255万元，市级公共文化引导资金15万元，秦皇岛昊月民间艺术发展有限公司艺术总监姜艳华被授予“燕赵文化之星”荣誉称号。11月27日，在石家庄参加河北省“十大文化产业集聚区”现场汇报和专家评审。组织区内4家文化企业参加深圳2015年文博会、京津冀文化推介会、河北省特色文化产品博览会等各类展览、展示等推广活动。区火柴盒计算机技术开发有限公司、东韵艺术品发展有限公司、亿维动漫文化传播有限公司3家企业获得河北省2015年文化产业发展引导资金240万元。

保障“扫黄打非”工作的有力开展。年初，出台《秦皇岛开发区“扫黄打非”行动方案》。组织有文化、公安、工商等部门人员参加的检查组，开展专项“扫黄打非”集中行动。同时，与加强未成年人的思想教育工作结合起来，开展净化文化市场检查，重点对校园周边的网吧、书摊、歌舞娱乐等场所进行重点管理和治理。达到区内校园周边200米内没有网吧、歌舞娱乐场所的要求。在区内主要街道、路口以及各社区和重点农村，及时更新公益宣传广告。专门设立海湾公司门外墙体“秦皇岛人文明公约”文化墙，广缘超市、开放广场、森林公园文明城市宣传栏，黄河道地道桥护栏宣传墙等固定宣传阵地，开展创建文明城市等主题宣传。

加强舆情信息调研分析。年初，挂牌成立网信办。有组织、有计划地开展基层网络宣传管理工作，强化网络宣传主阵地。踏实做好解放思想大讨论活动网络舆情专报信息稿件报送工作。全年报送稿件8份。深入做好区内微信认证管理工作，调整信息员队伍，按照《秦皇岛开发区宣传思想文化及精神文明建设信息工作考核评比办法》和《秦皇岛开发区网络评论工作考核激励办法》，确保舆情信息工作有所创新。

完成政工职称评定工作。年初，按照《河北省政工专业职务评定办法》的规定，认真开展政工职称评定工作，严把材料组卷、评审、报卷关。有4人获得了初级政工职称。

（张小伟）

【全国理想信念教育工作交流会推广秦皇岛开发区经验】 2015年10月15日，河北省秦皇岛理想信念教育工作经验交流会在北戴河东经路宾馆会议中心成功召开，会议由中宣部主办、河北省委宣传部承办。来自全国20个省（市、区）委宣传部、文明办的领导和代表，《人民日报》《光明日报》《经济日报》、“中央人民广播电台”“中央电视台”等主流媒体单位160多人参会。

此次会议，秦皇岛开发区工委、管委精心谋划5项工作，即：撰写好一份主报告，策划好一场主题汇报演出，编写好一本书《秦皇岛经济技术开发区理想信念教育大事记》，制作好一个反映开发区理想信念教育成果的电视专题片《让理想信念之花盛开》，举办好一组图片展《信仰的力量》——秦皇岛开发区构建理想信念教育图片展，确保活动扎实有序推进。会上，区工委书记胡英杰作题为《牢记宗旨　坚定信心　凝聚推动改革发展的正能量》的主题发言，全面系统地介绍秦皇岛开发区通过补钙、铸魂、聚力、固本“四剂良方”，着力构建理想信念教育体系的经验和体会。区第三小学、臻鼎科技宏启胜精密电子（秦皇岛）有限公司、秦皇岛开发区公安分局、海港区东环路街道东环里社区党支部等单位主要负责人作为学校、企业、机关、社区代表，分别介绍各自加强理想信念教育工作的经验做法。秦皇岛开发区加强理想信念工作的经验做法，得到中宣部的肯定。中宣部副部长王世明、河北省委宣传部领导和秦皇岛市委领导对此给予高度评价。

当天下午，与会人员对秦皇岛开发区进行实地参观考察。秦皇岛开发区“构建理想信念教育体系”的经验做法，受到与会代表的广泛好评，也受到社会各界的广泛关注。中央和省市主流媒体予以大量报道。秦皇岛开发区“四剂良方”构建理想信念教育体系的经验做法，成为秦皇岛市乃至河北省加强理想信念教育工作的一张亮丽名片，并在全国进行经验推广。

（张小伟）

【工委信息工作】 2015年，区工委信息工作进一步注重信息质量，根据领导意图、基层工作和上级需求，狠抓重点信息、亮点信息和价值信息的采集、编写、上报，及时准确地为领导科学决策提供参考，其中，《中关村海淀园秦皇岛分园精心打造对接平台创新合作模式争创京津冀协同发展示范区》《秦市开发区重点实施十大产业项目形成新的经济引爆点》等信息被河北省委信息中心采用，信息工作名列秦皇岛市前茅。

（刘晨虹）

【工委督查工作】 2015年，区工委突出抓好重大决策和重要部署执行情况的督导检查，凡工委、管委班子例会每周议定的事项，“两办”督查部门密切配合，分解目标责任，强化督办问责，及时跟踪问效，保证了工、管委决策的有效落实。注重创新督查方式，编印并启用《领导交办任务督办卡》，印发《关于抓好全区重点工作督导检查的措施》，编制秦皇岛开发区23个部门的重点工作台账。并进行定期督查、重点督查，完成“三严三实”专题教育、解放思想大讨论活动、全区重点项目及工管委例会议定的督查事项等15项内容，办理上级领导的各类督办件、批示件29个，做到件件有回音，事事有落实，按时办结率和满意率均为100%。

（刘晨虹）

【工委保密工作】 2015年，区工委进一步严格保密管理，保密意识显著增强。全面推行保密目标管理制度，与区内各涉密单位负责人签订《保密工作责任书》，严格落实保密责任，同时，加大保密工作软硬件投入力度，加强对涉密载体的保密管理，定期开展涉密单位计算机应用安全检查，提高计算机网络和信息系统的保密防范能力，努力做到防患于未然。加大保密宣传力度，组织各级领导干部观看了保密教育警示片，开展保密业务培训，举办为期3个月的秦皇岛开发区保密普法宣传图片展，开展为期4天的“保密普法进机关、进社区”活动。2015年，全区失密、泄密事件为零。

（刘晨虹）

【工委统战工作】 2015年，区工委统战工作注重发挥自身优势，巩固和壮大统一战线，进一步加深与区内各民主党派、工商联和无党派人士的沟通联系，组织驻区各级人大代表、政协委员等统战人士参观区内重点企业，并召开座谈会，听取对秦皇岛开发区发展建设的意见和建议。积极协调有关部门抓好民宗工作，定期与宗教负责人谈话，宣传党的宗教政策，了解思想动态，掌握重点人员动向。同时，以弘扬社会主义核心价值观为契机，积极引导爱国宗教人士主动作为，充分发挥宗教人士和信教群众在促进经济社会发展中的积极作用。

（刘晨虹）

【政法综治工作】 2015年，区政法委加强源头管控，坚决维护国家政治安全。加强情报信息的搜集、汇总、研判和重点人管控工作，严格落实网上监控责任和24小时巡查监控措施，对网上信息实施严密管控，严防形成现实危害。有效维护各时期的政治稳定。同时，依法加强宗教活动管理，严厉打击法轮功、全能神等邪教组织的捣乱破坏活动。查处3名法轮功邪教违法人员，筛查并剔除1名欲进入农村“两委”的邪教人员。

加强反恐防爆的实战演练，坚决防止危害国家安全和社会稳定的重大政治事件发生。为每组街面巡控警力配备了必要应急处突装备，充实完善防爆炸等各类工作预案5套。开展反恐处突应急实战演练和紧急集结拉动演练3次。积极推进平安企业、平安医院、平安校园等多种形式的创建活动，进一步树立全民平安创建的意识，不断提升人民群众安全感。印发平安建设宣传手册7000余份到机关各部门和基层单位，在全社会营造平安法治建设的浓厚氛围。同时确定秦皇西大街为平安建设宣传一条街，使百姓随地可见平安建设宣传内容。加大对社会治安重点地区的整治力度。2015年，万众大厦及周边因治安情况复杂，被作为重点整治区域。区综治办专门对此项工作进行研究和部署，成立整治工作领导小组，制定整治工作方案，多措并举，确保整治效果。通过重点整治，治安环境明显好转，发案率同比2014年下降57.7%。

加强重点单位管理和危爆物品管控，组织相关部门对泰盛水务、电力公司、动力公司、输油管线等水、电、油、气、暖、运等重点单位、要害部位进行督导检查，剔除各类安全隐患3处。加强对望海店等7家烟花爆竹销售点的管理，并对深河等传统烟花爆竹销售区域进行明查暗访，严厉打击非法销售烟花爆竹等违法犯罪活动。加大消防安全检查力度，发现、整改各类火灾隐患25处。开展校园周边治安环境集中整治专项行动，对燕大附中、区一中、三小和区幼儿园及周边地区进行治安环境重点整治。

开展对危爆物品寄递物流清理整顿专项行动。精心部署，成立领导小组，制定工作方案，对辖区国有、外资、民营直营和民营加盟4类邮政快递企业，35家物流寄递企业，403名从业人员就落实内部安全保卫制度、收寄验视制度、安检机配备、使用等情况开展安全大检查。通过检查发现安全隐患3处，当场整改2处，下达《安全隐患整改通知书》1份。

深入推进智慧网格建设，成立智慧网格建设工作领导小组，制定印发《开发区深入推进智慧网格建设工作实施方案》，根据实际，乡、街道、管理处的管理职能，按照属地管辖、人口规模、房屋坐落等自然形成区域，全区共划分网格752个，每个网格设网格长1名，信息员1名，片区民警为网格指导员，义务治安巡防员、村（居）民代表、社区老党员、退休老干部和热心群众、卫生清扫员、平安志愿者共同参与管理。投入资金10余万元用于信息采集录入工作。综治办为496名智慧网格工作人员投保人身意外伤害保险共计4960元，实现保险业向智慧网格建设延伸。

构建立体化治安防控体系，社会治安环境持续优化。2015年（截止12月1日），全区刑事发案497起，仍维持在较低水平。破获刑事案件286起，打掉犯罪团伙14个，抓获各类违法犯罪嫌疑人838名，同比大幅上升55%。按照中办、国办《关于加强社会治安防控体系建设意见》的要求，完成第二个科技防范建设“五年规划”最后一年的建设任务。紧密结合实际，以智慧交通和视频监控建设为抓手，做到建设和应用并重，切实提升公共安全的社会治理能力。借力高清视频系统提升实战效能。全年获取各类案件视频线索180条，通过视频线索累计破获各类案件77起，抓获各类违法犯罪嫌疑人91名。强化信息融合应用，以警务信息大数据为基础，有效整合各业务警种信息资源，形成以“派出所、专业警种、指挥中心”为基础的三级警情研判机制，并将信息深度应用贯穿于各种警务活动中，提升服务实战的能力和水平。全年通过基础信息化深度融合应用，成功打掉犯罪团伙2个，抓获各类违法犯罪嫌疑人57名，破获案件37起。

完善维稳机制建设，落实重大决策社会稳定风险评估工作机制。研究制定《秦皇岛经济技术开发区重大决策社会稳定风险评估工作机制（试行）》，严格落实大项目落地风险评估机制，凡重要项目实施前，必经全区例会提案进行风险评估后再上会研究实施。完成京能秦皇岛开发区热电联产项目风险评估，提出评估意见，对项目平稳落地起到重要扶助作用。进一步强化涉稳问题和群体性事件隐患的化解稳控工作，对于“嘉隆高科债务问题”，专门成立稳控工作领导小组，对嘉隆高科负责人严格落实监视居住工作，并抽调专门警力专职专班开展稳控工作。加大涉法涉诉联合接访服务中心约访、下访化解积案力度，在服务中心平台，严格落实政法部门领导干部接访制度和部门副职值班带班制度，主动约访、下访信访群众，着力推进涉法涉诉信访案件分流处置进程，着力推进涉法涉诉信访案件的解决。2015年，共接待上访群众98人次，当场解答51人次，分流办访28件，切实发挥基层接访中心的化解稳控职能，最大程度发挥各部门合力办访能量。加大信访活动中违法犯罪行为打击力度，全区依照部门职能成立5个工作组，分别为综合协调组、接访劝返组、现场处置组、法制教育组和医疗救护组。2015年，共打击处置非访人员21人，切实做到既保护信访人合法权益，又维护好平稳的信访秩序，有效控制非访、闹访、缠访等事件的发生。坚持源头预防，不断提升矛盾纠纷化解能力。严格按照“日排查、周调度、月汇总、季分析”工作机制，紧紧依托“大情报”平台，获取深层次、预警性、内幕性的不稳定因素和群体性上访信息。将各种影响社会稳定的矛盾纠纷排查彻底，纳入工作视线，确保不留盲点和死角。全年共排查各类矛盾纠纷171件，已全部稳控化解。对辖区116名信访人员、221名重点群体人员要掌握情况，确保稳定，不发生进京赴省访情况。2015年，秦皇岛开发区在全国和全省“两会”、暑期、抗战胜利纪念日、十八届五中全会等重点时期，开展信进京访值班工作的同时，继续严抓社会面防控，对重点复杂区域开展大规模集中清查行动，全面强化反恐防暴工作，维护公共安全。

强化公安干警武装巡逻工作，在区内广缘超市、开放广场等6个重点区域设立“一分钟快速反应圈”，组建应急巡控小组，启动铁门关公路治安执勤点和沿海高速入口、京哈高速入口治安卡点，提高突发案事件处置能力。全年累计检查车辆2344辆，人员11710名。2015年暑期，辖区仅发刑事案件55起，较2014年同期下降18.3%。相继破获“3•18”系列盗窃企业物资案等侵害企业利益案件88起，缴获电缆、汽车等大量被盗生产经营物资。同时，深入整顿和规范市场经济秩序，破获“2•28”重大合同诈骗案等经济案件7起，为企业挽回经济损失1600余万元。成功破获针对山船重工部门负责人自制爆炸装置实施报复侵害的恶性案件，对厂区内外各类不稳定人员形成有效震慑，保障企业员工的生命财产安全。重点查办发生在征地拆迁、重大工程、涉农政策等重点领域和群众身边的领导干部贪污受贿、失职渎职等腐败案件。强化平安志愿者治安防范体系。6月，启动平安志愿者参与社会治安巡防工作，招募2000余名平安志愿者，佩戴红袖标，与公安民警及专职巡逻队伍紧密配合，重点布控，织网互动，形成覆盖辖区主要干道、大街小巷、楼院、社区、村居、企业、学校的网格式防控体系。

强化铁路护路联防工作。投入10余万元在铁路沿线8个村居建立铁路护路工作站，逐站配备电脑、办公桌椅等公用品，悬挂相关工作制度和牌匾。依据实际，设置铁路护路岗8个，安排值守护路巡防队员72名，开展全天候铁路护路巡防工作，确保辖区过境铁路绝对安全。在全区20个公交站点全面启动安全员上岗安检制度，共招募60余名安全员在各公交站点进行安全执勤。投资16万余元为各岗点配发对讲机，逐岗配发制式服装、遮阳伞等必需品。加大对执勤岗点的督导检查力度。强化重点部位和重点场所的安全隐患大排查。相关部门不断加大工作力度，对辖区无人机研发生产企业、液氨及输油管线等单位进行了安全隐患检查，发现并整改隐患700余处。

推进司法公开制度。印发《开发区2015年深入推进司法公开工作计划》，积极推进开展司法公开活动月、媒体宣传征稿、执法监督论文征文等相关活动。不断创新法制宣传阵地建设。对现有“法治文化一条街、法治文化公园（广场）”内容进行更新，建设药马坊法宣文化墙建设，建设泰盛商务大厦电子宣传屏幕，打造防范工作宣传车，在全区范围内开展“12•4”集中法律宣传等多次宣传活动。7月，秦皇岛开发区顺利通过秦皇岛市“六五”普法工作检查验收工作。

2015年，包括上级指定管辖案件在内，区检察院共立案侦查贪污贿赂案件4件7人，共立案侦查渎职侵权案件4件5人，同时，配合秦皇岛市委专案组共查处案件6件11人。妥善处理省市区都高度关注的涉秦皇岛嘉隆高科实业有限公司系列案件的审理工作。2015年12月4日，共受理各类案件3021件，同比上升61.81%，已结2072件，结案率68.59%。

（韩利刚）

【纪律检查工作】2015年，开发区纪律检查工作制定出台《开发区落实党风廉政建设党委主体责任和纪委监督责任的实施方案》。全面履行党章赋予的职责，进一步改进方式方法和工作作风，坚持“一案双查”，严肃处理3起机关违反八项规定和工作纪律的案件，给予党内警告处分2人，通报批评2人。建立党员干部婚丧喜庆事宜双报告制度，7月～年底，有12名副科级以上干部对子女婚庆事宜进行了报告。

强化教育、抓早抓小，把纪律和规矩摆在前面。切实把党章党规党纪挺起来、立起来、严起来，为工管委领导班子成员和各部门主要负责人订阅《中国纪检监察报》、《中国纪检监察》等刊物，向全区科级以上干部赠订了新修定的《中国共产党廉洁自律准则》、《中国共产党纪律处分条例》、《中国共产党纪律处分条例》有关规定速查和《中国共产党纪律处分条例》学习辅导各500本。把学习教育纳入工管委每周一周例会的首要内容，集中学习了十八大修改的《党章》、《宪法》、《中国共产党党内监督条例》等党纪法规。及时谈心提醒，坚持抓早抓小，同下级党政负责人谈话2人，对有各种反映的当事人诫勉谈话12人，函询4人。

严格纪律审查，深化正风肃纪。紧紧围绕上级纪委和巡视组交办的线索和优化发展环境及农村两委换届选举抓查案。共查办22件，处理违纪党员22人，其中农村党员16人，机关党员干部4人，区属事业单位党员干部2人；其中给予开除党籍处分7人，给予留党察看二年处分1人，给予党内严重警告处分5人，给予党内警告处分6人，给予通报批评的组织处理3人。在换届选举中，对排查出的6名违法犯罪党员给予了开除党籍处分，对6个村违反“十个严禁”的举报进行认真查处，取消村支部书记候选人资格1人，取消村主任候选人资格3人。始终把落实中央八项规定和纠正“四风”作为加强作风建设的重中之重来抓，着力开展了正风肃纪、公务用车、公务接待、办公用房清理、治理“中梗阻”和开展“为官不为”专项整治，通过明察暗访和网络技术手段认定等方式进行检查。接收处理市纪委“四风问题人人拍”举报件10件，及时调查答复，回访满意度均在8分以上。开展公务员在企业参股任职专项清理纠正工作，经自查申报和逐一核实，共涉及12个单位的17人，其中职务行为6人，个人行为11人。已全部清退股份或退出兼职。

落实中纪委对全国纪检监察工作提出的转职能、转方式、转作风的“三转”要求，加强纪检监察队伍建设。在全区机关各部门、直属各企事业单位已配备纪检监察兼职领导和纪检员25名。对新从事纪检监察工作的干部采取以会代训的形式培训3次。从新形势下纪检工作的理念要求及派出机构如何履行好监督职责、查办案件技巧3个方面进行深入讲解，结合案例剖析纪检工作的方法及工作流程。

（李志华）

【信访工作】 2015年，区信访办本着源头预防的原则，以各乡（处）、村（居）为重点，联动国土、建设规划、综合执法等各职能单位在分管领域定期排调信访隐患，对苗头性和倾向性的问题逐一落实包案责任人，限期解决，最大限度把矛盾纠纷化解在源头。“两会”及暑期等重要时期，在全区范围内组织开展信访隐患拉网式日排查，发现隐患苗头即时明确责任主体，第一时间有效稳控不稳定因素，将矛盾隐患有效化解在萌芽状态。7月14日正值暑期起始阶段，成功排查出因飞龙地产公司欠薪，引发外县区农民工串联秦皇岛开发区人员到北戴河集体讨薪，区信访办立刻约访区内重点人员，协调农工、社发稳控区内参与人员，并第一时间将情况汇报秦皇岛市联席办，使一起集体非访隐患得到及时有效化解。全年共排查出各类矛盾隐患89件，经分类梳理，将59件重大疑难信访事项以区信访联席会议《关于重点信访事项挂账督办的通知》进行挂账督办，切实做到发现早、稳控住、化解好。

化解积案，稳定全区。年初，信访办以联席会议文件印发《关于集中开展信访积案持续攻坚活动的实施方案的通知》,将化解信访积案作为减少非访为主要抓手，综合运用法律、政策、经济等多种途径，依法依规解决信访问题，切实关心信访人的困难生活。区工委书记胡英杰亲自部署信访工作，多次接待周珍、刘春娥等信访人，召开专题会议研究疑难历史积案化解方案。经过区领导及信访办的耐心劝解和热心帮扶，持续8年，数次到河北省、进京上访的刘春娥息诉罢访。刘春娥向秦皇岛开发区赠送“廉政无私、爱民楷模”锦旗。管委主任苏景文在暑期和年底前分别召开专题会议，逐一调度历史遗留信访积案和嘉隆高科等一批拖欠工资问题，要求各单位、部门主要领导负总责，主管信访领导直接负责，其他领导“一岗双责”和“谁主管、谁负责”的原则做好相关工作，确保全区和谐稳定。同时，信访办起草印发《秦皇岛经济技术开发区领导干部接访包案实施办法》（秦开联办〔2015〕1号），联席会议将各单位领导接访包案情况纳入年终信访工作考核，确保每个工作日各单位都有领导班子成员轮流在本单位信访接待室公开接访。全年，区工委、管委领导接待日共接待群众来访31批次，占接访总量的19.3%。

在信访积案攻坚化解专项行动中，信访办始终坚持以“案结事了，息诉罢访”为工作目标。区联席会议决定从3月起，在全区深入开展信访积案化解持续攻坚专项行动。区信访办与政法委、牛头崖管理处、榆关管理处等单位密切配合协调联动。

区工委副书记陈永富带领信访办工作人员深入区内榆关、牛头崖管理处等单位督导检查领导接访包案情况，同时逐案调度疑难信访问题。

打击非访，加快推进诉访分离和逐级走访。区信访办按照《国家信访局关于进一步规范信访事项受理办理程序引导来访人依法逐级走访的办法》（2014国信发4号）文件精神，在改进现行信访制度、执行诉访分离和规范越级访行为的同时，建立健全长效机制，严格按照文件规定的程序办理信访事项。积极引导信访群众依法按政策维护自身合法权益。对于进京非正常上访人员，特别是以上访为由，挑头闹事、串联、怂恿他人参与非访的及以访施压的上访人，区公安分局依据公安部25号文件及相关法律法规进行依法处置。全年行政拘留非访22人次，行政训诫37人次。

开通全国信访信息系统与区内民生信访服务网站。2015年，信访办加快信访信息化建设应用步伐，协调区内14个单位与国家、河北省、秦皇岛市信访局对接信访信息系统的同时，进一步拓宽民生服务平台，建立阳光信访系统，全面提高工作效能。

区信访办以联席会议文件印发《关于开展信访信息录入“百日会战”的通知》，对网上信访事项办理情况进行补录，2015年，阳光信访系统中涉及秦皇岛开发区的97件信访事项及时受理率为97.9%，按期答复率为97.4%，满意率为100%。

区信访办在秦皇岛市首个开通民生与信访服务网及微信公众号，网站设有热点问题、政策动态、成员单位、工作职责等板块。区信访办开发并运行民生与信访办公软件，与区内68个民生与信访联动部门，本着“即时受理、快速分办、限时办结、协调联动、督查督办、限时办结、回访反馈”的原则，实现网上受理各类事项，全力解决各类民生诉求，同时在网上宣传普及相关法律法规及惠民政策。区工委、管委领导班子成员也可以随时登录系统，查询相关内容并就事件处理等在网上直接批示。

全力做好信访维稳工作。2015年，信访办单独进京赴省会石家庄值班累计31天，上级指定地点累计值班123天。劝返越级上访人员共计46人次。以国务院《信访条例》修订实施10周年、宪法日、新《河北省信访条例》实行等节点为契机，设立固定宣传点4个、张贴宣传标语50条、悬挂宣传条幅13条、印发宣传单30000份、印发《河北省信访条例》15000册，在区内峨眉山路、秦皇西大街等主要路段公交站点设立宣传栏58块，引导群众以理性合法方式表达诉求，用法治思维和手段化解矛盾。

2015年，区民生与信访联席会议召开全区信访工作会4次，联席办组织召开各类信访工作专题调度会19次，调度处理疑难信访事项38件。信访办全年共接待办理群众来访来信160件，与2014年同期(179件)下降10.6%，其中集体访43批次897人次，与2014年同期相比（48批次1078人次）下降10.4%，人次下降16.7%。通过国家信访信息系统，按时办结国家信访局交办信访事项9件，河北省信访局交办40件，秦皇岛市信访局交办38件，信访办向区内职能部门交办17件。全年无群体性事件。进京非访59人次，与2014年同期（21人次）相比，上升181%。全年从未列入河北省、秦皇岛市倒排范畴。承办各类民生事项共计4473件次，其中诉求类4031件次，占90%，咨询类213件次，占4.8%；建议类205件次，占4.6%；表扬类24件次，占0.5%；向工委、管委呈报民生专报12期。

（陈凤新）

【武装工作】 2015年，区人武部坚持把思想政治工作放在武装力量建设的首位。通过制度建设促进武装工作规范化，坚持任务牵引，全面落实民兵组织结构调整要求。继续推进应急力量建设力度，确保秦皇岛开发区民兵组织建设质量稳步提升。

落实军事训练任务。5月，对区民兵应急连的骨干力量，开展为期4天的军事训练。同月，区民兵应急连按要求人数准时集结到位，参加在秦皇岛市海上救援中心进行的全市民兵应急力量集结拉练行动，接受河北省军区领导检阅。加强民兵阵地建设。区武装部下辖的民兵分队全部具备“三室一库”、“六有”、“两挂”的基本标准。将资料分为组织建设、战备训练、国防动员、政治工作、装备工作、其他工作6类，并归类存档。规范应急分队军事训练日志、训练教材登记簿、训练器材登记簿等资料的填写，各类信息记录准确。

组织开展国防教育宣传活动。“4.28”《国防教育法》颁布实施14周年之际，区人武部通过宣传图板展示、国防知识资料发放等方式组织开展多种形式的宣传教育活动。在“9•18”期间，以军事日教育为依托，开展纪念中国人民抗日战争和世界反法西斯战争胜利70周年宣传教育活动，增强全民的忧患意识、国防意识和责任意识。

切实做好兵役登记工作。区人武部及时召开会议，组织关于全国征兵网使用管理的培训，明确登记具体要求，普设登记站点，加强宣传动员。坚持走访调研，灵活把握传统登记与网上登记，使得兵役登记工作逐步推进，为征兵工作引导了方向。开展大学生兵员征集工作。6月，通过在河北科技示范学院开发区校区悬挂条幅、粘贴公告、组织互动交流，完成高校毕业生网上预征报名工作。

通过初检、体检等各个环节严格把关，完成2015年征兵工作。

（高云燕）

【机关党建工作】 2015年，区直机关工委深入学习宣传党的十八届四中、五中全会精神。开展中国特色社会主义、中国梦和法制中国宣传教育。组织党员干部学习中国特色社会主义理论、党史国史、世界社会主义史，进一步增强党员干部道路自信、理论自信、制度自信。以学习践行“三严三实”和“解放思想、抢抓机遇、奋发有为、协同发展”为主题，对照党章等党内规章制度、党的纪律、国家法律、党的优良传统和工作惯例，联系教育实践活动中个人整改措施落实情况，深入剖析和查摆个人“不严不实”和“八破八立”方面问题，进一步更新观念、抢抓机遇、凝聚共识、汇聚力量。认真抓意识形态工作，探索建立党员QQ群、交流e站，及时了解掌握思想理论动态，引导党员干部明辨理论是非，澄清模糊观念，不断增强政治敏锐性和政治鉴别力。7月，组织机关全体党员干部参加有奖知识问答，发放试卷1500余份，党员撰写心得体会1千余篇。

强基固本，抓实基层党组织建设。大力加强基层党支部规范化建设。按照《关于加强机关党支部规范化建设的意见》，整理汇总各党组织成立、换届、增补、调整等信息，督促指导基层党组织做好选举、换届、改选等工作。2015年成立行政审批局党支部。从组织机构上，进一步健全城市发展局机关党委。规划局机关党委、管委办党总支、政策法制局党支部等22个党组织顺利进行换届、改选。举办142名基层党支部书记、委员参加的培训班，购置《党支部工作规程与方法》、《基层党组织建设规程与方法》、《党支部书记及委员工作规程与方法》等书籍。

进一步严格党的组织生活。区直机关工委立足服务大局、坚持问题导向、通过推行“党员活动日”制度严格党内生活、加强队伍建设，力求突出特点、积极探索创新。通过开展为民服务系列活动，促进党员更加密切地联系和服务群众，推进开放型、服务型基层党组织建设。加强党员发展和管理工作。举办党的积极分子培训班，发放《党章》和《入党教材》。机关工委系统68名积极分子参加为期3天的培训。全年发展预备党员28名，转正党员27名。组织新党员到昌黎五峰山爱国主义教育示范基地进行入党宣誓，接受党史教育。做好处置不合格党员工作。通过帮扶教育，限期改正党员3名，确认失联党员1名。

扎实推进学习型党组织创建工作。各级党组织认真学习观看《筑梦中国》，并将其作为学习型党组织建设的重要内容，积极开展讨论交流，教育引导广大党员干部坚定中国特色社会主义的道路自信、理论自信和制度自信，坚定不移走中国特色社会主义道路。抓好基层服务型党组织建设。认真贯彻中央《关于加强基层服务型党组织建设的意见》和区工委“四强四有”创建要求。落实中央《关于完善党员干部直接联系群众制度的意见》。11月，区直机关工委开展机关党建“新常态新要求新作为”研讨征文活动。此次征文共征集到高质量论文8篇。

做好党员管理培训和教育、党员

统计等工作。2015年接转党员组织关系87份。发放新党章及《中国共产党廉洁自律准则》、《中国共产党纪律处分条例》等共计3000余份。

继续开展并督导群众路线教育活动。严格按照规定的内容、方法和要求逐个单位地进行核查。对整改效果不理想、群众不满意的，责令“回炉”、“补课”，坚决推倒重来。努力形成“树正气、讲团结、聚合力、促转型”的新局面，进一步弘扬“风正、气顺、心齐、劲足”的秦皇岛开发区精神。11月，通过采取“一看二访三查四纠”的方法，对13个部门单位的“三严三实”专题教育、解放思想大讨论、领导干部工作日志、十八届五中全会学习等情况进行集中督导检查。针对个别单位存在的共性问题提出改进意见。

从严管党治队，强化工委自身建设。加强党务干部队伍建设，认真落实党建工作责任制。采取任前考察、上岗培训、履职考评等方式，切实加强对机关党务工作者的教育、培养和使用。推行“四级书记”（部门党组书记、机关党委书记、专职副书记、党支部书记）抓党建工作责任制，形成“四轮驱动”的整体合力。加强同秦皇岛市直工委的联系沟通、对各部门党组织的调研领导，促进机关党建工作“三级联动”。提高“机关工委党建网”的编辑质量和水平。认真完成党建课题调研工作，完成并上报《党员教育工作分析》、《提高机关党员教育实效问题研究》、《抓活动，强队伍 争做开发区跨越式发展排头兵》等3篇有质量的调研文章。

（侯　丰）

【企业党建工作】 2015年，区企业工委定期摸清企业底数。对照全区规模以上企业名单，采用拉网式普查的方式，了解企业变化，逐一核实党组织和党员情况，做到心中有数。加大沟通力度。除到各规模以上企业，还到北岛博智、e谷空间、中科基地、北斗等一批互联网数据企业走访，了解情况。灵活组建党组织。主动上门到企业，宣传党的路线方针政策和企业建立党组织的益处。对党员组织关系在区不足3名的企业，则组建同行业企业联合支部或根据地域临近原则组建企业联合支部。全年完成组建威卡威汽车零部件公司等13个企业党组织。

夯实各项基础工作。企业工委不断强化重点业务，补足工作短板，将工作职责落实到位。首先做好党员统计和党费统计工作。全区企业工委管理的党员达到2400余名，每名党员的信息资料达3页多。为便于加强管理，建立网上党员微博群和手机微信平台。随时在网上发布信息、交流经验，同时加强对党务工作者的培养。七一前夕，邀请秦皇岛市委党校专家讲授“中央新一代领导集体的治国理念”。全年培训党组织书记、组织委员200人次。加强党员的发展和教育管理工作。全年发展70名党员，培训预备党员、入党积极分子220人次。加强规范化建设，建立健全各项规章制度。开展“基层党建规范年”活动、做好处置不合格党员工作以及推广开展新“三会一课”等。下发《基层党组织建设工作规程及方法》等一批参考资料。实行区内各企业党建工作互查制、工作提示制、定期督导制。把各企业党组织考核的结果与年度评优评先、分配党员发展计划、各种政策扶持挂钩。

指导企业发挥党建推动发展的作用。2015年，引导非公企业党组织紧紧围绕企业生产经营实际开展各项活动。贯彻党的路线方针政策，发挥对企业发展的政治引领作用。引导各企业党组织对关系企业发展方向及生产经营中的重要问题，积极开展提合理化建议活动；引导企业坚守诚信经营、照章纳税的商业伦理，筑牢质量第一、安全至上的发展理念，形成节能降耗、生态环保的生产模式，促进企业健康发展；推动企业主动承担社会责任，参与支持地方经济发展、帮扶弱势群体、赈灾募捐等社会公益活动，树立良好社会形象。如引导臻鼎科技宏启胜公司党委构建以践行社会责任为核心的六大工作体系，探索出一条用理想信念凝聚强大合力助推企业快速和谐发展的新思路，典型做法在全国理想信念工作秦皇岛现场交流会上做了发言。维护职工群众权益，建设先进企业文化，发挥在职工群众中的政治核心作用。企业党组织指导工会积极发挥“连心桥”作用，维护职工权益，化解劳动纠纷，关注员工的生产生活状况，帮助企业和员工解决实际困难，促进企业的和谐发展。如海湾公司党委和工会就员工工资偏低问题与美国资方多次协商，最终使员工整体工资以每年不低于8%的比例增长。另外，党组织将企业生产经营、和谐稳定、思想工作、文化建设与党的建设融为一体，积极组织举办各种学习活动和文体活动，丰富职工业余生活，提高职工的政治素质和业务素质。如星箭特种玻璃公司党支部以航天精神为核心，倡导岗位报国。发挥党员的骨干带动作用，开展创先争优推动企业发展。开展科技攻关、劳动竞赛和技能比武，设立“党员示范区”“党员奉献岗”，开展“我为企业做贡献，我为党旗争光辉”等活动，号召党员在本职岗位与急难险重任务中勇挑重担。如康泰医学公司党委根据项目研发、安全生产、产品营销等部门业务特色，打造不同的“党员品牌工程”，做到“三有三无”：即关键时刻有党员、困难面前有党员、突击攻关有党员；党员身边无次品、党员身边无事故、党员身边无违纪。

提高党建工作的精准性和实效性。在组织和指导企业开展党建活动中，始终做到因地制宜、对症下药。根据不同企业特点，通过设计各种有针对性的载体，积极引导企业开展一系列符合自身实际、富有特色的活动，实施“一企一品”，创建各种党建品牌，壮大企业党建的声势，增强党组织的吸引力。做好示范带动。不断培树先进企业和优秀个人典型，重点打造“秦皇西大街——兴凯湖路——龙海道”沿线主要非公企业党建示范带，通过建设臻鼎科技、星箭玻璃等具备“十有一好”标准的重点企业党建工作室等形式，完善展示平台，充分发挥“典型引路、以点带面、推动全局”的作用。全年新培树“四强四有”企业党组织先进典型4个，“七一”前夕对全区企业先进集体和个人典型进行表彰。

探索行之有效的企业党建工作方法和模式。2015年企业工委创新思路，实施“123456工作法”和开展“三项工程”。“123456工作法”即围绕一个中心、发挥两个作用、着力三个抓手、建立四套沟通机制、打好“五张牌”、实现六项目标。“三项工程”即扩面工程、提质工程、机制工程。扩面工程即建立健全党组织，扩大覆盖面；提质工程即进一步提高党建工作质量，活跃党建工作局面；机制工程即创新、探索出一套企业开展党建工作的运行机制。年底形成理论成果《新形势下发挥非公企业党组织作用问题的探索与思考》并上报。

（卢玉石）

【工委暑期工作】 2015年，秦皇岛开发区暑办以打造“安全暑期、和谐暑期、简朴暑期、满意暑期”为目标，结合区暑期工作特点，制定工作月报告制度，明确各单位工作职责，与区内涉暑部门建立多种联系渠道，构建全方位的信息搜集网络，牢牢掌控暑期工作的主动权。同时，在平安创建工程、城区建设管理水平提升工程等一系列涉暑工程上，积极协调、不断强化暑期保障水平，完成国家级、省级领导到秦皇岛开发区的参观考察活动。

（刘晨虹）

人民团体·社会团体

【概述】 2015年，开发区工会在围绕中心、服务大局、创新工作中，认真做好大事、要事、善事、有影响的事，在维护区域社会稳定、促进经济健康发展中作出了积极的贡献。共青团开发区团工委以团省委确定的“4+1”重点工作为抓手，实施团市委确定的四项“青春工程”，结合区域特点，找准切入点，不断开拓创新，各项工作在继承中发展，在开拓中前进。妇联开展“春风送技能”培训、“最美家庭”宣讲等丰富多彩的社会活动，积极发挥妇女联合会的作用。同时，科学技术协会、残疾人联合会、国际商会、企业家协会、作家协会等社会团体等充分发挥本协会的作用，为开发区各项事业的发展作出了应有的贡献。

（方志办）

【工会联合会】 开发区工会在围绕中心、服务大局、创新工作中，认真做好大事、要事、善事、有影响的事，在维护区域社会稳定、促进经济健康发展中作出了积极的贡献。

建功立业促发展，凝心聚力谋大事。开展各具特色、形式多样的竞赛活动。围绕企业发展的需要，紧贴职工的实际需求，开展岗位技术大比武、经济技术创新、提合理化建议、“安康杯”知识竞赛等活动，先后建立了10家市级职工创新工作室，实现创新成果23项，采纳合理化建议20余条，建立健全了劳动竞赛推进、激励机制，使劳动竞赛活动逐步走上制度化、规范化、常态化的轨道。抓好职工素质提升工程。以竞赛活动为抓手，发挥工会“大学校”作用，加大岗位技能技术培训和创业指导力度，引导企业广泛开展各类技能培训，鼓励职工积极参加学历提升教育和职业技能培训，营造技能人才培育的良好环境。4月，组织开展开发区第二届（汽车维修行业）职工职业技能大赛，设立发动机维护、底盘维护、电气设备维护、轮胎维护、质检五个工位比赛，全区79家企业的140余名选手参赛，有效提高了一线职工的技术水准，激发了职工学技术、练技能的劳动热情，为企业可持续发展提供了有效保证。弘扬劳模精神，争做时代先锋。在抓典型、创品牌、求实效上下功夫，培育了一大批先进人物。中粤浦项（秦皇岛）马口铁有限公司获得“河北省五一劳动奖状”荣誉称号，两人获得“河北省五一劳动奖章”荣誉称号。在全市劳模表彰大会上，8人获得市级劳动模范称号。开展建功立业表彰活动。创新表彰形式，面对面、心贴心，把现场颁奖与文艺演出有机结合起来，用演出的形式把先进集体和模范人物的事迹宣传出来，鼓舞士气、振奋人心、汇聚正能量。颁发“开发区劳动奖章”10名、“开发区荣誉劳动奖章”1名，授予“金牌工人”10名、“工人先锋号”集体10个、“技术攻关优秀团队”10个，“建功立业标兵”36名、“能工巧匠”29名、“建功立业先进集体”65个。

稳定劳资关系促和谐，依法推进做要事。完善职代会制度建设，强化企业民主管理工作，推进劳动争议调解网络建设，依法维护职工合法权益和企业的正当利益，促进和谐单位的健康、稳定发展。推进工资集体协商工作。贯彻落实《2015年全市构建和谐劳动关系的工作意见》和《河北省企业民主管理条例》，根据全市构建和谐劳动关系推进大会精神，深入开展“工资集体协商依法规范年”、“百日行动”和“四进四融入”等活动，组织5次工资集体协商指导员队伍培训，发放《职工法律必读》、《基层工会职工之家、民主管理等规范化指南》《基层工会工资集体协商工作指南》等培训资料，受训人数约600人次。2015年选树市级工资集体协商先进单位7家，工资集体协商指导员4名。结合区域特点，组织相关企业到典型单位进行观摩、学习，为工资集体协商工作扎实、有效的开展打下坚实基础。组织区内正常营业企业开展工资集体协商要约活动，覆盖职工47015人，建制率达到81%，驻区9家世界500强和1家全国500强企业实现全部建制，签约率达到100%。推进民主管理工作。在各企业，通过建立规范的职代会、企务公开等机制，把职工的民主政治权利和劳动经济权益落到实处。一是促进企业民主管理与管理制度的相互融合，探索建立职代会质量评估体系，重点推动区域（行业）职代会建设，提高职代会规范化水准，全区有2星级职代会36家，金海食品有限公司、中油宝世顺（秦皇岛）钢管有限公司、宏启胜精密电子（秦皇岛）有限公司被评为省级厂务公开示范单位；二是开展“民主管理推进月”活动，落实民主管理规范化标准体系及相关法制建设，有效提高职工民主参与、民主管理和民主监督意识；三是与人社局、经发局建立沟通联动机制，召开和谐单位专项会议，建立健全联络员制度，发挥协调劳动关系三方机制作用，建立健全“劳动关系和谐单位”创建活动制度，充实创建内容、细化创建标准、改进创建评价，已创建和谐企、事业单位，AAAA级（国家)1家、AAA级（省级）17家、AA级（市级）25家、A级（区级）48家。做好安全生产监督检查工作。在加强职工劳动保护工作的同时，以“安康杯”竞赛为载体推行职工安全文化建设。在各基层工会中开展以维护职工人身权和健康权为主要内容的安全知识普及活动，做到安全生产人人有责。配合安监局开展安全生产联查、检查、监督工作，明确安全主体、加强安全教育、提高安全意识，“查、摆、找”推进隐患整改，防患于未然，为职工生产安全提供可靠保障，有效控制生产事故的发生。秦皇岛中油沥青、中油宝世顺先后被全总评为安全生产班组建设典型。推进劳动争议调解网络建设。工会与人社局仲裁办、综合执法局等部门密切协作、联手联动，建立起多层次、广覆盖的劳动争议调解网络。作为化解劳动争议的第一道防线，工会坚持源头参与、源头维护的原则，在规模以上企业全部建立了劳动争议调解组织和劳动关系预警员、调解员队伍，把劳动关系预警和调解有机结合起来，完善了劳动关系矛盾纠纷“四色”预警长效机制，开展“劳动争议调解示范单位”创建活动，6家单位被授予劳动法律监督、劳动争议调解工作先进单位荣誉称号，3人被授予劳动法律监督、劳动争议调解工作先进个人荣誉称号。利用“职工群众工作室”平台，发挥企业工会劳动争议调解组织在预防、发现、上报信息方面的前沿阵地作用。为基层、为职工提供法律援助20家，处理较大劳资纠纷9起、安全生产责任事故1起，接待职工来信来访15起，其中涉及集体来访的6起，涉及职工工资、保险福利、裁员等关系到职工切身利益的问题。

精准服务促保障，多措并举抓善事。开展多类别、多层次、大范围、大力度的救助系列活动，完善帮扶体制、拓展服务形式，做到精准帮扶，为职工的工作和生活提供充分保障。推进服务阵地网络建设。以职工服务中心为主阵地，加强阵地制度建设和基础设施建设，配备了政策、法律、就业、大病保险、心里咨询等专业人员，有效增强服务职工的科学性和专业性。根据开发区的区域特点，在东区和西区选取了15家规模以上的大型骨干企业建立基层职工服务站，“以点带面”辐射周边企业，逐步形成了区、企业两级网络化服务体系，有效提高了工会服务的工作效率和质量标准，扩大服务范围。抓好长效帮扶机制建设。围绕贴近职工、关心职工、服务职工开展活动。开展“四季帮扶”活动。在春送岗位活动中，以开发区工会职工论坛为依托，向职工提供岗位信息，让10余名学生和失业人员得到了工作的机会；在送清凉活动中，向29家劳动密集型企业发放了23万元的降暑物品，2万余名职工享受到了夏日清凉；在金秋助学活动中，依据在册困难职工的经济状况及其在校子女的表现情况，分层次、分类别展开救助，活动中4名优秀的往届生得到了4000元的助学金，3名优秀的应届生得到了8000元的助学金；在春节送温暖活动中，工委副书记陈永富、工会主席陈永红带领工会干部走企业、访家庭，慰问劳动模范和特困职工，送去慰问金、慰问品，将组织的关怀和节日的祝福送到了职工心中。二是开展“春雨行动——精准帮扶”活动，以工会班子成员、社会组织、爱心人士为帮扶主体，对在档管理困难职工进行帮扶主体与帮扶对象一一对应的结对帮扶，将帮扶工作做到了全覆盖、不遗漏。三是开展“四提升”活动，使食堂管理规范化、集体宿舍标准化、健康保障常态化、文体活动普及化，并将“四提升”纳入企业集体合同范畴，树立海湾公司、康泰医学、宝世顺三家企业为“四提升”典型单位，营造“企业关爱职工、职工回报企业”的良好氛围，推进服务职工普惠化进程。困难救助和医疗互助工作。始终坚持“发现一个、帮扶一个”的原则。在“送温暖”活动中，对在册的72名困难职工发放米、面、油、羽绒服等生活救济品和57600元的困难救助金；尿毒症患者肾透析治疗专项救助活动中，7名尿毒症患者得到救助款；“一日捐”活动让16名患病困难职工得到2.7万元的救助；在2015年度职工大病医疗互助工作中，依上级文件要求，降低了救助门槛，提高了救助标准，共动员44家机关单位和47家企业的10807人参与到“医疗互助”活动中来，大病互助款达540350元，其中72人得到95216元大病补助。女职工权益保障工作。举办女职工综合素质培训讲座，普及女性健康知识、加强女职工法制教育，增强女职工的依法维权意识和自我保护意识，营造关心爱护女职工的良好氛围。根据开发区企业女职工人员分布情况，在中粮面业鹏泰有限公司设立了“爱心妈妈小屋”建设示范点，保证了哺乳期女性的私密性。根据省总女工部女职工“关爱行动”的具体要求，将“关爱行动”与“困难帮扶”活动有机结合起来，有针对性的对全区登记在档管理身患重病的困难女职工进行走访慰问，以女职工需求为导向，推进女职工“关爱行动”健康、灵活开展。加大“女职工大病疾病保险”的宣传力度，提高女职工抵御特殊疾病风险能力。

辐射推广造氛围，尽心竭力抓有影响的事。加强职工艺术团和职工活动阵地建设，注重培养文艺体育骨干，发挥文化宣传导向作用，助推区域文化健康协调发展。加强职工艺术团建设。开发区职工艺术团是“职工流动舞台”，培养了“轻骑兵式”演出小分队，全年演出达10余场，发挥了文化引领的重要作用。一是注重舞蹈、歌曲等作品的编排、创作，在2015年度秦皇岛市音乐家协会原创歌曲评比活动中，开发区职工艺术团原创作品《幸福家园》和《承诺》分获一等奖、二等奖的好成绩；二是注重

4月21日，省总工会巡视员郭东（右三）考察开发区职工中心（东区）建设

4月16日，开发区工会组织基层工会干部到典型单位学习

4月16日，开发区工会组织基层工会干部到典型单位学习

1月22日，市文化局、市总工会领导为开发区职工服务中心授牌——“和谐文化团体”

1月27日，秦皇岛开发区工会发放困难职工物资

1月30日，开发区职工艺术团首届迎新春演唱会

2月10日，开发区总工会主席陈永红（右二）慰问困难职工

2月13日，开发区总工会领导出席天业通联工会第四次代表大会

4月9日，区工会举办“秦皇岛经济技术开发区第二届职工职业技能大赛”（汽车维修行业）

6月11日，省总基层组织建设部部长赵艳睿（左二）一行二人检查开发区基层工会工作，参观了中粤浦项（秦皇岛）马口铁工业有限公司和秦皇岛金海食品工业有限公司

4月22日，秦皇岛市构建劳动和谐关系工作会议——开发区多家企业获得AA级和谐单位星级企事业单位等称号

4月28日，曹妃甸工业区工会才俊驹（左二）一行3人到职工中心参观交流

5月22日，开发区职工艺术团”文化轻骑兵下企业（汽车维修行业工会）“追寻中国梦劳动创造美”文艺演出暨“五一”劳动竞赛颁奖仪式

5月27日，河北省总工会保障部部长马树宽（前右一）来开发区职工服务中心考察秦皇岛开发区大病医疗互助活动开展情况

6月1日，秦皇岛开发区工会承办“在阳光下快乐成长”——开发区第五届中小学生艺术展演活动

6月4日，秦皇岛开发区工会召开平等协商民主管理工作会议，37家基层工会干部参加会议

6月18日，开发区开展“外企工会结对子帮扶”活动

7月2日，秦皇岛市民主管理工作现场观摩会开发区二家典型企业做现场汇报（臻鼎科技秦皇岛园区、乐金电子（秦皇岛）有限公司）

7月6 日，开发区工会举办王兆铨个人书法展

8月4日，河北省总工会民管部副部长马金占（右二）一行到秦皇岛开发区臻鼎科技（秦皇岛园区）调研

7月16日，秦皇岛市总总工会外企工会主席曹文荣（中）一行三人对开发区工会进行半年工会工作调研，并参观走访典型单位

7月30日，全区29家重点企业会议（送清凉补助）

9月16日，秦皇岛开发区工会开展“劳动争议调节培训会“，42家基层工会干部参加培训

秦皇岛开发区第七届“创业杯”职工运动会

10月17日，秦皇岛开发区第七届“创业杯”职工运动会开幕式，管委主任苏景文讲话

10月18日， 秦皇岛开发区第七届“创业杯”职工运动会 田径比赛

10月24日，秦皇岛开发区第七届“创业杯”职工运动会羽毛球比赛

10月17日，秦皇岛开发区第七届“创业杯”职工运动会 开幕式

10月30日，秦皇岛开发区第七届“创业杯”职工运动会 游泳比赛

10月31日，秦皇岛开发区第七届“创业杯”职工运动会足球比赛

11月3日至11 日，秦皇岛开发区第七届“创业杯”职工运动会 篮球比赛

5月24日，区工会干部成莉莉（职工艺术团老师）参加2015年第七届河北省音乐金钟奖民族唱法比赛，获得金奖

9月24日，秦皇岛开发区工会陈永红主席参加全国新区开发区第28次工会工作研讨会并接旗

5月30日，秦皇岛开发区工会带队参加由河北省开发区协会主办的“唐山海港开发区杯”河北省开发区第十一届乒乓球邀请赛

8月25日，河北省总工会女工部部长王亚琼（左二）一行5人赴秦皇岛开发区督导检查女职工专项合同、“爱心妈妈小屋”等工作

5月12日，区工会主办“圆梦开发区”书画摄影邀请展

5月7日，区工会携手曹妃甸工会开展“区域友好单位交流授课活动”，曹妃甸工会干部50余人来开发区学习交流

9月25日，秦皇岛开发区工会承办——“凝心聚力 共铸辉煌”开发区大合唱文艺演出

5月21日，开发区职工艺术团”文化轻骑兵“下企业（中油宝世顺（秦皇岛）钢管有限公司）“追寻中国梦 劳动创造美”文艺演出暨“五一”劳动竞赛颁奖仪式

10月14日，中宣部召开的河北秦皇岛理想信念教育工作经验交流会——“理想·信念·力量”主题演出

文艺骨干的进修和深造，培养一大批演艺、曲艺、创作等方面的艺术人才，在河北省第七届音乐金钟奖大赛上，职工艺术团成莉莉荣获中青年组民族唱法金奖，填补了秦皇岛市在河北省音乐金钟奖比赛中缺金的空白；三是注重打造区域文化品牌，打造一个个具有区域特色的文化亮点，在市总工会“三五三十”改革创新年成果发布会上，开发区工会荣获改革创新成果二等奖。职工艺术团被河北省总工会、省职工文化体育协会授予“河北省职工文化优秀示范团队”荣誉称号，被市总科教文卫工会及市文广新局联合授予“和谐文化团体”荣誉称号。搞好基层文化活动阵地建设。一是以提高职工队伍的思想道德和科学文化素质为目的，推进基层书屋、职工活动室建设。丰富图书种类、置办活动设备，营造学习型企业的文化氛围。二是指导企业建立职工文化活动站点，开展“一行一品、一企一品”的职工文化品牌创建活动，有效促进企业文化和职工文化的健康发展。三是变革服务方式，“变输血为造血”，以区职工服务中心为活动阵地，举办书法、国画、太极、舞蹈、声乐、古筝、键盘、摄影、体育裁判等培训班，聘请专业教师授课，免费培训基层文艺骨干1100余人，壮大了文艺、体育骨干队伍，为活跃基层、服务职工打下坚实基础。开展职工文体活动。加强文体协会建设，以职工文体协会为依托，成功举办了开发区第十一届职工足球联谊赛；承办第七届“创业杯”职工运动会大型体育赛事，57支代表队1950名运动员参赛，设置8个大项43个小项，赛事项目设置和参赛人数都创历史新高，彰显了开发区团结、互助、拼搏、进取的人文精神。做好文化宣传。成功举办了建区30周年大型音舞诗画《逐梦之路》，职工艺术团走基层、下企业慰问基层职工《追寻中国梦，劳动创造美》，机关大合唱《凝心聚力 共筑辉煌》，大型交响主题音乐会《理想•信念•力量》等文化演出活动。协助工委办、管委办、社发局、教育局、农工局等单位成功举办了大型朗诵《让读书成为习惯》、六一文艺汇演《在阳光下快乐成长》、文艺调演《圆梦开发区》、开发区《彩色周末》主题文艺演出、《这一片蓝天碧海》河北省职工文化体育协会第二次会员代表大会演出活动、开发区感恩教育年系列演出《感动社区》年度人物颁奖暨演出活动等10余场大型活动，累计演职人员达到1万余人次。成功举办“圆梦开发区”书画摄影邀请展。

真抓实干建队伍，固本强基促提升。加强基层工会的组建工作。加大工会组建工作的力度，创新工会组建模式，通过调整程序、简化手续、加快审批，让企业简便、快捷建会。除推动企业单独建会外，重点在组建集团公司工会和区域性（行业性）工会联合会上狠下功夫，通过与政府相关部门沟通，建立联手联动机制共同推动建会工作有序进行，有效扩大工会组织覆盖面。2015年全区新建工会组织11家，换届22家，更名2家，改选23家，新增会员5000余人，创建先进“职工之家”39家，职工小家50家。开展农民工入会工作，采纳农民工入会工作的有益经验和创新做法，将农民工吸引到工会组织当中来，确保实现农民工入会数量和服务质量的双提升。在全国总工会召开的“农民工入会集中行动”观摩交流会上，秦皇岛开发区工会做了典型发言。加强工会干部队伍素质提高。注重加强对新上任工会主席的培训，制定开发区基层工会干部培训计划，按照企业的规模和性质，分批、分组地对工会干部进行多形式、多类别的教育和培训。举办民主管理、工资集体协商、安全生产、经审财务、组织、宣教、保障、女工等培训班11次，约1000人次参与了工会业务知识学习，提高工会干部组织协调、协商谈判和化解矛盾的能力。加强交流学习。参加全总、省总、市总举办的各类培训班、经验交流会、座谈会，总结经验，提升服务水平。全年接待省总、市总领导以及兄弟单位的同行,200余人，进行交流、座谈、观摩20余次，开发区工会被全总评为“全国职工教育培训示范点”。

（刘虹兵）

【共青团开发区团工委】 2015年，共青团开发区团工委以团省委确定的“4+1”重点工作为抓手，实施团市委确定的四项“青春工程”，结合区域特点，找准切入点，不断开拓创新，各项工作在继承中发展，在开拓中前进。

加强青少年思想道德教育工作。五四期间，举办“学习贯彻习近平总书记系列重要讲话精神”青年读书班，编印下发了《“开发区学习贯彻习近平总书记系列重要讲话精神”青年读本》。在全区广泛开展“社会主义核心价值观进童心”主题教育活动，开展“学雷锋活动”“文明祭扫”“爱路护路”“网络文明志愿者”“环保小支队”“快乐的少先队组织生活我们做主”等多项教育活动。结合深入贯彻落实第七次全国少代会精神，编印《秦皇岛少先队学习手册》发送到7000余名少先队员手中。六一期间，与开发区教育局联合组织“在阳光下快乐成长”六一大型汇演，并表彰了“十佳少先队员”、优秀少先队集体和个人。10月13日，组织开展“争做向上向善好队员”主题队日活动，组织开发区十佳少先队员、优秀少先队员及部分贫困儿童参观山海关长城博物馆和老龙头景区，纪念少先队建队66周年。。

宣传表彰青少年典型。五四期间，与开发区新闻中心联合开展“青春正当时——开发区的年轻人”特别报道，将先进事迹刊登在圆梦秦皇岛手机客户端和秦皇岛日报开发区周刊“奋斗的青春最美丽”专版。六一期间，与开发区教育工委联合组织开发区2015年“十佳少先队员”评选活动，通过各学校择优考评推荐，并通过“圆梦秦皇岛”收集客户端投票，评选出开发区“十佳少先队员”。通过表彰有利于总结经验，树立典型，在全区形成崇尚先进、学习先进的风气，激励全区广大青少年立足本职、努力工作，在开发区现代化建设中建功立业。

打造新媒体思想引领服务平台。通过开发区青年新浪微博、腾讯微博，定期发布政策精神、时事舆情、活动倡议、业务知识等内容，增强青年对话题的互动性和参与性。将五四、六一期间评选出来的先进个人的先进事迹、组织开展的志愿者等活动在微博上宣传。推进青年网络文明志愿行动，组建400人的网络文明志愿者队伍。建立开发区共青团微信工作群和开发区教育系统微信工作群，为区内团组织、少先队组织交流工作经验、互相取长补短提供新平台。

青年志愿者行动。2月，印发《开发区共青团助力扶贫帮困“春雨行动”实施方案》，号召区内所属基层团组织广泛开展扶贫帮困“春雨行动”。3月，在全区启动“学雷锋志愿服务月”活动，号召团员青年走上街头、深入社区农村开展志愿服务活动。共组织开展“保护母亲河——环保宣传”“助残日——关爱残疾青少年”、清理区内公交站亭、“春雨行动——关爱孤寡老人”“你高考 我助力”“践行绿色生活 关爱地球家园”环保行、“12.4法律宣传”“12.5青年志愿者在行动”“春雨润青春 爱心暖学子”慈善义拍助学活动等20多项志愿服务活动，服务群众2000余人次，筹集助学助困资金6万余元。

“青年文明号”活动。组织区内6个省级、市级青年文明号集体与联建村结对子，广泛开展助力美丽乡村建设活动。6月，组织区内青年文明号集体在张马坊村、长不老口村、紫草坞村、韩义庄村和周营村同时开展“建功美丽乡村”活动。各青年文明号集体结合自身工作特点开展介绍就业岗位、“臻顶筑梦班”助学、免费体检、义诊、慰问、政策宣讲等多项活动。共提供帮扶资金2万余元，服务群众1000多人次。

服务青年就业创业。团工委与区内4个科技型中小企业结成帮扶对子，通过走访调研，针对企业特点提供对接服务，制定帮助企业完成科技型中小企业认证、联系高校为企业提供人才支持、在企业建立就业见习基地、宣传企业形象、服务青年交友等五项帮扶方案，力求能够促进企业健康快速发展。结对的4家科技型中小企业已全部完成科技型中小企业认证工作。团工委深入企业调研，了解企业发展

2015年4月24日
开发区“学习贯彻习近平总书记系列重要讲话精神”青年读书班

2015年6月1日 表彰开发区“十佳少先队员”

2015年6月13日
开发区青少年“践行绿色生活 关爱地球家园”环保行活动

2015年6月18日
开发区青年文明号建功美丽乡村活动

开发区青年文明号建功美丽乡村活动

2015年10月13日“争做向上向善好队员”主题队日活动

情况，通过团市委组织协调的贷款渠道为中和智迅和松禾复合材料2家企业争取贷款600万元，帮助解决资金难的实际问题，得到企业负责人的认可。积极组织区内科技型中小企业参加2015河北青年创业先锋汇，并借此活动与捷圣信息技术有限公司和迪诺科技开发区有限公司结成帮扶对子。

培训工作。通过培训活动不断加强机关事业单位、学校、企业团干部、少先队辅导员、青联委员的横向联系，使其充分发挥各自的工作特点，推动开发区共青团事业蓬勃发展。4月，邀请党校教授为团干部、少先队辅导员、青联委员做题为《科学发展 绿色崛起》专题授课；8月，组织"铭记历史 圆梦青春"——开发区优秀青年爱国主义教育活动；11月，组织全区少先队辅导员培训暨少先队课展示活动，邀请河北省少先队学会副会长为区内少先队辅导员进行系统培训。全年分级分批培训团干部、少先队辅导员、青联委员300余人次。

（万　悦）

【妇女联合会】 "春风送技能"培训。2月28日，开发区首期"家政服务培训班"开班，对全区60名有就业意向的妇女进行为期20天的首期护理员、月嫂技能培训。56人拿到劳动部颁发的"职业资格证书"，10多人尝试了月嫂或护理员工作。在职业技能教学课程中，由专业老师上课，除了护理专业知识学习，特别融入了人生观、价值观等社会主义核心价值观的素质教育内容，给求职者以核心价值观的精神引领，力求参训妇女将来以职业的状态在更大的平台服务于家庭建设，力争做家庭服务从业者的典范，做开发区妇女的榜样。

开展"最美家庭"宣讲，深化"最美家庭"建设，扩大"最美家庭"影响。3月7号，在牛头崖管理处、榆关管理处、腾飞路、渤海乡、13个社区，同时设立了事迹宣讲会场，邀请区"道德模范"、"最美家庭"、"优秀家风家训故事"代表，以核心价值观践行者的身份宣讲了夫妻和睦、尊老爱幼、教子有方、邻里和谐的生动故事。各乡镇办事处、街道、社区、村、居负责人、妇女干部积极行动，分别组织号召各辖区群众聆听主题宣讲。大张旗鼓地号召大家学习身边的榜样，激发向上的能量，争做"最美家庭"的发现者、展示者、颂扬者和传承者。向群众播洒、传递洋溢在身边的正能量。以主题宣讲的微观载体，吸引了众多的村民、居民、邻里群众的广泛参与，放大了"最美"好声音，弘扬了"最美"好家风，让社会主义核心价值观变得分外生动、具体。

开展了"幸福密码"服务团队基层行实践行动。3月份开始进村进行综合服务活动，为妇女儿童现场进行家庭、婚姻、土地、法律问题咨询，做了身心健康关爱指导等综合服务，“幸福密码”团队服务活动已有40个村的群众受益，为开展创建“最美家庭”活动提供了基本的服务支撑。

以核心价值观为引领，以妇女健身活动为平台，聚焦家庭道德建设。按照面向基层、发动妇女、加强引领、赋予内涵的工作思路，利用广大妇女这种自然需求，发挥妇女工作优势顺势加以引导，在广大农村和城镇社区培养巾帼文明健身队伍，引领广大妇女积极做文明家风理念的倡导者、最美家庭活动的践行者、和谐民风的宣扬者。5月15日在森林体育公园开展了“国际家庭日”最美家庭主题宣传活动，7、8两个月在全区开展“孝老爱亲 争做最美家庭\邻里友善 传承和谐民风”主题巡回宣传活动，共有47只健身队伍近700人次参与了活动，形成了以群众参与度广、信息传播度高的健身队伍为宣传主体，带动周边男女老幼“共建最美家庭 传播文明家风”的氛围。使广大健身队伍在健身娱乐的基础上树立了光荣的责任感和使命感，丰富了妇女健身队伍的精神内涵。主题宣传活动契合了人们对美满家庭、和谐关系的需求，普遍受到老百姓的热烈欢迎，在群众中间以零距离的方式搭建了培育和践行社会主义核心价值观的基础教育平台，以妇女半边天的力量，带动了家风民风的和谐发展。

维护妇女权益，开展妇女维权周活动。组织“维护妇女权利 反对家庭暴力”宣传周活动，上半年接待来电来访求助13人次，依法为光华玻璃公司哺乳期女职工郭红敏申请了法律援助，郭红敏最终获得工资、生育医疗费、生育津贴及赔偿金共计28000元违约经济补偿金；对东甸村村民丁建平、宋博宇母子进行了法律援助，依法为8岁的孙博宇追回31332元遗产费。

开展了妇女素质提升系列讲座。妇代会干部“经验交流”学习，传达、学习了中央、省、市文件精神，提出了工作要求。针对区内不同年龄阶段、不同层次的妇女的不同需要，结合母亲节、世界母乳日、重阳节等节点，开展了母乳周宣传活动，培训了母乳喂养知识；做了出生缺陷和预防、两癌预防知识讲座；职业形象的科学管理知识讲座；中老年妇女身心健康知识讲座；中老年妇女法律维权知识讲座。进一步提升了区内妇女的综合素质。

“美丽庭院”创建工作。4月，为5个重点村发放了花草蔬菜种子。开展“美化绿化从我做起”活动，开展了文明礼仪、卫生环保知识宣传，印发“美丽庭院”宣传手册，利用《秦皇岛日报•开发区周刊》、秦皇岛电视台•开发区新闻对系列活动进行了广泛宣传报道，给村民发了倡议书、美丽庭院学习宣传手册；7月组织村妇代会干部参观美丽庭院建设示范户，对精品村周营村进行重点打造，规范、充实了妇女之家、妇女讲习所工作阵地，制作室内、户外宣传牌，评选出32户区级美丽庭院示范户、16户市星级美丽庭院示范户、3户区中心示范户。制作户外光荣榜、家庭光荣牌匾进行宣传。

妇儿两规中期评估工作。10月，经过一个月时间的协调、收集、统计、督导，协同23个妇儿两规成员单位，完成了市妇儿工委对开发区妇儿规划2015中期达标评估督导工作。进行2015年度“最美家庭”评选，评选出86户邻里互助、孝老爱亲、夫妻和睦、勤俭持家、书香成材家庭。

（李桂英）

【科学技术协会】 开发区科学技术协会于2012年独立设置，机构规格相当正科级，核定事业编制5名。其中：主席1人，副主席1人。下设事业单位“中科技术服务中心”，编制8人。科学技术协会主要职责：开展学术交流，促进科学技术进步和经济发展；普及科学知识，传播科学思想和科学方法，推广先进技术，开展青少年科技教育活动；履行“开发区全民科学素质工作领导小组办公室”职能；开展院士专家服务企业活动，解决企业关键技术难题；管理、指导区科技团体工作；开展科学论证、咨询服务工作，提出政策建议，促进科学技术成果转化；接受委托承担项目评估、成果鉴定、专业技术职务资格评审等任务；开展民间科学技术交流活动，发展同国内外科学技术团体和科学技术工作者的友好交往；表彰奖励优秀科学技术工作者等工作。秦皇岛开发区科技工作者5万余人，占全区人口的30%上。开发区工管、管委出台了加强科协工作的文件，给予科协每年工作经费200多万元。区科协实现了基层科普组织全覆盖，企业科协、街道科协等基层组织100多个。

2015年，开发区投资1000余万元建设了“开发区云科普运营及体验中心”，体验中心先后接待了科技部、中科协、省市各级领导、中青年教育工作者、机关、学校、北京等地市的各级3000余人次。成为秦皇岛暑期工作的亮点之一，得到了各级领导的高度赞许。“云科普运营及体验中心”由河北省科协确定为“河北省科普信息化建设基地”；由中国科技馆命名为“中国数字科技馆秦皇岛经济技术开发区分馆”；由中国科协命名为“全国科普教育基地”。开发区现有3D打印、节能环保馆、星箭玻璃、科普展园、青少年活动中心5家省级科普教育基地。云科普运营中心1家国家级科普教育基地。100多家高新技术企业建立了技术展室，承担着科普工作任务。

以建设院士专家工作站为基础，服务高端智力人才。秦皇岛开发区院士专家服务中心作为全省第一家院士专家中心，建设有对接企业的项目库、专家库、需求库。根据企业的实际需求，开展一系列“院士专家行”

活动，邀请院士专家为本地企业发展服务。加强与建站企业的沟通联系，帮助企业做好院士专家、科技专家工作站建站规划以及管理制度的制定。全区建设院士专家工作站8家，分别是领先科技、天业通联、前景光电、长胜科技、天秦装备、天秦三维、中科遥感、中科资环。省级科技专家企业工作站9家，分别是三农机械、康泰医学、惠斯安普、星箭玻璃、燕秦纳米，秦冶重工、创想科技、火柴盒软件、展坤科技。17家工作站共聘请院士专家42名，其中院士16名，专家26名。为企业战略咨询、技术进步、人才培养、加快产业转型升级和推动经济社会发展提供了技术支撑和智力支持。开发区院士专家为企业解决技术难题158项，2015年产业创新升级带来收入近20亿元。

青少年科普工作开创新局面。在全区中小学培养科技辅导员队伍，指导科技小组工作，培养青少年孩子的科学思维与兴趣爱好。与青少年活动中心联合举办“校园吉祥物”比赛和“七巧风暴”科技比赛，寓教于乐，让孩子们在比赛的过程中，学习科技知识，提高科学素养。

开发特色科普资源。开发区科协工作人员围绕当前社会热点和科技前沿资讯，自编、自导、自制科普视频12期，内容包括海水淡化、光伏发电、转基因、生物技术、航天技术等多个门类，视频投放在云科普运营平台及各个社区。编撰科普书籍——

科协组织学生普及科学知识

《身边的科学——科普文学作品精选集》，围绕社会人群关注的健康养老、食品安全、基础医学等方面，精选41篇文章，集结成10万余字作品集发行。围绕家庭生活安全、食品药品安全、防洪防震避险等内容，编选百姓喜闻乐见的图片连环画500余幅，在社区、农村、学校发放，受到群众好评。

科普宣传丰富多彩。在华苑社区、前进社区、科普展园、戴河生态园等人群密集地区建设科普长廊280余米，以图文并茂的形式，群众喜闻乐见的语言，对外普及基础科学文化知识、展示高新技术成果。在开发区管委集中对外办事大厅、数谷大厦、E谷空间科技孵化器、北岛博智科技孵化器、康泰创新工场、云科普运营中心安装了100多块大型液晶和LED屏幕，定时定期对外播放应急科普、趣味科普、科普常识、社会热点解析等内容，年受众面达到5万余人次。利用手机APP——圆梦秦皇岛栏目，常年报道重大活动，解读社会热点，宣传科普常识。

（刘昕玉）

【残疾人联合会】 2015年，秦皇岛开发区残联核发第二代"中华人民共和国残疾人证"92本。发放基层残疾人专职委员补贴10.26万元。扎实推进"基础管理建设年"工作，深入残疾人家中详细摸底调查残疾人康复、就业、生活等情况，共调查摸底残疾人1754人，为残联工作夯实了基础。落实"两项补贴"政策，为88名贫困重度残疾人发放生活补贴共计5.28万元，为63名贫困重度残疾人发放护理补贴共计1.89万元。给20户特困残疾人家庭发放救助补贴共计1.2万元；救助5名贫困残疾母亲或子女为残疾人的母亲，发放救助金共计2.5万元。元旦，为区内100户贫困残疾人家庭发放慰问金共计5万元。为区内64名下肢残疾人发放燃油补贴共计16640元；对区内24户贫困残疾人家庭进行无障碍设施改造。对考入大学本科8名和大学专科2名贫困残疾人子女和残疾学生实施资助，资助资金共计4.9万元。

残疾人康复工作在行动。为区内13名贫困残疾儿童提供抢救性康复；为3名残疾人安装假肢装配；发放残疾儿童轮椅7台，脑瘫儿童轮椅5台，助行器3个；对2名精神病患者住院救助，15名精神病患者服药救助；在泰盛家园、开发区第二医院建设2个残疾人社区康复站，打造组织机构齐全、人员素质较高、服务功能较强的集社区康复站、康复指导站、康复活动站为一体的综合模式，使残疾人更便捷的进行康复，为实现残疾人"人人享有康复服务"的奋斗目标打下基础。

6月6日，以全国"爱眼日"活动为契机，宣传"保护视力，关爱眼睛健康"，为视力残疾的群众发放收音机20台。实施残疾人康复体育进家庭项目，为4名残疾人发放居家康复体育器材。组织8人参加市残联组织的残疾人体育健身指导员培训。在第25次全国助残日当天，与团委志愿者联合开展以“关注孤独症儿童，走向美好未来”为主题的助残活动，到4名残疾孩子家里，为他们送去书籍和营养品，并邀请孩子与家长参加游戴河生态园活动。与他们进行交流，帮助他们打开心扉，给予他们关心和温暖。

（栗荣荣）

【国际商会】 2015年，商会立足于企业与政府之间，发挥桥梁作用，充分利用各种渠道，宣传秦皇岛开发区的经济建设、投资环境及对外贸易发展情况。定期走访企业，与企业家交朋友。3月6日，到北岛博智走访吉斯朗科技开发公司考察体验，走访光彩集团并了解养老产品；4月26日，陪同快例公司朱红一行到燕山大学外语学院召开公司宣讲会，帮助公司开展招聘活动；4月29日，参加秦皇岛国际商会二届三次理事会暨昌黎投资推介会，并参观了昌黎工业园区；5月6日，参观快例软件公司，到中荣太阳能公司走访，了解新产品的研发情况；5月26日，组织部分企业到北戴河华贸喜来登酒店参加《深化改革促发展，共谋企业新机遇》高峰论坛，宏岳塑胶、海纳电测、三信建筑、吉斯朗科技、华远工贸、芮臣服饰等企业高管人员参加了论坛；5月29日，组织区内康泰医学、前景光电、三信建筑、宏业建筑、中荣太阳能等企业主管在秦皇岛大酒店参加精细管理工程创始人刘先明主讲的《精细化管理——企业迎战危机的利器》讲座；9月19日，到北戴河宝康创奇有限公司参观考察，与企业家们一起参加养生讲座；7月9日，参加贸促会香港投资会；9月26日，组织开发区部分企业考察开发区吉斯朗科技开发有限公司，细胞生命能量采集系统，可提前预测人体的健康状况，并组织海纳电测、宝康创奇、河北众诚、华远工贸、迪特明科技、前景光电、宏业建筑、红太阳餐饮等企业管理者进行体验；10月12日，组织兴龙集团工会，帮助企业开展文化健身活动，在兴龙集团举办瑜伽知识讲座，提高企业员工的健康意识。12月16日，组织部分开发区企业高管人员参加在秦皇岛广顺大酒店举办的“我是一切根源”的国学讲座。

（刘光杰）

【企业家协会】 2015年度，开发区企业家协会和各行业协会的主要工作：一是入企帮扶走访工作，听取企业生产经营情况，分析和解决存在困难和问题。在走访过程中，参与入企帮扶工作的成员单位31家，被帮扶企业共计274家。其中，规模以上企业85家，科技型中小企业176家，规模以下企业13家。开发区各成员小组共出动工作人员180余人，入企210余户，召开座谈会23次，发放宣传资料337份，了解企业存在的困难和问题47项，已经解决38项。二是安排调研、参观工作。坚持从战略的高度认识此项工作的重要性，同重点参观企业建立日常联系制度，明确专人负责，确保重要活动万无一失，共安排调研、参观和企业采访活动50余次，接待人员达数百人次。三是完成《开发区重点工业企业产品手册》和《支持工业企业、小微企业发展政策摘编》的印制和发放工作。针对当前制约企业发展的市场萎缩问题，经过广泛调研，于2015年10月起草了开发区帮助企业开拓市场计划，从政策支持、资金扶持、宣传造势三大方面探讨如何帮助企业开拓市场，并以专报形式上报开发区管委，得到主要领导好评。

（韩　冬）

【作家协会】 2015年，开发区作家协会有1人被吸纳为中国作家协会会员，6人被吸纳为河北省作协会员，2人被聘为河北省文学院签约作家。主办有《开发区文学》杂志，全年出刊4期，举办了“开发区第六届文学作品征稿暨荐稿会活动”、“走进工厂、走进校园的文化志愿者活动”、文学沙龙活动等，会员在《长城》《天津文学》《山东文学》等刊物刊发小说、诗歌、报告文学作品。

（高维浩）

秦皇岛经济技术开发区年鉴2016
QIN HUANG DAO JING JI JI SHU KAI FA QU NIAN JIAN

法治

综　述

2015年，秦皇岛开发区法治建设以求真务实的工作作风，以保障和服务全区经济社会发展为中心，大力推进平安开发区、法治开发区和过硬队伍为主要目标，在维护社会稳定、促进社会公平正义、保障人民安居乐业作出新贡献。

严厉打击犯罪活动，不断优化经济发展环境。深入推进平安建设，全力维护社会安全稳定，不断提升信息大数据为基础，有效整合各业务警种信息资源，形成以“派出所、专业警种、指挥中心”为基础的三级警情研判机制，并将信息深度应用贯穿于各种警务活动中，提升服务实战的能力和水平。全年通过基础信息化深度融合应用，成功打掉犯罪团伙2个，抓获各类违法犯罪嫌疑人57名，破获案件37起。2015年，全区刑事发案497起。抢劫、强奸、伤害致死等严重暴力案件14起，较2014年同期下降50%。共破获刑事案件286起，打掉犯罪团伙14个，抓获各类违法犯罪嫌疑人838名，同比上升55%。区检察院认真履行审查批捕、公诉职能，依法打击各类刑事犯罪活动。严厉打击各类刑事犯罪。批准逮捕各类刑事犯罪嫌疑人95件139人，不批准逮捕12件16人，决定逮捕5件11人，公安机关申请复议维持原决定不批准逮捕1件3人，羁押必要性审查2件2人。向法院提起公诉134件180人，不起诉4件5人。紧密结合当前治安形势，将黑恶势力犯罪、严重暴力犯罪等多发性侵财犯罪作为打击重点，加快办案节奏，依法从重从快严厉打击。区法院全力推进司法公开工作。积极探索实行电子卷宗同步生成制度，改变以前案卷评查“事后诸葛亮”的短板，实现案件质效监督同步化，同时也便于当事人随时查询了解案件进展。全年受理各类案件3111件，同比上升66.63%，已结2595件，结案率83.41%。其中受理诉讼案件2072件，同比上升38.32%，结案1890件，结案率91.2%,法定审限内结案率98.85%；受理执行案件1039件，同比上升181%，结案705件，结案率67.85%，法定执限内结案率90.03%。区政策法制局积极做好法律援助服务工作。完善首批挂牌的11个法律援助工作站和15个村居法律援助联络点建设。畅通农民工法律援助绿色通道，对农民工法律援助案件做到优先受理、及时指派、保证质量。全年受理农民工案件102件。法律援助中心及其综合法律服务中心窗口认真履行职责，全年办理援助案件112件，通过综合法律服务中心窗口和8011148服务热线接待来电来访656人次，为受援人挽回经济损失14.9万元。

坚持加强学习，打造秦皇岛开发区过硬的政法队伍。2015年，区政法个部门以教育活动为契机，促政治素质大提升。按照上级要求，区政法委组织全区政法干警参加“省政法网络大讲堂”的学习培训，建立周例会、学习日制度。通过学习习近平总书记一系列重要讲话精神，使全区每一名政法党员干部进一步坚定理想信念，树立公正执法的理念。干警自律意识增强，将纪律作风的建设相关规定真正落到实处。2015年，秦皇岛开发区政法工作尽管取得一定的成绩，但也存在一些新的问题和面临的挑战。警力严重不足是其一。受机构编制影响，全区政法机关不同程度的存在警力不足问题。由于警力不足，有些工作处于被动应付状态，已严重影响整体政法工作的开展。人员年龄结构断层是其二。区法院、区检察院现有具备司法资格并参与具体审判、检察工作的人员队伍结构不合理的问题愈发严重。未来5～10年，如不及时补充新的、年轻的力量，审判人员、检察人员将面临断档的问题。

（方志办）

公安

【概述】 2015年，秦皇岛开发区公安分局紧紧围绕辖区经济社会发展，积极履行“保一方平安，促一方发展”职责，严厉打击涉企犯罪活动，不断优化经济发展环境，通过打好“亲商”牌，推出服务企业发展领导专抓、警种会诊、民警常驻“三项制度”，让企业建设发展宽心、舒心，让投资企业省心、安心。打好“护商”牌，严厉打击侵害企业利益的违法犯罪活动，大力整治工业园区内外部治安环境，全力维护企业稳定和谐。打好“安商”牌，密织企业外围巡逻网，构建企业内部管控网，完善企业内外科技监控网，保障企业安全发展。打好“助商”牌，寓管理于服务，在服务中实现管理，全力为项目建设和企业发展做好服务保障。区内企业自发设立平安基金，奖励为护航企业发展、维护辖区稳定做出贡献的民警，建立形成了警企一心、警民联手，共创和谐、共促发展的良好局面。秦皇岛开发区政法委向秦皇岛市政法委呈报《开发区政法委关于开发区分局服务和保障辖区经济社会发展的报告》（以下简称《报告》），秦皇岛市委和秦皇岛市局主要领导对秦皇岛开发区公安分局的做法给予充分肯定。为确保农村“两委”换届选举工作顺利，全年累计出动警力2000余人次，相继侦破太和寨、长不老口、杨户屯村等涉及换届选举案件11起，抓获违法犯罪嫌疑人7名，对意图渗透农村基层政权的痞霸势力形成有效震慑。筛查并剔除1名欲进入农村“两委”班子的邪教人员。2015年，秦皇岛开发区公安分局破获“7•6”故意伤害致死案、“8•11”持刀抢劫案等刑事案件329起，抓获潜逃5年命案犯罪嫌疑人张某某等各类违法犯罪嫌疑人941名，同比大幅上升45.7%。打掉犯罪团伙19个，缴获枪支2支、子弹58发、毒品2.45公斤，为被害人及被害单位挽回经济损失6000余万元。区公安分局自2015年11月10起，组织开展“港城风暴-2015”破案会战专项行动。会战专项行动中区公安分局民警转战全国16个省市，成功破获“11•4”富士康集团臻鼎科技宏启胜精密电子（秦皇岛）有限公司特大职务侵占案，并一举摧毁专门侵占富士康集团（河南、深圳）IGS生产线金属物质的特大犯罪团伙，抓获犯罪嫌疑人16名，涉案金额1000余万元。截止12月30日，仅50天时间，破获刑事案件184起，抓获违法犯罪嫌疑人176名。2015年，区公安分局18名同志被荣记个人三等功，56人次被通令嘉奖。

（吕延飞）

【构建常态化主动性盘查工作模式】 2015年，秦皇岛开发区公安分局实施视频巡控与实兵巡逻相结合的进攻性盘查工作模式。通过严格奖惩，引导并督促巡特警及派出所，根据辖区治安状况，每日确定巡控重点，开展视频巡查，及时发现嫌可疑人员及车辆，并调度实兵警力核实人员身份、检查随身物品。同时，在治安复杂区域、大型厂企、在建项目周边开展主动性盘查。真正实现了“警力跟着警情走”的动态备勤，有效增强对现行违法犯罪的打击能力，提升了对突发案事件的反应速度。辖区群众安全感和满意度显著提升。2015年，共累计盘查各类嫌可疑人员9万余名，深度盘查重点人员4500名，抓获非法持有毒品、入室盗窃等各类违法犯罪嫌疑人24名，网上逃犯6名。

（吕延飞）

【区企业家协会为分局颁发“平安奖”】 区公安分局全体民警，充分履行服务企业发展、维护企业稳定的光荣职责，为辖区企业又好又快发展作出了积极的贡献。为表扬先进，激励斗志，秦皇岛开发区企业家协会特为区公安分局设立“平安奖”。2015年2月12日上午，区企业家协会“平安奖”表彰大会在管委一楼报告厅隆重举行。会议为5个平安建设先进集体和17名平安卫士颁发了奖金和荣誉证书。河北省公安厅副厅长、秦皇岛市政府副市长、市公安局局长杨春光，秦皇岛开发区管委主任胡英杰出席会议并作重要讲话。区工委书记郑宝亮、工委副书记郝凤斌、秦皇岛市公安局副局长张国良、区企业家协会会长田纯刚出席会议。

（吕延飞）

【利用DNA破获一起重大故意杀人积案】 2011年12月4日7时许，秦皇岛开发区孙庄胜杰废品站赵某（男、62岁，区韩兴庄人）、陈某（女、56岁，区韩兴庄人）夫妇二人被杀死在废品站内。案发后，公安分局通过现场勘查和提取检材检验，获取了犯罪嫌疑人遗留在现场的血迹DNA信息，并将该信息录入全国DNA数据库进行碰撞比对。由于被害人交往复杂，专案组经大量排查工作，一直未能破获案件。2015年3月18日，嫌疑人DNA数据与天津市一起涉车侵财案件中在逃嫌疑人遗留在车窗上的血迹DNA数据比对一致。获此线索后，区公安分局主要领导高度重视，亲自率领10名精干警力赶赴天津市开展抓捕串并工作。在天津警方大力配合下，公安分局民警于3月20日在天津市和平区一舞厅前将犯罪嫌疑人张某某（男、35岁，黑龙江省鹤岗市人）成功抓获。

经提取其血样再次进行DNA检验比对，认定该人系秦皇岛开发区孙庄“12•4”胜杰废品站夫妇被杀案犯罪嫌疑人。同年4月14日，犯罪嫌疑人张某某被移交押解回秦皇岛。经审讯攻坚，犯罪嫌疑人张某某对2011年12月3日20时许，为报复曾侮辱谩骂过他的胜杰废品站老板赵某夫妇，翻窗窜入废品站内，被赵某夫妇发现后，使用刀、斧头等工具将其2人杀死的犯罪事实供认不讳。至此，该起尘封5年，至2人死亡的“12•4”特大故意杀人案成功告破。

（吕延飞）

【治安管理】 2015年，区公安分局强化行业场所管理。对全区98家旅店、7家歌舞厅、24家洗浴足疗、18家网吧等行业场所进行“滚动式”、不间断的明察暗访，严厉处罚不实名登记、违规留宿、有偿陪侍等违规行为，共整改各类隐患32处，查处违规经营行业场所13家，停业整顿旅店业10家、网吧2家、洗浴1家，查处违法人员31名，旅店业全部达到“三个百分之百”的要求。强化内部单位治安防范。对33家区以上重点单位持续开展安全防范大检查，发现并整改安全隐患14处。对35家寄递企业、403名从业人员进行安全教育，提升安全防范意识和守法经营意识。强化危爆物品管控。与10家烟花爆竹销售单位逐一签订责任状和保证书，利用摩尔探测仪对望海店至深河一线的民房、库房进行集中清查，严打涉危涉爆违法犯罪活动。更新辖区9家危爆物品使用单位管理档案，严格督促落实人防、物防、技防措施，对125名危爆物品单位从业人员进行政审，有效整肃了危爆物品从业队伍。同时，加强爆破作业现场监管。全年辖区实施爆破作业8次，使用炸药5.712吨，雷管1600发，未发生任何问题。强化特殊商品管控，不定时督导暗访，加强散装汽油、刀具、压力容器等特殊商品销售管理。强化物流寄递企业治安管理。对全区37家物流寄递企业及投递点、403名从业人员备案登记造册，对内部安全保卫制度、收寄验视制度、安检机配备、使用等情况开展安全大检查，发现整改各类安全隐患13起。强化社会重点地区、治安乱点整治工作。对万众大厦及周边、蓝领公寓、孟营市场及周边治安重点区域，组织开展集中清查，巡逻打现，共清查出租房屋100余户，行业场所20家，核查流动人口500人，登记办证居住人口150人，辖区内的暂住人口登记办证率和出租房屋登记备案率均达到95%以上，通过对重点地区专项整治，发案下降57.7%。强化保安员队伍管理。开展押运公司和自招保安员资格报名考试的基本信息录入、影像资料、指纹采集、资格审核工作。完成金盾保安押运公司保安员资格考试702人，发放保安员证702个。

【户政管理】 2015年，秦皇岛开发区实有人口达到180632人，其中，常住人口110151人，42134户，较2014年新增1859人，619户。2015年，区公安分局深化户籍制度改革和居住证制度改革，开展户口清理整顿和无户口人员登记工作，强化流动人口管理，规范居住证办理条件，发布多项便民利民服务措施。

全年办理户口准迁证1138份，审批变更更正材料30份、补录3份、删除12份、补报往年出生材料104份，换发二代居民身份证4811张，临时身份证778张，清理核对无照片人员531人，其中，重新采集相片50人，注销重复户口123人，冻结户口358人。全区16周岁以上常住人口图像采集率达到99%。全年登记流动人口7574人、出租房屋2639间、办理居住证4400个，通过流动人口管理抓获网上逃犯3人。

（吕延飞）

【出入境管理】 2015年，秦皇岛开发区辖区共有常住境外人员221人，涉外单位38家，涉及20个国家和地区。全年接待临时住宿境外人员947人次，涉及64个国家和地区。全面落实境外人员纳入派出所实有人口管理工作，强化外国人服务和管理，完成出入境管理信息核查工作。同时，加强对“三非”外国人清查治理，查处非法居留案1起，遣返1名非法居留英国人。全年未发生涉外案（事）件。

【消防工作】 2015年，秦皇岛开发区公安消防大队狠抓政治立警、从严治警、素质强警、作风塑警4个关键，完成抗战胜利70周年阅兵安保、暑期消防保卫、“两节”“两会”等消防安保任务，区消防大队先后被评为“河北省2015年度先进基层大队”、“2015年度驻秦皇岛开发区先进单位”。

2015年，区消防大队以“劳动密集型企业消防安全专项治理”“商场、市场消防安全专项治理”“医院、学校等人员密集场所”以及“夏季消防安全检查”4项专项行动为主线，将消防安全重点单位、建筑工地、易燃易爆场所、宾馆饭店、学校、幼儿园、人员密集场所、消防产品纳入专项治理范围，切实做到对各类单位底数清、情况明。同时，对辖区内消防安全乱点，以及火灾危险性较大等“不放心”单位进行消防安全检查，做好火灾形势研判。严格按照“一岗双责，党政同责，齐抓共管”以及“管行业必须管安全，管业务必须管安全，管生产经营必须管安全”的要求，明确职能部门行业监管责任，加强职能部门联动，发动行业主管部门在各行业系统开展消防安全自查自改。区消防队大队在节假日和重大活动期间利用消防宣传车、LED屏、条幅、手机短信和微信等形式进一步拓展宣传载体。通过与各楼宇广告定时播放消防公益广告；在《秦皇岛日报——消防周刊》增设消防专

省厅副厅长、秦皇岛市副市长兼公安局局长杨春光到分局卡口检查指导工作

在中宣部理想信念教育工作经验交流会上做典型发言

工委书记胡英杰检查“9.3”抗战胜利阅兵安保工作

荣获全市“警务实战技能比武”第一名

工委书记胡英杰检查“9.3”抗战胜利阅兵安保工作

工委副书记郝凤斌深入人员密集场所对消防安全工作进行督导检查

班子成员走访企业

开发区工委委员、政法委书记、公安分局局长徐文龙检查暑期安保工作

市委常委、政法委书记闫五一到分局调研指导工作

班子成员走访企业

省政法委副书记崔红星到分局调研指导工作

警械使用训练

实弹射击训练

市委常委、政法委书记闫五一
到分局调研指导工作

队列体能训练

手枪射击训练

杨户屯村民敲锣打鼓为分局
快速破案送锦旗

秦皇岛开发区企业家协会
“平安奖”表彰大会

组织开展2015年反恐防暴应急拉动演练

组织召开基层党支部建设现场会

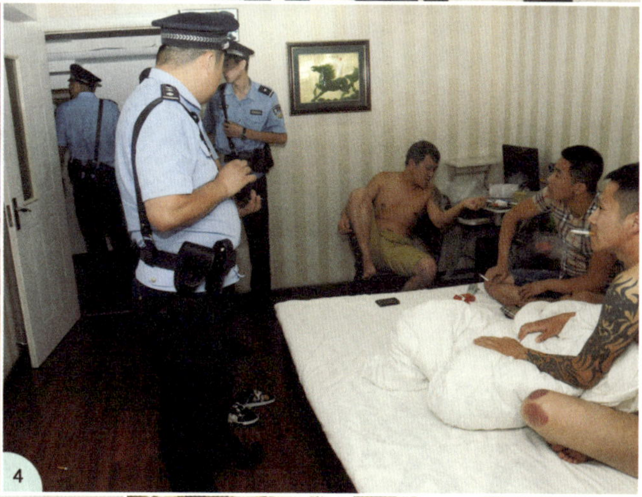

1 打掉一盗窃电动自行车犯罪团伙，缴获电动自行车及山地自行车14余辆

2 民警在广缘超市开展进攻性盘查

3 分局破获一起非法制造枪支案

4 对娱乐服务场所开展突击清查检查

5 打掉一特大盗窃电缆犯罪团伙，为企业挽回损失140余万元

6 抓获潜逃5年命案犯罪嫌疑人张某某

栏；在“圆梦秦皇岛”手机APP定期发布宣传常识等形式，进一步扩大消防宣传面。

2015年，辖区共发生火灾30起，伤亡0人，直接经济损失405530元。同比2014年，火灾起数下降了41%，伤亡人数与2014年持平，直接财产损失下降了47%。共排查社会单位2047家，督促整改火灾隐患2247处，组织各类消防培训百余次，培训人员6000余人，开展各类消防宣传活动40余次，印制消防宣传品万余份，发放宣传资料万余册。

（付　杰）

【交通管理】 2015年，秦皇岛市交警三大队全面落实“治乱、防堵、保畅、促和谐”的工作措施，强化道路交通管理，确保辖区道路交通安全形势稳定，道路交通安全畅通。

强化路面管控。严把重点路段管控关。针对辖区部分路段早晚道路拥堵的状况和出行高峰时段和常规拥堵地段，逐个路口认真研究，想办法、找措施。通过优化交通组织、弹性部署岗位、创新疏导、治理堵点等措施，交通环境得到明显改善。严把校园周边管控关。在辖区开发区一中、一小、三小、区幼儿园等6所学校周边设置“护学岗”，负责学生上下学时段的道路交通秩序维护工作，确保学生上下学安全。严把重点时段管控关。通过对辖区事故情况的分析研判，有针对性地加强对午间时段及夜间的巡逻管控，通过加强路面警车亮灯巡逻，切实提高重点时段路面见警率和管事率，确保重点时段路面不失控。严把交通违法行为管控关。交警三大队先后组织开展春运、“两会”期间交通安全大检查、“集中开展整治危险化学品道路运输安全隐患”“涉牌涉证违法行为治理工作”“三车”治理、“集中整治严重道路交通违法行为”和“安全生产月”、“道路交通安全年”、暑期交通秩序整顿活动及“打非治违”“三车”违法行为集中整治等一系列交通整治行动。完成“春运”“元旦、春节、元宵节”、市两会、全国两会，“清明节”“五一”“暑期”“国庆”期间及抗战胜利70周年纪念活动等重要活动期间的交通安全保卫工作。完成一级警卫任务2次，二级警卫任务10次，三级警卫任务13次，加强疏导警卫任务9次，疏导警卫任务185次，执行铁路线警卫任务一级60次，二级82次，确保交通安全保卫工作万无一失和绝对安全。期间共发现涉疆车辆6台次，收缴棒球棍1根、管制刀具1把，抓获吸毒人员2人，危险驾驶罪网上逃犯1名。

加强交通安全宣传教育，强化事故预防。狠抓源头监管，大力开展源头安全大检查活动。重点对客、货运、危化品运输企业的安全责任落实、GPS监控系统使用、客运驾驶员安全教育、客运车辆的安全例行检查等情况进行检查，落实好安全责任。同时，对企业运输车辆的安全技术状态进行抽查，及时发现整改交通安全隐患，严防道路交通事故发生。强化隐患排查治理，全面预防道路交通事故。组织民警深入辖区道路进行全面排查，结合日常执勤、轻微道路交通事故处理工作，全面排查辖区易发、多发事故点段，将排查出的情况汇总上报协调有关部门，及时消除安全隐患。

全年交警三大队累计出动警力4.6万人次、警车3500余辆次，设置各类执勤岗位4560个次，共查处各类交通违法行为53847起。其中，涉牌涉证1133起，酒后驾驶286起，醉酒驾驶49起，毒驾1起，行政拘留8人，取保候审47人,抓获网逃人员2人、涉毒人员7名。深入学校、幼儿园、客货运单位、街道办事处、小区发放、张贴交通安全宣传资料8100份，开展媒体宣传168次。宣教民警到单位上交通安全课20次，举办交通安全警示教育培训班96期，受教育1900人次。深入道路运输企业检查161次，下达交通安全隐患整顿通知书62份，对涉及多起违法行为未处理及存在超载等严重交通违法行为的3家运输企业进行约谈、教育、处罚并要求所属单位落实安全主体责任，强化驾驶员安全教育。

强化队伍建设。2015年，全年为群众办好事实事380余件，收到群众的表扬信或感谢信6封，收到锦旗15面，被新闻媒体报道表扬25次。交警三大队及韩义庄中队被河北省交管局评为春运和全国“两会”交通安保工作先进集体；交警三大队荣获河北省文明交通行动计划推进委员会办公室“文明交通行动计划”工作先进单位荣誉称号，并被秦皇岛开发区管委评为“2014年度驻区先进单位”。全年交警三大队有27名民警立功授奖。

（马丽娜）

检 察

【概述】 2015年，秦皇岛开发区检察院突出“崇尚实干、狠抓落实”的主题，全面履行各项检察职责，扎实推进平安园区建设、法治园区建设。全年共受理各类提请批准逮捕案件113件168人，批准逮捕95件139人，不批准逮捕12件16人。共受理审查起诉案件171件253人，提起公诉134件180人，做出不起诉决定4件5人。发出《要求说明不立案理由通知书》12件16人，监督撤案3人，加强侦查活动中违法情况的监督，提出书面纠正意见38件，纠正漏犯17人，纠正漏罪15起。强化刑事审判监督，纠正审判活动中违法行为12件，提出抗诉 5件，成功抗诉2件。狠抓信息、宣传、调研工作，全年共编发检察信息、简报76期。其中被河北省检察院《检察简报》采用1篇，被秦皇岛市检察院《检察简报》采用16篇，被区工委《开发区信息》采用5篇。各类调研文章被采用57篇。宣传稿件被各级媒体采用484篇。

（焦 美）

【驻村工作组荣获2014年度“双优”称号】 区检察院驻董庄村工作组被区工委、管委评为2014年度“优秀驻村工作组”、3名工作队员被评为“优秀驻村工作队员”。工作组进驻区董庄村后，及时与村“两委”班子成员召开“见面会”，初步解董庄村的基本情况，并制定详尽驻村工作方案。期间走访村民175户，为村里3位五保户老人送去米、面、油等生活用品及慰问金。采取多种形式，在村里开展了法律宣传活动，解答村民法律咨询20余人次。工作组为帮助解决老弱村民进城看病路途远、手续繁琐等问题，邀请秦皇岛市中医院的专家们进行免费上门义诊活动，为村民体检100余人次。在暑期围绕心脑血管疾病多发、易发特点，组织董庄村全体党员到区第二医院进行免费身体检查。针对村内垃圾乱堆乱放等现象，工作组积极与城市发展局联系清运垃圾事宜，改善村民的居住环境。

（焦 美）

【加强检察队伍职业化建设】 2015年，秦皇岛开发区检察院坚持多种形式抓队伍建设。认真开展“三严三实”专题教育活动。做到5个到位：学习教育到位。活动伊始，院党组书记、检察长就为全体干警讲授一堂“三严三实”主题党课，制定学习方案和学习计划。每位党员写出心得体

开展“检察开放日”活动

参加义务植树活动

企业为区检察院送来锦旗

开发区检察院举办“六五”普法宣传活动

开发区检察院举办涉农法制宣传活动

开发区检察院举办“六五”普法宣传活动

区检察院到开发区仓上村慰问村民

会。组织领导到位。专题教育活动成立领导小组和教育活动办公室，党组书记亲自抓，教育活动办公室专人负责整体推进。宣传报到到位。在检察内网上设立“三严三实”专题教育活动专栏，刊登活动计划部署、学习心得、工作要求等；在院门户网站、微博、微信，及报刊上，随时报到活动中的一些亮点做法和工作动态等。调研走访到位。党组书记、检察长到联系点区仓上村蹲点调研，为该村党员干部讲党课，走访慰问2个困难户。对照检查到位。党组成员分别通过对标先进查、发动群众查、自我剖析查三种途径,重点查找自身存在问题，认真撰写对照检查材料，为下步开展民主生活会打好基础。继续抓好教育培训工作。年初制定本院的教育培训计划，包括政治理论、检察业务，及部分文职人员的学历培训等，学习方式采取集中和自学相结合、网上和网下相结合、理论和实践相结合等。组织干警参加河北省政法网络大讲堂以及秦皇岛市院领导干部大讲堂培训。组织2名新调入军转人员参加河北省院的检察业务知识培训和2名干警参加省（市）院专项业务培训。

（焦　美）

【做好全国“两会”期间维稳工作】 2015年全国“两会”于3月3～15日，在北京召开，区检察院切实贯彻上级精神，将信访维稳工作作为“两会”期间检察工作的头等大事来抓，采取措施，明确责任，全力维护全区的和谐稳定。区检察院党组通过召开全院大会的形式，重点部署“两会”期间的维稳工作。成立由检察长任组长、4位副检察长任副组长、各科室负责人为成员的“两会维稳工作”领导小组。制定《开发区人民检察院“两会”期间信访稳控工作应急预案》，明确了组织领导，成立应急分队。开展信访隐患排查工作，对2014年以来所办理的案件进行全面排查，提高掌控局面的能力，集中时间把矛盾纠纷化解在基层。突出舆情研判，加强信息报送。在“两会”期间，健全涉检舆情应对处置机制，加大了对舆情检测、收集、分析及报送力度，成立网络舆情应急小组，加强对“涉检”舆情的收集研判工作，全面搜集已经发生或可能激化的负面舆情，对引起社会高度关注的涉及检察工作的舆情特别是一些敏感案件信息，及时分析研判、核查真相、评估影响，提出应对措施。制定“两会”期间维稳信息日报告制度，加强信息的收集、研判和报送工作。严格落实值班备勤制度。抽调53名干警，从3月1～16日，在祁连山立交桥上进行巡查值班，护路人员和警车分三班倒换，24小时备勤，院党组成员负责巡查。

（焦　美）

【打击刑事犯罪】 2015年，区检察院认真履行审查批捕、公诉职能，依法打击各类刑事犯罪活动。严厉打击各类刑事犯罪。批准逮捕各类刑事犯罪嫌疑人95件139人，不批准逮捕12件16人，决定逮捕5件11人，公安机关申请复议维持原决定不批准逮捕1件3人，羁押必要性审查2件2人。向法院提起公诉134件180人，不起诉4件5人。紧密结合当前治安形势，将黑恶势力犯罪、严重暴力犯罪等多发性侵财犯罪作为打击重点，加快办案节奏，依法从重从快严厉打击。坚持重大案件的提前介入。如犯罪嫌疑人张某某因琐事将废品站老板夫妇残忍杀害的恶性案件，在立案之初，就提前介入，与公安侦查部门积极沟通，及时调查取证完善证据材料，为从快批捕奠定基础。在审查逮捕工作中，严格把握审查逮捕案件条件，审查犯罪嫌疑人郭某等3人盗窃案件中，犯罪嫌疑人郭某曾因盗窃被判处有期徒刑10年，为试图减轻处罚，隐瞒自己曾有的犯罪事实，冒用了其兄的身份姓名，承办人察微辨析，识别了郭某假冒的身份信息。同时，院公诉部门还承办、参与一批在秦皇岛市有重大影响的案件。如北戴河自来水公司的马超群贪污案件，抚宁县国土局原局长米秋平等5人涉嫌滥用职权、玩忽职守、贪污、虚开发票，涉案金额2000余万元案件等。坚持化解社会矛盾贯穿于执法办案全过程。切实做好检察环节的涉法涉诉工作，充分利用刑事和解工作、检调对接的工作机制，努力通过执法办案化解社会矛盾，促成刑事和解案件4件4人，化解了社会矛盾。深化检察长接访工作制度，对分管部门的信访案件进行约访，有针对性的解决，变上访为下访。2015年，控申部门共接待来信来访82件267人，提供法律咨询68件241人。

（焦　美）

【加强法律监督工作】 2015年，区检察院加强法律监督工作，不断提高诉讼监督能力。加强刑事诉讼监督。全年向公安机关发出说明不立案理由通知书12件16人，公安机关立案侦查10件12人，监督撤案3人，加强侦查活动中违法情况的监督，提出书面纠正意见38件，纠正漏犯17人，纠正漏罪15起。强化刑事审判监督，纠正审判活动中违法行为12件，提出抗诉 5件，成功抗诉2件。其中成功提请抗诉犯罪嫌疑人梁某非法持有枪支案件，秦皇岛市中级人民法院依法改判，撤销原有18个月的判决，改判为3年有期徒刑。加强民事行政诉讼监督。认真办理民事行政申诉案件，审查完成市院交办的申诉案件14件，自行发现并审查案件2件，均已做出监督决定。对以张某某为代表的46名民工向秦皇岛市某公司追讨欠薪案件，区检察院在认真审查后，建议区法院依法“快立、快审、快结”，根据新修订的《中华人民共和国刑事诉讼法》的规定，发出了秦皇岛市首例《支持起诉意见书》。工作中自行发现并审查1起法院生效判决错误案件，已向法院提出再审检察建议，并被法院采纳。加强刑罚执行和监管活动监督。认真开展减刑、假释、暂予监外执行专项检察活动监督，书面纠正意见共计23次，对4名失去监外执行条件的罪犯建议收监执行。在2015年全国进行抗战胜利70周年的特赦工作中，对符合特赦条件的人员进行全面摸底，及时掌握情况。对司法局上报的辖区社区矫正的5名犯罪时未满18周岁的未成年罪犯进行了特赦审核，向司法局依法发出特赦检察意见书5份，秦皇岛市中级人民法院裁定对5名未成年罪犯解除社区矫正，对特赦工作实行全面监督。开展财产刑执行监督检察工作，对2011年以来的财产刑案件进行集中梳理、登记，建立财产刑检察监督工作档案。严格规范社区矫正检察工作机制，对2015年新增的社区矫正人员实行见面谈话、登记及建立台账和档案制度。

（焦　美）

【查办职务犯罪】 2015年，区检察院反贪局把继续严厉打击职务犯罪作为重点，早计划，早部署，立足于反贪、反渎工作的基本职能，坚决查办领导机关和重要领导岗位的职务犯罪案件，重点查处权力集中、资源富集的部门和岗位的案件。2015年查处秦皇岛港引航站涉嫌单位受贿罪的大要案。原秦皇岛港引航站原站长李某某（正县级）、引航科原科长崔某某、办公室主任王某某利用职务便利，利用本单位具有的决定拖轮使用的职权，为船代公司谋取利益，集体非法收受他人贿赂550万余元。2015年10月，区检察院立案查处现已退休的原平泉县人民检察院检察长闫某某受贿300余万元特大案件。区检察院对职务犯罪易发、多发的医疗卫生领域保持高压态势，立案查处秦皇岛市妇幼保健院原计划生育科主任刘某某收受回扣的受贿案，拜耳医药保健有限公司医药代表郑某某的行贿案。2015年区检察院共立案侦查贪污贿赂案件6件8人，其中单位受贿案件1件3人，行贿案件2件2人，受贿案件2件2人；初查案件4件4人，其中，受贿案2件2人，行贿案1件1人，挪用公款案1件1人。反渎职侵权局积极探索“贪渎并查”的工作机制，配合秦皇岛市院专案组，重点查处本市国土资源部门涉嫌贪渎犯罪的的系列案件。犯罪嫌疑人于某某任秦皇岛市国土资源局耕保科科员期间，在明知土地平整工程未实施的情况下，仍出具了该项目验收合格的审查人意见，致使23个土地整治项目的尾款共计600余万元拨付到施工单位。在验收过程中不认真履行工作职责，不按规定进行验收致使11个土地整治项目的尾款共计1100余万元拨付到施工单位，给国家造成巨额经济损失，区检察院对其以滥用职权和玩忽职守侦查终结。2015年，反渎局共立案侦查4件5人，并案查处出具证明文件重大失实罪1件1人。同时，配合秦皇岛市委专案组共查处案件6件11人。

（焦　美）

【预防职务犯罪】 2015年，区检察院深入开展工程建设领域预防工作，服务重大工程项目建设。区检察院在预防重点工程项目建设职务犯罪工作中，以预防教育为主，以制度管理为中心，用廉政准入制度，行贿犯罪查询制度，招标现场法律咨询制度，开展重点工程建设预防职务犯罪工作。2015年共参与区内重点工程项目预审评审、现场招投标法律咨询30次，投资额在千万元以上的工程项目8个，亿元以上的工程项目3个。在预防重点工程建设职务犯罪的工作中，确定秦皇岛开发区第四小学教学楼综合楼风雨操场工程施工、秦皇岛开发区天池路青年周转公寓1-6号楼（二次）、数谷翔园中心配电室、分配电室电器设备采购过程3个重点建设工程为2015年重点跟踪预防工程。院预防科对这3项重点工程进行同步、专项预防，确保这些国有投资的重大工程成为优质工程、安全工程和廉洁工程。扎实开展行贿犯罪档案查询工作，不断创新，努力服务开发区“两个环境”建设。2015年，区检察院预防科充分利用行贿犯罪档案查询系统，积极推进行贿犯罪档案查询工作。4月，开通行贿档案查询微信申请业务。需办理该业务的企业，只需添加微信账号,就可在网上进行提前预约、提交所需材料，预防干警据此及时查询出结果，缩短企业现场办理该业务的时间。2015年区检察院共开展行贿犯罪档案查询217次，被查询单位90家。通过开展行贿犯罪档案查询工作，不仅可以使检察预防与行政主管部门自身预防有机结合，增强对于贿赂犯罪行为的预防效果，加大对工程建设、政府采购等领域的法律监督与职务犯罪预防工作，还可以推进社会诚信体系建设，促进经济廉洁健康发展。不断深化预防工作。2015年，区农村换届选举工作中，预防干警协助区组织部门审核候选人预备人选500余人。村两委班子换届选举工作结束后，利用2天时间为全区87个行政村500多名新当选村干部举办预防职务犯罪专题法制讲座。全年共完成检察预防宣传教育20次，预防咨询20次。大力开展工程建设项目的招投标监督工作。2015年区检察院现场参加招投标监督共计105次，未出现违法违纪现象。

（焦　美）

【涉农检察工作】 2015年4月，区检察院组织反贪、反渎、侦监、公诉、预防、控申、民行、未检、监所、技术等科室干警组成涉农检察法律政策宣传工作队，深入东区渤海乡开展涉农法律宣传活动。宣传队采取设置宣传展牌、悬挂条幅、设置法律政策咨询台、设置宣传展板、发放信访、举报材料、发放检察机关受案范围、民事行政案件受理范围、现场讲解法律知识，现场接受咨询等形式，详细介绍检察机关的工作性质，认真解答村民咨询的法律问题。本次活动共展出法律知识展牌12块，发放宣传资料500多份，现场接受群众咨询20多人次，取得了良好的法律效果和社会效果。通过送法下村、专项活动等多种形式，开展涉农职务犯罪的预防工作。继续为全区87个行政村征订全年的检察日报。确定区内1到2个村为检民工作联系点，通过对点联系，深入走访，了解群众诉求，化解群众矛盾，解决群众困难，提供法律服务。在东区渤海家园设置检察官服务站，由区检察院检察官定期上岗工作，与群众面对面交流，提供法律咨询，帮助群众解决涉法涉诉问题。配合区工委组织部门的工作。2015年，全区农村两委的换届选举，区检察院对新一届候选预备人员名单进行逐一审核。组织涉农法制政策宣传工作队，开展大型涉农法制宣传一次，共发放宣传材料500余份。2015年，共进行检察预防宣传教育20次，接受群众咨询20次。

（焦　美）

【检务公开工作】　2015年，区检察院全面开展和推进检务公开工作。加大“两微一站”的建设力度。通过“两微一站”，及时发布本院业务、队伍、文化等各方面信息、转发上级院重大检察工作信息，全年新浪官方微博共发布信息268条。2月，开通官方微信服务号，7月，升级变更为微信订阅号，实现每天8条信息的推送量，全共发布信息489条。门户网站每周至少更新1条信息，没有“天窗”现象。积极开展检察开放周活动。6月12日，区检察院邀请新闻媒体记者到区检察院采访，详细介绍检察院执法办案情况以及检务公开工作的开展情况。积极推进司法公开集中宣传活动。4月，开展涉农检察宣传月活动，制作宣传展牌2块，发放宣传资料1000余份，接受法律咨询58人次，受教育群众100余人。五四青年节前夕，区检察院组织干警到渤海家园社区，开展有关预防未成年人犯罪方面的法律宣传活动。区检察院预防科在5月13日、14日，联合区农村工作局，利用2天时间为全区新当选的500多名村干部举办预防职务犯罪专题法制讲座。12月10日，区检察院开展以“规范司法行为、提升司法公信力”为主题的检察开放日活动。邀请秦皇岛市人大代表、政协委员、人民监督员等代表到区检察院。为检察工作提出意见和建议10余条。

（焦　美）

【加强执法规范化建设】　2015年，区检察院加强执法规范化建设，着力提高执法公信力，深入推进规范司法行为专项整治工作。重点开展司法规范化建设。检察长亲自对专项整治工作进行动员部署，出台《开发区检察院规范司法行为专项整治工作实施方案》，围绕端正司法理念和司法作风，专题分析区检察院自身司法规范化建设面临的形势，找准该院和各科室开展专项整治工作需要解决的突出问题，并在每月月末对办案科室的网上信息填录、文书制作、流程操作进行监督、管理和指导，确保案件在流程上做到程序合法。年内按照区检察院制定的《案件质量评查工作制度》，完成2015年的案件质量评查工作，通过办案人自查和评查小组评查，确保案件的司法质量。同时，严格赃款赃物的管理，定期进行清理核查，确保案件动态监督。

（焦　美）

审 判

【概述】 根据最高人民法院《关于人民法院推行立案登记制改革的意见》的规定，自2015年5月1日起，区法院依法变立案审查制为立案登记制，做到有案必立、有诉必理，保障当事人诉权。

全年受理各类案件3111件，同比上升66.63%，已结2595件，结案率83.41%。其中受理诉讼案件2072件，同比上升38.32%，结案1890件，结案率91.2%,法定审限内结案率98.85%；受理执行案件1039件，同比上升181%，结案705件，结案率67.85%，法定执限内结案率90.03%。被河北省高级人民法院记集体二等功。司法公开工作被河北省委政法委授予秦皇岛市法院系统唯一一家“全省示范单位”。阳光司法指数评估连续2年位列秦皇岛市法院第一名，名列全省第12名。秦皇岛市法院阳光司法指数评估工作现场推进会在区法院召开。电子卷宗同步生成工作经验在省、市、区三级法院得以推广。

（赵　萌）

【开展“三严三实”专题教育活动】 2015年，秦皇岛开发区法院深入开展“三严三实”专题教育。年初召开专门的思想政治工作会议，教育干警要坚定正确的政治方向；加强日常的思想政治教育和谈话、谈心活动，组织了对习近平总书记系列讲话精神、十八届五中全会精神以及党章、《中国共产党纪律处分条例》等精神的专题学习；组织干警到北京市西城区法院学习先进的工作经验，进一步规范区法院的管理；深入开展“五谈话一档案”活动，对二名干警进行了诫勉谈话，并计入干警个人档案。院党组书记、院长裴永新同志为全院干警主讲了题为《自觉践行“三严三实”要求，做党和人民满意的好干部》的主题党课，努力提升干警内省动力，打造过硬的法院队伍。该党课获评“全国法院优秀党课”，是全省法院系统唯一一堂由基层法院党组书记主讲的获奖党课。

（赵　萌）

【阳光司法指数评估工作现场推进会】 2015年9月18日，秦皇岛市法院阳光司法指数评估工作现场推进会在区法院召开。院党组书记、院长裴永新在会上就本院司法公开和阳光司法指数评估工作做了经验介绍，并交流了区法院制定实施的《阳光司法指数评估工作检查通报制度》、《阳光司法指数评估指标体系分解表》和《电子卷宗同步生成管理办法》。秦皇岛市中院党组副书记、常务副院长李顺武，出席会议并代表秦皇岛市中院党组作重要讲话。

（赵　萌）

【司法公开工作】 2015年，区法院按照阳光司法指数的要求，积极开拓工作思路，坚持高层次站位，高标准要求，高密度推进，大力加强信息化建设，从软硬件两方面全面推进司法公开工作，切实做到“两手抓、两手都要硬”，全力推进司法公开工作。积极探索实行电子卷宗同步生成制度，改变以前案卷评查“事后诸葛亮”的短板，实现案件质效监督同步化，同时也便于当事人随时查询了解案件进展。司法公开工作迈入全省法院先进行列。2015年6月，区法院被河北省政法委确定为全省13个司法公开工作示范单位之一。9月18日，秦皇岛市法院阳光司法指数评估工作现场推进会在区法院召开。9月22日，区法院李经副院长在秦皇岛市法院信息化建设培训会上，对与会法官进行专题培训讲座。9月29日，《人民法院报》对区法院此项工作经验进行了刊登。12月，在全省年度阳光司法指数评估工作中获前12名位次。

（赵萌）

【刑事审判】 2015年，区法院依法严惩严重暴力犯罪、毒品犯罪、团伙犯罪以及盗窃、抢劫、抢夺等多发性犯罪；依法严惩贪污贿赂犯罪和破坏市场经济秩序犯罪；积极开展“打黑除恶”、“拍蝇除霸”等专项行动，特别是对村两委换届选举期间发生的贿选、寻衅滋事、涉黑犯罪等违法行为，依法公正高效审判，有力地震慑违法犯罪，打击黑恶势力，维护秦皇岛开发区经济社会安全稳定。全年共受理刑事案件172件195人2单位，审结156件179人2单位，结案率为90.70%。

（赵　萌）

【民事审判】 2015年，区法院以化解纠纷、减少对抗为着力点，采取巡回办案、司法调解、诉前调解、司法救助等多种方式维护群众合法权益。全年受理民商事案件1856件，结案1691件，结案率91.11%，其中调解（含撤诉、按撤诉处理）结案950件，调解（撤诉）率56.18%。建立多元化矛盾纠纷化解机制，诉前解决纠纷274件。加强与交警队、保险行业协会的诉调对接，民一庭“交通巡回法庭”受理交通事故案件240余件，其中诉前化解150多件。

妥善做好全省关注的涉秦皇岛嘉隆高科实业有限公司系列案件的审理工作。自2015年1月28日起，区法院共受理涉嘉隆高科的诉讼案件60件，总标的额5452万元。区法院多次参加区工委、管委的协调调度会，积极研究应对举措，提供法律建议，依法主动为自愿撤诉的当事人免除诉讼费。经过各方努力，以59件撤诉、1件判决的方式解决。

（赵　萌）

【行政审判】 2015年，区法院通过积极审理行政案件，有效化解“官民”矛盾。全年受理行政诉讼案件43件，结案42件，结案率97.67%。同时，加强对行政机关的有效监督和沟通，通过召开行政机关联席会、发司法建议、专题讲座等形式，督促行政机关依法行政。5月14日和12月15日，院领导先后为河北省海事局等河北省、秦皇岛市行政机关讲解行政诉讼法，帮助行政机关提高依法行政意识和能力。

（赵　萌）

【执行工作】 2015年，区法院以“转变执行作风、规范执行行为”和”一打三反”等专项活动为契机，对内旗帜鲜明的提出反“消极执行和乱执行”，下大力气抓执行队伍建设；对外不断加大执行力度，采取诚信警告、公开曝光、悬赏执行、限制高消费等措施，有针对性的解决执行难问题。全年利用广播、报纸、电视台、广缘超市公益大屏幕等媒体和平台公开曝光失信被执行人117人。全年受理执行案件1039件，同比上升181%，执结705件，同比上升271%，执结率67.85%。执行实际到位2.4亿元（含保全金额）。没有因执行工作引发新的信访问题。

（赵　萌）

【司法为民】 2015年，区法院选派业务能力强的干警到区内周庄村24小时驻村服务基层群众。深入开展“法官进社区”活动，20多名法官分成6组，与辖区全部100个村、居委会和社区建立长期联系，从社区群众的实际法律需求出发，开展司法服务。开展“法律五进”、“12•4国家宪法日”、“法院开放日”等活动，加强法治宣传和社会管理，扩大办案效果，推进“平安建设”、“法治建设”进程。全年开展法院开放日活动4次，邀请人大代表、政协委员及社会各界旁听庭审4次，召开新闻发布会4次。

（赵　萌）

【党风廉政建设】 2015年，区法院严格落实党风廉政建设主体责任和监督责任，一把手作为主要负责人认真履行第一责任人职责，做到党风廉政建设工作亲自部署、重要问题亲自过问、重点案件亲自督办、重点环节亲自协调。班子成员履行“一岗双责”，抓好审判工作的同时，抓好分管范围内的党风廉政建设。层层签订廉政建设责任状，一级抓一级，层层抓落实。加强对审判、执行岗位的重点监督。通过实时监督办案流程、抽查已结案件卷宗等方式，对审判、执

6月23日，院党组书记、院长裴永新同志为全院干警和驻村联系点盛景集团党员代表主讲题为《自觉践行“三严三实”要求，做党和人民满意的好干部》的主题党课

8月22日，开发区法院召开省人大代表、政协委员座谈会，河北省高级人民法院院长卫彦明参加座谈会

7月1日，开发区法院举行“法官进社区”启动仪式

7月1日，开发区法院举行“法官进社区”启动仪式

阳光司法指数评估取得突破性进展，电子卷宗同步生成工作经验在省、市、区三级法院得以推广

阳光司法指数评估取得突破性进展，电子卷宗同步生成工作经验在省、市、区三级法院得以推广

9月18日，开发区法院召开全市法院阳光司法指数评估工作现场推进会。

行过程进行全方位、全过程的监督。对举报线索，认真调查处理。加强对领导干部、审判执行岗位及人、财、物管理岗位的廉政风险防控工作。严格执行财经制度，实行涉案扣押财产和执行款、物交由财务部门统一管理。实行电脑随机分案，为办关系案、人情案设置第一道防线。深入推进量刑规范化改革，进一步规范法官自由裁量权的正确行使。全年区法院没有发现纪律作风问题，没有发现严重违法违纪干警，没有发现错案和重大瑕疵案件，没有发现超审限案件。

（赵　萌）

司法行政

【概述】2015年，区政策法制局紧紧围绕全区重点工作，在广泛调研的基础上，全年完成《关于赴闽、浙、苏经济技术开发区（实验区）学习考察的调研报告》、《关于开发区行政权力运行情况的调查报告》、《对开发区产业发展的金融服务情况的调研与思考》等4篇调研报告。全年开展各类普法宣传活动近20次，累计发放各种宣传资料5万余份，解答群众咨询300多人次。全区基层人民调解委员会调处矛盾纠纷123件，调解成功123件，调解率达到100%，调解成功率达到100%。全年新接收社区矫正人员49人，截止2015年12月31日，全区实际在管117人，所有在矫人员无脱管漏管现象发生。法律援助服务，完善首批挂牌的11个法律援助工作站和15个村居法律援助联络点建设。畅通农民工法律援助绿色通道，对农民工法律援助案件做到优先受理、及时指派、保证质量。全年受理农民工案件102件。法律援助中心及其综合法律服务中心窗口认真履行职责，全年办理援助案件112件，通过综合法律服务中心窗口和8011148服务热线接待来电来访656人次，为受援人挽回经济损失14.9万元。充分调动顾问律师的积极性，广泛开展招商引资和重大产业项目建设、基础设施建设、征地拆迁、行政审批制度改革、矛盾纠纷化解等工作。全年派遣法律顾问41人次，审查合同18件、规范性文件7件、法律咨询案件7件、代理诉讼3件，涉及标的16亿元。

（张　鹏）

【调研工作】2015年，区政策法制局紧紧围绕全区重点工作，在广泛调研的基础上，全年完成《关于赴闽、浙、苏经济技术开发区（实验区）学习考察的调研报告》、《关于开发区行政权力运行情况的调查报告》、《对开发区产业发展的金融服务情况的调研与思考》等4篇调研报告。

（张　鹏）

【开发区发展研究】2015年，全年共编发4期，达20余万字。充分利用信息服务的载体与平台，及时反映了全区调研工作情况，多层面、宽领域地反映区内外经济社会发展的重大问题、好的经验和做法，总结分析发展中存在的问题，提出对策与建议。

（张　鹏）

【政策信息服务】2015年，由政策

法制局政研室主办的《政策快讯》和《政策信息专报》已编辑出版总425期和总32期。《政策快讯》紧紧围绕区工委、管委的中心工作和决策部署，紧扣各级领导关注的热点、难点和焦点问题，以“采集百家信息，服务领导决策”为办刊宗旨，加强对区内项目建设、招商引资等各类相关信息及国内经济、社会大政方针等最新讯息的有效集纳和整合，总结和反映先进地区在经济建设和社会发展取得的新经验。2015年《政策快讯》刊发56期，以反映国家大政方针政策、理论动态前沿和外地成功经验为重点，时事信息新颖及时，具有较高的参考价值。全年编发《政策信息专报》15期，为领导科学决策提供及时、准确、快捷、具有参考价值的政策信息服务。

（张　鹏）

【普法宣传】 2015年，区政策法制局泛深入地做好普法宣传教育工作。继续办好《开发区•司法》小报，全年印发20期。将现有“法治文化一条街、法治文化公园（广场）”内容进行更新，完成区内药马坊村法宣文化墙建设，总长度近200米，法宣图画99幅。重点加大校园法宣力度，为全区所有（合计23所）中小学和教学点配备法治副校长，充实法治教育师资力量。组织各单位认真总结“六五”普法，并顺利通过全市检查验收，制作26块“六五”普法成果展板，集中展示各单位普法成果。利用重要节点，创新开展法治宣传活动的方式方法。联合区妇联在“3•8”妇女节期间开展系列法治宣传活动。“4•22”世界法律日，联合秦皇岛市妇联、秦皇岛市律师协会与电视台“丽蕊说事儿”栏目共同组织现场法治宣传和节目制作，10月8～10日连续3天，组织区内30家单位在峨眉山南路、长江道、天山路等人流密集路段进行面向基层百姓的宣传。“12•4”国家宪法日宣传为切入点广泛进行宣传和法律知识的宣传。全年开展各类普法宣传活动近20次，累计发放各种宣传资料5万余份，解答群众咨询300多人次。

（李学峰）

【人民调解】 2015年，区法制局结合区内实际，对换届后新调整的和新增加的村居委会，及时调整调委会委员，选聘人民调解员。利用村“两委”换届之机，对1275名调解员进行基层司法行政工作专题培训。在每月常规排查的基础上，针对春节、“两会”等节点，对辖区103个村居进行严密摸排，对社区矫正人员、安置帮教人员、弱势群体等特殊人群所在村居进行重点入户走访。各司法所严格执行每周同村居通话一次，每两周下村居排查一次，每月汇总，每季度分析，第一时间掌握情况，并及时上报。2015年，全区基层人民调解委员会调处矛盾纠纷123件，调解成功123

件，调解率达到100%，调解成功率达到100%。

（李学峰）

【社区矫正】 2015年，区法制局严格规范审前调查。扩大调查范围，丰富调查内容，在评估报告形成上，采取小组独立调查，集体分析研究，共同形成报告的模式，提高报告客观度和可信度。全年共完成调查39人次，出具建议书39份，其中，适用34件，不适用5件。加强监督管理，实行考核评分。严格执行月考核评分制度，月评结果作为给予奖惩和分级管理的重要依据。加强矫正小组成员交流，互通日常监管情况。向检察院汇报刑罚执行情况，接受检察监督。与秦皇岛市心理咨询协会签订协议，给每个司法所固定两名心理咨询师开展心理教育。全年完成矫正人员心理测试120人次，组织心理讲座6次，个案辅导3次。坚持区别对待，特殊人员升级严管，对4名暂予监外执行人员进行了病情复查。2015年新接收社区矫正人员49人，截止2015年12月31日，全区实际在管117人，所有在矫人员无脱管漏管现象发生。

（李学峰）

【安置帮教】 2015年，区法制局在对入监核查人员做好信息登记造册，建立档案的基础上，及时联系走访村居和派出所进行基础信息核查，力求全面掌握其家庭情况、社会关系等基本情况。强化定期核查，落实动态监管。对在册的刑满释放出监人员和解除矫正人员实行每三个月定期核查。对居住地变更，外出务工人员，及时联系当地有关部门，做好衔接。对长期从事特种行业、娱乐场所经营的人员，作为重点对象，进行核查登记。针对犯罪性质、家庭及社会关系、日常表现等情况，进行分别帮教。为有需求的人员开展法律咨询解答、律师、公证办理多项等法律服务。对家庭经济困难的，协调给予费用减免。对有心理知识需求的，为其提供心理咨询服务，努力消除和减少重新犯罪隐患。2015年，成功核查15人次，核查率100%。截止2015年12月31日，全区在册安置帮教人员195人。

（李学峰）

【法律援助服务】 2015年，区法制局加大法律援助服务工作力度，促进社会公平和谐。畅通法律援助援助申请渠道。在巩固已建的工、青、妇、残等法律援助工作站的基础上，推进设立武装部和民政部门法律援助工作站，开展针对军人、军属的法律援助工作。完善首批挂牌的11个法律援助工作站和15个村居法律援助联络点建设。25名工作站站长和107名村居联络员认真履行职责，积极开展法律援助简单事务咨询解答及援助申请办理协助等工作。切实降低法律援助门槛，惠及更多人群。认真落实河北省法律援助条例规定的事项和省政府规定的补充事项，按照新扩大的案件范围和经济困难标准，最大限度地为申请人提供便捷服务。做好综合法律服务中心的各项工作。综合法律服务中心是实施法律援助民生工程的重要载体，是为民服务，展示形象的有效途经。迁至新址的综合法律服务中心实现了一楼临街的基本要求，设置了服务大厅，私密谈话室和资料室。服务大厅设置法律援助、律师咨询、公证业务和综合服务4个功能窗口。增加律师值班频次，由每周一、三、五上午增加为周一～周五上午，使能够参与服务的律所由2个增为5个，执业律师从21名增加为36名。同时，整合局内资源，安排社区矫正、心理咨询人员到中心值班，不断充实综合法律服务职能。强化规范化建设，在服务大厅和私密谈话室安置了监控设备，悬挂事务公开栏、标语和意见箱等设施。制定《AB岗工作制度》等6项工作制度和规定。增加窗口便民服务功能，设置无障碍通道和便民台，配备老花镜、急救药箱等物品服务来访群众，为当事人提供代写表格等暖心服务，真正把综合法律服务中心建设成拓展、延伸、强化司法行政职能，整合各项行政资源，实行窗口前移的有效载体，更好地为群众提供优质、高效、便捷的法律服务。突出农民工法律援助工作重点。畅通农民工法律援助绿色通道，对农民工法律援助案件做到优先受理、及时指派、保证质量。全年受理农民工案件102件，其中，涉及仁海混凝土公司70名职工和铁关营砖厂29名工人欠薪的群体性案件。法律援助中心在受理农民工相关案件后深入调查、扎实工作，积极为农民工维权，深受当事人好评。全年接收表彰锦旗3面。突出做好特殊人群法律援助工作。高度重视未成年人、老年人等特殊人群的维权工作，按照刑事诉讼法的相关规定，积极与公、检、法配合，最大程度的维护当事人合法权益。同时，加强残联、妇联等法律援助工作站的建设，积极提供咨询、受理案件，对一些行动不便的特殊人群实行上门服务。编印多种类宣传资料，服务各类人群。编发《法律援助资料汇编（2003-2014）》，为从事法律援助工作的相关人员提供了学习和查询法律援助法律、法规的工具书。编发《开发区法律援助指南》，向广大人民群众宣传法律援助最新申请范围、条件、程序等内容。编印《开发区综合法律服务中心业务指南》和《公证业务指南》等系列宣传资料。设计制作《开发区法律援助便民联系卡》并向广大群众发放，方便群众就近申请法律援助。法律援助中心及其综合法律服务中心窗口认真履行职责，全年办理援助案件112件，通过综合法律服务中心窗口和8011148服务热线接待来电来访656人次，为受援人挽回经济损失14.9万元。

（高慧芳）

【秦皇岛市第三公证处】 2015年，秦皇岛市第三公证处充分发挥职能作用，强化公证管理，狠抓公证质量，提升公证服务水平，把公证法律服务真正落到实处。配合国土等多部门联合执法对区内多条重要路段违规建筑物清点、拆除进行现场监督。组成专门工作组，为原前进村近500户家庭办理《亲属关系》公证。配合国土局对辖区内关于2014年土地变更调查遥感监测变化图斑中的新增建设用地及矿产疑似违法图斑进行测量保全证据公证。服务重点项目与工程，与18家企业取得联系并达成服务协议，为企业提供更方便快捷、一站式的公证法律服务。2015年，共办理各类公证事项4547件，收费165万元，无错证假证事件发生。

（赵凤梅）

【华伦律师事务所】 2015年度河北华伦律师事务所注册专职律师8位，实习律师1位，行政助理1位。2015年河北华伦律师事务新签或者续签法律顾问共计14家，办理民事案件58件，刑事案件11件，劳动仲裁案件10件，非诉案件4件，刑事附带民事案件1件。

华伦律师事务所成功与通银行股份有限公司秦皇岛分行等多家企事业单位签订法律顾问协议。并与中国东方资产管理中心石家庄办事处合作清收不良资产。多次接受顾问单位邀请，为顾问单位管理层及普通员工做法律讲座。为企业签订合同等日常经营活动提供法律意见，为行政事业单位作出行政行为提供法律意见，把一些存在的法律隐患消除在诉前，为顾问单位节省大量的诉讼资源及费用。

华伦律师事务所积极参加区管委组织宣传活动，并现场解答群众咨询。与开发区法律援助中心合作，每周安排律师到服务中心值班。在秦皇岛市司法局组织的一村一法律顾问活动中，全体律师集体到顾问村签订法律顾问协议，共计接待所属顾问村村民咨询20余次。前往顾问村3次。多次接听12345市长热线转接过来的电话咨询。2015年底为秦皇岛北岛博智科技孵化器有限公司进行法律讲座，参与企业20余家。

（李学峰）

【行政执法监督考核】 2015年，区法制局组织50名全区行政执法人员和7名乡（处）法制工作主管领导分别参加秦皇岛市领导干部依法行政讲座和依法行政培训班。对2015年44名提职干部进行任职前法律知识考试。总结研究2002年《秦皇岛市政府关于秦皇岛经济技术开发区管理委员会行使市级管理权的意见（试行）》实施以来的开发区行政权力运行情况，重新核实秦皇岛开发区需要市级下放的行政权

“送法进万家” 法律宣传活动

对社区矫正人员进行心理讲座

5月14日，开发区召开农村干部培训会议

到基层调研

老百姓向法律援助中心赠送锦旗

到基层调研

10月21日，人民调解工作会

组织全区领导干部向宪法宣誓

招标开标会现场监督公证

法律援助志愿者参加宣传活动

组织社区矫正人员集中学习

组织社区矫正人员到社区服务

行政执法全过程记录实施办法培训

开展“综合法律服务进社区、进村居”系列宣传活动

组织行政执法人员考试

力总计182项，形成《关于我区行政管理权运行情况的调查报告》上报管委和市政府法制办，并根据领导批示意见提出进一步推进行政权力下放工作的建议意见，积极推动问题能够得到尽早解决。加强对依法行政工作的研究，组织区内单位参加以“深入推进依法行政加快建设法治政府”为主题的征文活动；组织指导区内相关单位全面落实行《政执法责任制》等5项制度，推动行政执法机关全面履行职责，规范公正文明执法。组织对327名需换发新型行政执法证件的人员进行法律知识培训和考试，全面提高行政执法人员的法律知识水平。组织执法部门开展行政执法案卷评查，进一步规范行政执法相关程序和执法文书。结合区情，制定《秦皇岛经济技术规范性文件管理办法》，着力提升规范性文件制发水平。认真审查省、市、区三级交办的政府规章或规范性文件19件，提出法制意见建议38条，修改内容58处。对《开发区权力清单》进行全面合法性审查，提出审查意见7条。组织开展规范性文件清理工作，确保规范性文件规范有效，维护法制统一和政令畅通。

（宋明清）

【管委法律顾问统一管理】 2015年，区法制局严格遵照《秦皇岛经济技术开发区管理委员会聘用法律顾问管理办法（试行）》“六统一”管理制度，充分调动顾问律师的积极性，广泛开展招商引资和重大产业项目建设、基础设施建设、征地拆迁、行政审批制度改革、矛盾纠纷化解等工作。全年派遣法律顾问41人次，审查合同18件、规范性文件7件、法律咨询案件7件、代理诉讼3件，涉及标的16亿元。积极完善法律顾问的管理措施，完成《关于管委法律顾问工作情况的报告》，积极落实秦皇岛市政府《关于推进政府法律顾问制度的意见》，提出进一步工作建议，上报管委。

（宋明清）

附录

秦皇岛经济技术开发区年鉴2016

QIN HUANG DAO JING JI JI SHU KAI FA QU NIAN JIAN

秦皇岛经济技术开发区机构编制委员会
关于成立秦皇岛经济技术开发区行政审批局的
通　知

秦开机编〔2015〕3号

区内各有关单位：

为深入推进行政审批制度改革，加快政府职能转变，提升行政审批服务质量，根据秦皇岛市机构编制委员会《关于组建秦皇岛经济技术开发区行政审批局的通知》(秦编【2015】25号)文件精神，成立秦皇岛经济技术开发区行政审批局，为秦皇岛经济技术开发区党工委、管委会的内设机构，规格为副处级，核定行政编制12名，设局长1名、副局长2名。所需行政编制分别从区建设规划管理局、城市发展局、工委办、出口加工区、机构编制委员会办公室各调剂1名，从经济发展局、审计局各调剂2名，从人力资源和社会保障局调剂3名。

秦皇岛经济技术开发区行政审批局主要职责为：负责贯彻执行行政审批相关政策、法律、法规和规定；负责开发区行政审批工作及相关事项，并承担相应的法律责任；负责按照相关法律法规编制服务指南，规范行政审批行为，优化审批流程，提高审批效率，并依法全面公开行政审批信息；负责开发区行政审批制度改革，以及相关工作体系、体制机制创新和完善工作；负责行政审批局审批业务和人员的教育培训、管理、监督和考核工作；负责会同入驻单位对入驻单位有关人员进行教育培训、管理、监督和考核工作；负责行政审批信息化建设和管理；负责承办开发区党工委、管委会交办的其他事项。

秦皇岛经济技术开发区
机构编制委员会
二〇一五年七月十七日

中共秦皇岛经济技术开发区工作委员会
秦 皇 岛经济技术开发区管理委员会
关于成立秦皇岛经济技术开发区全员聘用制度建设工作领导小组的通知

秦开工委〔2015〕1号

机关各部门、驻区各单位、各企事业单位：

为进一步创新开发区干部人事管理体制和运行机制，建立符合中央、省、市改革精神，适应新形势下开发区发展需要的干部人事管理制度，打造结构合理、运行高效、充满活力的干部队伍，为加快开发区发展提供体制机制保障和干部人事支撑，决定成立秦皇岛经济技术开发区全员聘用制度建设工作领导小组。现将有关事项通知如下：

一、领导小组及下设机构组成

组 长：胡英杰 管委主任

郑宝亮 工委书记

副组长：李 生 工委副书记、管委副主任

陈永富 工委副书记

郝凤斌 工委副书记

邵宏根 管委副主任

李颖熹 管委副主任

扈秋宁 管委副主任

郭晓城 管委副主任

刘洪柱 管委副主任

何华庆 管委副主任

吕爱国 管委副主任

王家林 纪工委书记

执行副组长：吕爱国 管委副主任

成 员：张利荣 工委办公室主任

杨恩伟 财政局局长

李慧永 人力资源和社会保障局局长

李丽兰 政策法制局局长

龙艳春 审计局局长

王立新 纪工委副书记、监察局局长

孟宪春 纪工委副书记、工委组织部部长

高静宇 管委办公室副主任、政策法制局副局长

张艳妮 机构编制委员会办公室主任

领导小组下设办公室，办公室主任由政策法制局局长李丽兰兼任，办公室由领导小组各成员单位分别明确一名主管领导和一名具体工作人员组成。

二、领导小组及其办公室工作职责

领导小组工作职责：

（一）领导小组负责研究确定开

发区全员聘用制度建设工作总体方案和具体工作实施方案；

（二）研究解决此项工作推进过程中遇到的一些涉及全局性的重大问题；

（三）监督指导领导小组办公室卓有成效地开展工作；

（四）负责其他需要领导小组研究的事项等。

领导小组办公室工作职责：

领导小组办公室负责开发区全员聘用制度建设日常工作。具体负责起草相关文件；协调处理相关问题；督办领导小组议定的各项工作的落实；积极推进各项具体工作的开展。

三、有关要求

（一）加强领导。各相关单位要充分认识开发区全员聘用制度建设的重要意义，把此项工作作为本单位、本部门的一项重要工作内容，列入日程，抓紧安排。

（二）精心组织。实施全员聘用制度既关系到开发区的长远发展又与当前干部职工的岗位薪酬密切关联，此项工作涉及面广，热点、难点问题多，领导小组办公室要严密组织、加强协调、及时调度，强力推进，确保领导小组议定的事项落实到位。

（三）狠抓落实。各相关单位要按照工委、管委的工作安排，迅速行动，尽快明确负责此工作的领导和具体工作人员，抓紧谋划组织制定涉及本单位工作内容的具体工作实施方案。及时将工作开展情况报领导小组办公室。

联系人：冷静 电话：8019807 邮箱：kfqdby@163.com

中共秦皇岛经济技术开发区工作委员会
秦 皇 岛经济技术开发区管理委员会
2015年1月5日

中共秦皇岛经济技术开发区工作委员会办公室
秦 皇 岛经济技术开发区管理委员会办公室
关于成立秦皇岛经济技术开发区公务用车制度改革领导小组的通知

秦开工办〔2015〕6号

机关各部门、驻区各单位、各企事业单位：

为稳妥推进全区公务用车改革工作，根据《中共河北省委办公厅、省人民政府办公厅印发〈关于全面推进我省公务用车制度改革的指导意见〉的通知》（冀办发〔2014〕43号）和市委、市政府相关文件精神，决定成立秦皇岛经济技术开发区公务用车制度改革领导小组。现将有关事项通知如下：

一、领导小组成员名单

组　长：胡英杰　管委主任

郑宝亮　工委书记

副组长：李　生　工委副书记、管委副主任

陈永富　工委副书记

郝凤斌　工委副书记

吕爱国　管委副主任

成　员：张利荣　工委办公室主任

杨恩伟　财政局局长

刘建林　经济发展局局长

李慧永　人力资源和社会保障局局长

龙艳春　审计局局长

高静宇　管委办公室副主任、政策法制局副局长

贾立鹏　机关事务管理局局长

二、领导小组工作职能

（一）领导、组织、推动全区公务用车制度改革工作，确保中央、省、市关于公车改革的政策举措和要求在我区贯彻落实。

（二）制定全区公务用车总体方案，明确政策要求、基本原则、主要任务及实施步骤。

（三）统筹解决全区公务用车制度改革工作中遇到的重大问题。

（四）审定《秦皇岛经济技术开发区关于全面推进全区公务用车制度改革的指导意见》《秦皇岛经济技术开发区区直机关公务用车制度改革实施方案》。

（五）审定非参公事业单位、国有企业以及国有金融企业公务用车制度改革方案。

（六）向市委、市政府报告全区

公务用车制度改革的情况，请示相关事项。

三、领导小组工作机构

秦皇岛经济技术开发区公务用车制度改革领导小组下设办公室。办公室设在机关事务管理局，组成人员名单如下：

主 任：贾立鹏 机关事务管理局局长

成 员：张 彪 人力资源和社会保障局副局长

王怀强 财政局副局长

范新宇 财政局副局长

王建玲 审计局副局长

赵文卓 机关事务管理局副局长

领导小组办公室主要职责为：负责全区公务用车制度改革日常工作；负责上下级沟通联络和组织协调；组织开展公车改革调研；组织文件起草；协调相关政策的制定和咨询；具体组织实施区直机关公务用车制度改革工作；督导检查全区公务用车制度改革工作；汇总情况、释疑答惑；完成开发区公务用车制度改革领导小组交办的其他工作任务。

联系人：朱岩，史俊明；联系电话：8019109，8019167。

领导小组办公室共设5个工作小组，分别为：

（一）综合组

组长：赵文卓

主要职责：负责开发区公务用车制度改革领导小组办公室的日常工作；负责协调联络、沟通情况；组织相关调研；负责《秦皇岛经济技术开发区关于全面推进公务用车制度改革的指导意见》《秦皇岛经济技术开发区机关公务用车制度改革实施方案》的起草和解释工作；负责领导讲话、信息简报等材料的起草工作；负责相关会议的筹备组织工作；负责协调公务用车制度改革督导工作；负责文件运转，印信、档案管理工作；负责办公用品、经费申请管理及服务保障等工作。

（二）公车运行费用及公务交通补贴测算组

组长：王怀强

主要职责：负责指导全区机关公务人员公务交通补贴标准研究制定工作，具体负责研究、制定区直机关公务人员公务交通补贴标准；负责近年来全区及区直机关公务用车购置和运行经费测算；负责研究起草《秦皇岛经济技术开发区机关工作人员公务交通补贴发放使用管理办法》《秦皇岛经济技术开发区机关集中统筹公务交通补贴使用管理办法》，加强公务交通补贴规范管理；负责制定全区各级留用定向化保障车辆（机要通信、应急、特种专业技术和符合规定的一线执法执勤用车及其他车辆）的指导意见，具体负责区直机关留用车辆编制数量确定工作；负责全区执法执勤用车制度改革管理相关工作，研究制定《秦皇岛经济技术开发区执法执勤用车制度改革管理办法》，具体负责区直机关执法执勤用车制度改革管理工作。

（三）司勤人员安置组

组长：张彪

主要职责：负责摸清全区参改单位司勤人员底数；负责研究制定全区公务用车制度改革中司勤人员安置政策，起草《秦皇岛经济技术开发区机关公务用车制度改革中妥善安置司勤人员的指导意见》；负责全区司勤人员安置有关政策解释；负责指导、协调全区司勤人员安置工作；具体负责区直机关公务用车制度改革中涉及司勤人员的安置工作。

（四）车辆处置组

组长：范新宇

主要职责：负责起草《秦皇岛经济技术开发区机关公务用车制度改革涉及的车辆处置办法》；具体负责区直机关公务用车制度改革涉及的车辆处置工作。

（五）审计监督组

组长：王建玲

主要职责：负责组织指导全区公务用车制度改革审计监督等相关工作；具体负责区直机关公务用车制度改革审计监督工作。

中共秦皇岛经济技术开发区
工作委员会办公室
秦 皇 岛经济技术开发区
管理委员会办公室
2015年1月19日

中共秦皇岛经济技术开发区工作委员会
秦 皇 岛经济技术开发区管理委员会
关于印发《秦皇岛经济技术开发区2015年“三个十”工程实施方案》的通知

秦开工委〔2015〕3号

机关各部门、驻区各单位、各企事业单位：

《秦皇岛经济技术开发区2015年“三个十”工程实施方案》已经工委、管委研究通过，现印发给你们，请认真贯彻落实。

中共秦皇岛经济技术开发区工作委员会

秦 皇 岛经济技术开发区管理委员会

2015年2月5日

秦皇岛经济技术开发区 2015年“三个十”工程实施方案

为扎实做好2015年经济社会发展工作，打赢“十二五”收官之战，推动发展上台阶、上水平，切实发挥好开发区引领带动作用，根据工委、管委决策部署，结合全区实际，制定本实施方案。

一、指导思想

深入贯彻落实中央十八届三中、四中全会、中央及省市经济工作会议精神，紧紧围绕全区总体部署，以扩量、增速、提质为目标，以“崇尚实干、狠抓落实”为主题，以“三个十”工程（即十大产业项目、十大基础工程、十大民生实事，详见附表）为重点，加快全区经济爆发式增长，加速实现率先发展、率先崛起，为全市发展作出更大贡献。

二、工作目标

“三个十”工程是事关全区2015年发展大局的中心工作，必须举全区之力抓实抓好，充分发挥投资和项目的拉动、示范作用，确保“三个十”工程早日投建投产、发挥效益，带动经济快速增长，实现项目提速、环境提升、民生改善，为完成全年目标任务提供强力支撑。

三、工作机制

（一）明晰的责任机制。认真落实领导分包重点项目责任制。每个项目明确“分包领导”“牵头单位”“配合单位”，做到责任内容定目标、定措施、定人员、定责任、定进度，确保“三个十”工程可跟踪、可量化、可评价，人人有压力、有指标。

（二）严格的调度机制。实行月调度制度。每月定期召开项目调度会，及时研究分析项目实施中遇到的问题，查找原因，制定措施，限时解决，排除障碍，保障项目顺利推进。

（三）有力的督导机制。实行定期反馈、通报评比制度。各牵头单位每半月要向管委督查室报送项目进展情况。管委督查室建立“三个十”工程进度台帐，对项目进展情况进行汇总分析，每月形成专题通报，持续跟踪督促落实。

四、工作要求

项目和干部是发展的根本。开展“三个十”工程是实现开发区率先发展、率先崛起的重大举措，是确保完成年度任务目标和“十二五”规划目标的重要保障。全区上下要切实提高认识，把实施“三个十”工程作为全年工作重中之重，勇挑重担、勇于担当、奋力拼搏，力争全面完成任务。

（一）高度重视，落实责任。各分包领导要深入现场指导，不定期听取牵头单位和配合单位推进情况汇报，及时调度和协调解决项目建设过程中出现的各类问题。分包领导是项目建设第一责任人，要亲自抓落实、抓进度，主动作为、攻坚克难，严格按要求加快进度，做到在谈项目抓落地、落地项目抓开工、开工项目抓投产，切实抓好各环节的工作落实，确保抓出成效。

（二）科学组织，协调配合。分包领导、牵头单位要科学安排、合理制定具体推进措施，倒排工作计划，做到责任明确、人员明确、措施明确、时限明确，推进得力；各配合单位要主动靠前服务，加强沟通协调，密切协同配合，形成强大的推进合力；各相关单位要切实提高办事效率，为项目建设营造优质服务环境；新闻宣传部门要成立专题报道组，及时报道项目建设新进展、新经验、新做法，增强干部职工的创业热情，营造大干快上、加快发展的浓厚氛围。

（三）注重实绩，强化考核。工委、管委将抓牢“项目、干部”两大要素，采取定性与定量相结合的办法，把“三个十”工程内容纳入部门年度考核目标任务，提高工作绩效的分值权重，对牵头单位、配合单位一并进行考核。同时，坚持以项目论业绩、项目看水平、项目看干部为导向，对在实施“三个十”工程中做出显著成绩的单位及个人，给予表彰奖励；对因工作不力、敷衍懈怠而未完成任务的单位，对其主要负责人进行诫勉谈话，并取消该单位年度评先评优资格。

附件：开发区2015年“三个十”工程责任分解表

中共秦皇岛经济技术开发区工作委员会办公室　2015年2月5日印发

现有产业结构分析与未来产业发展重点方向

秦皇岛开发区经发局　赵立东

一、开发区现有产业的结构分析

秦皇岛经济技术开发区（以下简称开发区，下同）经过建区30年的不断发展，经济总量逐步扩大，尤其是以工业为主导的第二产业得到了迅猛发展，给全市做出了较大贡献。在工业中逐渐形成了以装备制造业、粮油食品加工与制造业、石油化工产品加工及制造业、金属冶炼及压延加工业为主的四大支柱产业，且装备制造业在规模以上工业（以下中的比重逐渐扩大，优化了全区工业的结构。现将“十二五”时期（2011年—2015年）开发区三次产业增加值与工业中四大支柱产业的发展情况列示如下：

2010年～2015年开发区三次产业增加值发展情况（表一）

产业划分		2010年	2011年	2012年	2013年	2014年	2015年	平均增速(%)
GDP	亿元	180.29	208.31	240.58	253.91	253.18	265.76	8.07
第一产业	数量（亿元）	0.16*	2.23	2.17	2.16	2.15	1.24	-13.65
	比重（%）	0.09	1.07	0.90	0.85	0.85	0.50	
第二产业	数量（亿元）	122.10	145.49	168.73	181.42	178.69	182.39	8.36
	比重（%）	67.72	69.84	70.13	71.45	70.58	68.60	
其中：工业	数量（亿元）	109.90	122.44	148.78	158.33	153.19	169.94	9.11
建筑业	数量（亿元）	12.20	23.05	19.95	23.09	25.50	12.45	0.41
第三产业	数量（亿元）	58.03	60.59	69.68	70.33	72.34	82．13	7.19
	比重（%）	32.19	29.09	28.96	27.70	28.57	30.90	

注：2010年第一产业增加值中不包括第三次扩区的原抚宁40个村在内，它们是在2011年以后加上的，故计算第一产业平均增速时不含2010年。

2010年～2015年开发区支柱产业主营营业收入情况（表二）

产业划分		2010年	2011年	2012年	2013年	2014年	2015年	平均增速(%)
全部规上工业合计	数量(亿元)	522．15	615.27	718.63	696.89	675.79	692.21	5.80
装备制造业	数量(亿元)	181．09	225.40	312.78	291.11	311.85	355.22	14.42
	占比（%）	34.68	36.63	43.52	41.77	46.15	52.79	
粮油食品加工及制造业	数量(亿元)	131．45	160.98	170.97	162.62	144.70	140.19	1.30
	占比（%）	25.17	26.16	23.79	23.34	21.41	20.83	
石油化工产品加工及制造业	数量(亿元)	67．90	77.77	77.94	93.75	81.80	81.00	3.59
	占比（%）	13.00	12.64	10.85	13.45	12.10	12.04	
金属冶炼及压延加工业	数量(亿元)	89.17	96.02	105.05	90.41	73.55	51.52	-10.39
	占比（%）	17.08	15.61	14.62	12.97	10.88	7.66	
四大支柱产业合计	数量(亿元)	469.62	560.17	666.74	637.89	611.89	627.94	6.60
	占比（%）	89.94	91.04	92.78	91.53	90.55	93.31	

2010年～2015年生产总值及增长速度（图1）

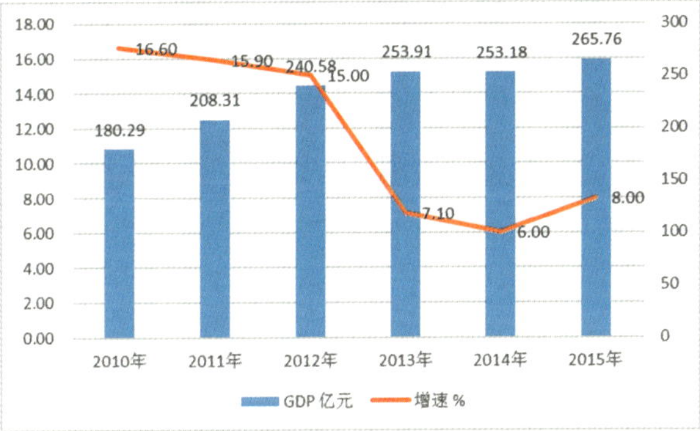

2010年～2015年服务业（第三产业）增加值及占GDP比重（图2）

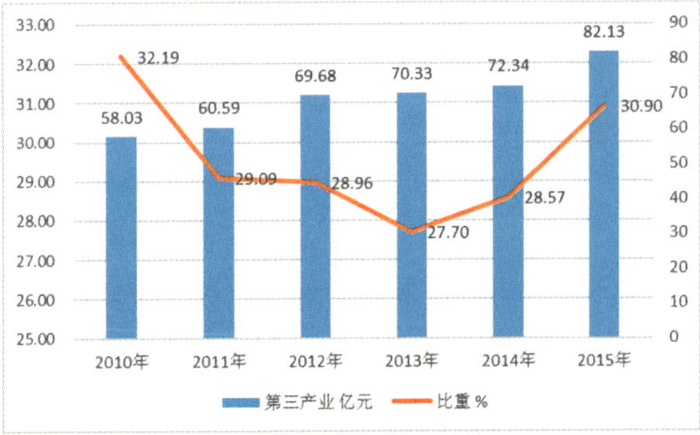

2010年～2015年规模以上工业增加值及增速（图3）

2010年～2014年四大支柱产业主营营业收入及增速（图4）

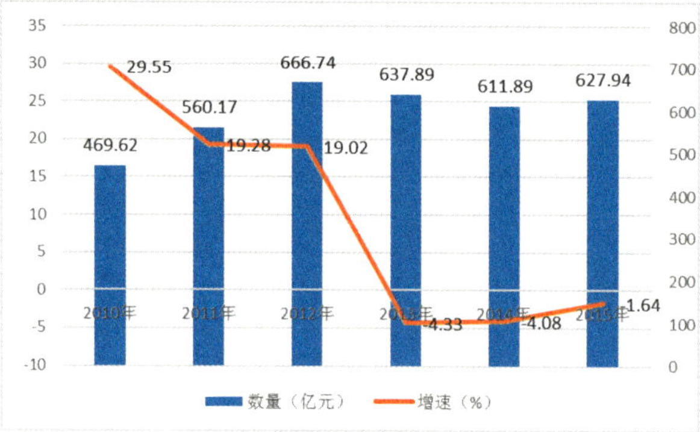

“十二五”期间开发区经济的发展呈现以下特点：

（一）GDP增速放缓

2011--2015年，地区生产总值（GDP）平均增长速度为8.07%，低于15%的预期增速，但高于全市6.09%的平均增速。且五年来，GDP增速呈逐年放缓之势，但2015年有所回升。这是因为开发区经济发展的外向度较高，受国际金融危机的影响相较大，造成出口拉动力不足，影响了企业特别是工业企业的发展，这一趋势也正好与五年来规上工业增加值增速的变化趋势基本一致。

（二）服务业发展还相对滞后

2011--2015年，第三产业（服务业）增加值平均增长速度为7.19%，低于GDP平均增速0.88个百分点；且五年来第三产业增加值占GDP的比重呈先降后升态势，2013年达低谷，2014年、2015年迅速回升。这主要是由于近几年来，开发区以数据产业为核心的第三产业的招商引资成果有目共睹，例如数据大厦的建成使用，秦皇岛（中科院）数据产业研发转化基地、秦皇岛（中科院）技术创新成果转化基地、北京大学科技园、天津大学环保研究院、北京化工大学环渤海生物产业研究院的项目落地等等，使得开发区第三产业发展的后劲增强，但这些项目变成增长点尚需我们不断培养并假以时日。

（三）工业中装备制造业异军突起

装备制造业、粮油食品加工与制造业、石油化工产品加工及制造业、金属冶炼及压延加工业的主营业务收入之和占全部规模以上工业的比重五年来一直在九成以上，2015年更是达到了93.31%，成为开发区工业中的支柱产业。四大支柱产业中，装备制造业发展最快，平均增速达到14.42%，比全部规上工业平均增速（5.80%）高8.62个百分点，占全部规上工业主营业务收入的比重由2010年的34.68%提高到2015年的52.79%，四年提高了18.11个百分点，平均每年提高约3.6个百分点。而其他三个产业发展均逐步放缓。粮油食品加工及制造业五年平均增速1.30%，占比由2010年25.17%，下降到2015年20.83%，下降了4.3个百分点；石油化工产品加工及制造业五年平均增速3.59%，占比由2010年13.00%，下降到2015年的12.04%，下降了0.96个百分点；金属冶炼及压延加工业五年平均增速-10.39%，占比由2010年17.08%，下降到2015年7.66%，下降了9.42个百分点，平均每年下降1.88个百分点，在四大行业中降幅最大。

综上所述，装备制造业快速发展和第三产业的迅速回升标志着开发区的产业结构正在逐步优化。而且，地区生产总值、规上工业、服务业均表现出触底回升态势，为“十三五”规划的实施打下了比较坚实的基础。

二、开发区未来产业发展的重点方向

开发区未来产业的发展，既要巩固现有产业特别是装备制造业产业的优势，又要加速发展服务业尤其是现代服务业。

（一）巩固和扩大装备制造业

开发区现有规模以上装备制造业企业79家，2015年主营业务收入355.22亿元，占全部规模以上工业企业的52.79%，占据工业的绝对优势。在国内外经济形势如此严峻的情况下，如何巩固并继续扩大这一产业的优势地位，是“十三五”时期必须放在首位的大事，因为这关系到开发区经济状况是否稳定和发展，是开发区立区之本、兴区之器、强区之基。我们要制定有利于这些产业发展的优惠政策和措施，使它们能够在较长的时期内继续保持高速发展。巩固和促进装备制造业加快发展的战略任务和重点可以概括为优先发展汽车零部件、新能源、临港产业、环保产业，简称优先发展“汽、能、港、环”四大装备制造业，以带动其他工业。

1、提高创新能力，拓展产品领

域，打造汽车零部件产业基地

利用开发区现有的1家国家级企业技术中心和35家省市级技术中心和工程技术研究中心的科研优势，加强关键技术攻关，加强科技成果产业化，提高关键环节和重点领域的创新能力。加强以中信戴卡为龙头，以兴龙轮毂、戴卡兴龙、戴卡美铝、邦迪管路系统等公司为补充，积极发展铝车轮、管路系统及轻量化汽车车身、底盘、动力总成零配件、车身铝制部件、模具制造和产品表面工程，推动园区由“单一汽车零部件供应基地”向“模块化、轻量化、集成化零部件供应基地”转变。以金程汽车为依托，重点突破电机、电控等关键零部件核心技术，推动新能源轻客电动车、纯电动专用车、电动小卡等整车产业化。增加车型储备，争取更多的产品型号进入国家《节能与新能源汽车示范推广应用工程推荐车型目录》公告，形成规模化生产能力。继续引入2-3家国内外一流新能源汽车生产厂家，与中信戴卡轻量化汽车零部件基地建设相结合，打造汽车零部件产业制造基地。

2、推进信息化与工业化深度融合，完善新能源产业链条，建立新能源产业基地

利用开发区现在拥有的液晶电子、太阳能、风能、地源能、空气源能等新能源产业的基础优势，整合产业资源，规范与引导产业快速发展。加强以鹏远光电、嘉隆高科为龙头，以中能光电、晶电照明、赛隆节能照明等公司为补充，积极引进相关配套企业及服务机构，完善节能照明产业链条，大力发展LED节能照明产品和新型节能照明产品。依托金光伏薄膜太阳能研发生产基地、凯盛科技薄膜太阳能电池组件制造等项目，打造染敏电池、CIGS薄膜太阳能研发、生产基地和组建1.5GW电池组生产线（其中一期为300MW）；充分发挥芯驰光电、燕园机械电子、中达四方金属加工、动力源科技等公司的引领作用，做大做强锂离子动力电池、新型免维护蓄电池及电池用薄钢带、水平电池自动化生产线等配套产品的生产，积极突破正负极隔膜等核心材料的研发生产技术，探索三元材料电池技术，加快研发和应用具有自主知识产权的动力电池及其管理系统，促进动力电池的不断发展；加强长丰太和新能源有限公司超低温空气能热泵机组项目建设，以空气作为热源，可以取之不尽，用之不竭，空气源热泵安装灵活，使用方便，初期投资相对较低，且比较适宜分户安装。超低温空气源热泵是适用于北方低温环境的空气能热泵产品，面对我国北方庞大的采暖市场，具有巨大的发展潜力；加强以艾尔姆风能叶片为龙头，以中航惠腾风电设备、东关电子、晶发光电、宇电自动化等公司为补充，提高工艺技术水平，大力发展海上风能叶片、

定桨距叶片、变桨距叶片、主动失速型以及供连续或变动转速的风机使用的叶片产品；依托上述企业，大力发展锡铅、锡银、锡银铅、锡银铜等涂层的光伏焊带，太阳能层压机、全自动层压机、背起式层压机、特大型层压机等太阳能制造机械，以及太阳能（加风能）路灯、太阳能（加风能）信号灯等风能和太阳能等新能源产品，打造新能源产品基地。

3、利用临港优势，发挥企业的生产和技术条件，巩固和夯实临港重大装备制造基地

利用东区企业具备铁路专用线及公路专用线直达出海口这一优势，继续巩固和夯实临港重大装备制造基地。依托哈电重装核电汽轮机组、核电常规辅助生产设备，生产和销售9FA重型燃机的装配试车以及三代（AP1000、CAP1400）、二代加等多种制式的蒸汽发生器、MSR等设备，建立国内主要重型燃机装配试车、核岛和常规岛主设备制造基地。依托天威秦变、五矿天威先进的生产工艺及其母公司的雄厚的研发技术优势，生产220kV~1000 kV交流变压器、±220kV~±800 kV换流变压器、大容量三相一体和单相发电机主变压器、出口变压器等超高压、大容量电力设备。

4、强化工业基础能力，全面推进绿色制造，建设节能环保产业基地

坚持问题导向、产需结合、重点突破的原则，着力破解制约产业发展的大气污染、海水污染和环境污染等发展瓶颈。以思泰意达、荣氏德环保、秦冶重工、电站辅机厂、三英环保设备开发、普达电子、云立方环保工程等公司为依托，重点推动微米级干雾抑尘装置、新型高炉无料钟炉顶成套设备、烟气脱硫脱硝技术装备的集约化、规模化生产，提高排烟风机、干雾调温系统、除尘包装机、电站除尘系列产品的档次和市场竞争力；建成环渤海地区产品系列化、企业集群化、竞争一体化的干雾抑尘和烟气除尘装备及产品的生产基地。加大先进节能环保技术、工艺和装备的研发力度，加快制造业绿色改造升级；积极推行低碳化、循环化和集约化，提高制造业资源利用效率；强化产品全生命绿色管理，努力构建高效、清洁、低碳、循环的绿色制造体系。支持禹王环境工程有限公司反渗透系统、EDI装置、电渗析、纳滤、超滤、微滤、离子交换以及中水、污水处理系统的建设；积极推动莱特流体设备制造有限公司“双旋流高效自动过滤器、高效蒸发冷却器、组合式净水器、自动保护煤气排水器”等具有国际领先水平产品的规模化生产和推动应用；加大对同力达环保机电设备公司污水零排放技术研发、推广、应用的支持力度；提升世纪源水处理技术、金源环境工程、鸿鼎轻工机械技术等公司过滤设备、杀菌设备、除垢设备、软化设备及净水设备的生产水平和市场竞争能力，打造具有国内影

响力的水污染防治设备生产基地。

（二）加速发展现代服务业

现代服务业是未来开发区将要打造的主导产业。2015年开发区第三产业增加值为82.13亿元，占地区生产总值的30.90%。发展现代服务业具有“引进容易、配套节省、节能环保和获利较多”四个特点：（1）引进容易。工业项目的厂房大多仅有一层，占地很多，建设密度很小，土地要求七通一平。而多个服务业项目可以同建在一栋多层大楼之中，占地很少，建筑密度很大，对土地一般没有严格的要求，所以引进相对容易。（2）配套节省。由于服务业项目具有占地少、建筑密度大和对土地没有严格要求等特点，其配套相对节省，一般要求电力充足、交通便利、通讯畅通就可以了，有利于节约利用珍贵的土地资源。（3）节能环保。由于服务业项目对原料、能源的依存度低，所以发展服务业付出的资源代价较小，一般不会对环境造成严重的污染。（4）获利较多。服务业企业对当地的税收贡献要大于工业企业。这是因为服务业企业主要缴纳税种为营业税（即使营改增后，仍有大部分服务业行业缴纳营业税），地区分成比例高。另外，由于服务业企业种类繁多，企业规模可大可小，非常适合各类人员就业，是解决今后开发区就业的主要途径。

根据开发区的现有状况，加速发展现代服务业，应着力于数据产业、会展产业、影视产业、物流产业等的快速发展从而带动其他服务业的发展，简称优先发展“数、展、影、物”四大服务业，以带动其他服务业。

1、加快数据产业发展，尽快形成生产力

2014年7月18日上午，北京化工大学环渤海生物产业研究院、天津大学秦皇岛环保研究院在秦皇岛开发区数谷翔园相继揭牌成立，这是自2008年10月数据产业基地成立以来，入区的两家有实力的企业，标志着开发区数据产业的正式运营发展。目前，数据产业基地起步区内“九通一平”配套设施建设业已完成，“三纵三横”六条主干道路竣工通车，园区地标性建筑——数谷大厦投入使用，数谷翔园楼宇主体完成，戴河生态园一期工程竣工。秦皇岛（中科院）技术创新成果转化基地、秦皇岛银亿国际服务外包公司、中兴网信智慧城市北方基地、星通联华物联网研究院、快速制造国家工程研究中心秦皇岛推广基地等20多家企业和项目入驻数谷大厦。

对于数据产业基地未来建设，开发区制定了《创建数据产业（2010年～2020年）创新示范区发展总体规划》，目标直指国家级数据产业基地和产业园，《规划》中提到，数据产业创新示范区建设分三个阶段进行。第一阶段为启动建设期（2010年～2013年）。主要目标为引入10家具有国际竞争力的数据产业关联的企业进入示范区，吸纳80家在数据产业链上具有技术或自主知识产权的中小企业，培育孵化20个具有发展潜力、高成长的品牌企业。第二阶段为全面发展期（2014年～2017年）。着重完成示范区子园区的布局和建设工作，初步建成智能化园区管理平台，全力打造数据产业新技术、新创意的发源地。第三阶段为高速成长期（2018年～2020年）。重点引进20家以上的世界五百强企业，设立50家以上区域性或全国性数据产业总部，培育至少100家规模较大的创新型企业，建成功能完善的新型公共服务平台和智能化城市管理信息平台，率先形成示范全国的数字化城市管理新模式，把示范区建设成为在全国具有较大影响力、引领数据产业发展的核心区。

2、抓好会展产业的经营，创造更多的经济效益

会展产业属于现代社会的高端服务业，是集经济社会乃至政治社会文明成果的交流、集聚、放射、扩大的特殊产业。现代的会展产业已经不是过去简单的商品买卖交易，它汇聚了巨大的信息流、技术流、商品流和人才流，体现了产品或市场占有率及盈利前景的晴雨表，不断的推动商品贸易、投资合作、服务贸易、高层论坛、技术和文化交流等各方面的发展与进步。国际会展业已经过了150多年的发展，运作模式已经非常成熟，在此过程中，德国、法国、美国、新加坡和中国香港等发达国家和地区一直是会展业发展的领先者，他们在长期发展过程中逐步形成了政府推动型、市场主导型、协会推动型、政府市场结合型四种成熟的运作模式。近十年来，中国会展业以年均20%的速度增长。从展会规模上看，10万平方米以上的大型展会达到90个，5万到10万的共211个，许多展会规模不断扩大。

秦皇岛国际会展中心是秦皇岛市第一家也是惟一一家集展览、会议、技术交流、科普和人才培训于一体的综合性、专业性展览馆，该会展中心总投资1.2亿元，总建筑面积为1.84万平方米，属于小型的会展中心。开发区具备发展会展业的优势条件。首先，秦皇岛具有得天独厚的（旅游）资源优势，流动人口众多。其次，可以参展的产品众多，开发区装备制造、粮食食品、金属压延、石油化工等四大支柱产业规模明显；秦皇岛市特色农业有葡萄、大樱桃、苹果、鸭梨、地瓜、粉条、花生、栗子等；秦皇岛的海产品有对虾、螃蟹、偏口鱼、海红、海带等。第三，展区位于东北、华北、西北（大秦铁路）交汇处，海陆空交通四通八达，只要抓好市场，制定切实可行的政策措施，就一定能将开发区的会展产业做大做强。

3、打造影视旅游产业，以此带动开发区服务业的大发展

旅游业是一个关联性、发展性强的产业。作为旅游产业的主体的旅游吸引物和旅游产品的开发优劣与否是影响其产业发展的关键要素之一，而文化创意产业以其高附加值、强融合性、高品牌影响力、永续更新性等特点为旅游产业提供了新的增长点。通过打造知名影视基地，开展影视旅游

不但可以弥补秦皇岛旅游资源单一，冬季游客数量少，旅游资源闲置等不足，通过发挥影视基地的人气的集聚和品牌效应，还可以提升秦皇岛旅游资源的知名度，强化对景点的宣传，吸引更多的游客，增加全市的旅游收入。秦皇岛最吸引影视公司的是美丽的大海、金色的沙滩、山海关独特的风情、雄伟的万里长城、美丽的角山风貌，与中国目前的十大影视基地相比，在秦皇岛拍摄的影视作品更具有现代气息，更适合现代影片的拍摄。

秦皇岛栖云山国际旅游度假区总用地面积4.90平方公里（7352亩），规划有大酒店、高尔夫球场、总部经济会所、栖云山庄、老年公寓、体育公园等项目。这些项目的建设与影视基地的建设遥相呼应，它们既可以为影视基地提供配套服务，影视基地的建成又可以为它们提供优质的客源。从国内十个比较出名的影视基地的建设情况看，每个影视基地（或乐园）平均投资在10亿元左右，平均占地面积在1平方公里上下，按其特征可以分为三种模式：第一种模式，依托央视或电影公司而建，像上影影视乐园、长影世纪城、中山影视城、北普陀影视城、涿州影视城等五家就是这样；第二种模式，依托当地旅游资源而建，像同里影视拍摄基地、象山影视城、镇北堡西部影视城三家；第三种模式，由政府或集体投资打造，像横店影视城、焦作影视城两家。详见表三。

中国十大影视基地（表三）

序号	名称	总投资（亿）	占地面积（平方公里）	特征
1	横店影视城	30	3.31	位于浙江省东阳市横店镇，初期由集体投资兴建。创始人徐文荣，96年为谢晋导演拍摄《鸦片战争》建设外景地而建，如今已建广州街、香港街、明清宫苑、秦王宫、清明上河图、华夏文化园、明清民居博览城、梦幻谷、屏岩洞府、大智禅寺等13个摄影景点。
2	上海影视乐园	15	0.43	依托上影公司，位于上海市松江区车墩区，以老上海风景著称
3	中山影视城	1.36	0.20	央视影视基地之一，位于广东省中山市，围绕国父孙中山的生平而建，包括中国景区、日本景区、英国景区、美国景区等景点。
4	长影世纪城	15	0.36	依托长影公司，借鉴美国好莱坞环球影视城和迪斯尼游乐园的精华建造而成，汇集三维巨幕、4D特效、激光悬浮、立体水幕、动感球幕等最先进的特效电影，是一个以电影为主体的旅游乐园。
5	北普陀影视城	3	0.33	央视影视基地之一，位于北京市瀛海乡南宫村，最著名景点为“苏州园”，是一座集旅游观光、影视拍摄、影视培训、会议招待、文化交流业为一体的大型多功能影视城。

序号	名称	总投资（亿）	占地面积（平方公里）	特征
6	同里影视拍摄基地		0.33	位于苏州市吴江区同里古镇，整个同里就是一个天然摄影棚，纯正水乡，镇内原有明清两代园宅38处、寺观祠宇47处和士绅豪富住宅和名人故居数百处。
7	象山影视城	1.2	0.73	位于浙江省象山县新桥镇，以灵岩山为大背景，结合了当地的山、岩、洞、水、林等自然景观，集影视文化与旅游休闲于一体。
8	镇北堡西部影视城			位于宁夏银川西郊镇北堡，创始人张贤亮，分新旧两个古堡，旧堡已有500年历史、新堡也有290年的历史，利用古堡古朴、奇特、雄浑、苍凉、悲壮、残旧、衰而不败的景象拍摄多部影视作品。
9	焦作影视城	2.3	2.5	位于河南省焦作市，由河南省政府投资兴建，以春秋战国、秦汉、三国时期文化为背景的仿古建筑群著称，主要景点由文化广场区、周王宫区、市井区、楚王府区、古战场区等景观组成。
10	涿州影视城		1.47	央视影视基地之一，位于河北省保定市涿州市，基地分为外景区、内景区、传统民居景区以及工作生活区等，其中最具特色的建筑是曹魏时期的邯郸铜雀台，其造型优美，结构独特，深得摄制组及游人的青睐。

注：此表数据为2015年数据，由于收集渠道有限可能存在差异，仅供参考。

根据开发区目前财力状况及秦皇岛市具有丰富的旅游资源的基本现状，在打造栖云山影视基地时宜采用第二种模式为主、第三种模式为辅的方式，即在政府扶持下利用当地资源而建设。具体方案如下，可供参考：

（1）从栖云山旅游度假区划出1平方公里左右的土地，用作影视基地，该基地应着力于影视拍摄环节的后勤保障工程的建设。

（2）预计投资3～5亿元，用于建设影视基地的配套设施，如宾馆、饭店、化妆间、拍摄棚（电影棚、电视棚）、通用的实景式场景、演员休息室、服饰加工、器材租赁、后期制作、通勤车辆、公关部门等。

（3）主要拍摄场景将利用秦皇岛的北部山川、南部大海、东部长城关隘、西部的葡萄基地，以及附近的农村民宅、城市建筑、工厂车间等等进行实景拍摄。这些场景距离栖云山影视基地车程基本在1个小时以内。这样做既可以避免建设宏大场面，节省投资，又可以利用当地资源，并给这些地方带来更多人气，带动其旅游业的进一步发展。

4、发挥交通优势，大力发展物流业

物流业主要是利用秦皇岛临港的区位优势，结合现代互联网的快捷便利性，通过科学规划合理整合物流资源打造现代化的物流园区。西区利用临近京哈、沿海与秦承三条高速的交通优势，在102国道以北，千岛湖路东侧，吉力湖路西侧、京沈高速以南的区域内规划为物流园区，暂称其为西部物流园区。主要项目有：（1）秦皇岛秦佰汇物流项目，建设每年100万吨食用糖交易储运中心。总投资2.3亿元，占地93亩，前期准备工作就绪，准备地勘和进场施工。（2）烟草物流园区，该项目占地90亩，位于天池路东侧，与秦佰汇隔道相邻。（3）馨凯综合物流项目，该项目占地50亩，基建投资1900万元。主要建设内容是生产楼1栋、模具车间1栋、仓库2栋共4个单体建筑。项目建成后，主要用于改善办公环境，提升企业形象和为艾尔姆公司提供配套服务。（4）长途客运站项目，该项目占地50亩，在白渔潭路东侧，东部临近秦佰汇园区。

在东区，利用北有铁路编组站、南有港口码头、东有高速公路出入口的便利的交通优势，建设东区物流园区。主要物流项目有：（1）八达物联秦皇岛集散地项目，该项目是秦皇岛八达集团公司经过两年多时间的市场调研和反复论证之后精心谋划的大型现代服务业项目，其目标是建设集电商、仓储、物流、体验会展、宾馆、融资为一体的电商物流企业。该项目总投资25亿元，总占地面积1600亩，包括仓储配送区和会展展示区两大部分。公司已注册，缴纳土地款2600万元，已进场建设围挡，土地平整了三分之二。（2）秦皇岛出口加工区物流中心，利用出口加工区特殊的优惠政策和便捷的通关条件，依托关东针织、一心西服、信达尔机械、飞凯特金属制品、远盛报税物流等公司，发展出口加工贸易物流。

三、政策与建议

我们必须发挥开发区现有装备制造业优势，动员各方面力量，完善政策措施，建立灵活高效的实施机制，营造良好环境，推动装备制造业强区建设。我们必须尽快补上服务业发展的短板，按照产城融合发展的基本思路，打造易业宜居的现代化新城区。

在发展装备制造业方面，建议如下：

第一、完善金融扶持政策：支持符合条件的制造业企业在境内外上市融资、发行各类债务融资工具。引导风险投资、私募股权投资等支持制造业企业创新发展。

第二、加大财税政策支持力度：充分利用现有渠道，加强财政资金对制造业的支持，重点投向智能制造、“四基”（核心基础零部件<元器件>、先进基础工艺、关键基础材料和产业技术基础）发展、高端装备等制造业转型升级的关键领域，为制造业发展创造良好的政策环境。

第三、健全多层次人才培养体系：加强制造业人才发展统筹规划和分类指导，组织实施制造业人才培训计划，加大专业技术人才、经营管理人才和技能人才的培养力度，完善从研发、转化、生产到管理的人才培训体系。

第四、完善中小微企业政策：建立完善中小微企业融资担保体系，加快构建中小微企业征信体系，积极发展面向中小微企业的融资租赁、知识产权质押贷款、信用保险单质押贷款等。建设完善中小微企业创业基地，引导各类创业投资基金投资中小微企业。

在发展服务业方面，建议如下：

第一、解决服务业发展中存在的场所不足的问题。这包括在已建成区如何配套建设服务业基础设施和在未建成区如何快速发展服务业两种情况。在已建成的工业区（也包括数据产业区）内划出几小片土地，设立服务业配套区。当然如果有未使用的土地更好，但较好的办法是允许这些片区内连续几年（例如三年）亏损的工业企业改变其生产经营的性质转变成服务业企业，利用他们现有的厂房或办公楼改造成商店、宾馆、洗浴中心、娱乐中心等。因为这样做既扶持了这些亏损的工业企业，又发展的服务业，还有利于周边工业企业的发展。而在未建成区域内发展服务业难度更大，因为没有可依托的产业和人群，而且，还面临着北戴河新区、秦皇岛西港开发区、秦皇岛北部园区等同类园区的竞争，但只要我们选准产业，引入各类建设所需的人才，随着栖云山旅游度假区等项目的开发，开发区服务业建设的新局面必将到来。

第二，制定更加优惠和切实可行的政策。亚当.斯密在《国富论》中详细分析了英（国）、法（国）、西（班牙）、葡（萄牙）四国尤其是英国殖民地迅速发展的原因。虽然英国在北美殖民地的良田并不比法、西、葡殖民地的多，但英国殖民地的政治制度比其他三国任何殖民地的政治制度更有利于土地的改良以及耕作，使得英国殖民地的发展速度最快。这些有利的政治制度包括：(1) 限制对未开垦的土地的垄断；(2) 鼓励土地的转让；(3) 赋税适中；(4) 宗主国对殖民地的贸易垄断压迫性比较小。我们要想在激烈市场竞争中得到快速发展，就必须制定更加有利于企业发展的招商引资和人才引进的政策，建立一个更加有利于企业发展的平台。我们应更加关注平台的建设，而不仅是充当建设的主角。这个平台的建设除了过硬的硬件环境之外，更重要的是软环境的建设，比如，降低服务业征地的门槛、优惠服务业企业租用标准厂房的费用标准，特别要加强对服务业所需的各类人才的引进，制定吸引各类人才的优惠政策和切实可行的各项措施。熟话说人丁兴旺。这个“丁”字，在这里应该当“人才”来讲，只有人才兴旺，事业才能兴旺。

荣　誉

企业荣誉

1月，2015年福布斯中国非上市潜力企业100强排行榜正式发布，秦皇岛思泰意达科技发展有限公司连续5年榜上有名，位列第44位，是河北省唯一上榜企业。

1月，工信部、财政部联合公布了2014年国家技术创新示范企业名单，中信戴卡公司荣膺“国家技术创新示范企业”称号。

1月，在河北省机动车安检机构分类监管考核中，秦皇岛世奥机动车检测有限公司名列第一，荣获河北省服务业标准化示范单位称号。

1月，康泰医学系统（秦皇岛）股份有限公司自主设计生产的CMS50K腕式血氧心电监测仪，以“去医疗化”的外观和功能集成等特点，在2015年河北省工业设计奖的评选中荣获产品设计类优秀奖。

1月，河北省科技厅公布了河北省“十二”五制造业信息化科技工程第三批试点企业，开发区中誉通信有限公司被评为软件与信息服务企业。

1月，领先生物农业股份有限公司获河北省年度农业产业化奖励类项目补助资金50万元，该公司已连续2年获得该项资金扶持。

2月，秦皇岛开发区10家企业荣获2015年河北省质量奖项。其中，秦皇岛兴龙轮毂有限公司生产的铝合金车轮、秦皇岛北方管业有限公司生产的节能环保型迷宫式高炉送风装置、海湾安全技术有限公司生产的火灾自动报警及消防联动控制系统、领先生物农业股份有限公司生产的微生物菌剂、中粮面业(秦皇岛)鹏泰有限公司生产的小麦粉5种产品荣获“河北省名牌产品”称号；秦皇岛兴龙广缘商业连锁有限公司、秦皇岛兴龙物业服务有限公司、河北新丰工程检测有限公司3家荣获“河北省服务名牌”称号；秦皇岛戴卡兴龙轮毂有限公司生产的铝合金车轮、秦皇岛合力预应力钢绞线有限公司生产的预应力混凝土用钢绞线2种产品荣获“河北省优质产品”称号。

5月21日，出口加工区秦皇岛海东青物流有限公司水产品存储冷库通过河北检验检疫局评审组备案考核，是省内首家通过验收的水产品保税冷库。

5月，中信戴卡跻身中国出口企业百强榜第42位 。榜单由中国海关信息网发布，为年度榜。这是中信戴卡连续第4年上榜，排名排名逐年提升。

6月9日，海关总署发布全国汽车产业出口企业百强榜，中信戴卡股份有限公司位列百强榜第4位，同时，中信戴卡在中国汽车零部件行业出口中排名第一。

6月，中信戴卡全资子公司德国KSM铸造集团公司的BSV Fritz Völkel足球队，在2015年企业足球欧洲杯上力战群雄，以十六强、八强、半决赛和决赛全胜的大满贯战绩首次夺得冠军奖杯。

7月，中国轻工业联合会发布“年度中国轻工业百强企业”荣誉榜单，宏岳塑胶集团入选百强企业。

7月，美国权威汽车媒体《Automotive News》（汽车新闻）发布了年度全球汽车零部件配套供应商100强名单，中信戴卡公司第4次刷新排名纪录，位列第81位，为2015年国内唯一入选企业。

7月，由中国机械工业联合会、中国汽车工业协会联合主办的年度中国机械工业百强汽车工业30强评选结束。中信戴卡股份有限公司名列汽车工业30强第22位。

7月，秦皇岛佳美物业服务公司再次顺利通过GB/T19001-2008质量管理体系、GB/T24001-2004环境管理体系、GB/T28001-2011职业健康安全管理体系、GB/T23331-2012能源管理体系管理模式及标准3个体系认证。

7月，秦皇岛佳美物业服务有限公司获得4项省级以上荣誉：河北省“优秀服务奖”、“物业服务行业综合实力30强”、“物业服务行业创新奖”、“河北省物业服务行业节能降耗奖”。

7月，国家知识产权局正式授予思泰意达车载全液压远程射雾除尘器国家《发明专利证书》。

9月，工业和信息化部公布2015年互联网与工业融合创新试点企业，中信戴卡股份有限公司基于大数据的生产协同信息管理平台项目入围，获准在“支撑智能绿色的生产运营”这一重点创新领域进行试点。这是河北省企业第一次入围国家互联网和工业融合创新试点企业。

10月，河北省知识产权局公布《河北省知识产权局关于确定河北省优秀专利品牌产品培育项目单位的通知》，云立方秦皇岛科技有限公司荣获河北省优秀专利品牌产品培育项目单位称号。

11月，河北省科技厅公布2015年度国际科技合作基地企业名单，秦皇岛开发区泓鼎轻工机械技术有限公司被评为“国际科技合作示范企业”。

11月，秦皇岛光彩服务产业集团获得“河北省高新技术企业”认证，这是光彩集团第2次获得省高新技术企业认证。

12月，在“互联网+房地产研讨会暨《城市开发》杂志编委年会”上，秦皇岛佳美物业服务有限公司被评为“2015中国物业管理最具品牌影响力企业”。

12月，秦皇岛开发区智隆网络科技公司在由河北省省科技厅、团省委、省教育厅、省财政厅、河北电视台等联合举办的河北省第三届创新创业大赛暨第四届中国创新创业大赛（河北赛区）中，斩获二等奖。此外，松禾复合材料发展有限公司和海绵科技有限公司获得“优秀企业”荣誉称号。

12月，国家知识产权局印发《关于第十七届中国专利奖授奖的决定》，公布了第十七届中国专利奖获奖名单，秦皇岛天业通联重工股份有限公司和中铁十局集团有限公司联合研发的“一种小曲线铁路箱梁架桥机”发明专利，获得中国专利奖优秀奖。

12月，康泰医学系统（秦皇岛）股份有限公司通过CMMI（能力成熟度模型集成）三级评估认证。

同年，中国工商银行股份有限公司秦皇岛开发区支行成功通过2015年度全国金融业千佳示范单位的年度复查，并被河北省新闻网评选为第二届网友最满意银行网点。

同年，中国建设银行股份有限公司秦皇岛经济技术开发区支行被建行河北省分行评为“青年文明号”。

同年，秦皇岛光彩服务产业集团被评为“2015年度全国百强家庭服务企业”，河北省共3家企业获得此称号。

同年，中冶京诚（秦皇岛）工程技术有限公司共获得6项省级以上荣誉。该公司设计的周油坊铁矿选矿工程获得冶金建设行业优秀设计一等奖；该公司设计的石人沟铁矿地下开采三期工程获得冶金建设行业优秀设计二等奖；该公司设计的陕西昊田集团利用煤矸石渣油及电石硅铁余热2×50MW热电联产工程获冶金建设行业优秀设计二等奖；该公司设计的赤城非凡矿业狼窝沟尾矿库加高扩容工程获得冶金建设行业优秀设计三等奖；该公司设计的赤城银达矿业温家沟尾矿库工程获得冶金建设行业优秀设计三等奖。该公司设计的唐山市瑞丰钢铁有限公司2×25MW利用高炉转煤气发电工程获冶金建设行业优秀设计三等奖。

同年，燕大产业集团被推荐为“河北省第四届创新创业大赛先进集体”。

集体和个人荣誉

1月，在全国幼儿园自制玩教具展评活动中，秦皇岛开发区幼儿园教师韩娜、贺红霞、蒋群制作的《神奇的尾巴》，朱海玥、庞丽丽、王琳制作的《格子乐趣多》，李双双、王晶杰、申一然制作的《有趣的潜水艇》三件作品脱颖而出，获得二等奖。

1月，河北省委统战部、省工信厅、省人社厅、省工商局和省工商联联合评选表彰48名非公有制经济人士和其他新的社会阶层人士。河北鹏远企业集团董事长朱立秋榜上有名，被授予第五届“河北省优秀中国特色社会主义事业建设者”称号。

1月，在河北省、秦皇岛市政务信息考核中，开发区管委位列秦皇岛市政府系统信息工作第一名，在全省173家县区中排名第10名，被省政府办公厅评为年度河北省政务信息报送工作先进单位。

2月，河北省科学技术厅、河北省人力资源和社会保障厅评选出2013～2015年度全省科技管理工作先进集体和先进工作者，开发区科技局榜上有名。

3月，在河北省组织部组织的百名科技型民营企业家评选中，河北鹏远光电股份有限公司董事长朱立秋榜上有名。

3月，华苑社区被河北省人社厅认定为省级充分就业社区。

5月，中国工商银行股份有限公司秦皇岛开发区支行荣获国家级五一劳动奖章。

6月，秦皇岛开发区社会保险管理中心在河北省人力资源和社会保障厅组织的全省人力资源社会保障系统评比中，被评选为100个先进集体之一。

6月，河北省政策科学研究会印发《关于优秀调研成果评审结果的通知》，开发区政策法制局政研室课题组撰写的《秦皇岛经济技术开发区新型城镇化建设情况的调研报告》被评为年度优秀调研成果三等奖。

6月，开发区第六小学15名学生在“第三十届河北省青少年科技创新大赛科学幻想画比赛”中获奖。其中获一等奖学生3名、二等奖学生7名、三等奖学生5名。

7月，开发区法院被评为河北省司法公开工作省级示范单位，成为全省13家基层法院试点之一，也是秦皇岛市法院系统唯一一家获此荣誉的单位。

7月12日，在北京钓鱼台国宾馆举行的第12届中国企业发展论坛暨首届“一带一路”园区建设国际合作峰会上，秦皇岛经济技术开发区荣获“2015中国产业园区影响力百强”荣誉称号。

9月23日、24日，省义务教育均衡发展督导评估组到开发区对区义务教育发展均衡情况进行评估，开发区通过验收。

10月8日～10日，北京中建协认证中心有限公司对开发区ISO9001质量管理体系进行首次换证审核。开发区顺利通过ISO9001质量管理体系换证审核。

10月20日～22日，开发区21个职能部门接受了中环联合认证中心审核组专家的第六次再认证审核工作，确认开发区ISO14001环境管理体系继续保持认证有效。

10月，河北省科技厅公布了河北

省首批20家省级众创空间和10家省级重点培育众创空间名单，秦皇岛开发区北岛博智众创空间榜上有名，被评为河北省首批省级众创空间。

11月，秦皇岛数据产业技术研究院被科技部确定为中国创新驿站河北省站点。

11月，高新技术创业服务中心获得河北省第三届创新创业大赛组织工作先进集体称号。

12月，秦皇岛开发区法院党组书记党组书记、院长裴永新“三严三实”教育党课获评全国法院系统优秀党课。

12月，开发区第二中学被中国教育学会教育管理分会、自我教育学术委员会评为课题研究优秀学校。

12月，开发区管委办公室信息工作获得2项省级荣誉：被河北省政府办公厅、河北省开发区协会授予“2015年度信息报送工作先进单位”和“2015年度优秀组稿单位”称号。

12月28日，秦皇岛开发区第一中学通过河北省素质教育示范校验收。

12月，开发区第三小学通过河北省第六批依法治校示范学校评估检查，成为继开发区一中、开发区二中后的第三所获得“河北省依法治校示范校”称号的学校。

12月，河北省商务厅公布了全省范围内省级以上开发区年度经济发展、对外开放、科技创新、生态环保和体制机制改革5大方面的综合发展水平评价结果，秦皇岛开发区在全省197家经济开发区中位列第一。

12月，秦皇岛开发区被河北省开发区协会评为2015年度《河北日报•聚焦河北开发区》特刊优秀组稿单位。

同年，西区国税局二人获得省级荣誉。其中黄青丽被评为省级“巾帼建功标兵”，吴帆被评为省级“优秀税务工作者”。

同年，中国农业银行股份有限公司秦皇岛开发区支行获得省行授予的“运营基础管理先进单位”称号。

同年，中国农业银行股份有限公司秦皇岛开发区支行员工杨迎在省行组织的业务竞赛中，取得个人全能第一名。

产品和项目荣誉

1月，秦皇岛首个申报“三星级绿色建筑设计标识”的项目——开发区铂悦山1～14号住宅楼项目通过专家评审，成为开发区首个获得国家最高等级绿色建筑——三星级绿色建筑设计标识的项目。

1月6日，2013~2014年度河北省人居环境奖、进步奖、示范奖和省级园林城市（县城、城区）名单公布，开发区重点环境建设项目之一的深河环境改造建设项目获“2013～2014年度河北省人居环境范例奖”称号。

2月13日，在河北省互联网信息办公室组织开展的河北省十大县域惠民网站、河北省十大特色品牌网站、河北省十大重点移动新媒体评选活动中，开发区“圆梦秦皇岛”手机客户端获得“河北省重点移动新媒体”称号。

12月，在2015互联网+地产的转型与发展高峰论坛暨2015第三届中国国际地产华表奖颁奖活动中，开发区秦皇岛长丰太和新能源有限公司凭借利普曼空气源供热站等项目荣膺“中国住宅产业采暖节能环保创新奖”。